全 世 界 无 产 者，联 合 起 来！

列 宁 全 集

第二版增订版

第九卷

1904年7月—1905年3月

中共中央 马克思 恩格斯 著作编译局编译
列 宁 斯大林

人 民 出 版 社

《列宁全集》第二版是根据中国共产党中央委员会的决定，由中共中央马克思恩格斯列宁斯大林著作编译局编译的。

凡　例

1. 正文和附录中的文献分别按写作或发表时间编排。在个别情况下，为了保持一部著作或一组文献的完整性和有机联系，编排顺序则作变通处理。

2. 每篇文献标题下括号内的写作或发表日期是编者加的。文献本身在开头已注明日期的，标题下不另列日期。

3. 1918 年 2 月 14 日以前俄国通用俄历，这以后改用公历。两种历法所标日期，在 1900 年 2 月以前相差 12 天（如俄历为 1 日，公历为 13 日），从 1900 年 3 月起相差 13 天。编者加的日期，公历和俄历并用时，俄历在前，公历在后。

4. 目录中凡标有星花 ＊ 的标题，都是编者加的。

5. 在引文中尖括号〈　〉内的文字和标点符号是列宁加的。

6. 未说明是编者加的脚注为列宁的原注。

7.《人名索引》、《文献索引》条目按汉语拼音字母顺序排列。在《人名索引》条头括号内用黑体字排的是真姓名；在《文献索引》中，带方括号［　］的作者名、篇名、日期、地点等等，是编者加的。

目　　录

1905 年

附　录

插 图

前　言

本卷收载列宁在1904年7月底至1905年3月期间的著作。

20世纪初,俄国也像世界各主要资本主义国家一样,资本主义进入了帝国主义阶段。俄国是世界资本主义体系中最薄弱的一环。俄帝国主义的特点是资本主义生产关系同经济制度和政治制度方面的极端严重的农奴制残余交织在一起。这种农奴制残余阻碍资本主义经济的发展,使无产阶级受到特别残酷的剥削,使农民过着一贫如洗的生活,使非俄罗斯民族受到沉重的压迫。在1899—1903年的世界性经济危机下,俄国广大劳动人民的境况更加恶化。大批工厂倒闭,工人失业人数剧增,工人家庭陷于饥寒交迫之中。农民经常遭受破产,过着更是难于忍受的贫困和饥饿的生活。地主的压迫、资本家的压迫、民族的压迫同沙皇专制制度的暴虐结合在一起,使得阶级矛盾特别尖锐。社会发展的根本需要和劳动人民的切身利益迫切要求推翻沙皇政府。在城市中频繁发生政治罢工和游行示威。1900—1904年俄国共发生1 034次工人罢工。从1904年夏季开始的罢工浪潮席卷了彼得堡、伊万诺沃-沃兹涅先斯克和下诺夫哥罗德,并波及高加索。从1904年11月起,许多城市举行了反对日俄战争的游行示威。12月发生的巴库工人大罢工,有5万人参加,引起了若干城市的同情罢工。这一切显示了俄国无产阶级第一次作为一个阶级和其他阶级一起同沙皇政府对峙。农民也纷纷起来斗争。1900—1904年在俄国农村地区发生的骚动共670次，比过去10年多2倍。农民拒交官府的苛捐杂税，抢夺甚至焚烧地主庄园，砍伐地主的森林。俄国边疆地区的被压迫民族的民族解放运动趋于炽烈。资产阶级和自由派地主对政府的不满也在增强。1904年1月开始的日俄战争给俄国人民带来了深重的灾难，而沙皇军队在对日作战中的惨败又使专制制度受到极严重的打击。1905年1月9日(星期日)，彼得堡14万多工人组成和平的游行队伍前往冬宫向沙皇呈递请愿书。沙皇军队奉命对手无寸铁的工人和他们的妻子儿女进行镇压，打死打伤数千人，史称"流血星期日"。1月10日，彼得堡继续发生工人同军队的武装冲突，莫斯科开始了总罢工。沙皇政府的血腥罪行激起了全国工人群众向沙皇专制制度斗争，抗议罢工遍及全国。仅1905年1月就有44万工人参加罢工，比过去10年的罢工总人数还多。事变急剧发展，俄国第一次资产阶级民主革命开始了。

　　俄国革命运动的发展迫切需要无产阶级政党的正确的政治领导。但由于在俄国社会民主工党第二次代表大会上形成的多数派(布尔什维克)和少数派(孟什维克)在会后尖锐对立，俄国无产阶级政党未能得到巩固，未能使自己的队伍真正团结起来，未能采取统一的行动。这样，党对革命运动的领导遭到削弱，党在群众中的工作蒙受损失。列宁把第二次代表大会以来党内出现的这一危机的发展分为四个阶段。第三阶段是党内生活的最困难阶段，这时，危机已严重到几乎使整个党的工作陷于停顿，党的中央机关在党的大多数工作者中没有应有的威信，到处出现的双重组织彼此在工作上互相牵制，党不能得到无产阶级的信任。危机的第四阶段发生在1904年秋，这时，党的工作者开始团结起来、回击瓦解组织分子,多数派的拥护者和委员会开始召开他们的代表会议。1904
年8月在瑞士举行的有22名布尔什维克参加的会议,讨论了摆脱
危机的方法。而布尔什维克为了阐述自己关于革命的路线,于
1905年1月4日(公历)开始出版自己的机关报《前进报》。《前进
报》上刊载的列宁的文章以及本卷中的其他列宁著作反映了党内
危机发展的第三、四阶段的情况。

　　本卷的开篇《我们争取什么?(告全党书)》及其另一稿本《告
全党书》(即本卷的第二篇)就是以反对孟什维克分裂和瓦解组织
的行为为内容的。这一内容的文献在本卷中占有很大分量,它们
是《致格列博夫(弗·亚·诺斯科夫)》、《关于成立多数派委员会常
务局的通知》、《关于党内状况的报告提纲》、《给同志们的信(关于
党内多数派机关报的出版)》、《关于中央机关与党决裂的声明和文
件》、《是结束的时候了》、《〈前进报〉编辑部给彼得堡通讯员来信所
加的按语》、《致布尔什维克苏黎世小组》、《我们的达尔杜弗们》、
《俄国社会民主工党分裂简况》、《第一步》、《波拿巴分子的鬼把
戏》、《第二步》等。列宁认为,党的严重危机正在无限期地延续下
去,混乱现象日益加剧,使新的冲突不断发生;而建立团结一致的
党组织,采取坚定不移的革命马克思主义的方针,使党内斗争在适
当的应有的范围内进行,从而使这种斗争不致瓦解组织,不致妨碍
正常工作,是俄国整个工人运动的迫切要求。列宁指出:孟什维克
为组织上的落后性和从组织上破坏代表大会的行为辩护并把它们
奉为原则,这已经是机会主义;而他们指责布尔什维克不注意经济
斗争、搞雅各宾主义、轻视工人的主动精神,也无非是毫无根据地
重复《工人事业》杂志对旧《火星报》的攻击。布尔什维克为了继续
同少数派在一个党里工作,曾作了一切可能的让步,但孟什维克秘

密分裂党的行为变本加厉,因此布尔什维克不能不公开接受他们的挑战:实行决裂。列宁概括俄国社会民主工党第二次代表大会之后在组织上分裂的现状时说:实际上有两个俄国社会民主工党,一个掌握着机关报《火星报》即"形式上"的所谓党中央机关报、中央委员会和20个国内委员会中的4个委员会,另一个掌握着机关报《前进报》、"俄国国内多数派委员会常务局"和14个国内委员会。列宁认为,党分裂的主要原因和统一的主要障碍就是少数派的破坏行为。列宁说,少数派"宣布了斗争并且正在全面进行斗争,因而我们只好应战,宣布进行不调和的斗争,并且决心把斗争进行到底"(见本卷第4页)。布尔什维克在这场斗争中的原则是:坚持党性,反对小组习气;坚持坚定不移的革命方针,反对曲折路线、混乱状态和回到工人事业派方面去;坚持无产阶级的组织和纪律,反对瓦解组织分子。

　　上面提到的那些文献大都涉及召开俄国社会民主工党第三次代表大会的问题。这个问题同反对孟什维克分裂和瓦解组织的行为的斗争密不可分。1904年9—12月,俄国国内一些地区的多数派委员会举行的代表会议赞同22名布尔什维克会议发出的呼吁即上述《告全党书》,并选出了实质上是布尔什维克中央委员会的多数派委员会常务局。1905年3月,28个地方委员会中有21个委员会表示赞成召开代表大会。列宁认为:摆脱党内危机的实际办法就是立即召开党的第三次代表大会;只有代表大会能够澄清情况,解决冲突,把斗争限制在一定范围内;不召开代表大会,只会使党日趋瓦解。有人说,召开代表大会会造成分裂,列宁认为,既然少数派坚决不肯放弃无政府主义的要求,宁肯造成分裂也不服从党,那他们实际上已经脱离了党,在这种情况下,再把不可避免的正式分裂推迟下去,就太不明智了。列宁批判调和派说,谈论和平而又害怕召开代表大会,要和解但又用少数派在第三次代表大会上也可能遭到失败而引起分裂的说法来吓唬人,这就是伪善。在本卷中,《多数派日内瓦小组的决议草案》、《尼·沙霍夫〈为召开代表大会而斗争〉小册子序言》、《关于成立组织委员会和召开俄国社会民主工党第三次(例行)代表大会的通知》、《关于召开党的第三次代表大会(编者按语)》、《致俄国国内各组织》、《调查表(供党的第三次代表大会用)》、《无休的托词》、《他们想骗谁?》、《告全党书》等也都是反映列宁为召开第三次代表大会而斗争的文献。第三次代表大会将在新的革命形势下召开。列宁指出:代表大会的中心工作应当是俄国革命运动巨大的新高潮所提出的关于组织和策略方面的新问题;全体社会民主党人的集体经验对于解决这些问题有着不可估量的重要意义。列宁积极筹备这次代表大会,他草拟的《俄国社会民主工党第三次代表大会的工作和决议的总提纲》收进了本卷。这组文献包括:《代表大会议程草案》、《代表大会决议目录》、《代表大会各项决议的总提纲》、《代表大会决议草案》(含《关于孟什维克或新火星派的破坏行为的决议》、《关于普列汉诺夫在党内危机中的行为的决议》、《关于新火星派的根本立场的决议》、《关于社会民主党内工人和知识分子的关系的决议》)。

　　本卷中的《进一步,退两步(尼·列宁给罗莎·卢森堡的答复)》一文是列宁为了驳斥第二国际领袖人物为孟什维克所作的辩护而写的。罗莎·卢森堡是第二国际的左派,但她支持孟什维克关于组织问题的观点。她在德国社会民主党的理论刊物《新时代》杂志上发表文章反对列宁,表达了第二国际左派的一些看法;孟什维克把她的文章译成俄文,以《俄国社会民主党的组织问题》为题刊登在1904年《火星报》第69号上。卢森堡指责列宁搞"极端集中制"、"布朗基主义"、"雅各宾主义",把列宁的著作《进一步,退两步(我们党内的危机)》(见本版全集第8卷第197—425页)说成是在为俄国社会民主党内的极端集中派的观点提供论据。列宁为了阐明布尔什维克和孟什维克的分歧的实质,在文中扼要叙述了俄国社会民主工党成立以来的历史,并着重介绍了党的第二次代表大会上的分裂概况。列宁写道:"谁要是不愿意闭眼不看我们代表大会上发生的事情,谁就一定会了解,我们目前分成少数派和多数派,不过是我们党以前分成无产阶级革命派和知识分子机会主义派的翻版。"(见本卷第43—44页)列宁说,只要认真研究一下党内斗争的第一手材料,就会很容易认识到,卢森堡所说的什么"极端集中制"等等,从实际上说,是对俄国社会民主工党代表大会的嘲笑,从理论上说,是把马克思主义庸俗化,是对马克思的真正辩证法的歪曲。

布尔什维克和孟什维克在革命运动中对待资产阶级自由派的态度截然不同。收进本卷的《地方自治运动和〈火星报〉的计划》这一小册子是列宁专门用以揭露孟什维克提出的支持资产阶级自由派的"地方自治运动"计划的。1904年下半年,沙皇政府慑于革命风暴即将来临,企图通过微小的让步来拉拢自由派资产阶级,把少许几个自由派分子安置到地方自治机关的职位上,致使地方自治运动趋于活跃。地方自治派希望沙皇政府恩赐,让资产阶级的代表参政、实行立宪和给予政治自由。孟什维克宣称自由派资产阶级是无产阶级的同盟者,号召社会民主党组织积极参加自由派的会议,促使资产阶级代表人民提出民主要求。列宁认为,在同沙皇制度的斗争中指望自由派资产阶级,就是充当资产阶级运动的尾巴。列宁说:"正是在目前,无产阶级政治活动的中心点,应该是对政府而不是对自由主义反对派施加有力的影响。"(见本卷第75—76页)列宁指出,工人阶级的任务是扩大和巩固自己的组织,大大加强对群众的鼓动工作,利用政府的每次动荡,宣传起义的思想,说明起义的必要。

农民问题是俄国革命运动的重大问题之一,一直为列宁所关注。列宁在本卷的《〈农民与社会民主党〉一文的两个提纲》、《从民粹主义到马克思主义》、《无产阶级和农民》、《关于我们的土地纲领(给第三次代表大会的信)》等文献中继续研究这一问题。列宁在分析俄国农村的阶级结构时指出,农民资产阶级当时已在劳动农民中占绝对优势,他们虽然有权获得劳动者的称号,但是他们不雇用工人就不行,他们已经掌握一半以上的农民生产力。列宁说,觉悟的无产阶级决不拒绝支持资产阶级劳动农民的进步的和革命的要求,同时又向农村无产者说明明天必然要进行反对这种农民的斗争。列宁认为农民运动向社会民主党提出了一个双重任务:党应当无条件地支持和推进这个运动,因为它是革命民主主义的运动;同时,党还应当始终不渝地坚持自己的无产阶级的阶级观点,把农村无产阶级组织起来,就像组织城市无产阶级一样,并把它同后者一起组织成为独立的阶级政党,向它说明它的利益和资产阶级农民的利益是敌对的,号召它为实现社会主义革命而斗争,向它指出,要想摆脱压迫和贫困,把农民中的一些阶层变为小资产者是无济于事的,必须用社会主义制度来代替整个资产阶级制度。列宁还说明,俄国社会民主工党的土地纲领是唯一正确的,而社会革命党的纲领草案中关于农民问题的观点则是非马克思主义的和错误的。列宁指出,社会革命党人表达了想成为社会主义者的善良愿望,而他们的社会本质却是资产阶级民主主义的。

　　沙皇政府为摆脱国内的政治、经济危机而进行的日俄战争加速了俄国革命的成熟。载入本卷的《俄国的新公债》、《专制制度和无产阶级》、《旅顺口的陷落》、《沙皇的和平》、《欧洲资本和专制制度》等文揭露沙皇在日俄战争中的罪行及其军事上的失败。列宁指出,军事的崩溃已必不可免,随之而来的必然是十倍的不满和激愤。列宁认为:这场战争最彻底地揭露了专制制度的腐朽,使它在财政和军事方面遭到最大的削弱,并把人民群众推上起义的道路;专制制度所遭到的军事破产具有重大的意义,它是俄国整个政治制度崩溃的标志。列宁说:俄国的自由事业和俄国(以及全世界的)无产阶级争取社会主义的斗争事业,在很大程度上取决于专制制度的军事失败;一个国家的军事组织和它的整个经济文化制度之间的联系从来没有像现在这样密切,因此,军事上的破产不可能不成为深刻的政治危机的开端。从这场战争一开始,布尔什维克就揭露了战争的反人民性质,并提出使沙皇政府失败的口号。列宁指出,工人政党的基本任务是最大限度地利用沙皇政府的军事失败所引起的政治危机,以加强和扩大群众为消灭专制制度而进行的斗争。

　　本卷中的一些文献论述了有关俄国第一次资产阶级民主革命爆发的重大事件。俄国刚进入1905年,革命风暴即在首都彼得堡掀起。列宁听到普梯洛夫工厂工人罢工的消息后在《彼得堡的罢工》一文中指出:这次罢工是工人运动的壮举之一,合法的工人运动已超出自己的范围,锋芒指向专制制度,正在成为无产阶级阶级斗争的一次爆发。列宁在《俄国革命》、《俄国革命的开始》以及包括9篇的一组文献《革命的日子》中评述了1月9日的"流血星期

日"事件。列宁认为1月9日事件是革命的开始,是俄国历史上的
转折点,是向公开的国内战争和直接的反沙皇制度斗争的转变。
列宁写道:"在这些日子里,彼得堡的工人运动真是一日千里。经
济要求被政治要求所代替。罢工逐渐发展成总罢工,并引起空前
强大的游行示威;沙皇已经威信扫地了。起义开始了。武力和武
力对峙。巷战正酣,街垒林立,枪声四起,大炮轰鸣。血流成河,争
取自由的内战的烽火燃烧起来了。莫斯科和南方,高加索和波兰
都决定加入彼得堡的无产阶级的队伍。工人们的口号是:不自由
毋宁死!"(见本卷第164页)无产阶级的起义是沙皇政府逼出来
的,沙皇政府迫使工人转向武装斗争。列宁认为,沙皇政府屠杀无
辜人民的血腥暴行使广大工人认清了沙皇的本来面目。列宁说:
工人阶级从国内战争中得到了巨大教训;无产阶级在一天当中所
受到的革命教育,是他们在浑浑噩噩的、平常的、受压制的生活中
几月几年都受不到的。此外,本卷中的《沙皇的和平》、《特列波夫
执掌大权》、《1月9日后的彼得堡》、《最初的几点教训》、《两种策
略》、《我们是否应当组织革命?》等文献也都是论述俄国革命的开
始阶段的。

　　面对高涨的革命运动,俄国社会民主工党应采取什么路线?
对此,布尔什维克和孟什维克持截然不同的看法。早在这次资产
阶级民主革命前夕,在布尔什维克和孟什维克之间,除了组织问题
上的严重分歧,还加上了策略问题上的分歧,上述列宁的《地方自
治运动和〈火星报〉的计划》一文就阐述了这种策略分歧。在革命
进程中,列宁不断揭露孟什维克的妥协方针,同他们的尾巴主义策
略作斗争。本卷中的《无产者的漂亮示威和某些知识分子的拙劣
议论》、《〈他们是如何为自己辩护的?〉一文提纲要点》、《关于起义

的战斗协议》、《起义的战斗协议和建立战斗委员会》、《无产阶级和资产阶级民主派》、《1789年式的革命还是1848年式的革命?》等指出:孟什维克把自由派资产阶级当做革命的领导者,否认举行武装起义的必要性,用改良代替革命,充当工人运动中的资产阶级代理人;他们贬低无产阶级及其先锋队的作用,低估在无产阶级中进行组织工作的必要性。尔·马尔托夫甚至认为,社会民主党的任务"主要的不是'组织'人民革命,而是'放任革命'"。针对孟什维克的这一机会主义方针,布尔什维克提出,在以革命马克思主义政党为首的无产阶级领导下,在工人阶级与农民结成联盟的情况下,开展人民革命并通过武装起义来夺取胜利。

《新的任务和新的力量》一文论述了党在新的革命形势下新的斗争策略。列宁在文中指出,面对新的革命形势,党必须采取新的斗争手段,寻求新的组织形式,表现出更多的灵活性,党应当进行改组以适应斗争的需要。这一著作第一次提出了布尔什维克在这次资产阶级民主革命中的一个基本策略口号:"无产阶级和农民的革命民主专政"(见本卷第278页)。列宁在这一著作以及此前写的《致亚·亚·波格丹诺夫和谢·伊·古谢夫》的信件中还专门论述了党的组织工作中的一个重大问题即选拔人才的问题。列宁说,必须火速把一切具有革命主动性的人团结起来和动员起来,不要怕他们缺乏锻炼,不必担心他们没有经验和不够成熟。列宁特别指出:"需要年轻力量。我真想建议把那些竟敢说没有人才的人当场枪决。俄国的人才多得很,只是必须更广泛和更大胆地、更大胆和更广泛地、再更广泛和再更大胆地吸收青年参加工作,**不要对青年不放心**。目前是战斗时期。整个斗争的结局都将取决于青年,取决于青年大学生,尤其是青年工人。"(见本卷第228页)列宁认为,革命时代对于社会民主党,就如同战争时期对于军队一样,在战争中必然而且必须用训练较少的新兵来补充自己的队伍,经常要用普通士兵来代替军官,必须加速和简化士兵提升为军官的过程。列宁又说,人才是有的,革命的俄国从来也未曾有过像现在这样多的人才,只是需要抛弃那些尾巴主义的思想和训诫,只是需要让主动性和首创精神得到充分发挥。

载入本卷的《关于公社的演讲提纲》、《〈警察司司长洛普欣的报告书〉小册子序言》和《论巷战》表明列宁在革命中重视对巴黎公社的历史、对武装起义的经验的研究。列宁打算深入考察巴黎公社的政治措施、经济措施和组织措施,认为公社的经验对于俄国革命具有借鉴意义,他写道:"在当前的运动中,我们大家都在沿着公社所开辟的道路前进。"(见本卷第311页)他由巴黎公社的武装起义进而谈到俄国革命的武装起义时说:政府原想用流血的场面和巷战的大批牺牲者来吓唬人民,实际上它反而消除了人民对流血的恐惧、对直接武装冲突的恐惧,实际上它倒为革命进行了广泛而有力的宣传鼓动。列宁欢呼:炮声万岁,革命万岁,反对沙皇政府及其追随者的公开的人民战争万岁!

在《列宁全集》第2版中,本卷文献比第1版相应时期所收文献增加28篇,其中有《关于危机的宣传讲话提纲》、《关于社会民主党纲领的三次讲话的提纲》、《创建日内瓦俄国社会民主工党图书馆发起人小组的声明》、《致俄国社会民主工党莫斯科委员会》、《在布尔什维克日内瓦俱乐部三次发言的记录》等。本卷《附录》所载全为新文献。

弗·伊·列宁

（1900 年）

我们争取什么？[1]

（告全党书）

（1904年7月底）

不久以前，俄国社会民主工党的19个党员（其中包括第二次代表大会代表、一些委员会的委员和其他党组织的成员以及没有加入党组织的革命者）举行了一次非正式会议。拥护党的第二次代表大会多数派观点的同志们的这次会议，讨论了我们党内危机和摆脱危机的办法问题，并决定向俄国社会民主党全体党员发出下述呼吁。

同志们！党的严重危机正在无限期地延续下去。混乱现象日益加剧，使新的冲突不断产生，全面地和极严重地妨碍正常的工作，日益破坏党和党中央机关报之间的联系，而中央机关报则已完全变成了一个小组的，主要是国外小组的机关报。搜寻意见分歧，提出早就解决并已成为过去的老问题，向彻头彻尾的机会主义者献媚，在论述中表现出极大的混乱，无耻地藐视党的代表大会、大会的讨论和决定，嘲笑党的组织和纪律，嘲笑大多数建立了党并在地方从事工作的革命者，根据无法证实的材料和未经核对的匿名者的报道恶毒地和吹毛求疵地讥笑党内各革命派委员会工作中的缺点，——这就是我们在新《火星报》[2]这个制造混乱的策源地上看到的一切，这就是已被代表大会否定的那个利用个人让步制造新的增补问题上的争吵和进行破坏党的活动的编辑部所给予我们的一切。

然而，俄国当前所处的历史时刻要求我们党把它的全部力量都动员起来。工人阶级的激昂的革命情绪和居民中其他阶层的不满情绪日益增长，战争和危机、饥饿和失业日益严重地破坏专制制度的基础，可耻的战争[3]的可耻结局已为期不远，而这个结局必然会使这种激昂的革命情绪增长许多倍，使工人阶级同它的敌人进行面对面的斗争，并要求社会民主党采取最坚决的进攻措施。建立团结一致的党组织，采取坚定不移的革命马克思主义的方针，使党内斗争在适当的应有范围内进行，从而使这种斗争不致破坏组织，不致妨碍正常工作，——俄国整个工人运动的这些迫切要求无论如何也要立即予以实现，因为目前俄国社会民主工党的声誉及其所取得的全部威信有完全丧失的危险。

达到这个目的的第一个步骤，我们认为就是要使我们党内各种派别集团相互间采取十分明朗的、坦率的和直爽的态度。有的时候，为了事业的利益，要避而不谈局部的分歧，这是毫无疑问的，但是如果认为我们党目前正处于这样的时候，那就犯了最可悲最不可原谅的错误。对少数派所作的个人让步并没有制止住混乱现象，争论的问题已经直截了当地提出来了，有人已经向全党提出了直接的挑战，而只有萎靡不振和愚昧无知的人才会幻想恢复一去不复返的东西，幻想可能掩盖某种东西，隐讳某种东西，粉饰和隐藏某种东西。不，袖手旁观的政策，消极克制的政策，自由放任的政策在我们的党内斗争中已经完全不适用了。如果再支吾搪塞、耍手腕和默不作声，那不但是徒劳无益和令人蔑视的，而且简直是犯罪。我们先来直截了当地阐述一下我们党内斗争的全部纲领，我们也号召加入党的或打算在一定条件下加入党的各种色彩的俄国社会民主党人的代表都这样做。只有采取十分明朗的和直爽的态度，才能给一切觉悟工人和全体党员提供合理地和果断地解决党内争论问题的材料。

我们站在党的第二次代表大会多数派的立场上。我们认为，产生后来的一切错误和混乱现象的根本原因，就是代表大会的少数派采取了错误立场，并且不顾党的意志而竭力坚持这种立场。这种错误表现在两个方面：第一，《火星报》的旧编辑小组不是从别人那里而只是从我们代表大会上的和我们党内的机会主义派那里寻求支持。第二，这种同露骨的机会主义者（过去和现在都以阿基莫夫同志为首）的联合，只是在选举中央机关这样的问题上才最终形成并造成了党的分裂。第一个错误在逻辑上必然导致我们在新《火星报》的议论中看到的一切原则上的混乱和一切机会主义的动摇，因为这些议论可能被认为是有原则性的。第二个错误所产生的结果是不顾党的意志而维护旧编辑小组，替违反党性的小组习气辩护和辩解，把庸俗的无谓争吵和小组内的吵架所惯用的方法搬到我们的争论中来，这不是善于尊重自己的党和尊重自己的党员采用的斗争方法。第一个错误在逻辑上必然造成这样的情况：一切倾向于机会主义的人，一切处心积虑地拖党后退并因为革命社会民主党使它的论敌受了委屈而实行报复的人，一切表现了我们运动中的知识分子倾向的人，一切喜欢用知识分子无政府主义态度否定组织和纪律的人，都团结在少数派的周围。第二个错误则造成国外小组对国内大多数工作人员的统治，使侨居国外的同志所特有的争吵变本加厉，少数派用这种争吵代替了说服的方法。

现在任何疑虑都消除了。对那些不只是口头上入党的党员来说,对那些实际上愿意维护我们工人运动的切身利益的人来说,已经不可能有任何犹豫了。少数派已经宣布了斗争,它宣布了斗争并且正在全面进行斗争,因而我们只好应战,宣布进行不调和的斗争,并且决心把斗争进行到底。为了维护党性,我们反对一切带有小组习气的活动,特别是反对旧编辑小组。为了俄国工人运动的利益,我们反对国外的无谓争吵。为了坚持我们运动中的革命无产阶级倾向,我们反对知识分子机会主义的倾向。我们坚持革命社会民主党的坚定不移的方针,反对动摇、曲折路线和恢复早已过时的东西。我们为建立我们工人先锋队的团结一致的党组织而斗争,反对知识分子放荡不羁、瓦解组织和无政府主义的行为。我们为使党的代表大会受到尊重而斗争,反对软弱善变、言行不一,反对嘲弄一致通过的协定和决议。我们为诉诸党内公论而斗争,反对新《火星报》和新的党总委员会4采取堵住多数派嘴巴并隐藏自己的记录的策略。

　　我们的斗争纲领本身就确定了斗争方式和斗争的最近目的。第一种方式就是进行全面的和最广泛的口头宣传和文字宣传。如果不是少数派进行充满无谓争吵的斗争,使我们党内产生那种把脑袋藏在翅膀底下并宣扬多数派同少数派停止斗争的(已经遭到叶卡捷琳诺斯拉夫委员会和其他许多组织正当的嘲笑的)臭名远扬的"调和态度",那这一点也就用不着再谈了。只有懦弱、疲惫或偏执才能解释,为什么一个成年的党员会存在这些他所不应有的幼稚观点。可以而且应当谈论使党内斗争在党的范围内进行的问题,可以而且应当不只是用劝告来达到这一点,但是,如果建议不再去维护在代表大会上在全党面前所维护过的东西和被认为是为党的切身利益所必需的东西,如果敢于当众提出这样的建议,那只会遭到大家的蔑视。

斗争的第二种方式而且是有决定意义的方式,我们认为是召开党的代表大会。我们完全支持那些要求立即召开党的第三次代表大会的委员会[5]。我们认为应该特别谈一谈新《火星报》编辑部以及它的公开的或隐蔽的走卒用来反对召开代表大会的虚伪论据,而他们是竭力想把这种(与党员的义务难以相容的)论据隐藏起来的(如国外同盟[6]和《火星报》编辑部就是这样做的,后者的宣传只有一部分被一些委员会揭穿和揭露)。第一个论据是:召开代表大会会造成分裂。单是少数派提出这种论据这一事实,也说明了它的立场的全部虚伪性。须知少数派这样说,也就是承认党是反对它的,承认国外小组是把自己强加于党,承认它得以维持下去只是由于离俄国远和真正的革命家在国外活动有困难。谁对党忠诚,谁真心愿意共同工作,谁就不害怕而是希望召开代表大会来消除混乱现象,使党和党的负责集体步调一致,并消除不应有的含糊思想。用分裂来吓唬人,只能清楚地表明心里有鬼。没有少数服从多数,就不可能有稍微称得上工人党的党。如果必须互相(而不是单方面)让步,如果有时要求党内各部分之间协商并缔结协定,那只有在代表大会上才是可能的和允许的。任何一个有自尊心的革命者,都不会愿意留在一个完全靠人为地拖延召开代表大会来维持共处局面的党内的。

第二个论据是:不召开代表大会还有可能和解。这种意见的根据是什么,还不知道。赞同这种意见的人都是在幕后进行活动的。这种幕后的阴谋活动只会大大地增加彼此间的不信任,只会加深敌对情绪并使情况模糊不清,现在难道还不是抛弃这种活动的时候吗?任何一个人都不敢当众提出和解计划,难道不正是由于在目前情况下这种只能令人发笑的计划是不能实现的吗？谁要是认为和平就是把少数派中意的人增补进中央委员会，谁就不是希望和平，而是希望多数派加强斗争，谁就不理解，党内斗争已经超出纯粹的增补问题上的争吵范围不可遏止地发展起来了。谁把和平理解为停止争论和斗争，谁就是回到旧的小组时期的心理状态，因为党内永远会有争论和斗争，只是应当使它们在党的范围内进行，而这一点只有代表大会才能办到。一句话，不管怎样玩弄这个不召开代表大会的和平口号，不管怎样玩弄这种使斗争双方和解而又不使任何一方满意的思想，你们一定会看到，这种天才的思想所反映出来的只能是束手无策，没有主意，不知道该要求什么和争取什么。既然连普列汉诺夫这样有威望的（过去有威望的）人通过最大限度的个人让步来扑灭初燃的火焰的计划都遭到惨败，那么现在难道还能认真地谈类似的计划吗？

第三个论据是：召开代表大会可能是弄虚作假。彼得堡委员会已经反驳了这一论据，指出这是一种诽谤[7]。地方委员会的这个声明打了那些人一记耳光，这些人毫无事实根据地在背地里提出责难，尽管少数派控制了党总委员会这个最高机关和党机关报，不但掌握了公开揭露它所怀疑的舞弊行为的工具，而且掌握了用行政手段来纠正事实和施加影响的工具。大家都明白，如果确有其事，少数派早就大喊大叫了；总委员会不久前通过的决议，证明过去不存在这样的事实，而且担保将来也不会有[8]。《火星报》使用这个论据，这又一次表明目前该报已经用卑劣的谩骂代替了论战，从而迫使我们向全体党员提出这样一个问题：我们实际上有党吗？我们是想学社会革命党人的样子[9]，仅仅满足于门面和招牌呢？还是应当撕破一切伪装？

第四个论据是：意见分歧还没有澄清。新《火星报》已经对这个论据作了最好的回答，读了这个报纸党就会知道，现在是在搜寻意见分歧，而不是在澄清它们，混乱现象正在无止境地加剧。只有召开代表大会，让全体同志在会上公开地和毫无保留地说出自己的意见，才能澄清极其混乱的问题和混乱的情况。

第五个论据是：代表大会会占用一些人力财力，耽误正常工作。这个论据也是极其可笑的，因为不能设想代表大会所需要的人力财力会比混乱状态所造成的浪费还大。

不，所有这些反对召开代表大会的论据，不是证明态度虚伪，就是证明对情况无知和怯懦地怀疑党的力量。

我们的党又患了重病，但是它能够痊愈，并成为一个名副其实的俄国无产阶级的党。我们认为治疗办法就是进行下面三项改革，我们将采取一切正当的手段来实现这些改革。

第一，把中央机关报编辑部交给党的第二次代表大会的多数派。

第二，使国外地方组织（同盟）真正受全俄中央组织（中央委员会）的领导。

第三，通过党章来保证采取党的方式进行党内斗争。

作了以上的说明之后，关于我们纲领的这三个基本要点，要说的话已经不多了。至于《火星报》旧编辑部现在已经在实际上表明自己没有用处，我们认为这是无可反驳的事实。现在，不是火星派过时了，像马尔托夫同志在选举失败后所发现的那样，而是《火星报》旧编辑部过时了。现在，一个小组已向全党提出了挑战，再不公开说出这一点，那就只能说是虚伪了。至于那个把自己变成第二个（如果不是第三个的话）中央机关而且完全不把党中央委员会放在眼里的国外组织的不正常状况，那是没有什么可以多说的。最后，代表大会以后的斗争的全部经验迫使我们考虑少数派（不管是什么样的少数派）在我们党内的法律地位问题。我们深深地感到，这个经验教导我们必须在党章中保证一切少数派的权利，使那些经常发生的和无法消除的不满、愤怒和斗争，不再变成通常的庸俗的无理取闹和无谓争吵，而是形成一种目前还不习惯的捍卫自己信念的合法而正当的斗争。我们认为，对这一点的绝对保证，就是让少数派成立一个（或一个以上）著作家小组，它有权派代表参加代表大会并享有充分的"舌头自由"。必须提出最广泛的保证，让批评党中央机关工作的党的书刊能够出版。必须使各委员会有权得到（通过全党运送机构）它所需要的党的出版物。在第四次代表大会召开以前，必须暂时停止中央委员会用劝告以外的方式来影响各委员会人选的权利。我们在这里就不来详细探讨我们的建议，因为我们不是拟定党章草案，而只是制定总的斗争纲领。我们认为最重要的，就是把中央曾向第二次代表大会少数派建议的出版不满分子的著作的措施，用党章固定下来，使不满情绪正当地表现出来，使戒严状态的模糊的幻影（搞增补活动的英雄们造成的）完全消除，使不可避免的党内斗争不致妨碍正常的工作。

　　我们必须教育我们的少数派只能在代表大会上为中央机关的人选作斗争，而不要在代表大会以后用无谓争吵来妨碍我们的工作，在我们党面临着死亡威胁的时候，必须争取做到这一点。最后，在总的纲领中，我们只是简略地提一下我们认为党章应该作的一些局部的修改，例如：把总委员会从仲裁机关变成代表大会所选举的机关，按第二次代表大会多数派的要求来修改党章第1条，把一切工人组织和一切在小组活动时期单独存在并希望加入党的俄国社会民主主义者的团体列入党的组织，如此等等。

————

我们提出这个我们党内斗争的纲领，同时请一切党组织和党内的一切派别的代表也就它们的纲领问题发表意见，以便有可能逐步地、认真地、慎重地和合理地进行代表大会的筹备工作。

————

我们没有党了——我们编辑部宫廷政变的参加者自己这样议论着，他们利用自己离俄国远，俄国的工作人员经常变换，而他们自己是没有人能代替的。我们的党正在诞生！——我们这样说，因为我们看到觉醒的各委员会正在积极地行动起来，先进工人的政治觉悟正在不断提高。我们的党正在诞生，我们的新生力量正在成长壮大，这批力量可以使衰老的著作家集团恢复活力，也可以代替它们，我们有革命家并且愈来愈多，他们比任何编辑小组都更珍视培养他们的旧《火星报》的方针。我们的党正在诞生，新《火星报》的任何诡计和拖延，任何摆老资格的恶毒谩骂，都无法阻止这个党作出坚定不移的最后决断。

我们就是从我们党的这些新生力量中吸取必胜的信心的。

载于1923年《列宁全集》俄文第1版　　　　译自《列宁全集》俄文第5版
第5卷　　　　　　　　　　　　　　　　　第9卷第1—12页

告 全 党 书

（1904 年 7 月底）

不久以前，俄国社会民主工党的 22 个拥护党的第二次代表大会的多数派观点的党员，举行了一次非正式会议；这次会议讨论了我们党内危机和摆脱危机的办法问题，并决定向俄国社会民主党全体党员发出下述呼吁：

同志们！党内生活的严重危机还在延续下去，不知什么时候可以结束。混乱现象日益加剧，使新的冲突不断产生，党的各方面的正常工作受到极大的妨碍。党还很年轻，还没有来得及巩固，它的力量在极大的程度上白白浪费掉了。

然而，目前这个历史时刻却向党提出了前所未有的巨大要求。工人阶级的激昂的革命情绪日益增长，其他社会阶层的不满情绪也在增长，战争和危机、饥饿和失业正以不可抗拒的强大力量动摇着专制制度的根基。可耻的战争的可耻结局已经为期不远；而这个结局必然会使这种激昂的革命情绪增长许多倍，必然会促使工人阶级去同自己的敌人进行面对面的斗争，并要求社会民主党展开巨大的工作，拿出最大的力量，去组织反对专制制度的最后决战。

我们党处在目前这种情况下，能不能适应这些要求呢？每个诚实的人都会毫不犹豫地回答说：不能。

党的统一受到严重破坏,党内斗争已经超出任何党性范围。组织纪律已经彻底松弛,党的严密的统一行动已经成为幻想。

然而,我们还是认为,党的这种病症是发展中的病症。我们认为,危机是由于社会民主党的党内生活从小组形式过渡到党的形式而产生的;党内斗争的实质是小组习气和党性之间的冲突。因此,只要治好这种病,我们党就可以成为一个**真正的党**。

一些有意无意想要保持小组关系即建党以前的组织形式的形形色色的分子,在党内"少数派"的名义下联合了起来。

过去最有威望的一些小组的某些杰出人物,还不习惯党的纪律所要求的那种组织上的自我约束,总是习惯于把自己的小组利益同全党的利益混淆起来(在小组活动时期,小组利益同全党的利益确实往往是一致的),许多这样的人物都成了维护小组习气、反对党性的首领(一部分《火星报》旧编辑部的成员,一部分旧组织委员会[10]的委员,前"南方工人"社[11]的成员,等等)。

一切在理论上或实践上离开了严格的社会民主主义原则的分子都成了他们的同盟者,因为只有小组习气能够保持这些分子思想上的个性和威望,而党性则有把他们融化或使他们失去任何威望的危险(经济派和工人事业派[12]等等)。最后,成为反对派骨干的都是我们党的党员,主要是知识分子党员。同无产阶级比起来,知识分子由于生活和工作的基本条件,不能直接广泛地联合起来,直接受到有组织的共同劳动的教育,因此总是倾向于个人活动。因此,知识分子就比较难于适应党内生活的纪律,而他们之中一些不能解决这个问题的人,自然就打起反对必要的组织约束的旗帜,把自己的自发的无政府状态推崇为斗争原则,错误地把这种无政府状态说成是渴望"自治",要求"宽容",等等。

　　在国外的党组织中,小组存在的时间比较长,有各派的理论家,知识分子占绝大多数,这一部分党组织必然最倾向于"少数派"的观点。因此,少数派在那里很快也就成了真正的多数派。俄国的情况则相反,在那里,有组织的无产者的声音比较响亮,党内知识分子与无产者的联系比较经常、比较密切,因而他们就能更多地受到无产阶级思想的教育,直接斗争的重压使人们更强烈地感到必须有组织地统一行动,在俄国,正在坚决反对小组习气,反对瓦解组织的无政府倾向。在俄国,各委员会和其他党组织在许多声明中都对此明确地表示了自己的态度。

　　斗争扩大了,尖锐化了。斗争竟发展到十分严重的地步!

　　"少数派"不顾代表大会的意志,依靠代表大会选出的编辑的个人让步,得以把党的机关报夺取到自己手里,党的机关报就成了反党的机关报!

　　现在,它与其说是党在反对专制制度和资产阶级的斗争中的思想上的领导者,不如说是小组反对派在反对党性的斗争中的领导者。一方面,它感到从党的利益来看,它的基本立场是不能容许的,于是,就努力地搜寻真真假假的意见分歧,以便从思想上把这个立场掩饰起来;它在搜寻分歧的时候,今天抓住这个口号,明天又抓那个口号,愈来愈多地到党的右翼(《火星报》过去的反对者)那里去找材料,思想上愈来愈同他们接近,企图恢复他们那些已被党否定的理论,要党的思想生活回到过去那个没有一定原则的、思想上动摇不定的时期。另一方面,新《火星报》又极力破坏党内多数派的精神影响,更加卖力地去寻找和揭露多数派工作人员的错误,把每个实际过失夸大到难以想象的地步,尽量把过失的责任推到整个党内多数派身上,死死抓住一切小组谣言、一切可以伤害对手的诽谤，对此不但不想去查对，而且往往不考虑是否合乎事实。在这方面，新《火星报》的活动家们竟发展到把一些不但根本没有的甚至是不可能有的罪行都加到多数派头上，不仅政治上如此（例如谴责中央委员会强行撤销某些人的职务和解散某些组织），而且一般道德上也是如此（谴责党的杰出活动家弄虚作假，在精神上怂恿弄虚作假）。党从来没有像在当前的论战中这样，让国外少数派拖到这样一个污水坑里去。

怎么会发生这一切呢？

每一方的活动方式都是与它的倾向的基本性质相一致的。党内多数派想尽一切办法来维护党的统一和组织上的联系，他们只是采取符合党的原则的正当手段进行斗争，而且为了求得和解，曾不止一次地作出让步。少数派则坚持无政府倾向，根本不去考虑党内的和平和统一。它把每个让步都当成继续进行斗争的武器。少数派的一切要求，到现在为止，只有一条没有得到满足，就是用增补办法强迫党中央委员会接受少数派成员，借以把争吵带进中央委员会，——因而少数派的进攻比任何时候都更猖狂了。少数派控制了中央机关报和党总委员会以后，现在竟为了自己的小组利益，毫不害羞地使用起他们实际上正在反对的纪律来了。

这种状况实在使人难以忍受；让这种状况延续下去，简直是犯罪。

要摆脱这种状况，我们认为首先是要使党内相互间采取十分明朗的和坦率的态度。在乌烟瘴气当中，是没有办法找到正确道路的。党的每个派别、每个集团都应当公开地明确地表示，他们对目前党的状况是怎样考虑的，他们想怎样摆脱这种状况。我们现在向党内所有的同志，所有派别的代表提出这个建议。我们认为，摆脱危机的实际办法就是立即召开党的第三次代表大会。只有代表大会能够澄清情况，解决冲突，把斗争限制在一定范围内。不召开代表大会，只会使党日趋瓦解。

所有反对召开代表大会的意见，我们认为，无疑都是站不住脚的。

有人说，召开代表大会会造成分裂。为什么？既然少数派坚决不肯放弃无政府主义的要求，宁肯造成分裂也不服从党，那它实际上已经脱离了党，在这种情况下，再把不可避免的正式分裂推迟下去，就太不明智了，被一根链条捆住的双方，就会把自己的精力愈来愈没有意义地浪费在无谓的斗争和争吵上，弄得精神上萎靡不振，鼠目寸光。但我们并不认为分裂是可能的。倾向于无政府主义的分子在有组织的党的真实力量面前，将不得不屈服，而且我们认为，他们一定会屈服，因为他们按其本性来说不可能组成一支独立的力量。有人认为不召开代表大会也有可能和解。但这是什么样的和解呢？这就是向小组习气彻底投降，把少数派增补到中央委员会里去，从而使中央机关完全瓦解。这样一来，党就会徒有其名，党内的多数派就不得不开始一场新的斗争。而少数派呢？到现在为止，他们把争得的每个让步都当成进行瓦解组织活动的本钱；甚至在他们看来，斗争也已大大超出增补问题上的争吵的范围；他们怎么能够停止斗争呢？况且，他们在没有争得一切让步以前，是不会停止斗争的。有人说，召开代表大会也不可能解决问题，因为到现在意见分歧还没有澄清。难道现在是在澄清分歧吗，难道混乱现象不是在日益加剧吗？现在不是在澄清分歧，而是在搜寻、制造分歧，只有代表大会能够结束这种状况。只有代表大会能使斗争双方面对面地坐下来，让他们明确地开诚布公地说明自己的要求,只有代表大会能够使党内各派和各种势力相互间采取十分明朗的态度。少数派说,但召开代表大会可能是用解散各组织的办法弄虚作假。我们说,这是诽谤,是没有任何事实根据的诽谤。假如确有其事,那控制着党机关报的少数派当然早就把它宣扬开了,而且党总委员会也掌握在他们手里,他们完全可以纠正这些事实。再有,总委员会不久前通过的决议,并没有指出以前有过这样的事实,而且完全担保将来也不会有。现在,谁会相信这种毫无事实根据的诽谤呢? 有人担心,代表大会会占用很多的人力财力,耽误正常工作。真是天大的笑话! 难道召开代表大会所需要的人力财力会比混乱状态所造成的浪费还大吗? 代表大会必须召开! 就是在党内生活正常进行的情况下,由于历史时刻的特殊性,由于世界局势可能向党提出新的任务,代表大会也是必须召开的。在目前党内发生危机的情况下,为了寻求一个摆脱危机的正确而明智的办法,为了保存党的力量,为了保持党的荣誉和尊严,就更加有必要召开代表大会。

为了消除混乱状态,恢复党内正常生活,第三次代表大会应当做些什么呢? 在这方面,我们认为最重要的是进行下列改革,我们将采取一切正当的手段来维护和实现这些改革。

一、把中央机关报编辑部交给党内多数派。由于现在的编辑部显然已经不能使中央机关报为全党的利益服务,这样做是必要的,这是有充分理由的。小组的报纸不能也不应当成为党的机关报。

二、正确调整国外地方组织(同盟)同全俄中央即中央委员会的关系。目前,同盟把自己变成了第二个党中央机关,不受监督地指挥着追随它的集团,完全不把中央委员会放在眼里,它的这种状况显然是不正常的，必须结束。

三、通过党章来保证采取党的方式进行党内斗争。代表大会以后的斗争的全部经验说明必须进行这个改革。要求党章保证每个少数派的权利，借以使那些经常发生的和无法消除的意见分歧、不满和愤怒，不再变成过去小组的庸俗的无理取闹和无谓争吵，而是形成一种目前还不习惯的捍卫信念的合法而正当的斗争。我们认为，实行这种转变的必要条件如下：让少数派成立一个（或一个以上）著作家小组，它有权派代表参加代表大会；提出最广泛的正式的保证，使批评党中央机关工作的党的书刊能够出版。正式承认各委员会有权得到（通过全党运送机构）它所需要的党的出版物。明确规定中央委员会影响各委员会人选的权限。我们认为最重要的是，把中央委员会曾向第二次代表大会少数派建议的出版不满分子著作的措施，用党章固定下来，使少数派制造的"戒严状态"的幻影完全消除，使不可避免的党内斗争采取正当的形式进行，不致妨碍正常的工作。

我们在这里就不详细探讨我们的建议了，因为我们提出的不是党章草案，而只是争取党的统一的总的纲领。所以我们只是简略地提一下我们认为党章应该作的一些局部的修改，我们将来根据新的经验进一步修改党章时，决不会因此受到任何约束。例如必须改组党总委员会，因为实践证明，它作为一个机关，像目前这样，根本无法完成自己的任务——把两个中央机关的工作统一起来并对这种工作实行最高的监督。它应当是完全由代表大会选出的委员会，而不应当是代表大会选出的第五个委员对通过各自的代表来维护自己的两个中央机关进行审判的仲裁法庭。同时，也应当按照党内的批评意见，重新审查党章第1条，更确切地规定党的界限,等等。

我们提出这个争取党的统一的纲领,同时,请所有其他派别的代表和所有的党组织也就它们的纲领问题发表明确的意见,以便有可能认真地、坚持不懈地、自觉地、有计划地进行代表大会的筹备工作。对党说来,正在解决一个生死攸关的问题,荣誉与尊严的问题:它是不是一支能把自己很好地组织起来,成为真正能够领导我国革命工人运动的思想力量和实际力量? 国外少数派用他们的全部行动说明:不是! 他们还在自信而固执地照原来那样行动,他们靠的是自己离俄国远,俄国的工作人员经常变换,而自己的领袖和著作家是没有人能代替的。我们说,我们的党正在诞生! 因为我们看到先进工人的政治觉悟正在不断提高,各委员会正在积极参与全党的生活。我们的党正在诞生,我们的新生力量正在成长壮大,这批力量可以代替那些失去党的信任的旧著作家集团和使这些集团恢复活力;我们的革命家愈来愈多,他们比任何过去的领袖小组都更珍惜党内生活的坚定方针。我们的党正在诞生,任何诡计和拖延都不能阻止它作出坚定不移的最后决断。

我们就是从我们党的这些力量中汲取必胜的信心的。

同志们! 请刊印并散发这份呼吁书。

1904 年 8 月印成单页

译自《列宁全集》俄文第 5 版
第 9 卷第 13—21 页

致五个中央委员

寄 往 俄 国

1904 年 8 月 18 日

致俄国社会民主工党中央委员会委员格列博夫、

科尼亚金、特拉温斯基、洛沙季和奥西波夫①

今天我从中央驻柏林代办员那里得到关于四个(?)中央委员在俄国召开会议并且作出决定[13]的通知。我不能承认这个决定是合法的,理由如下:

(1)决议开头说,除一名中央委员(就是我)外,中央委员会的全体委员都出席了会议。这**不是事实**。瓦西里耶夫和兹韦列夫被捕后,米特罗范诺夫辞职后,中央委员会还有一个委员——奥西波夫同志。关于他辞职的传说,显然是不真实的,因为奥西波夫同志本人还认为自己是中央委员。瓦西里耶夫(他写信同我谈到过这一点)、兹韦列夫和我也这样认为。不管怎样,在没有弄清楚奥西波夫的所谓辞职的问题以前,四个中央委员没有权利认为他已辞职。还应该指出,无论是我,无论是中央机关报,还是其他任何一个国外的中央代办员都一直没有接到奥西波夫辞职的正式通知。但是,奥西波夫却没有被邀请出席会议。

---

① 在列宁手稿上已勾掉上述中央委员的名字,并写了如下的话:"……在给中央委员会的信中务必写上这**五个**委员的名字。"——俄文版编者注

（2）对我也是一样，不但没有邀请我出席会议，而且连开会的事也没有通知我，更没有告诉我所要讨论的问题。当然，中央委员会有权根据多数的意见作出决定，但是，不让全体委员都有机会参加会议并在必要时提出自己的意见，是不能通过合法的决定的。剥夺我的这种机会，**是完全非法的**。

（3）四个中央委员对我和格列博夫的 1904 年 5 月 26 日协定①，没有表示态度，尽管这个协定和我的附信②，经格列博夫和兹韦列夫的同意，已经通知全体中央委员，并请求直接给我答复。中央委员会的多数完全有权以其多数否决少数，但决不能回避少数的正式询问和他们明确提出要讨论的问题。

（4）根据以上所述，我请四个中央委员立即回答我下面几个问题：(a)他们根据什么不邀请中央委员奥西波夫同志参加会议？(b)为什么也不邀请我？(c)他们是否承认，只有少数被邀请参加会议，有可能在讨论问题时发表自己的意见，并提出自己的看法，委员会的多数才可以通过共同的决定？(d)他们是否认为，自己应当切实回答 1904 年 5 月 26 日协定中所涉及的一切问题？

（5）由于四个中央委员已把自己非法通过的决定（所谓整个中央委员会的决定）通知了中央机关报，我就不得不把中央委员会的四个委员的所作所为，写信告诉与此密切有关的党的工作者。

中央委员　**尼·列宁**

载于 1930 年《列宁文集》俄文版　　　译自《列宁全集》俄文第 5 版
第 15 卷　　　　　　　　　　　　　第 9 卷第 22—23 页

---

① 见本版全集第 8 卷第 431—432 页。——编者注
② 同上书，第 426—430 页。——编者注

给拥护党的第二次代表大会
多数派的俄国社会民主工党
各中央代办员和
各委员会委员的信

(1904 年 8 月 5 日〔18 日〕)

同志们:中央委员会内部的冲突已发展到了这样的地步,我认为自己在道义上有责任向所有拥护党的第二次代表大会多数派的同志说明这一情况。我所以这样做,是由于四个中央委员的非法行为,是由于我担心,不和同志们商量,又会做出什么轻率的危害党的事情来(像我退出编辑部那样),而同志们在地方上工作,最熟悉党内的真实思想情况,并且为了维护年轻的党性,不只在口头上而是在实际上已经向陈腐的国外小组习气宣战了。

至于中央委员会内部的冲突,究竟是在哪些问题上,这从附上的四个文件可以看出:(1)三个中央委员格列博夫、兹韦列夫和列宁的 1904 年 5 月 26 日协定;(2)我在同一天写给中央委员的信;(3)所谓全体中央委员(一个中央委员除外)通过的决定;(4)我反对这项所谓决定的合法性的抗议书①。

　　我恳切地请求所有在当前的党内斗争中同我们观点一致的同志,把这些大有教益的文件仔细阅读一下,并把自己对这些文件的看法开诚布公地毫无保留地发表出来。我个人在还没有听到在俄国工作的一些同志的意见以前,或者是在形势还没有迫使我采取行动以前,至少暂时不准备在报刊上公开发表自己对这些问题的看法。

　　我只是向党提出几个问题,如果我们各个组织的成员认为我们实际上还有党的话。这些问题就是:(1)在一个名副其实的工人政党内,能不能容许一个由多数派选出而又宣布多数派的政策是"集团"政策的中央委员会存在?(2)有人3月在宣言**14**中说的是一套,到7月说的又是另一套,这样的人在道义上有没有权利得到我们的信任呢?(3)有人趁多数派的两个中央委员被捕而践踏多数派的利益;(4)有人为了反对集团政策,正在谈论要同少数派集团召开会议,而把多数派撇在一边;(5)有人害怕代表大会会对他们的所作所为进行评价,因而竟用分裂来吓唬党,"禁止"党员享有为召开代表大会进行鼓动的起码权利;(6)有人对我们党内危机表现了极端的幼稚无知,竟郑重其事地证明中央机关报的"合法性",并且用法令把这个中央机关报的**"高明"**肯定下来;(7)有人显然违背党的意志,想方设法把坚决拥护党内多数派的同志撵出中央委员会;——上面这样的人在道义上有没有权利得到我们的信任呢?

　　最后,请回答我的这些问题,并请设法让所有的党内积极分子

---

①　见本卷第18—19页。——编者注

都了解情况和知道这封信的内容。发表这封信，我看现在还没有必要。

中央委员　**列宁**

载于 1930 年《列宁文集》俄文版
第 15 卷

译自《列宁全集》俄文第 5 版
第 9 卷第 24—25 页

多数派日内瓦小组的决议草案

(1904 年 8 月 25 日〔9 月 7 日〕以后)

总的来说,会议同意里加宣言[15],因为它从原则上十分正确地表达了党的第二次代表大会多数派的观点和政策,同时,会议认为对中央委员会的新步骤必须采取明确的立场。

会议表示深信,中央委员会的宣言[16](见《火星报》第 72 号)是小组习气对党性的一次新的胜利,是对整个党的利益的一次新的背叛,是把伪善习气带进党内关系中来借以腐蚀党的一次新的尝试。一个应向党报告工作的机关竟然反对召开党的代表大会,声称任何赞成召开代表大会的宣传鼓动都是有害的,会议对此加以痛斥,认为这是在任何一个自重的工人政党内见所未见、闻所未闻的可耻现象。在党的代表大会上从党的多数派那里取得权力,却宣称这个多数派的政策是集团政策;侈谈斗争双方之间实现和平,而又与其中一方的冒名国外代表订立秘密的私人契约;伪善地吹捧自己昨天的对手的立场"高明",但又开始通过撤销那些竟敢犯下鼓动召开代表大会罪行的中央委员会委员和代办员来进行和解——所有这一切都清楚地证明,新的中央委员会在奉行它的新政策时,竟然同中央机关报一起来蔑视党,根本不把党放在眼里。会议坚决谴责这种波拿巴主义[17]的政策,号召全体党员坚决进行斗争,反对篡权和伪善行为,要求全文公布总委员会的记录和全部无需保密的有关中央机关活动的材料。

　　会议号召所有同意多数派原则观点的党员支持由邦契-布鲁耶维奇同志创办的出版社[18]，并且积极为召开第三次代表大会进行鼓动工作。

译自《列宁全集》俄文第 5 版
第 9 卷第 26—27 页

致格列博夫(弗·亚·诺斯科夫)

1904 年 9 月 11 日

敬爱的同志:

您又说"中央委员会"希望我加入中央机关报编辑部。我也要再说一遍,这至少是不确切的。当您正式声明,那份人所共知的中央的宣言是全体中央委员(除一人外)一致通过的时候,我当即(就在 1904 年 8 月 18 日)答复说,这不是事实。不久前中央委员会里有九个中央委员,在宣言上签字的只有三个,而且这三个中央委员还完全非法地宣布奥西波夫同志不是中央委员,但奥西波夫同志写信向我声明说,他仍然认为自己是中央委员。不同本人谈清楚就宣布一个同志辞职,这是非法的。您和您的两个同事为这种非法行为进行辩解所提出的两个理由,显然是站不住脚的。你们说,奥西波夫同志已在中央上次例会上正式声明辞职。这不是事实,因为在 5 月底(即在 2 月或 3 月召开的这次例会过了几个月以后),我们还是九个中央委员,这可以由三个中央委员签订的 1904 年 5 月 26 日协定及该协定的附信来证实①。你们说,奥西波夫同志在中央那次例会以后,加入了一个地方委员会,而这是一个中央委员无权做的事情。关于这个问题,奥西波夫同志早就写信答复我说,他去该区参加地方工作,正是现在宣布他已辞职的那些中央

---

① 见本版全集第 8 卷第 426—432 页。——编者注

委员提议的，而且他不是以委员会的正式委员的身份去工作的。其次，即使是一个中央委员参加了地方委员会，犯了一个违反党章的错误，那也大可不必为了纠正这个错误而一定要他退出中央委员会，而不是退出地方委员会。最后，您自己也不得不在给我的信中承认，三个中央委员的会议收到报告说，在关于奥西波夫同志辞职的问题上是有争论的。三个中央委员在奥西波夫缺席、甚至没有听取他的意见的情况下，就对这个争论问题作出决定，显然是令人愤慨的非法行为。当然，这三个中央委员可以指望掌握在编辑部手里的党总委员会站在他们一边，当然，这三个中央委员可以依靠他们同总委员会中的少数派正式签订的或默认的契约。但这也抹杀不了这种非法行为，相反，这些政治上不正派的做法还会加重这个错误。同样，三个中央委员受理特拉温斯基同志辞职，会前并没有事先通知全体中央委员，这也是非法的。您到现在都拿不出确切的材料，证明他是在什么时候和向谁提出辞职的。您想随便回答一下，敷衍了事，而这个回答简直是开玩笑："去问国内的委员会吧"，您正是刚刚从这个"委员会"来（还是那个三人的委员会！），而我除了通过您，又没有办法同这个委员会联系！！

因此，我不认为，中央委员会的成员及其最近的一次会议（通过"宣言"的那一次）是合法的。所以，我完全有权不回答您所提出的要我加入中央机关报编辑部的建议。但我把这个建议不是看做中央委员会提出的，而是看做三个党员提出的，因此，我认为有责任用充足的理由来回答这个建议，尤其是您说，中央机关报编辑部曾写信给您，表示希望我参加编辑部。

您认为，我加入中央机关报编辑部，"可以保证党内实现我所希望的几乎全面的和平"。您的这个"几乎"很值得玩味！不错,我希望党内和平,我在 1903 年 12 月发表的《给〈火星报〉编辑部的信》(《我为什么退出了编辑部?》)①中,就曾提出和平建议。1904年 1 月,在党总委员会的会议上,我又一次正式提出和平建议②。可是,并没有根据我当时代表多数派提出的条件接受和平建议。应当指出,现在很时兴虚伪地谈论"和平",把和平了解为完全向少数派让步,完全无视多数派,完全忘记代表大会;与此相反,我在总委员会的会议上却十分明确地指出我所说的党内和平是什么。我和当时中央委员会的另一个同志一起在总委员会会议上公开声明,我所说的和平是指从思想斗争中清除地位之争、无谓的争吵和不正派的斗争手段。我当时曾提议,把中央机关报交给少数派,把中央委员会交给多数派,同时,号召大家停止一切抵制活动,停止一切争夺地位的增补问题上的争吵,到代表大会上去,以同志式的态度来讨论我们的意见分歧和我们产生分歧的原因,使全党能够公正地正确地分析自己的内部争论。我的这个号召遭到普列汉诺夫和马尔托夫的嘲笑。他们作出不发表总委员会记录的可耻决定(不管总委员会的少数即两位中央代表怎样坚持),而三个中央委员现在也(偷偷地)同意这个决定,这我并不感到奇怪。谁利用俄国革命者实际生活中的不可避免的偶然事故,把思想不一致的人③撵出中央委员会,用这种办法来建立虚假的和平,谁就不能不竭力向党员隐瞒及时建立真正和平的种种尝试。幸而我有根据相

---

① 见本版全集第 8 卷第 91—98 页。——编者注
② 同上书,第 115—117 页。——编者注
③ 这首先是指奥西波夫同志,其次当然是指我,因为让我加入中央机关报编辑部,就等于让我退出中央委员会。

信,这种欺骗党的卑劣手法不会得逞,总委员会的记录终究会问世的。

在控制了总委员会的编辑部以讥笑的态度否定了我的和平建议之后,我当即指出,唯一正当的解决办法是召开代表大会。少数派(包括普列汉诺夫)的策略是:控制中央机关报编辑部和总委员会,在这些中央机关中,口头上代表整个党的利益,而实际上却力求不通过代表大会而按照少数派的利益来改组中央委员会;我不能认为这种策略是正派的斗争。我从来没有同主张这种策略的人达成过任何协议,而且也不认为有可能这样做。此外,从1月起,新《火星报》的真面目就完全暴露出来了:这是一个造谣诽谤和进行无谓争吵的中央机关报,一个论述混乱和向机会主义者献媚的中央机关报,一个制造私人纠纷和搜寻分歧的中央机关报。新《火星报》是一个小组的机关报,一个贯彻新"方针"的机关报,这一点现在大家都已看到,就连起初维护"继承性"而现在不断污蔑旧《火星报》的编辑部本身也都看到了。试问,现在究竟在什么意义上可以谈和平呢? 如果和平是指从思想斗争中清除增补问题上的争吵,那我马上就可以表示完全同意和平,并重新提出在总委员会会议上提出过的建议。但如果和平是指停止思想斗争,是指对新《火星报》的方针,或者更确切说,对该报没有任何方针的面貌采取调和态度,那只有无原则的人,或者伪善的人,或者把党的机关报看做印上字的纸张(有一个"调和派"把新《火星报》的文章叫做油墨——Druckerschwärze)的人,才会提议这样的"和平"。新《火星报》的编辑们把对我进行人身攻击,对他们所谓的"列宁主义"进行迫害,搜寻同我的分歧,当做自己的几乎全部"原则"立场,现在他们又希望我加入编辑部,这就等于他们自己承认，他们对待自己写的东西很不严肃，他们制造了整个论战只是"为了增补"，增补一成功，他们就要把自己所有的新"原则"抛掉。至于我，我是反对这样一种不体面的设想的，即认为多数派可能不再为坚持自己立场、坚持坚定不移的方针、反对小组习气而进行党内斗争。我认为，同俄国日益增多的坚持原则的多数派一起进行这个斗争，是自己不可剥夺的权利和义务。在我看来，这个斗争应当公开进行，因为冲突的经过十分之九都已公开，再继续隐瞒这个经过，就会毫无意义和毫无道理地拖延危机。

您写道，"许多委员会无疑也都希望"我加入现在的《火星报》编辑部。我不能不遗憾地指出，您这次说的显然也不是事实。在当前的斗争情况下，还没有一个委员会表示过这种愿望。表示过这种愿望的只有中央机关报的编辑小组和三个中央委员。这三个中央委员以为和少数派一起骂多数派，再和多数派一起骂少数派，是最英明的政策。我认为，我应当考虑的不是某些政客的意志，而是全党的意志，我们党已为自己确定了正式表达这种意志的方法：召开代表大会。我认为，一个在代表大会上采取了一定的路线并引导一部分党员去执行这条路线的领导者，如果他投到敌人方面去，他就再也没有权利受到人们的尊敬，甚至他讲的话也不会得到人们的重视。

您所说的"许多委员会"，虽然……与事实不符，却是发人深思、意味深长的。这说明您还有一点点党的良心，多少还能意识到党所指定的领导机关在改变中央机关的成员和方针时，应当考虑党的意志。如果您的这种意识没有因为您采取混乱立场而模糊起来，那您会很容易地看到，要想真正了解真正是许多委员会的真正愿望,除了召开代表大会,就没有别的办法。但如果说,您谈到"许多委员会"就是表明您还有一点点党的良心的话,那同时,也再清楚不过地说明,您的这个良心是不安的:您害怕代表大会比害怕火还要厉害,因为您感到自己的冒险政策和党的意志是根本矛盾的。

我对您所采取的和解态度的虚假本质提出的这些一般看法,还可以从下面一系列事实中得到完全的证实。现在,三个中央委员称赞中央机关报"高明",而在 3 月里,**同样是这**三个中央委员却遗憾地起草声明,说某些党的著作家(中央机关报现在的编辑部的大多数成员)陷入了机会主义的泥潭。这三个中央委员一方面说要"和平",另一方面却又解散了南方局[19](中央代办员小组),原因就是其中有胆敢鼓动召开代表大会的多数派。三个中央委员一方面说斗争双方要和解,另一方面却同一方的代表举行会议,而把另一方撇在一边。这些私人契约涉及全党的切身利益,但却被处心积虑地向党隐瞒起来,虽然完全不必这样保密。这些契约对党起了多么大的腐蚀作用啊! 这些背着党进行的勾当,给整个党的生活带来多少相互的不信任和猜疑啊! 今天,我正好接到俄国的一位同志的来信,谈到有关这种契约的传说:党内有人说,少数派分成了三部分;一部分首先要求把唐恩和托洛茨基增补为中央委员,别的什么都不管;第二部分同意召开代表会议;第三部分只要求中央委员会发表一个宣言,这部分中有南方工人派(他们完全正确地认为,创办一个通俗刊物就等于变相恢复被代表大会停刊的《南方工人报》)。我不知道,这些党内传说,哪些是真实的。可是,少数派是由各种不同的集团组成的,例如布鲁凯尔同志大概根本没有参与少数派的"最后通牒"和增补问题上的全部争吵，"南方工人"社是一个非常特殊的派别，——这都是众所周知的事实，凡是研究过我们党的代表大会的人都很熟悉。难道您看不出，某些集团瞒着党进行这种讨价还价的勾当是多么卑鄙吗？三个中央委员的虚伪手法使没有参与所有这些勾当的多数派对他们完全失去信任，这还有什么奇怪吗？那种首先把鼓动召开代表大会的人解职的"和平"，被看做是有步骤地伪造党内舆论的前奏，这还有什么奇怪吗？多数派预计，中央委员会和中央机关报（总委员会当然也包括在内）可能勾结起来，硬把少数派安插到各委员会里去，不公布多数派的决议（彼得堡会议和叶卡捷琳诺斯拉夫会议的决议被压下来**已不止一个月了**），等等，这还有什么奇怪吗？

希望您现在能够了解，为什么在党内目前的形势下，根本谈不上我加入中央机关报编辑部的问题。

=====

您说我在表决增补三个中央委员的问题时，曾经"弃权"，**这不是事实**。我坚决反对承认"选举已经算数"。这又是一种非法行为。三个中央委员**全都应当**研究我的抗议，只有**在这以后**，才能提出增补问题。党章规定，增补必须一致通过；对增补我并没有表示同意。因此，不把这个问题提交总委员会，就谈不上增补已经算数。总委员会的决定（如果您在中央委员会的人员组成未经全体中央委员审查以前，就非法地把增补问题提交给总委员会的话）应该连同总委员会的记录一并发给我。

=====

您对我们两人没有见面感到遗憾，我没有同感。在我知道您对奥西波夫同志采取的不正当手法和对您自己的诺言（1904年5

月26日协定)的态度以后,除了完全正式的纯粹通信联系而外,我不愿同您有其他任何来往。

中央委员　**尼·列宁**

载于1904年在日内瓦出版的
尼·沙霍夫《为召开代表大会
而斗争》一书(略有删节)

译自《列宁全集》俄文第5版
第9卷第28—35页

尼·沙霍夫《为召开代表大会而斗争》小册子序言

（1904 年 9 月）

序　　言

我们在这本向读者推荐的书中，尽量把能说明在各地进行工作的我们党的各个组织对目前党内危机的态度的文件，全都收集进来。这些文件，一部分根据已经发表在《火星报》上的原文重印，一部分直接按手稿刊印，因此读者不要忘记，由于取得这些文件的条件的限制，这些手稿有些地方难免会有错误和疏漏。

这些文件围绕着一个中心内容：党性同小组习气的斗争，为召开代表大会而进行的斗争。起初，这个斗争是捍卫党的第二次代表大会，争取承认和切实贯彻这次代表大会的决议，后来就是争取召开第三次代表大会，作为党为摆脱目前的严重困难局面而应采取的唯一手段。我们也尽量提供了一些确凿的材料，使读者对现在的党中央机关为反对召开第三次代表大会而进行的斗争有更充分的了解。

我们只是按照时间先后顺序（尽可能地）把文件编排了一下，加了一些最简短的说明，指出文件之间的联系。详细的说明，我们以后将有专门著作来作。为召开代表大会而斗争的实际材料本身就可以说明问题,把这些材料研究一下,会有助于每个人对我们党内斗争作出独立的判断。

载于1904年在日内瓦出版的
尼·沙霍夫《为召开代表大会
而斗争》一书

译自《列宁全集》俄文第5版
第9卷第36—37页

进一步，退两步

尼·列宁给罗莎·卢森堡的答复[20]

（1904 年 9 月）

　　罗莎·卢森堡同志在《新时代》杂志[21]第 42 期和第 43 期上发表的文章，是对我用俄文写的论述我们党内危机一书[①]的评论。德国同志这样关心我们党的著作，并且试图向德国社会民主党加以介绍，对此我不能不表示感谢，但我必须指出，罗莎·卢森堡在《新时代》杂志上发表的文章，向读者介绍的不是我这本书，而是别的什么东西。这从下面一些例子可以看出。例如卢森堡同志说，我这本书透彻而又详尽地表达了一种"不顾一切的集中制"观点。因此，卢森堡同志认为，我是在维护一种组织制度，而反对另外一种组织制度。但实际上并不是这样。我在这一整本书中，从第一页起到最后一页止，都在捍卫任何一种可能存在的党的组织的任何一种制度的基本原则。我这本书所探讨的不是各种组织制度之间的区别问题，而是如何在不违反党的原则的情况下坚持、批判和改正任何一种制度的问题。罗莎·卢森堡接着又说，"根据他〈列宁〉的意见，中央委员会有权组织党的各个地方委员会"。实际上并不是这样。我对这个问题的看法可以由我提出的党组织的章程草案来确凿地证明。这个草案根本

----

　　① 见本版全集第 8 卷第 197—425 页。——编者注

没有提到组织地方委员会的权利。是党代表大会选出的党章起草委员会把这个权利列入草案的，而党代表大会批准了委员会的草案。除了我和另一个多数派外，还选出三个党代表大会少数派的代表参加这个委员会，这就是说，在这个授权中央委员会组织地方委员会的委员会中，正是我的对手占了上风。罗莎·卢森堡同志把两个不同的事实混为一谈了。第一，她把我的组织草案一方面同委员会的修正草案混为一谈，另一方面又同党代表大会通过的组织章程混为一谈；第二，她把坚持党章的某一条文的某项要求（说我不顾一切地坚持是完全不符合事实的，因为我在全体会议上并没有反对起草委员会提出的修正），同坚持代表大会所通过的党章在下届代表大会对它进行修改之前应该一直有效这一论点（这不是道地的"极端集中制"的论点吗?）混为一谈。这个论点（纯粹布朗基主义[22]的论点，这是读者很容易看出来的），我在这本书中确实是"不顾一切地"坚持的。卢森堡同志说，在我看来，"中央委员会是党的唯一积极的核心"。实际上并不是这样。我从来没有坚持过这种意见。相反，我的论敌（党的第二次代表大会的少数派）在自己的大作中还责备我，说我维护中央委员会的独立性、自主性还很不够，让中央委员会过多地服从于设在国外的中央机关报编辑部和党总委员会。我在这本书中回答了这个指责，指出党内多数派在党总委员会占优势的时候，从来没有试图限制中央委员会的独立性；但当党总委员会成了少数派手中的斗争工具以后，立刻就发生了这样的情况。罗莎·卢森堡同志说，在俄国社会民主党内，对建立统一的党的必要性并不存在任何怀疑，整个争论的中心是集中程度大小的问题。实际上并不是这样。如果卢森堡同志肯花点力气读读组成多数派的许多党的地方委员会的决议，她就会很容易地了解到（从我这本书中也可以清楚地看到），我们的争论主要还是在中央委员会和中央机关报应不应该坚持党代表大会多数派的方针的问题上。关于这种"极端集中制的""纯粹布朗基主义的"要求，这位敬爱的同志却一个字也没有提到，她却更喜欢在那里慷慨激昂地反对什么部分机械地服从整体，什么奴隶般的顺从，什么盲目服从等等可怕的东西。我非常感谢卢森堡同志向我们说明了奴隶般的顺从对党的严重危害性这样一个深奥的思想，不过我倒想知道一下，这位同志是否认为党代表大会的少数派在自称为党的机关的中央机关里占了上风是正常的，她是否能容许这种现象，她在其他任何政党中，是否看到过这样的现象？罗·卢森堡同志硬说我认为，俄国已经具备组织一个庞大的极端集中的工人政党的一切先决条件。这也是不符合事实的。我在这本书里，根本没有提出这种看法，更谈不上坚持这种看法了。我提出的论点所表述的一直是另外一个意思。就是说，我强调的是，党代表大会的决议得到公认的一切先决条件已经具备，可以用个别小组来代替党的委员会的时期早已过去。我举出了一些证据，说明我们党内有些学者表现了自己的不彻底性和不坚定性，他们没有任何权利把自己的无纪律行为加之于俄国的无产者。俄国工人已经在各种不同的场合，不止一次地表示要遵守党代表大会的决议。卢森堡同志说这种意见是"乐观主义的"（倒不如说是"悲观主义的"），并且对我的论点的实际根据只字不提，简直可笑。卢森堡同志说我赞扬工厂的教育作用。这不是事实。不是我，而是我的对手硬说我把党看成了工厂。我狠狠地嘲笑了他，用他自己的话证明他把工厂纪律的两个不同方面混为一谈,可惜罗·卢森堡同志竟也这样做了。①

卢森堡同志说,我把革命的社会民主党人说成是同有阶级觉悟的工人的组织有联系的雅各宾派分子,这样,我就比我的任何一个对手都更巧妙地阐明了自己的观点。这也不是事实。最先谈到雅各宾派的不是我,而是帕·阿克雪里罗得。阿克雪里罗得最先把我们党内各派比做法国大革命时期的各派。我只是指出,对这种比较只能理解成这样:目前的社会民主党划分为革命派和机会主义派,在某种程度上相当于山岳派和吉伦特派23的划分。党代表大会所承认的旧《火星报》24过去经常作这种比较。旧《火星报》正是由于承认这种划分,才同我们党的机会主义派即"工人事业"派进行了斗争。罗莎·卢森堡在这里把18世纪和20世纪的两个革命派别之间的**可比性**和这两个派别之间的同一性混为一谈了。比如,我说,小沙伊德格山跟少女峰25相比同二层楼跟四层楼相比是一样的,但这并不等于说,我把四层楼和少女峰看成同一个东西。卢森堡同志完全忽视了对我们党内各派的实际分析。而我这本书的大部分篇幅恰恰是根据我们党代表大会的记录进行这种分析的,我在序言中也特别指出了这一点。罗莎·卢森堡想要谈论我们党的现状,但同时却完全无视奠定我们党的真正基础的党代表大会。应当说,这是冒险的做法!尤其冒险的是,正像我在这本书中曾数百次指出的,我的对手们无视我们的党代表大会,因此,他们的一切论断都没有任何事实根据。

而罗莎·卢森堡同志正是犯了这个根本性的错误。她只是重

---

① 见俄文小册子《我们之间的争论》,《罗莎·卢森堡反对卡尔·马克思》一文。

复一些空洞的词句，而不去努力弄清这些词句的具体含义。她用各种各样的骇人之谈来进行恫吓，而不去研究争论的真正根源。她硬说，我写的是一些泛泛的言论、一些众所周知的原则和论点，一些绝对真理，而对那些完全有肯定的事实根据的和只有我才运用的相对真理，却竭力避而不谈。她还指责我们死抠公式，并且为此把马克思的辩证法搬出来。然而，恰恰是这位尊敬的同志的文章，满篇都是臆造的死板公式，恰恰是她的文章与辩证法的基本原理相违背。这个基本原理就是：抽象的真理是没有的，真理总是具体的。罗莎·卢森堡同志傲然地无视我们党内斗争的具体事实，大谈特谈那些无法认真讨论的问题。我再从卢森堡同志的第二篇文章中举出最后一个例子。她引了我的话：组织章程条文的这种或那种写法，可能成为反对机会主义的或多或少锐利的手段①。可是，我在这本书中以及我们大家在党代表大会上谈的是哪些起草方案，罗莎·卢森堡却只字未提。党代表大会上进行了什么样的论战，我提出的论点是反对谁的，关于这些，这位同志全都没有提到，而是给我作了一个关于议会制国家的机会主义……的演讲！！但是，机会主义的各种各样的独特的表现形式，我这本书谈到的我们俄国的各种色彩的机会主义，她的文章却一个字也没有谈到。从这一切聪明透顶的论述中得出的结论就是："党章本身绝不应当〈?? 谁能懂〉成为什么反击机会主义的武器，而只应当成为实现实际上存在的党内革命无产阶级多数派的领导作用的强有力的外在手段。"完全正确。但我们党内实际上存在的多数派是怎样形成的，罗·卢森堡却避而不谈，而我这本书谈的却正是这一点。

---

① 参看本版全集第8卷第268页。——编者注

我和普列汉诺夫利用这种强有力的外在手段维护过什么样的作用, 她也避而不谈。我只能补充一句, 我从来没有在任何地方说过党章"本身"是一种武器这种荒唐话。

对这种解释我的观点的手法所作的最正确的回答, 就是叙述我们党内斗争的具体事实。这样, 每个人就会清楚地看到, 具体事实与卢森堡同志的泛泛之谈和公式化的抽象概念之间有多么大的矛盾。

我们党是 1898 年春在俄国召开的几个俄国组织的代表大会[26]上成立的。党的名称是俄国社会民主工党。《工人报》[27] 成了中央机关报;"国外俄国社会民主党人联合会"[28] 成了党的国外代表机关。代表大会闭幕不久, 党中央委员会成员即被逮捕。《工人报》出版了两号就停刊了。整个党成了各地方党组织(即所谓委员会)的无定型的堆积体。这些地方委员会之间的唯一联系, 是思想上的联系, 纯精神上的联系。一个分歧、动摇、分裂的时期不可避免地到来了。同西欧各党相比, 知识分子在我们党内占的比重要大得多, 他们迷恋马克思主义, 把马克思主义当成时髦。但是, 这种迷恋很快就消失了, 接着, 又一面盲目崇拜资产阶级对马克思的批评, 一面盲目崇拜纯粹的职工运动(罢工主义——"经济主义")。知识分子机会主义派和无产阶级革命派的分歧, 引起了国外"联合会"的分裂。《工人思想报》和国外的《工人事业》杂志[29] 成了"经济主义"的代言人(后者程度差些), 它们贬低政治斗争的意义, 否认俄国有资产阶级民主派存在。"合法的"马克思的批评家司徒卢威、杜冈-巴拉诺夫斯基、布尔加柯夫、别尔嘉耶夫等先生们已经彻底向右转。欧洲没有一个地方像我们俄国这样, 伯恩施坦主义[30]竟如此迅速地达到了自己的逻辑终点, 组成了自由派。我们的司徒卢威先生开头为维护伯恩施坦主义而进行"批评"，最后创办了一个自由主义(指欧洲的自由主义)杂志《解放》[31]。普列汉诺夫及其朋友退出国外"联合会"以后，得到了《火星报》和《曙光》杂志[32]的创办人的支持。这两种刊物(罗莎·卢森堡同志也听到了一些这方面的情况)为反对党内机会主义派进行了"三年辉煌战役"，这是社会民主党的"山岳派"反对社会民主党的"吉伦特派"的战役(这是旧《火星报》的说法)，是反对"工人事业"派(即克里切夫斯基、阿基莫夫、马尔丁诺夫等同志)，反对犹太崩得[33]，反对受到该派鼓舞的俄国组织(首先反对彼得堡的所谓"工人组织"[34]和沃罗涅日委员会[35])的战役。

事情愈来愈明显，各委员会之间只有纯思想上的联系是不够的。形势愈来愈迫切地要求成立一个真正统一的党，即要求完成1898年只是初步规划了的任务。最后，在1902年底，成立了以召开党的第二次代表大会[36]为己任的组织委员会。一个犹太崩得代表也加入了这个主要由俄国《火星报》组织组成的组织委员会。1903年秋，终于举行了第二次代表大会；经过这次大会，一方面，党在形式上统一了，另一方面，党又分裂为"多数派"和"少数派"。这种划分在党代表大会以前是没有的。只有详细地分析一下党代表大会上展开的斗争，才能说明这种划分。遗憾的是，少数派的拥护者(包括卢森堡同志在内)却小心翼翼地避开这种分析。

我在这本由卢森堡同志以独特的方式介绍给德国读者的书中，用了100多页的篇幅，详细研究了代表大会的记录(编成一卷，约400页)。为了进行这种分析，我把代表，或者不如说是把选票(我们的代表有的有一票，有的有两票表决权)分成四大类：(1)火星派多数派(拥护旧《火星报》方针的)——24票，(2)火星派少数派——9票，(3)中派(也谑称为"泥潭派")——10票，以及(4)反火星派——8票，共51票。我分析了这四类人参加党代表大会所举行的**一切**表决的情形，并且证明在一切问题(纲领、策略和组织)上，党代表大会都是火星派同反火星派斗争的舞台，而"泥潭派"在这里表现了各种各样的动摇。凡是对我们党的历史有点了解的人都会清楚地知道，情况只能是这样。可是，一切少数派的拥护者(包括罗·卢森堡在内)却谨慎地闭眼不看这个斗争。为什么呢？因为正是这个斗争使少数派的当前政治立场的全部虚伪性暴露出来了。在党代表大会进行这一斗争的整个过程中，火星派在数十个问题上，在数十次表决中，都是反对反火星派和"泥潭派"的；而讨论的问题愈是具体，对社会民主党的工作的基本内容愈是肯定，要求实现旧《火星报》的不可动摇的计划愈是迫切，"泥潭派"就愈是坚决地站到反火星派方面去。反火星派(特别是阿基莫夫同志和一直附和他的彼得堡"工人组织"代表布鲁凯尔同志，还有几乎一直都附和他的马尔丁诺夫同志和五个犹太崩得代表)反对承认旧《火星报》的方针。他们维护旧的个别组织，投票反对这些组织服从党，反对它们同党合并(如组委会事件[37]，解散"南方工人"社这个"泥潭派"的最重要的集团等等)。他们反对按集中制原则制定的组织章程(代表大会第14次会议)，并指责**一切**火星派分子，说他们想要造成"有组织的不信任"，制定"非常法"等等可怕的东西。当时，**一切**火星派分子全都嘲笑这种指责。值得注意的是，罗莎·卢森堡同志现在却把所有这些凭空捏造的东西都当成了真事。在绝大多数问题上，都是火星派取得了胜利；他们在代表大会上占优势，这从上面提到的数字可以明显看出来。可是，在代表大会的后半期的会议上，在解决一些不太重要的问题时，反火星派却取得了胜利,因为某些火星派分子投票支持他们。例如,在讨论我们党纲中的平等使用一切语言的问题时,情况就是这样。在这个问题上,反火星派几乎推倒纲领委员会并通过自己的条文。在党章第1条的问题上,情况也是这样:反火星派同"泥潭派"一起通过了马尔托夫的条文。按这个条文,算做党员的不仅有党组织的成员(我和普列汉诺夫都拥护这样的提法),而且还有一切在党组织的监督下工作的人。①

在选举中央委员会和中央机关报编辑部的问题上,情况也是这样。24个火星派分子组成了团结一致的多数派,他们实现了考虑已久的改组编辑部的计划:6个旧编辑中有3个当选;组成少数派的有9个火星派分子、10个中派分子和1个反火星派分子(其余7个反火星派分子即犹太崩得和"工人事业"的代表在此以前已经退出了代表大会)。这个少数派对这次选举极为不满,决定不再参加其余的选举。考茨基同志认为,改组编辑部是引起后来的斗争的主要原因,这种看法是十分正确的。但是,他认为是我(原文如此!)把3个同志"开除"出编辑部,这只能说明他根本不了解我们代表大会的情况。因为第一,落选和开除完全不是一回事,况且我当然没有权力在代表大会上开除谁;第二,看来考茨基同志并没有料到,反火星派、中派和一小部分《火星报》的信徒的联合这一事实也有政治意义,对选举结果不会不发生影响。谁要是不愿意闭

---

① 考茨基同志赞同马尔托夫的条文,他是从当时是否适宜的观点出发的。第一,我们党代表大会对这个条文的讨论不是从当时是否适宜的观点出发,而是从原则的观点出发的。阿克雪里罗得就是这样提出问题的。第二,如果考茨基同志认为,在俄国警察制度下,加入党组织同只在党组织的监督下进行工作这两者之间有这么大的区别,他就错了。第三,如果把目前俄国的状况和实行反社会党人非常法[38]的德国的情况相比,就大错特错了。

眼不看我们代表大会上发生的事情，谁就一定会了解，我们目前分成少数派和多数派，不过是我们党以前分成无产阶级革命派和知识分子机会主义派的翻版。这是事实，任何解释、任何嘲笑都无法回避这一事实。

遗憾的是，代表大会闭幕以后，这种分裂的原则意义被增补问题上的无谓争吵给弄模糊了。就是说，要是3个旧编辑不被重新增补进去，少数派就不想在中央机关的监督下工作。这个斗争继续了两个月。斗争的手段是进行抵制和瓦解党。有12个委员会（对这个问题表态的委员会是14个）严厉地斥责了这种斗争手段。少数派甚至拒绝接受我们（我和普列汉诺夫）的建议，不肯在《火星报》上发表自己的观点。在国外同盟代表大会上，情况竟发展到对中央机关的成员进行人身攻击和谩骂（什么专制君主、官僚、宪兵、扯谎者等等）。指责他们压制个人的主动精神，想要人们绝对服从、盲目服从，等等。普列汉诺夫企图把少数派的这种斗争手段评定为无政府主义手段，但这种企图未能达到目的。这次代表大会以后，普列汉诺夫发表了一篇划时代的专门攻击我的文章《不该这么办》（《火星报》第52号）。他在这篇文章中写道：反对修正主义的斗争不一定是反对修正主义者的斗争；谁都可以看出，他这里指的是我们的少数派。接着他写道，有时没有必要反对俄国革命者身上根深蒂固的无政府个人主义；有时作出某些让步也是制服这种个人主义和防止分裂的最有效的办法。我不能同意这种看法，因而退出了编辑部。这样，少数派编辑就被增补进去了。接着，又在增补中央委员的问题上进行了斗争。我曾建议和解，条件是把中央机关报留给少数派，而把中央委员会交给多数派，但我的建议被否决了。斗争继续进行，继续"在原则上"反对官僚主义、极端集中制、形式主义、雅各宾主义、施韦泽主义(把我称为俄国的施韦泽)等等可怕的东西。我在这本书中嘲笑了所有这些指责，并指出，这或者只是为增补问题而进行的争吵，或者(假定可以认为这是"原则"的话)不外是机会主义的、吉伦特派的辞藻。目前的少数派只不过是在那里重复阿基莫夫同志和其他公认的机会主义者在我们代表大会上反对旧《火星报》的一切拥护者所维护的集中制时曾经说过的话。

俄国各委员会对中央机关报变成个别小组的刊物，变成为增补问题进行争吵和在党内进行造谣的刊物，极为不满。通过了许多决议，进行极严厉的谴责。只有我们上面已经提到的所谓彼得堡"工人组织"和沃罗涅日委员会(两者都是阿基莫夫同志的方针的拥护者)**从原则上**对新《火星报》的方针表示满意。要求召开第三次代表大会的愈来愈多了。

读者只要认真研究一下我们党内斗争的第一手材料，就会很容易认识到，罗莎·卢森堡同志所说的什么"极端集中制"，必须逐步实行集中制等等，具体地说，从实际上说，是对我们代表大会的嘲笑，抽象地说，从理论上说(如果这里可以谈到理论的话)，是把马克思主义庸俗化，是对马克思的真正辩证法的歪曲，等等。

我们党内斗争的最后阶段的标志，是一部分多数派中央委员被开除出中央委员会，一部分已经不起作用，有名无实(这是中央委员会的成员变动[39]等等造成的)。党总委员会(在增补旧编辑后，该委员会也落到了少数派手里)和目前的中央委员会指责一切为召开第三次代表大会而进行的鼓动，并开始同某些少数派党员订立私人协定和进行谈判。有些组织，例如中央代办员(全权)小组，就因鼓动召开代表大会这一罪行而被解散[40]。党总委员会和新的中央委员会反对召开第三次代表大会的斗争已经全面展开。多数派为了回击这种行动，提出了一个口号："打倒波拿巴主义！"（代表多数派讲话的加廖尔卡同志写的小册子用的就是这个标题）。愈来愈多的决议把反对召开代表大会的党的机关称为反党的波拿巴主义的机关。我和另一位同志新创办的多数派出版社（这里出版了加廖尔卡同志的上述小册子和其他一些刊物），被宣布为非党出版社，这就可以清楚地看出，少数派的一切反对极端集中制和主张自治的言论，是何等的虚伪。多数派只能通过新出版社来宣传自己的观点，因为《火星报》几乎完全拒绝刊登他们的文章。尽管这样，或更确切地说，正因为这样，党总委员会才以我们的出版社不代表任何一个党组织这个纯粹形式上的理由，作出了上述决定。

不用说，目前，正常工作已经无人过问，社会民主党的威信一落千丈，全党的士气极端涣散，这是因为党的第二次代表大会的一切决议和一切选举已经作废，同时也还由于对党负责的党的机关正在为反对召开党的第三次代表大会而进行斗争。

载于1930年《列宁文集》俄文版第15卷

译自《列宁全集》俄文第5版第9卷第38—64页

《农民与社会民主党》
一文的两个提纲[41]

(不早于 1904 年 9 月)

1

农民与社会民主党

马克思主义理论与社会民主党纲领

1. 西欧社会民主运动中的土地问题。大卫等。

2. 俄国的土地问题：从旧民粹派到自由派到社会革命党人。改革
时的实际意义。

3. **大生产和小生产**。

奥哈根

克拉夫基

等等。有关**劳力**、**牲畜**、**土地**所需费用的结论。

丹麦(大卫)。

4. **合作社**。**大卫等**。法国的反动派：

罗基尼

哥尔茨

布亨贝格尔。

5. 俄国的特点。

　同农民资产阶级一起反对地主。

　同城市无产阶级一起反对农民资产阶级。

6. 特别是在政治活跃时代,在农民中进行社会民主主义的宣传鼓动的意义。提高农民的自觉性,发扬民主主义思想和社会民主主义思想。

2

1. 马克思主义(α)关于农民的状况、演进和作用的理论——和(β)社会民主党的纲领。两者有密切联系。

2. 农民问题的迫切性。各国社会民主党的土地纲领:法国的(小资产阶级性质。恩格斯的批判[42]),德国的(1895 年。布雷斯劳[43],机会主义派和革命派),**俄国的**……(批评家。"**大卫**")。(布尔加柯夫)……

3. **俄国**社会民主党人的土地纲领特别表明了他们同**民粹派**和**社会革命党人**不同。

4. 马克思主义关于农民问题的理论基础(参看《资本主义的发展》中引用的马克思的话)。(1)大生产的作用;(2)农民的小资产阶级性;(3)他们的过去(－)和将来(＋)。补充卡·考茨基。《社会革命》。

5. 农业中的大生产和小生产……

　施图姆普费。**苏雄**。

　手稿中有:黑希特、奥哈根、克拉夫基、巴登,德国的统计……

6. 结论：劳力、牲畜、土地所需费用巨大。

7. 补充：胡施克、哈格德、博德里亚尔、勒库特、**普鲁士调查**、巴伐利亚和黑森的调查、胡巴赫。

8. 债务。**普鲁士的统计**。

9. 合作社。问题的一般提法。

　　　　罗基尼、哥尔茨、布亨贝格尔、哈格德。

　　　　统计资料：**德国的和俄国的**（社会租佃）。**丹麦**。

10. 关于西方的结论。

11. 俄国的特点……　分为两个方面。

　　　　农民资产阶级和农村无产阶级。

　　　　农奴制残余和同资产阶级斗争。

12. 同农民资产阶级一起
　　　　反对地主等。
　　　　　　　　　　　　　　同割地联系起来。
　　同城市无产阶级一起
　　　　反对资产阶级。

13. 土地问题在可以预见的不久的将来的实际意义：

　　　　揭示农村的阶级对立。

　　　　民主主义的和社会民主主义的宣传鼓动。

载于1938年《列宁文集》俄文版
第32卷

译自《列宁全集》俄文第5版
第9卷第387—389页

关于成立多数派委员会常务局的通知[44]

草　案

（1904 年 10 月 20 日〔11 月 2 日〕以前）

党内危机正在无限期地延续下去,摆脱这个危机愈来愈困难了。多数派已经不止一次地在报刊上阐明自己对产生危机的原因和摆脱危机的办法的看法。得到许多委员会(敖德萨、叶卡捷琳诺斯拉夫、尼古拉耶夫、里加、彼得堡、莫斯科等委员会和高加索联合会)、十九人宣言[45]和国外多数派代表们支持的二十二人声明①,对多数派的纲领作了充分而确切的说明。每个稍微了解危机的进程,稍微珍视党的荣誉和尊严的人早已明白,除了召开党代表大会以外,不可能有别的出路。但是现在,一部分中央委员的新宣言、党总委员会的新决议,却在使党内分歧愈益严重。投到少数派方面去的中央委员,不惜最粗暴地破坏那些仍旧站在多数派方面的中央委员的权利。新中央委员会宣布和解,但它不仅不尊重多数派,反而把他们完全撇在一边,通过秘密的私人契约,同少数派单方面达成协议。谁要是真心希望和解,谁首先就应该把所有的斗争者、争论者和不满者召集到一起,而这也就是召开党代表大会。谈论和平而又害怕召开代表大会,要和解但又用少数派在第三次

---

① 见本卷第 10—17 页。——编者注

1904 年列宁《关于成立多数派委员会
常务局的通知》手稿第 1 页
（按原稿缩小）

代表大会上也可能遭到失败而引起分裂的说法来吓唬人，——这就是伪善，就是强迫国内党的工作者听任国外小组为所欲为，就是用漂亮的和平口号美化彻底背叛多数派的行径。新中央委员会假借和平的名义解散敢于要求召开代表大会的组织，新中央委员会假借和平的名义宣布多数派的出版物不是党的出版物，并拒绝把这些出版物分发给各委员会。新中央委员会假借和平的名义把无谓争吵引进党总委员会的决议中。党总委员会竟敢发表书面声明，说有些同志进行"欺骗"，其实对这些同志的行为还没有进行调查，甚至人们还没有对他们提出指控。党总委员会现在是在公然伪造党内舆论和党的决议，委托分明敌视召开代表大会的思想的中央委员会去审查各委员会的决议，怀疑这些决议，迟迟不发表这些决议，错算票数，攫取代表大会宣布代表资格无效的权利，用促使"外层组织"反对地方委员会的办法破坏正常工作。同时，全党的正常工作也由于中央委员会和中央机关报把力量消耗在反对召开代表大会上而停顿下来了。

多数派的各委员会和组织除了团结起来为召开代表大会而斗争，为反对事实上公然嘲弄党的所谓党中央机关而斗争外，已经没有别的办法了。我们根据敖德萨、叶卡捷琳诺斯拉夫、尼古拉耶夫、里加、彼得堡和莫斯科各委员会的倡议，并且征得它们的同意，成立多数派委员会常务局，就是倡导这种团结。

我们的口号是：坚持党性，反对小组习气；坚持坚定不移的革命方针，反对曲折路线、混乱状态和回到工人事业派方面去；坚持无产阶级的组织和纪律，反对瓦解组织分子。

我们的最近任务是：使国内和国外的多数派在思想上和组织上团结起来，全面支持和发展多数派的出版社（邦契-布鲁耶维奇同志和列宁同志在国外创办的),同我们中央机关的波拿巴主义作斗争,检查召开第三次代表大会的办法是否正确,帮助开展被编辑部和新中央委员会的代办员破坏的各委员会的正常工作。

多数派委员会常务局

　　同常务局联系,国内可以通过多数派各委员会,国外可以通过邦契-布鲁耶维奇和列宁的出版社。

载于 1940 年《无产阶级革命》杂志
第 2 期

译自《列宁全集》俄文第 5 版
第 9 卷第 66—70 页

一个热心效劳的自由派

（1904 年 10 月）

> 效劳在需要的时候诚然可贵，
>
> 但这种事儿可不是人人都善于承担，
>
> 上帝保佑我们别和司徒卢威打交道，
>
> 热心效劳的司徒卢威比敌人还要危险！[46]

在司徒卢威先生的最近一期（第 57 期）《解放》杂志上，登了下面两段发人深思的话：

"所谓的俄国社会民主工党内部的分化过程已经进入了一个新的阶段。极端集中派（"列宁派"、"坚定派"、"多数派"）开始失去立足之地，而他们的对手的地位却愈来愈巩固——至少在国外'侨民'中是这样。'少数派'（马尔托夫派）几乎到处占优势，把愈来愈多的党的机关掌握到自己手里，而与此同时，一些团体和个人又在脱离'多数派'，他们虽说不完全同意少数派的'纲领'，但也不想同少数派进行斗争，并力求在至今还很不安定的党内建立和平。于是出现了'调和派'，他们希望结束这场不体面的争吵，因为在这种争吵中，人们不仅不再了解对方，而且也不了解自己了。'调和派'的出现使不调和的集中派不得不成立'社会民主党书刊出版社，专门出版维护第二次党代表大会多数派的原则立场的著作'（邦契-布鲁耶维奇和尼·列宁的声明）。这个新出版社已经出了三部作品：（1）《**告全党书**》，1904 年日内瓦出版，共 16 页，定价 20 生丁，15 芬尼；（2）**加廖尔卡**的《打倒波拿巴主义！》，1904 年日内瓦出版，共 23 页，定价 25 生丁，20 芬尼；（3）**加廖尔卡和列兵**的《我们之间的争论》，1904 年日内瓦出版，定价 50 生丁，40 芬尼。这三本小册子的主要内容是评论'少数派'对'多数派'所采取的某些的确并不是完全无可指责的斗争方法，并捍卫这样的论点，即通过召开第三次代表大会来调解党内不和不仅是可能的，而且是必要的。

从对党的忠诚来看,'多数派'虽**在形式上**采取了比较稳重的立场,但**实质上**是向自己的对手让步。实质上后者**现在**所捍卫的东西比'多数派'所捍卫的东西要更富有生命力和活动力。只可惜捍卫得不大适当,或者更确切些说,很不适当,甚至往往达到不择手段的地步。《火星报》最近发表的许多文章和前几天问世的**托洛茨基**的小册子《我们的政治任务》(策略问题和组织问题)(1904 年日内瓦出版,共 107 页,定价 75 生丁)就是这种不适当的捍卫的例子。这本小册子虽然有许多空话,但还是十分公正地捍卫了某些思想;凡是注意社会民主党著作的人,早就从阿基莫夫、马尔丁诺夫、克里切夫斯基等先生以及其他所谓的'经济派'的作品中对这些思想有所了解了。只可惜有些地方,作者把这些人的观点弄到了滑稽可笑的地步。"

对我们党遭遇的不幸,竟这样幸灾乐祸!但一个自由派,由于他的政治本性,对社会民主党的削弱和分化,是不可能不幸灾乐祸的。

对少数派的阿基莫夫式的观点的**实质**,竟怀着这样深切而真挚的同情!但事实上,对俄国自由派的生命力、思想生命力的唯一希望,难道不就是寄托在社会民主党内机会主义的生命力上面吗?

新《火星报》及其拥护者并不走运。

不妨回顾一下普列汉诺夫的《不该这么办》这篇出色的、有名的、划时代的文章。这种耍手腕和个人让步的政策考虑得多么周密,我们的外交家陷入了多么窘迫的境地。彻头彻尾的机会主义者司徒卢威先生把新《火星报》的"意义重大的转变"抓得多么准确。现在,新《火星报》的领导人自己也承认旧《火星报》和新《火星报》之间隔着一条"鸿沟"了。

再来回顾一下普列汉诺夫在《火星报》第 65 号上发表的那套纳尔苏修斯[47]式的断语。他说:"谁都不会害怕阿基莫夫,现在他连菜园里的麻雀都吓不跑。"普列汉诺夫说了这番话(这并没有特别暴露出他对工人事业派分子的温和和谦让),但同时他又说,好像在我们党代表大会上"起来反对正统马克思主义的只有一个阿基莫夫"。当他发表了这套纳尔苏修斯式的论调以后,同阿基莫夫先生和布鲁凯尔先生见解一致(这是谁都知道的)的沃罗涅日委员会的传单立刻就**全文**发表了,不过新《火星报》编辑部显然是向公众**隐瞒了**(第 61 号)这一传单的整个原则部分,它对新《火星报》表示同情的部分。谁像麻雀呢? 哪个党的机关现在可以比做菜园呢?

再来回顾一下《火星报》第 73 号和第 74 号附刊上《是时候了!》一文的作者。这位同志虽然是所有"泥潭派"代表在我们整个代表大会上所坚持的那些观点的公开的忠实的代表者,但是,他却公开声明自己不同意普列汉诺夫的意见,公开发表了自己的意见,说"阿基莫夫在代表大会上扮演的角色与其说是机会主义的实际代表,不如说是机会主义的幽灵"。可怜的编辑部不得不一再受到一种自己打自己的惩罚。编辑部给《是时候了!》一文作者的论断加了下列附注:

"我们不能同意这种意见。在阿基莫夫同志对党纲的观点上有着明显的机会主义的烙印,连《解放》杂志的一位批评家在最近一期《解放》杂志上都承认了这一点,指出阿基莫夫同志倾向于'现实主义的'(应读做:修正主义的)方针。"

这不真是太妙了吗? 阿基莫夫对党纲的观点中有机会主义(在争论党纲的时候,同他一起投票的几乎总有马尔丁诺夫、布鲁凯尔等同志以及崩得分子,往往还有泥潭派代表)。但他的策略观点和组织观点中没有机会主义,是这样的吗,先生们? 你们闭口不谈后面这些观点,是不是因为新《火星报》冠冕堂皇地提出了新的组织上的分歧,恰恰说出了而且只是说出了马尔丁诺夫和阿基莫夫以前反对旧《火星报》时说过的一些话呢？是不是因为最近的《火星报》在最近时期提出的新的策略分歧都只不过是重复马尔丁诺夫和阿基莫夫很久以前在反对旧《火星报》时说过的一些话呢？假如现在能把《工人事业》杂志第 10 期[48]重印一下，那该有多好啊！

　　新《火星报》编辑部究竟亲自把谁请来作为审理阿基莫夫同志的审判人和见证人呢？请来了司徒卢威先生。审判人是很不错的，这确实是位机会主义问题的专家，能手，权威，内行。编辑部自己找来的这位见证人对托洛茨基观点的内容的评论，更是耐人寻味。请不要忘记，托洛茨基的小册子是**由《火星报》编辑**出版的（第 72 号第 10 版第 3 栏）。托洛茨基的"新"观点，即编辑部的观点，是得到普列汉诺夫、阿克雪里罗得、查苏利奇、斯塔罗韦尔和马尔托夫赞许的。

　　空话连篇和阿基莫夫精神（可惜是滑稽可笑的阿基莫夫精神）——这就是同情新《火星报》的和由新《火星报》请来的审判人的判决。

　　热心效劳的自由派这一次竟无意中说了实话。

1904 年 11 月在日内瓦印成单页　　　　　　　译自《列宁全集》俄文第 5 版
　　　　　　　　　　　　　　　　　　　　　　　第 9 卷第 71—74 页

地方自治运动和《火星报》的计划⁴⁹

(1904 年 10 月 30 日和 11 月 8 日
〔11 月 12 日和 21 日〕之间)

仅供党员阅读

刚刚发表了一封由《火星报》编辑部签署的给各党组织的信("供党员阅读")。编辑部声称,俄国从来都没有像现在这样具备立宪的条件,并且详细叙述了"政治运动"的整个计划,即影响请求立宪的我国自由派地方自治人士的整个计划。

在分析新《火星报》的这个颇有教益的计划之前,我们先来回忆一下,在群众性的工人运动出现以后,俄国社会民主党内是怎样提出对我国自由派地方自治人士的态度问题的。谁都知道,就是在这个问题上,几乎从群众性的工人运动一出现,"经济派"和革命派之间就展开了斗争。"经济派"竟完全否认俄国有资产阶级民主派,忽视无产阶级影响反政府的社会阶层的任务,与此同时,他们又缩小无产阶级政治斗争的范围,有意无意地让社会上的自由派分子起政治领导作用,而让工人"同业主和政府进行经济斗争"。革命的社会民主派在旧《火星报》上同这种倾向进行了斗争。这个斗争分为两大时期:自由派的机关刊物《解放》杂志出版以前的时期和它出版以后的时期。在第一个时期,我们主要是抨击经济派的狭隘性,"促使"他们注意他们没有觉察到的俄国资产阶级民主派存在的事实，着重指出无产阶级展开全面政治活动的任务，无产阶级影响一切社会阶层的任务，以及它成为争取自由的先锋队的任务。目前，新《火星报》的拥护者们愈是粗暴地歪曲这一时期（见《火星报》编辑部出版的托洛茨基的《我们的政治任务》），愈是利用今天的青年对我国运动不久前的历史不熟悉的情况，就愈应当和愈有必要回忆一下这一时期和它的基本特点。

《解放》杂志出版以后，旧《火星报》斗争的第二个时期就开始了。当自由派有了独立的机关刊物，提出了单独政纲的时候，无产阶级影响"社会人士"的任务自然也就改变了：这时，工人民主派就不能只限于"震动"自由主义民主派，激发他们的反政府精神，而主要是应该对自由派在政治立场上明显暴露出来的不彻底性进行革命的批判。我们影响自由派的方式，就是经常指出自由派先生们的政治抗议是不彻底的和远远不够的（只要援引一下《曙光》杂志对司徒卢威先生为维特记事写的序言的批判①以及《火星报》的许多文章就够了）。

在快要召开党的第二次代表大会的时候，社会民主党对公开进行活动的自由派的这种新的态度已经表示得相当明显，相当肯定了，甚至再没有人会产生俄国是否存在资产阶级民主派以及反政府运动应不应该得到无产阶级的支持（和什么样的支持）的问题了。问题只是如何表述党对这个问题的观点，这里，我只要指出一点就够了，就是旧《火星报》的观点在普列汉诺夫提出的决议中，比在斯塔罗韦尔提出的含糊不清的决议[50]中，表述得要明确得多：前者着重指出了自由派的《解放》杂志的反革命和反无产阶级的性

---

①　见本版全集第5卷第18—64页。——编者注

质,后者一方面极力要(完全不合时宜地)同自由派达成"协议",另一方面又提出了一些不现实的、自由派显然不能履行的协议条件。

一

现在,我们来谈谈新《火星报》的计划。编辑部认为,我们应当充分利用有关自由主义民主派的不坚定性和不彻底性问题以及有关自由派资产阶级利益与无产阶级利益的敌对性问题的全部材料,而且应当"根据我们党纲的原则要求"来利用。"**但是,**——编辑部继续写道——在同专制制度斗争的范围内,也就是在目前阶段,我们对自由派资产阶级的态度是由**下述任务决定**的:使他们增加勇气,使他们赞同社会民主党领导的无产阶级**将要提出的**⟨? 还是已经提出的?⟩要求。"我们把这段怪论的几个特别奇怪的字加上了着重标记。的确,把批评不彻底性和分析利益的敌对性同提出任务,要使他们增加勇气,使他们赞同无产阶级的要求这两方面对立起来,又怎能说不奇怪呢? 我们不对自由主义民主派在民主问题上的不彻底性进行无情的评论和严厉的批判,又怎能使他们增加勇气呢? 既然资产阶级(=自由主义)民主派打算以民主派的身份出现,而且不得不以这样的身份出现,他们就必然力求依靠尽量广泛的人民群众。这种要求必定产生如下矛盾:人民群众愈是广泛,他们中间要求政治制度和社会制度彻底民主化的无产者和半无产者阶层的代表就愈多,而这种民主化势必摧毁任何资产阶级统治的极重要的支柱(君主制、常备军、官僚制度)。资产阶级民主派按其本性来说是不能满足这些要求的,因此,他们按其本性来说必定是不坚定和不彻底的。社会民主党人通过批评这种不彻底性来不断推动自由派,使愈来愈多的无产者和半无产者,还有一部分小资产者,脱离自由主义民主派而转到工人民主派方面来。怎么能说,我们应当批评自由派资产阶级的不彻底性,**但是**(但是!)我们对他们的态度又是由使他们增加勇气这一任务决定的呢? 这显然是思想混乱,这种混乱要么表明,它的制造者们在倒退,即回到自由派还没有公开进行活动,还需要启发他们、推动他们、促使他们发表意见的时期;要么表明,这些人有一种错误的想法,以为可以通过减少无产者的勇气来使自由派"增加勇气"。

不管这种思想多么古怪,但在编辑部的信的下面一段话中这种思想表达得更加明确:"但是——编辑部又有保留地声明说——如果我们抱定目的,要用有力的**威吓**手段,马上**迫使**地方自治机关或其他资产阶级反对派的机关,在**惊慌**之下正式答应向政府提出我们的要求,那我们就会犯下不可挽回的错误。这种策略会败坏社会民主党的名声,因为它会把我们整个政治运动变成反动派的杠杆。"(黑体是编辑部用的)

原来如此! 当沙皇专制制度特别明显地摇摇欲坠,对它特别须要给以沉重打击,而且这种打击特别有效和可能成为决定性的打击,而革命无产阶级还没有来得及给予这种打击的时候,有些社会民主党人却在那里唠叨起反动派的杠杆来了。这已经不仅仅是思想混乱,简直是庸俗。一个编辑部居然说出这样庸俗的话,为了谈到反动派的杠杆,竟特地编造了这样一套骇人听闻的鬼话。请想一想:有人竟在给社会民主党各党组织的信中,煞有介事地谈什么威吓地方自治人士和强迫他们在惊慌之下正式答应的策略! 就是在俄国的高官显宦中间,在我们的乌格留姆-布尔切耶夫[51]之流中间,也难找到会相信这套吓人鬼话的这种政界黄口小儿。我国的革命者中间,有激烈的恐怖分子、亡命的暗杀分子,但就连最荒唐的暗杀主义者,到目前为止,看来都没有要威吓……地方自治人士和引起……反对派惊慌。难道编辑部没有看到,它编造这套可笑的吓人鬼话,散布这些庸俗的论调,必然会引起误解和疑惑,会模糊意识,造成战斗的无产者的思想混乱吗?要知道,关于反动派的杠杆、关于败坏名声的威吓策略等言论不会飞到天空去,而是落到最适于莠草生长的特殊的俄国警察制度的土地上。现在确实到处都有人在讲反动派的杠杆,但讲这种话的是新时报派[52]。确实有人总是喋喋不休地唠叨这个败坏名声的威吓策略,但这不是别人,正是胆小怕事的资产阶级反对派的首领。

就拿大学教授叶·尼·特鲁别茨科伊公爵来说。看来,他是个很有"教养"的,而且作为一个俄国合法的活动家来说,也是个很"勇敢的"自由派。然而,他在自由派的《法学》周报[53](第39号)上,却大谈"内部危险"即极端派的危险,这真是庸俗!这才是真正感到惊慌的活生生的典型,这才是真正恐吓道地的自由派的鲜明例证。他们怕的当然不是《火星报》编辑们想象的计划,不是逼迫地方自治人士正式答应提出革命派的要求的计划(如果把这种计划告诉特鲁别茨科伊先生,他只会捧腹大笑),他们怕的是"极端"派的革命的社会主义目的,他们怕的是街头传单——无产阶级采取独立革命行动的先声,而无产阶级不推翻资产阶级的统治,是不会罢休,不会放下武器的。这种恐惧不是由于荒谬可笑的吓人鬼话产生的,而是由于工人运动的实际性质产生的。这种恐惧是无法从资产阶级(个别人和个别团体当然不在此例)的心中消除的。正因为如此,新《火星报》谈论这个威吓地方自治人士和资产阶级反对派的败坏名声的策略,才使人听起来感到非常虚伪。害怕街头传单、害怕一切超出有资格限制的宪法的措施的自由派先生们,永远都会害怕"民主共和国"的口号和全民武装起义的号召。但觉悟的无产阶级会愤怒地驳斥这样一种想法,即以为我们可以抛弃这个口号和这个号召,以为我们总是可以让资产阶级的惊慌和恐惧来支配自己的活动。

就拿《新时报》来说。它以反动派的杠杆为主题唱出了多少美妙动听的曲调啊。第 10285 号(10 月 18 日)的《札记》写道:"青年和反动…… 这两个词是连不到一起的,然而,考虑不周的行动,冲动的热情,不管怎样也要立刻参与解决国家前途的愿望,——会把青年引进这个死胡同。近日来维堡监狱前的示威,随后首都中心区为某事举行示威的尝试,莫斯科 200 名大学生举着旗帜抗议战争的游行…… 可见,反动就是由此而来的……学生的学潮,青年的示威游行,这完全是捧场戏,是落到反动派手中的一张求之不得的王牌。对反动派来说,这真是一份可以利用的厚礼。不应该去送这份礼物,无须拆毁想象中的〈!!!〉栅栏:现在,门已打开〈也许是维堡监狱和其他监狱的门吧?〉,已完全打开了!"

这些论调用不着解释了。只要引证一下上述论调,就可以看出,现在谈反动派的杠杆有多么荒唐,因为**现在**全俄监狱没有一扇门为斗争的工人稍许打开,沙皇专制制度还没有作出任何一个能使无产阶级稍微感觉得到的让步,现在全部精力都应该用来准备同俄国人民的敌人进行真正的决定性的搏斗。当然,只要一想到这个搏斗,特鲁别茨科伊之流先生们和数以千计的"教养"较差的自由派先生们就会感到惊慌和恐惧。但如果我们考虑他们的惊慌情绪,那我们可真是傻瓜了。我们应当考虑的是我们自己的力量的状况，是人民的激愤和不满情绪的增长，是无产阶级对专制制度的直接进攻同一个自发的和自然发展的运动相结合的时机。

<h2 style="text-align:center">二</h2>

上面谈到我们的编辑部编造的吓人鬼话的时候，我们没有提到他们的论调还有一个特点。编辑部猛烈攻击那个败坏名声的策略，说它想逼迫地方自治人士"正式答应向政府提出我们的要求"。除了上述种种荒谬言论以外，要自由主义民主派去向政府提出"我们的"要求，即工人民主派的要求，这个想法本身也很奇怪。一方面，自由主义民主派正是由于自己是资产阶级民主派，它就根本不能接受"我们的"要求，不能真诚地、彻底地和坚决地捍卫这些要求。即使自由派正式答应，而且是"自愿地"正式答应提出我们的要求，他们显然也不会履行这个诺言，而会蒙骗无产阶级。另一方面，假如我们很有力量，能够严重影响整个资产阶级民主派，特别是地方自治人士先生们，那凭着这种力量我们就完全可以自己向政府提出我们的要求。

编辑部的奇怪想法不是一时失言，而是他们在这个问题上一贯采取的自相矛盾的立场的必然后果。请听："中心点和主导线……应当是下面这样一个实际任务：……给予资产阶级反对派以有力的有组织的影响"；在"工人给这个自由主义反对派刊物的声明草案"中，应该"说明一下为什么工人不向政府，而偏偏要向这个反对派的代表会议呼吁"。这样提出任务是根本错误的。我们无产阶级政党当然应该"到居民的一切阶级中去",在全体人民面前公开地大力地捍卫我们的纲领和我们的最近要求,我们也应当极力向地方自治人士先生们宣布这些要求,但对我们来说,中心点和主导线并不是影响地方自治人士,而是影响政府。《火星报》编辑部把中心点问题恰恰给弄颠倒了。资产阶级反对派之所以只能是资产阶级的,只能是反对派,是因为它不能自己进行斗争,没有自己绝对要捍卫的纲领,它站在斗争的双方(一方是政府,一方是革命无产阶级加上拥护他们的为数不多的知识分子)之间,它考虑的是如何使斗争的结果对自己有利。因此,斗争愈激烈,离决战的日子愈近,我们就愈应该集中精力去注意和影响我们的真正敌人,而不是去注意和影响**本来**就是有条件的、成问题的、不可靠的、不彻底的同盟者。无视这个同盟者,是愚蠢的,一味想要威吓和恫吓他们,是荒唐的,——这是不言自明的,再来谈论这一点,就会使人感到奇怪了。但是,我要再说一遍,我们鼓动的中心点和主导线,不应该是影响这个同盟者,而应该是准备同敌人进行决战。为了讨好地方自治机关,政府向它作了些微小的(而且几乎仅仅是口头上的)让步,但实际上并没有向人民作任何让步,它还完全可能重新采取反动手段(确切些说:继续采取反动手段),就像过去在俄国,在某个专制君主作出的自由主义姿态转瞬即逝之后所发生过的几十次几百次的情形那样。正是在政府讨好地方自治机关,转移人民的视线和用空话安抚他们的时候,应当特别提防狐狸尾巴,特别坚决地提醒人们注意敌人还没有打垮,特别坚决地号召人们继续同敌人作斗争,并且百倍加强这个斗争,而不是把重心从向政府"呼吁"转到向地方自治机关呼吁。就在目前,不是别人,正是有名的坐享其成分子和自由的叛徒拼命把社会和人民注意的重心转向地方自治机关,要人们相信地方自治机关,而后者实际上根本不应该得到真正民主派的信任。拿《新时报》来说,从上面引的文章中,你们可以看到这样的论调:"谁都明白,如果可以大胆地公正地讨论我们的一切缺点和毛病,如果每个活动家都可以自由进行活动,那么毛病很快就能克服,俄国就会毫无顾忌地走上它非常需要的进步和改良的道路。就连取得这种进步的工具——组织,都用不着去考虑,这种组织已经有了,这就是地方自治机关,只要〈!!〉让它自由发展就行了;这种机构是实行真正独特的而非外来的改良的保证。"诸如此类的论调不仅"把实现有限君主制和有资格限制的宪法的要求掩盖起来"(如编辑部在这封信的另一处说的),而且直接准备一种前提,使一切工作只限于向地方自治机关点头微笑,甚至对君主制也不加任何限制。

把影响地方自治机关而不是影响政府作为中心点提出来,自然会产生成为斯塔罗韦尔决议的基础的那个倒霉想法,也就是想立刻毫不迟疑地去探求同自由派达成某种"协议"的基础。编辑部在自己的信中说道:"对现在的地方自治机关,我们的任务归结为〈!!〉向它们提出革命无产阶级的某些政治要求。它们必须支持这些要求,才能有某种权利代表人民说话和指望得到工人群众的积极支持。"不用说,把工人政党的任务规定得太好了!当我们非常清楚地看到,温和的地方自治人士很有可能同政府联合起来反对革命无产阶级(编辑部自己也承认这种联合是可能的)的时候,我们不是把我们的任务"归结为"加倍努力地去反对政府,而是"归结为"制定同自由派达成互相支持的协议的诡辩性条件。如果我向另一个人提出要求,而他必须支持这些要求才能有权得到我的支持,那我正是在签订协议。我们倒要问问大家:斯塔罗韦尔在自己的决议①(阿克雪里罗得和马尔托夫也在上面签了名)中拟定的、我们在自己的书刊中已预言过不能兑现的那些同自由派达成协议的条件,都跑到哪里去了呢?关于这些条件,编辑部在自己的信中一个字也没有提到。编辑部要代表大会通过决议,就是为了事后把它扔到字纸篓里去。刚一着手解决实际问题,立刻就可以看出,提出斯塔罗韦尔的"条件",只会引起自由派地方自治人士先生们的哈哈大笑。

再进一步问:向工人政党提出任务,要它向自由主义民主派(或地方自治人士)提出某些政治要求,"他们必须支持这些要求,才能有某种权利代表人民说话",一般说来,能不能承认这**在原则上是正确**的呢?不,提出这样的任务,在原则上是不正确的,这只会使无产阶级的阶级意识模糊起来,只会导致毫无结果的诡辩。代表人民说话,就是以民主派的身份说话。任何一个民主派(也包括资产阶级民主派)都有权代表人民说话,但是,他只有一贯地、坚决地和彻底地坚持民主主义,才能享有这种权利。因而**任何一个资产阶级民主派都"有某种权利代表人民说话"**(因为任何一个资产阶级民主派,只要他是民主派,就都坚持某种民主要求),但同时,**任何一个资产阶级民主派都没有权利全面代表人民说话**(因为目前没有一个资产阶级民主派能把民主主义坚决贯彻到底)。当《解放》杂志反对专制制度的时候,司徒卢威先生有权代表人民说

---

① 我们要提醒读者,代表大会(不顾我和普列汉诺夫的意见)通过的斯塔罗韦尔的决议提出了同自由派达成临时协议的三个条件:(1)自由派"明确地毫不含糊地宣布,在反对专制政府的斗争中,他们坚决站到社会民主党一边";(2)"他们不在自己的纲领中提出同工人阶级和一切民主派的利益相违背的或使工人阶级的意识模糊的要求";(3)"他们把争取普遍、平等、无记名投票和直接的选举权作为自己的斗争口号"。

话；当《解放》杂志东摇西摆，只想求得有资格限制的宪法，把地方自治人士的反对派态度看成斗争本身，离开彻底的明确的民主纲领的时候，司徒卢威先生就没有任何权利代表人民说话了。当德国民族自由党人[54]为争取迁徙自由而斗争的时候，他们有权代表人民说话；当德国民族自由党人支持俾斯麦的反动政策的时候，他们就没有任何权利代表人民说话了。

因此，向工人政党提出任务，要它向自由派资产者先生们提出某些要求，如果他们支持这些要求，就有某种权利代表人民说话，——这就等于编造荒诞无稽的任务。除了我们纲领中载明的要求以外，我们没有必要编造任何特别的民主要求。为了实现这个纲领，我们必须支持任何（也包括资产阶级的）坚持民主主义的民主派；我们必须无情地揭露任何离开民主主义（例如在农民自由退出村社和自由出售土地的问题上）的民主派（也包括社会革命党人）。企图事先确定比如说可容许的卑鄙行为的尺度，企图事先规定民主派可以离开民主主义多远，还能有某种权利以民主派的身份说话，这真是个绝顶聪明的任务，使人不禁要怀疑：这个任务是不是马尔丁诺夫同志或者是唐恩同志帮助我们的编辑部臆造出来的。

<h2 style="text-align:center">三</h2>

编辑部在自己的信中阐述了一些指导性的政治见解之后，接着，就详细阐述了他们的伟大计划。

省地方自治会议请求立宪。在 N、X、Y 等城市，委员会的委员再加上先进的工人,"根据阿克雪里罗得的意见",拟定了一个政治运动计划。鼓动的中心点是影响资产阶级反对派。选出组织小组。由组织小组选出执行委员会。由执行委员会选出特派发言人。尽力"使群众同地方自治会议保持直接接触,使游行示威集中在地方自治会议议员开会的大厦前面。一部分示威群众可以进入会议大厅,在适当的时候,通过特派全权发言人请求会议〈? 请求主持会议的贵族代表吗?〉准许他向会议宣读工人的声明。如果遭到拒绝,发言人就对这个代表人民说话的会议不愿倾听人民的真正代表呼声的行径大声抗议"。

这就是新《火星报》的新计划。我们立刻就可以看到,编辑部自己对这个计划的意义所作的估价是多么谦逊,但我们还是先把编辑部对执行委员会的职能所作的具有高度原则性的说明摘引一下:

"……执行委员会应该事先采取措施,使几千名工人出现在地方自治会议议员开会的大厦前面,几十名或几百名工人出现在会场,**不致引起地方自治人士的惊恐**〈!!〉,因为在惊恐情绪的支配下,地方自治人士会立即奔向〈!〉警察和哥萨克去求得可耻的保护,从而把和平的示威变成不成体统的斗殴和残酷的血战,歪曲示威的整个意义……"(很明显,编辑部自己是相信它所编造的吓人鬼话的。从这句话的字面上的意义来看,编辑部甚至认为,似乎是地方自治人士把示威变成血战,并且歪曲示威的意义。我们对自由派地方自治人士的评价并不很高,但编辑部对地方自治会议的自由派会召唤警察和哥萨克感到惊恐,这倒使我们觉得十分荒唐。哪怕是参加过一次地方自治会议的人,也会清楚地知道,如果发生所谓破坏秩序的事情,召唤警察的要么是主持会议的贵族代表，要么是坐在隔壁房间的非正式出席会议的警官。或许执行委员会的委员还要就这件事向派出所巡官解释，说新《火星报》编辑部的"计划"根本没有包括把和平示威变成残酷的血战吧？）

"……为了避免发生这种意想不到的事情，执行委员会应该事先告诉自由派议员们……〈为了让他们"正式答应"不召唤哥萨克吗？〉正在进行准备的游行示威以及游行示威的真实目的……〈即事先告诉他们，我们的真实目的决不是要去挨顿毒打，从而歪曲阿克雪里罗得计划的意义〉……　此外，它还应该设法去同资产阶级反对派的左翼代表达成某种协议〈请听！〉，要他们对我们的政治活动即使不是积极支持，至少也要表示同情。它当然要以党的名义，按照工人小组和工人会议的委托，去同他们谈判；而在工人会议上，不仅要讨论政治运动的总计划，而且要听取关于运动的进展情况的报告，——当然要严格遵守保密原则。"

的确，我们亲眼看到，斯塔罗韦尔关于根据严格规定的条件同自由派达成协议的伟大思想，正在迅速地发展和巩固。诚然，所有这些规定的条件都被"暂时"束之高阁（我们可不是形式主义者！），但协议实际上是达成了，立刻达成了，这就是**关于不引起惊恐的协议**。

不管你把编辑部的信翻来覆去看上多少遍，关于同自由派达成的臭名远扬的"协议"，除了下面我们指出的内容以外，再也找不出其他任何内容：或者这是关于自由派在什么条件下有权代表人民说话的协议（如果是这样的话，那么要达成这种协议的想法本身就会使提出这种想法的社会民主党人的声誉一落千丈）；或者这是关于不引起惊恐的协议，同情和平示威的协议，——如果是这样的话，那么，这纯粹是废话，不必认真谈论。认为影响资产阶级反对派,而不是影响政府会具有中心意义,这种荒谬思想除了导致荒唐行为以外,不会有什么别的结果。如果我们能在地方自治会议的大厅里举行威严的群众性的工人示威,那我们当然要举行(尽管在我们有力量组织群众性的示威的时候,最好还是把这种力量"集中"到警察局、宪兵队或书报检查机关的"大厦前面",而不是到地方自治会议的"大厦前面")。但这时,还要按照不引起地方自治人士惊恐这样一种考虑行事,还要就此举行谈判,那就再愚蠢再可笑不过了。一个彻底的社会民主党人的演说**内容**本身总是会而且必然会引起相当一部分甚至可能是大部分俄国地方自治人士惊恐的。事先告诉地方自治人士,要他们不要**这样**惊恐,就会使自己处于极虚伪的不光彩的地位。残酷的血战或认为这种血战可能发生的想法,也必然会造成另一种惊恐。就这种惊恐同地方自治人士进行谈判,是极愚蠢的,因为就连一个最温和的自由派分子也决不会挑起血战或赞同血战的,但这完全不取决于他。这里需要的不是"谈判",而是脚踏实地积蓄力量,不是影响地方自治人士,而恰恰是影响政府及其代理人。如果没有力量,最好还是不要去高谈阔论什么伟大的计划,如果有力量,就该用这种力量去跟哥萨克和警察较量。尽量把群众集聚到一个适当的地点,以便击退或至少是阻止哥萨克和警察的进攻。如果我们不是在口头上,而是在实际上能够"给予资产阶级反对派以有力的有组织的影响",那当然不是靠关于不引起惊恐的极愚蠢的"谈判",而只是靠威力,靠群众抗击哥萨克和沙皇警察的威力,靠能够转为人民起义的群众性冲击的威力。

新《火星报》编辑部的看法却不同。它非常满意自己的协议和谈判的计划,真是不胜欣赏,赞不绝口。

N. Lenin. Liberale Bewegung und der Plan von „Jskra".

Prix: 25 cent.—20 pf.—2½ d.—5 cts.

Россійская Соціальдемократическая Рабочая Партія.

ПРОЛЕТАРІИ ВСѢХЪ СТРАНЪ, СОЕДИНЯЙТЕСЬ!

Н. Ленинъ.

ЗЕМСКАЯ КАМПАНІЯ
 И ПЛАНЪ „ИСКРЫ".

Издательство соціальдемократической партійной литературы
В. Бончъ-Бруевича и Н. Ленина.

ЖЕНЕВА
Кооперативная Типографія, 93 rue de Carouge 93.
1904.

1904 年列宁《地方自治运动和〈火星报〉的计划》小册子封面
（按原版缩小）

……积极的示威者应该"充分了解,通常的反对警察或政府的游行示威,同**目前**〈黑体是编辑部用的〉时期在革命无产阶级对自由派分子的政治策略施加直接影响的情况下〈原文如此!〉以反对专制制度为直接目的的游行示威,有着根本的区别。……要组织通常的、所谓一般民主〈!!〉形式的、不以革命无产阶级和自由主义反对派资产阶级这两个独立的政治力量具体对立起来为直接目的的游行示威,只要人民群众在政治上有强烈的不满就够了"。"……我们党必须利用群众的这种情绪,哪怕是组织这样的姑且说是低级形式〈听吧! 听吧!〉的动员,来发动这些群众反对专制制度。""……我们在政治活动的新〈!〉道路上,在组织工人群众〈请注意〉有计划地干预社会生活的道路上,正迈出第一〈!〉步;这种干预的直接目的是把工人群众作为一种独立力量,与资产阶级反对派相对抗,这种力量按其阶级利益来说是同资产阶级反对派相对立的,但同时又向他们提出联合起来积极反对共同敌人的条件〈哪些条件?〉。"

这些高论的全部奥妙,并不是每个人都能领会的。罗斯托夫的游行示威[55]是向成千上万的工人解释社会主义的目的和工人民主派的要求,这是"低级形式的动员",是通常的**一般民主**形式,这里并没有把革命无产阶级和资产阶级反对派具体对立起来。而由委员会委员和积极工人组成的组织小组选出的执行委员会所指派的特派全权发言人,与地方自治人士进行预备谈判之后,在地方自治会议上,对不愿倾听他的呼声的行径大声抗议,这才是把两种独立的力量"具体地""直接地"对立起来,这才是对自由派策略的"直接"影响,这才是"新道路上的第一步"。别太放肆了,先生们! 就连马尔丁诺夫在《工人事业》杂志最不景气的时期,也未必提出过这么庸俗的论调!

在南方各城市的街道上举行工人群众集会,数十名工人发表讲话,同沙皇专制制度的军队发生直接冲突,这都是"低级形式的动员"。同地方自治人士达成协议,要我们的发言人发表和平讲话,不要引起自由派先生们惊慌,这却是"新道路"。这就是新《火星报》通过编辑部的巴拉莱金[56]向全世界冠冕堂皇宣布的新的策略任务、新的策略观点。但有一点,这位巴拉莱金无意中说了实话:旧《火星报》和新《火星报》之间确实隔着一条鸿沟。旧《火星报》对那些把装饰门面用的阶级协议当做"新道路"来加以赞扬的人,除了说些轻蔑和嘲笑的话以外,没有别的话好说。**这条**新道路,我们早就从法国和德国的一些社会主义的"国家要人"的经历中了解到了:他们也把旧的革命策略视为"低级形式",并且把与资产阶级反对派的左翼谈判之后达成的关于工人发言人要发表和平的、谦逊的讲话的协议,当做"有计划地直接地干预社会生活"而赞不绝口。

编辑部看到自由派地方自治人士惊恐,自己也感到惊恐,于是竭力奉劝参与执行它所编造的"新"计划的人要"特别小心谨慎"。信上说:"作为一种非常做法,就是说在采取这个行动的时候,做到对外小心谨慎,我们想把工人的声明寄到议员的家里,并在地方自治会议的大厅里大量散发。只有从资产阶级的革命主义〈原文如此!〉的观点出发,才会对此感到不安:从资产阶级的革命主义来看,表面效果就是一切,而无产阶级的阶级觉悟和主动精神的有计划的提高过程则是微不足道的。"

对分送和散发传单我们并不感到不安,但是对浮夸和空洞的辞藻我们却总是感到不安。在谈到分送和散发传单的时候,竟一本正经地谈论无产阶级的阶级觉悟和主动精神有计划的提高过程，这只有一味散布自鸣得意的庸俗论调的英雄才会做得出来。向全世界大肆宣扬新的策略任务，把问题归结为分送和散发传单，——这真是妙极了，这是我们党内知识分子气味浓厚的党员的一个非常突出的特点：他们的组织方面的新论调破产以后，现在又疯狂地追求策略方面的新辞令。他们还以他们特有的谦逊态度，大谈什么表面效果是无济于事的。先生们，你们难道没有看到，就是在最好的情况下，在你们的所谓新计划完全成功的情况下，工人在地方自治人士先生们面前发表讲话，也只会产生表面效果，至于说这样的讲话会对"自由派分子的策略"发生真正的"有力的"影响，那只能使人发笑，你们难道没有看到吗？事情难道不是恰恰相反，对自由派分子的策略发生真正有力的影响的，不正是你们所谓的"通常的、一般民主的低级形式的"群众性的工人示威游行吗？如果俄国无产阶级必定还要影响自由派的策略，那请相信，他们会通过对政府的群众性的冲击，而不是通过同地方自治人士的协议来施加这种影响的。

四

经警察当局恩准而开展起来的地方自治运动[57]，斯维亚托波尔克-米尔斯基和政府的半官方刊物的委婉动听的言论，自由派刊物调子的提高，所谓有教养的社会的活跃，这一切都向工人政党提出了极其严重的任务。但是，这些任务在《火星报》编辑部的信中却被完全歪曲了。正是在目前，无产阶级政治活动的中心点，应该是对政府而不是对自由主义反对派施加有力的影响。正是现在，工人同地方自治人士达成举行和平示威游行的协议是最不恰当的，这种协议必然变成单纯追求效果的轻松喜剧；而最需要的是团结无产阶级的先进的革命分子，准备去为自由进行决战。正是现在，我们的立宪运动开始明显地暴露出一切资产阶级自由派特别是俄国资产阶级自由派固有的缺点：空话连篇，信口开河，言行不一，十分庸俗地轻信政府和一切玩弄狐狸政策的政客，——正是现在，说什么不要威吓地方自治人士先生，不要使他们惊慌，以及反动派的杠杆等等空话，就显得特别不妥当。正是现在，最重要的是使革命无产阶级坚信：目前的"社会人士的解放运动"，如果没有能够举行起义并且准备举行起义的工人群众的参加，必然会像以前历次运动一样，变成泡影。

　　人民的各个阶层的政治激愤是举行起义的必要条件，是起义获胜的保证，是无产阶级的首创精神得到支持的保证；这种激愤正在不断扩大、增长和加剧。因此，如果有谁现在还打算叫喊立即进行冲击，号召马上组成冲击队[58]等等，那就太愚蠢了。整个形势的发展表明，沙皇政府最近将要陷入更加狼狈的境地，对它的怨恨将会更加强烈。政府在它已经开始玩弄的地方自治立宪的游戏中，也将必然陷入狼狈的境地。不论它作些微不足道的让步，还是不作任何让步，不满和激愤的情绪都必然蔓延开来。政府在它所进行的可耻的罪恶的满洲冒险勾当中，也必然陷入狼狈的境地。不论是在军事上遭到惨重失败，还是把俄国无法取胜的战争拖延下去，这种冒险都会带来政治危机。

　　工人阶级的任务是扩大和巩固自己的组织，大大加强对群众的鼓动工作，利用政府的每次动荡，宣传起义的思想，举出现在大肆宣扬的所有不彻底的和注定要失败的"步骤"的实例来说明起义的必要。不用说,工人应当声援地方自治人士的请愿,举行集会,散发传单,在力量充足的地方,组织示威游行,以宣布社会民主党的一切要求,不管特鲁别茨科伊之流先生们如何"惊慌",也不管那些庸夫俗子怎样叫喊反动派的杠杆。但如果过早地而且是从国外冒冒失失地谈论可以和最好采取高级形式的**群众性的**示威(因为不是群众性的就完全没有意义),如果涉及应该把示威群众集中到哪座大厦前面的问题,那我们就要指出,应当集中到办理迫害工人运动的警察事务的大厦前面,集中到警察局、宪兵队和书报检查机关的大厦前面,到监禁政治"犯"的所在地。工人对地方自治人士的请愿的真正支持,不是表现在达成关于地方自治人士在什么条件下才能代表人民说话的协议上面,而应当表现在打击人民的敌人上面。毫无疑问,举行这种示威游行的想法一定会得到无产阶级的同情。工人现在从各方面听到浮夸的空话和响亮的诺言,看到"社会人士"的自由得到真正的扩大,虽然是微乎其微,可毕竟是真正的扩大(如放松对地方自治机关的控制,召回被贬黜的地方自治人士,减轻对自由派刊物的迫害等),但就是看不到**他们**进行政治斗争的自由有丝毫的扩大。在**无产阶级的**革命进攻的压力下,政府允许**自由派**谈论一下自由了! 资本奴隶的无权和屈辱地位,现在无产者看得更清楚了。工人没有遍及各地的组织可以比较自由地(从俄国的角度来看)讨论政治问题,工人没有集会场所,工人没有自己的报纸,工人的那些被监禁、被流放的弟兄没有得到释放。工人现在看到,在他们还没有把熊打死,但他们,而且只有他们,即无产者已经把它打成重伤的时候,自由派资产者先生们就开始分起熊皮来了。工人看到,自由派资产者先生们刚一着手分他们将要占有的熊皮，就开始对"极端派"，对"内部敌人"——资产阶级统治和资产阶级安宁的无情敌人，龇着牙厉声狂吠开了。因此，工人们将会更勇敢地站起来，聚集更多的人，把这只熊打死，用实力为**自己**夺回有人答应恩赐给自由派资产者先生们的一切——集会自由，工人的出版自由，为社会主义的完全胜利而展开广泛的公开的斗争的完全政治自由。

————

我们发表这本小册子的时候，在上面注了"仅供党员阅读"几个字，这是因为《火星报》编辑部的"信"发表的时候，也注了这样几个字。其实，这个计划要分发到几十个城市，由几百个工人小组进行讨论，在鼓动性的传单和呼吁书上进行解释，对它还要"保密"，这简直是笑话。这是加廖尔卡同志早已指出的（《踏上新的道路》）编辑部和总委员会实际采用的公务保密的一个典型例子。只有一个理由可以说明向广大群众特别是向自由派隐瞒编辑部的信是正当的，就是这封信大大败坏了我们党的名声……

————

取消对本书读者范围的限制，是因为我们所谓的党报编辑部对本书作了答复，这个答复似乎是给党员的，但实际上，只在少数派的会议上宣读过，没有通知多数派的知名党员。

如果《火星报》决定不把我们当党员看待（又不敢直说），我们只好听天由命，只好从这个决定中得出必要的结论。

1904 年 12 月 22 日

1904 年 11 月在日内瓦印成单行本　　　　　译自《列宁全集》俄文第 5 版　　　　　　　　　　　　　　　　　　　　第 9 卷第 75—98 页

关于党内状况的报告提纲

我的报告提纲[59]

1904 年 12 月 2 日

1. 早在第二次代表大会上,火星派少数派就表现出缺乏坚定的原则性(或是犯了错误),在选举时同自己思想上的敌人结成联盟。

2. 在代表大会以后,甚至在同盟中,少数派也维护旧《火星报》的继承性,但实际上却愈来愈远地离开了这种继承性。

3. 普列汉诺夫在自己转变的时候(第 52 号)已清楚地看到,少数派是党内的机会主义派,而且他们是作为无政府个人主义者进行斗争的。

(瓦西里耶夫和列宁对小组习气表示反对。)[①]

4. 为我们组织上的落后性和从组织上破坏代表大会的行为辩护、辩白并把它们奉为原则,这已经是机会主义。一般来说,现在谁也不敢支持把纲领同章程等等对立起来的论点。

5. 指责多数派轻视经济斗争,是雅各宾主义,轻视工人的主动精神,这无非是毫无根据地重复《工人事业》杂志对《火星报》的攻击。

---

① 见本版全集第 8 卷第 115—117 页。——编者注

6. 害怕召开第三次代表大会和反对召开第三次代表大会,彻底暴露了少数派和调和派的虚伪立场。

7. 在地方自治运动的计划中,《火星报》编辑部提出关于引起惊慌的问题,歌颂同地方自治人士达成关于和平示威的协议,把它视为新的形式,从而在策略上走上了一条极其错误而有害的、无疑是机会主义的道路。运动的计划同斯塔罗韦尔提出的错误的决议是有联系的。

载于 1931 年《列宁文集》俄文版第 16 卷

译自《列宁全集》俄文第 5 版第 9 卷第 101—102 页

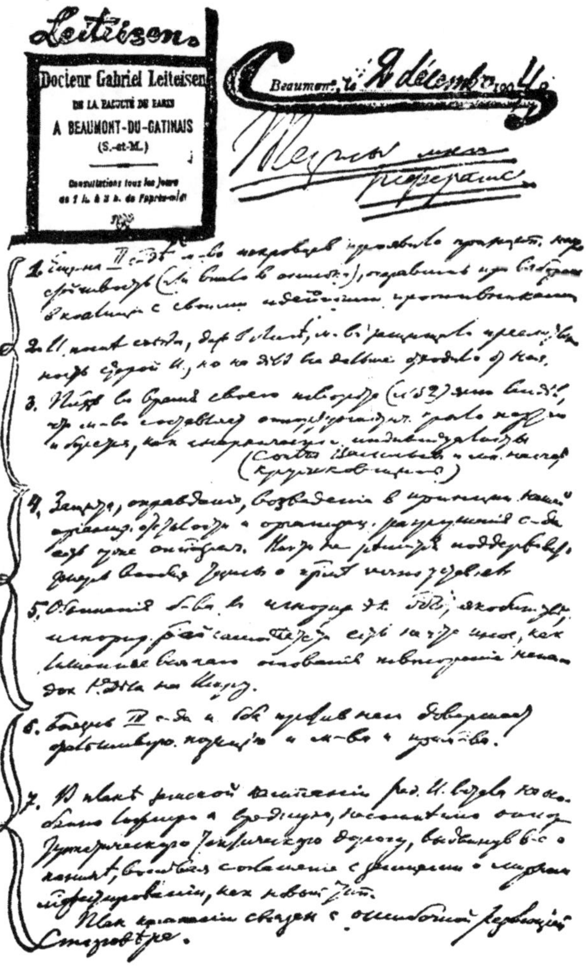

1904 年列宁《关于党内状况的报告提纲》手稿

（按原稿缩小）

给同志们的信

（关于党内多数派机关报的出版）

（1904 年 11 月 29 日〔12 月 12 日〕）

亲爱的同志们：今天在国外布尔什维克的一次小范围的会议[60]上最终解决了早已在原则上解决了的问题，即创办党的定期机关报的问题。这个机关报将要在同少数派给党带来的组织上与策略上的混乱状态作斗争中捍卫和发展多数派的原则，为国内各组织的正常工作服务。为了反对国内各组织，目前少数派的代理人几乎在俄国各地都展开了异常激烈的斗争，这个斗争在当前如此重要的历史关头严重地瓦解着党，这个斗争完全是在虚伪地对所谓党中央机关报内部的分裂表示痛心的掩饰下用最可耻的分裂手段和手法进行的。我们已经尽一切可能用党内方式进行斗争，我们从 1 月份起就为召开代表大会进行斗争，因为这是党摆脱难以容忍的现状的唯一正当的出路。目前的情况非常明显，投向少数派的中央委员会几乎把全部活动都放在拼命反对召开代表大会的斗争上，总委员会也施展了一切最难以想象和最不能容许的伎俩来拖延代表大会的召开。总委员会在直接破坏召开代表大会。如果谁看了《火星报》第 73 号和第 74 号附刊上所刊载的总委员会的最近几项决议还不相信这一点的话，那他可以从我们（不久前出版的）奥尔洛夫斯基的小册子《反党的总委员会》里看出这一点。

目前的情况非常明显,多数派不联合起来,不反击我们所谓的中央机关,就不可能捍卫自己的立场,就不可能在同小组习气的斗争中捍卫党性。俄国布尔什维克早已把他们的联合问题提上了日程。请回忆一下纲领性的(指我们党内斗争的纲领)二十二人决议①博得了多么大的同情;请回忆一下莫斯科委员会(1904 年 10 月)印发的十九人宣言;此外,几乎党的所有的委员会都知道,最近期间召开了或正在召开多数派地方委员会的几个非正式代表会议[61],毅然决然地试图把多数派的地方委员会紧密地团结起来,以反击那些在总委员会、中央机关报和中央委员会内胡作非为的波拿巴分子。

我们希望在不久的将来,当这些尝试有了结果,我们有可能明确说出已经取得哪些成绩的时候,就公开宣布这些尝试(确切些说,这些步骤)。自然,没有自己的出版机关,多数派根本就不可能自卫。你们也许已经从我们党的书刊中知道,新的中央委员会公然禁止党的印刷所排印我们的小册子(甚至连已经排好的小册子的封面也不给印)。这样,他们就把党的印刷所变成了小组的印刷所。此外,他们还拒绝了国外多数派和国内一些委员会(如里加委员会)提出的关于把多数派的书刊运到俄国的明确建议。现在已经十分明显,伪造党内舆论是新中央委员会一贯采取的策略。扩充自己的出版机关和组织自己的运送工作的任务,已经迫切地摆在我们面前了。和中央机关报编辑部断绝了同志关系的各委员会(见关于 1904 年 9 月 2 日日内瓦会议的报告中唐恩的自供[62]——这是一本很有意思的小册子),无论过去或现在都不能没有一个定

———————

①　见本卷第 10—17 页。——编者注

期的机关报。没有机关报的党，没有党的机关报！多数派早在 8 月就已提出的这个可悲的口号必然导致一个唯一的出路——创办自己的机关报。为支持大多数国内工作者的切身事业来到国外的年轻写作力量要求发挥自己的力量。国内许多党的著作家也坚决要求创办机关报。我们将要创办这样一个机关报，它可能叫做《前进报》[63]，我们这样做是完全符合国内广大布尔什维克的愿望的，是完全符合我们在党内斗争中所采取的行动的。我们是在一年之内试验了一切更简单、对党来说更经济、更符合工人运动利益的办法之后，才拿起了这个武器。我们绝不放弃召开代表大会的斗争，恰恰相反，我们要扩大、总结并支持这一斗争，我们要帮助各个委员会解决它们所面临的新问题，即不通过总委员会和中央委员会（违反总委员会和中央委员会的意旨）召开党代表大会。这是一个需要全面而认真地加以讨论的问题。我们公开支持早已在许多小册子中向全党阐述过的那些观点和任务。我们现在和将来都要为坚定不移的革命方针而斗争，反对在组织问题上和策略问题上的混乱和动摇（见新《火星报》给各党组织的那封糊涂透顶的信；这封信只供党员阅读，对外保密）。大概再过一周左右，新的机关报就要宣告出版。创刊号将在公历 1 月 1—10 日间问世。到目前为止涌现出来的所有多数派著作家（列兵、加廖尔卡、列宁和从第 46 号起到第 51 号止在列宁和普列汉诺夫领导《火星报》期间经常参加该报工作的奥尔洛夫斯基，以及许多宝贵的年轻写作力量），都将参加编辑委员会。负责实际领导和组织发行、经理等等复杂工作的委员会，将在许多国内委员会（敖德萨、叶卡捷琳诺斯拉夫、尼古拉耶夫等地的委员会，高加索的四个委员会，以及你们马上会详细知道的几个北方委员会）直接委托一定的同志担任一定的职务的基础上组成(在某种程度上已经组成)⁶⁴。现在我们请求全体同志给予我们一切支持。我们一定要把机关报办成俄国运动的机关报,而绝不是国外小组的机关报。为此,首先而且最重要的就是必须得到国内**"写作"**方面的最有力的支持,确切些说,就是要有国内的同志参加写作。我所以强调"写作"一词并加上引号,是为了使大家立刻注意到它的特殊意义,防止误解,这种误解通常很容易发生并且会给事业带来极大的危害。这种误解就是:似乎著作家而且只有著作家(这里所说的是职业著作家)才能够办好机关报。恰恰相反,要把机关报办得生动活泼,生气勃勃,有 5 个负责领导和经常写作的著作家,就需要有 500 个、5 000 个非著作家撰稿人。旧《火星报》的缺点之一(我一直努力使旧《火星报》消除这个缺点,但新《火星报》已经把这个缺点发展到惊人的程度),就是国内为这个报纸做的工作太少。我们往往把国内寄来的全部稿件几乎毫无例外地刊登出来。真正生动活泼的机关报应当只刊登来稿的十分之一,而把其余的稿件用作为著作家提供消息和意见的材料。必须使尽可能多的党的工作者和我们通信,这里是指通常所说的通信,而不是写稿性质的通信。

远离俄国,生活在这个该死的国外泥潭的环境里,使人感到透不过气来,唯一的出路就是经常和国内进行密切的联系。希望那些不仅在口头上而且在行动上想要把我们的机关报看做(而且想要把它**办成**)整个"多数派"和俄国广大工作者的机关报的人,都不要忘记这一点。希望所有把这个机关报看做自己的机关报并意识到一个社会民主党党员的义务的人,永远抛弃资产阶级对合法报纸通常所习惯的那种想法和做法,如说什么写是**他们**的事,读是我们的事。所有社会民主党人都应当为社会民主党的报纸工作。我们请求所有的人,特别是工人,给我们写通信稿。让工人们有更多的机会给我们的报纸写稿,可以写各种各样的问题,尽量多写些自己的日常生活、感兴趣的问题和工作情况,没有这种材料,社会民主党机关报就一文不值,因而也就不配称为社会民主党的机关报。此外,我们还要求同我们**通信**,这显然不是为了写通讯稿,即不是为了发表,而是为了同编辑部保持同志的联系,向它提供消息,不仅要提供事实和事件,而且要反映人们的情绪和运动的平日的、"没有意思的"、一般的、常规的情况。你们没有到过国外,不能想象我们是多么需要这样的信(信里没有一点秘密,一周写一两封这种不用密码的信,就是连最忙的人也确实完全能够做到)。给我们写写工人小组座谈的情况,这些座谈的性质,研究的题目,工人们的要求,宣传鼓动工作的安排,在社会上、军队里和青年中的联系;主要是写写工人对我们社会民主党人的不满、他们的疑虑、需要、抗议等等。工作的实际安排问题在目前特别重要,除了通过频繁的不是通讯性质的而完全是同志间的通信以外,编辑部就没有别的办法了解这些问题;当然,不是每一个人都善于写和喜欢写,但是……不要说"我不能",而要说"我不想";只要想写,在任何一个小组里,甚至在很小很不重要的小组里(不重要的小组往往特别值得注意,因为它们有时会做一部分最重要的但却不显眼的工作),总是可以找到一两个会写的同志。这里我们吸取旧《火星报》的经验,一开始就把秘书工作建立在广泛的基础上。请你们注意:**每一个人**,毫无例外,只要他耐心地努力地从事工作,就不难使他的全部信件或十分之九的信件寄到。我是根据旧《火星报》三年的经验这样说的,同旧《火星报》保持经常通信的记者朋友(往往同编辑部的任何人都不认识)不止一个。警察局早已根本不能截获寄往国外的信件了(只有在发信人特别不谨慎的情况下,他们才偶尔能截获几封),旧《火星报》的绝大部分材料一直都是用最普通的办法作为普通信件按照我们的通讯地址寄来的。我们想特别提醒大家注意,不要让通信工作只是由委员会和只是由秘书掌管。没有比这种垄断更有害的了。在行动、决策方面统一是十分必要的,但在一般互通消息和通信方面统一却是非常不正确的。常常有这样的情况:比较"局外的人"(同委员会距离远的人)的信特别有价值,因为他们能够比较**敏锐地**感觉到有经验的老工作人员习以为常因而不加注意的许多东西。让年轻的工作者,让青年、党的工作者、"集中派"、组织员以及参加飞行集会和群众大会的普通人员有更多的机会给我们写信。

只有这样,只有在这样广泛通信的条件下,我们才能同心协力地把我们的报纸办成**俄国工人运动的**真正的机关报。衷心地请求你们在各种会议上,在小组、分组等等组织内尽可能广泛地宣读这封信,并写信告诉我们,工人们对这个号召的反应如何。我们对于把工人的("大众化的")机关报与总的(指导性的)知识分子的机关报分开的想法深表怀疑,我们希望社会民主党的报纸能够成为整个运动的机关报,工人的报纸和社会民主党的报纸能够合并为一个机关报。但只有得到工人阶级的最积极的支持,才能做到这一点。

致同志的敬礼!

尼·列宁

1904年12月在柏林印成单页

译自《列宁全集》俄文第5版
第9卷第103—109页

关于危机的宣传讲话提纲⁶⁵

（1904 年秋）

1. 什么是危机？——工业停顿、失业、滞销、生产过剩。

1. (α)什么是工业危机？

(β)工厂停工、滞销、破产、失业。

(γ)生产过剩……

2. **生产过剩，消费不足。**

（使矛盾加剧。）

2. (α)生产过剩和消费不足。

3. 怎么会这样呢？(α)现代社会分成两个阶级，即资产阶级和**无产阶级**。(β)为市场生产。

4. 竞争，它的国际性，争夺市场，生产巨大增长。

5. 对活劳动的需求减少：**集约化、机器、女工和童工、熟练工和粗工**。

补 5：**供给增加，销路狭小。**

6. 周期性危机，它们的规律性，它们在资本主义制度下的不可避免性。（繁荣时具有迷惑性。）

8. 7.^①**后备军**。失业的灾难。**奴隶地位**：只有在创造利润的**条件下才有生活的权利**。

---

① 后来第 7 条改成第 8 条，而第 8 条改成第 7 条。——俄文版编者注

（年老行乞的％）：$\{ \frac{1}{3} - \frac{1}{2} \}$ ……

7. 8. 危机对工人和**小业主**的影响。破产、贫困：社会主义意识日益明显……

1889 年英国失业工人大会。[66]

9. 危机与资本主义。危机与大生产的发展——托拉斯等等。社会主义的任务。社会主义革命：各国社会民主工党。

大生产的例子：

莫罗佐夫：

蒸汽磨坊：

铁和钢：

载于 1959 年《苏共历史问题》杂志
第 3 期

译自《列宁全集》俄文第 5 版
第 9 卷第 390—391 页

关于社会民主党纲领的
三次讲话的提纲

(1904 年秋)

(α)现代的制度。

(β)社会主义的目的与阶级斗争。

(γ)反对专制制度的斗争。

| 用 2—3 小时 | | 将 α—γ 分成三次讲话 |

关于社会民主党纲领的

第一次讲话的提纲

α {

1. 全世界工人都在为改善自己的状况而同业主进行斗争。罢工——社会主义。这是怎么一回事呢？

2. 现代社会是这样组成的：分为劳动者和剥削者。两个阶级。有产者和无产者。谁养活谁？

3. 工人的灾难：低工资。挨饿。失业。女工。童工。"民族的退化"。卖淫。社会压迫和政治压迫。

4. 大生产中的工人联合起来同业主进行斗争。在资本主义制度下整个社会结合得更加紧密,从而使得有可能向社会主义生产过渡。大的工厂和田庄**不需要**有业主的事例。

β 5. 社会主义革命＝把土地、工厂转到工人手里。社会主义生产,缩短工作日等等。

6. 为了**促进**工人的斗争,为了**防止**他们退化而向现代社会提出要求:有关工人的改革、八小时工作制、按周发工资、住宅、医疗、学校等等。

7. 政治要求。什么是专制制度? 争取政治自由的斗争。(宪法——共和国。言论自由,集会自由,等等。)

γ 8. 革命政党和它们在工人阶级的斗争中的作用。"民意党"[67]和**社会民主党**。

载于1930年《列宁文集》俄文版第15卷

译自《列宁全集》俄文第5版第9卷第392—393页

关于成立组织委员会和召开俄国社会民主工党第三次（例行）代表大会的通知[68]

(1904 年 12 月 11 日〔24 日〕以后)

我们党在第二次代表大会以后的一年半的时间内遭受的严重危机,终于导致了不可避免的和早已预料到的后果——各中央机关同党完全分裂。我们不想在这里重述危机的沉痛历史,也不想重提那些在党的一般文献中特别是在国内各委员会和委员会的代表会议的许多决议和声明中已经充分说明过的事实。只要指出下面这一点就足够了:最近一次这样的代表会议,即有彼得堡、里加、特维尔、莫斯科、北方和下诺夫哥罗德等委员会参加的北方代表会议,选出了一个常务局,并责成它作为组织委员会立即召开俄国社会民主工党第三次（例行）代表大会。

现在各委员会给所谓中央委员会规定的答复期限已过,因此这个常务局就同南方的三个委员会（敖德萨、叶卡捷琳诺斯拉夫、尼古拉耶夫等委员会）和高加索的四个委员会的全权代表达成了协议。现在,常务局就要作为组织委员会来召开俄国社会民主工党第三次（例行）代表大会,不管有义务向党报告工作、但却推卸对党的责任的各中央机关是否同意。

俄国正处于空前未有的政治高涨时期,同专制制度作斗争的最伟大的历史任务已经落在无产阶级的肩上。在国内工作的社会民主党人都知道,我们党的涣散使组织和团结无产阶级力量的事业遭到了多么巨大的损害,而国外小组习气的有害影响又使宣传、鼓动和联合俄国工人的事业遭到了多么难以估量的损失。如果没有可能联合国外各小组和它们的追随者,那么至少也应该让国内所有的社会民主党的工作者,所有的革命社会民主党的坚定不移的方针的拥护者联合起来。这种联合是俄国全体社会民主党人走向未来的完全而牢固的团结一致的唯一正确的道路。

俄国革命社会民主党万岁! 国际革命社会民主党万岁!

———

组织委员会认为有必要将关于召开代表大会的几条规定公布如下:

(1)组织委员会承认俄国社会民主工党第二次代表大会批准的俄国国内的一切委员会和组织(彼得堡、莫斯科、哈尔科夫、基辅、敖德萨、尼古拉耶夫、顿河区、叶卡捷琳诺斯拉夫、萨拉托夫、乌拉尔、北方、图拉、特维尔、下诺夫哥罗德、巴库、巴统、梯弗利斯、矿区、西伯利亚和克里木等委员会)无条件地享有出席第三次(例行)代表大会的权利,并拥有表决权。

(2)组织委员会承认中央委员会在第二次代表大会以后批准的委员会(明格列利亚、阿斯特拉罕、奥廖尔-布良斯克、萨马拉、斯摩棱斯克、里加、库尔斯克、沃罗涅日等委员会以及国外同盟)有条件地享有出席代表大会的权利。所有这些委员会都是由失去党的信任的中央机关批准的。我们应当邀请它们出席第三次代表大会,但是只有代表大会本身才能最后决定它们如何参加的问题(委员会的实际状况,有发言权还是有表决权,等等)。

（3）组织委员会代表俄国大多数委员会，希望俄国社会民主工党的**一切**国外的和国内的组织，特别是认为自己是属于俄国社会民主工党的一切工人组织，都出席俄国社会民主工党第三次（例行）代表大会。我们所以特别希望这些工人组织出席大会，是因为党的危机和关于选举原则及工人事业派的民主主义的煽动性宣传，已经导致了一系列的分裂。应该利用代表大会，在国内大多数委员会的代表参加下来消除这些分裂，或者减轻这些分裂的危害。

（4）因此，组织委员会请一切愿意参加代表大会的人立即表示态度，并且与它取得联系（通过上述13个委员会中的一个）。

（5）对**邀请**出席代表大会的规定如有争执，可以根据两个最靠近的委员会和代表组织委员会的第三者的决定来确定。

（6）未经党的第二次代表大会批准的委员会和其他组织**参加**大会的条件（有发言权还是有表决权），由第三次代表大会本身确定。

（7）代表大会开会的时间和地点，由组织委员会确定。

载于1926年《列宁文集》俄文版
第5卷

译自《列宁全集》俄文第5版
第9卷第110—112页

俄国的新公债

(1904 年 12 月 16 日〔29 日〕以后)

德国交易所巨头的报纸(《法兰克福报》[69])以这个标题刊登了下面这篇颇有教益的报道：

"几个星期以来,盛传俄国要发行巨额的新公债。这些传闻随即遭到驳斥。但是,现在官方承认,日前〈公历 12 月 29 日写的〉在彼得堡进行了有关公债的谈判。毫无疑问,在这次官方谈判之前有过私人探询,于是便引起了传闻。据说,这一次德国金融家参加了谈判。他们打算把公债投在德国市场上。从开战以来直到目前,俄国是通过三种不同途径获取金钱的：首先是挪用了国库中由于削减已核准的开支而增加的闲置现金近 3 亿卢布。随后通过法国银行家借贷 8 亿法郎(约 3 亿卢布)。8 月,俄国又求助于国内市场：发行了 15 000 万卢布的纸币。战争每月都吞没大量的金钱,而且逐月增多,于是俄国又开始盘算向国外借一大笔钱。近来,俄国国库基金大有(严重地,bedenkliche)减少之势。德国公众对俄国公债的态度如何,还不得而知。到目前为止,在战争中走运的始终是日本人。如果过去一向认为俄国公债是可靠的资本投放场所,那么现在这种公债就多少带有一些投机色彩(Beige-schmack),特别是因为不久前沙皇发表一个宣言,清楚地阐明了俄国国内制度的特点。我们且看,新公债是否将按那些能使俄国公债已降低了的质量得到补偿的条件（利息率和发行比价）向德国公众发行。"———

　　这是欧洲资产阶级对俄国专制制度的又一警告！由于军事上的失利和国内日益增长的不满情绪，俄国专制制度的信用日益降低。欧洲银行家已经开始认为，指望专制制度，是一种不牢靠的投机，他们公开承认，就可靠性来说，俄国公债的"质量"是愈来愈低了。

　　这场**每天**大概至少要吞没**300万卢布**的罪恶战争，还要人民为它付出多少数量的钱啊！

载于1931年《列宁文集》俄文版　　　　译自《列宁全集》俄文第5版
第16卷　　　　　　　　　　　　　　第9卷第113—114页

关于中央机关与党决裂的
声明和文件

(1904 年 12 月 22 日〔1905 年 1 月 4 日〕)

在《火星报》第 77 号上,有三个中央委员代表整个中央委员会向仲裁法庭控告 N 同志,"因为他发表了旨在瓦解党的错误声明"。这个所谓错误声明,是"通过一个没有参与拟定宣言的中央委员",即通过我提出来的。因为我和这件事有密切关系,同时,N 同志又授权与我,所以我认为自己有权利和义务参与仲裁法庭的审理,并对中央委员格列博夫、瓦连廷和尼基季奇提出以下控告。

我控告他们对自己的中央委员同事和对全党采取了非法的、不正确的、形式上和道义上都是不能容许的行动。

因为这些不正确的行动大大地拖延和加深了党内危机,同时又最直接地影响了党的许多工作人员,所以我认为,对所有没有什么需要保密的问题,一定要公开审理,因此,我要详细谈谈我控告的内容。

一、我控告格列博夫、瓦连廷和尼基季奇三个中央委员对党的一贯欺骗行为。

(1)我控告他们利用自己在党的第二次代表大会上取得的权力来压制党内为召开第三次代表大会而进行鼓动的舆论。他们没有任何权利压制这种鼓动,因为进行这种鼓动是每个党员不可剥

夺的权利。特别是,他们没有任何权利因为南方局鼓动召开代表
大会而把它解散。他们无论在形式上还是道义上,都没有权利因
为我作为党总委员会的委员,在总委员会的会议上投票赞成召开
代表大会而谴责我;

(2)控告他们向党隐瞒一些委员会作出的赞成召开代表大会
的决议,利用人们对他们这些党的最高机关成员的信任,向各委员
会极不真实地叙述党内情况,使它们产生错误认识。他们阻挠澄
清真相,拒绝里加委员会关于印发二十二人决议,以及把多数派的
书刊送往俄国的请求(借口这些书刊不是党的书刊);

(3)控告他们在为反对召开代表大会而进行的鼓动中,甚至不
惜破坏地方工作,唆使外层组织去反对赞成召开代表大会的委员
会,千方百计地使这些委员会在地方工作人员面前丧失威信,从而
破坏委员会和外层组织之间的相互信任,而没有这种相互信任,任
何工作都是无法进行的;

(4)控告他们通过总委员会中的中央委员会代表参与拟定总
委员会关于召开第三次代表大会的规定的决定,而这些决定使得
代表大会无法召开,从而使党不能正常地解决党内冲突;

(5)控告他们一方面向各委员会声明自己原则上赞同多数派
的立场,声明只有少数派解散他们秘密的单独组织和放弃增补中
央委员,才同他们达成协议,一方面又**背着党和公然违背党的意
志**,根据以下条件,同少数派订立契约:(1)保留少数派的技术机构
的自治权;(2)增补三个最激烈的少数派代表为中央委员;

(6)我控告他们利用自己作为党的最高机关的成员的威信来
诋毁自己政治上的对手。他们对彼·同志的做法是不正派的:他
们在 **7** 月决定调查他在北方委员会的所谓欺骗性发言,但**直到现**

在(12月22日),还没有向他提出指控,尽管格列博夫曾不止一次地看见彼·同志,尽管这位格列博夫曾以党总委员会委员的身份在《火星报》上称这个被剥夺了辩解机会的同志的行为是"欺骗"。他们说利金不是中央委员会的委托人(Vertrauensmann),显然是扯谎。他们欺骗党员,为了使邦契-布鲁耶维奇同志和其他负责发行工作的同志在党员的心目中威信扫地,他们在《火星报》(第77号)上发表了一个声明,声明中只提到发行工作的负债(而且不符合事实),而这又是在他们通过自己的全权代表向邦契-布鲁耶维奇同志颁发了书面证书,证明他的工作做得很好,账目一清二楚之后发生的;

(7)我控告他们趁前任的国外中央代表瓦西里耶夫和兹韦列夫两个同志不在的时候,败坏党的机关(日内瓦俄国社会民主工党图书馆和档案库)的声誉。他们在《火星报》上发表了一个由我不知道的中央"代表"署名的通报,这个通报完全歪曲了这些机关的历史和真实性质。

二、此外,我还要控告格列博夫、瓦连廷和尼基季奇三个中央委员对自己的中央委员同事的一系列无论是道义上还是形式上都是不能容许的行动。

(1)他们破坏了党的组织和纪律的一切原则,向我提出(通过格列博夫同志)最后通牒,要我退出中央委员会,或停止为召开代表大会进行鼓动。

(2)他们违背了由中央委员格列博夫代表他们签订的协定,因为中央委员会的成员已经变动,再来执行这个协定对他们就不利了。

(3)他们没有权利不顾N同志和我的声明,在他们的七月会议上宣布 N 同志已退出中央委员会,何况这三个中央委员不是不知道我们(四个中央委员[70])提出的把争论问题提到中央全会上讨论的要求。宣布 N 同志不是中央委员,实质上也是不正确的,因为这三个中央委员在这里不正当地利用了 N 同志附有条件的(和未曾通知全体同志的)声明。

(4)三个中央委员没有任何权利对我隐瞒自己观点的改变和自己的意图。格列博夫同志在 5 月底曾肯定地表示他们的观点反映在他们 3 月间写成的宣言①中。可见,与三月宣言根本不同的七月宣言是背着我秘密通过的,而格列博夫的声明是一个骗局。

(5)格列博夫违背了同我订立的契约,即在唐恩(中央机关报的代表)和他格列博夫(中央委员会的代表)负责起草的向阿姆斯特丹代表大会[71]的报告中不提党内意见分歧。唐恩一人起草的这个报告,完全是隐讳的论战,通篇浸透着"少数派"的观点。格列博夫对唐恩的报告并没有提出异议。这样,他就间接地参与了欺骗国际社会民主党的勾当。

(6)三个中央委员没有任何权利拒绝我就党内生活的重要问题申述和发表个人意见。七月宣言在我没能对它发表意见之前,就拿到中央机关报付印去了。8 月 24 日,我把对这个宣言的抗议书寄给中央机关报。中央机关报说,只有起草宣言的三个中央委员表示同意,这个抗议书才能刊登。他们没有表示同意,因此,我的抗议书也就被他们向党隐瞒了。

(7)他们没有任何权利拒绝发给我总委员会的会议记录,并且没有正式从中央委员会除名,就不让我知道有关中央委员会的情

---

① 见本版全集第 8 卷第 431—432 页。——编者注

况、国内外新代办员的委派、同"少数派"的谈判以及经费问题等等的一切消息。

(8)他们没有权利不经过总委员会就增补三个新同志(调和派)为中央委员,这是与党章的要求相违背的。党章要求:增补在不是一致同意的情况下,要经过总委员会;这次增补不是一致同意的,因为我对这次增补提出了抗议。

附　　录

鉴于中央委员会在党内冲突中的立场具有重大意义,我认为有必要把下列文件公布出来,让大家知道:

一、格列博夫同志给"委员会"委员的信。

(a)9 月。

"同中央机关报和同盟的关系尚未确定下来。在我们的声明发表以后,应该说,他们变得厚颜无耻了,他们的胃口更大了。我们这里的处境很困难;国外掌握在同盟手里,私人捐款掌握在中央机关报手里,因此我们负债累累。我出于无奈(已欠债 9 000),不得不想别的出路。因此,我建议少数派把他们所希望的改革定出一个方案给我。"

(b)9 月 7 日。

"昨晚,我同少数派的三个全权代表波波夫、布柳缅费尔德和马尔托夫举行了事务上的会见,有 C.在场。"

这次聚会,照格列博夫的话说,成了"一次准备和谈的预备会议。"这次会议讨论的问题有以下几个须要指出:

(一)国外的组织关系。

"中央委员会、中央机关报和同盟都应关心俄国的运动。为了消除彼此的争议,使大家更加关心工作,互相完全信任,由中央委员会、中央机关报和同盟的代表组成一个委员会,负责全面领导工作。中央委员会有两票并有否决权……"

(二)运送工作。

"中央机关报受中央委员会的监督,但有某些自治权。就是说,国外发行部只能有一个,即中央委员会发行部。中央机关报仍旧掌管其管辖范围内的事情。俄国国内的书刊的推销由中央委员会负责。为了使中央机关报有更多的自治权,南方也划归它管理。我要说明一下:中央机关报有运送途径。中央机关报担心管理机构一旦变动,他们会失掉线路,所以请求从组织上来保证他们的线路。"

(c)9月7日。

"在这里,唐恩,可能还有其他一些人,对昨天签订的关于如何进行工作问题的协定深表愤慨。真是一些贪心的家伙。他们想马上就成立一个由中央机关报、中央委员会和同盟的代表组成的国外委员会,来处理国外一切事务;当然,每个人只有一票。想得倒不错,不是吗?"

(d)9月。

"请注意总委员会提出的补充人员〈指补充总委员会中的中央委员会代表〉的要求。须要选出一个人来代替列宁,列宁当然会说,这是非法的。我想建议把唐恩或捷依奇选进总委员会,但要预先讲好:他们只被受权参加总委员会会议。我看再没有什么人可以选了。"

二、一个中央代办员(现已被正式增补为中央委员)给格列博夫同志的信:

9月4日。

"在宣言的问题上,出现了难以搞清的混乱局面。有一点是很清楚的:除了哈尔科夫委员会、克里木委员会、矿区委员会和顿河区委员会外,其余的委员会都是多数派的。看来,顿河区委员会是中立的,但确实的情况还不知道。在'多数派'的委员会中,里加委员会、莫斯科委员会、彼得堡委员会和北方委员会由于宣言而对中央表示不信任,这我过去就告诉你了。只有极少数委员会对中央表示完全信任,其余的委员会对中央表示信任是考虑到和解,但认为,一旦和解不成,应立即召开紧急代表大会。其中有些委员会还提出了和解的条件,即少数派不能把自己作为'一方',不能再作为'一方'(?)提出增补的要求。情况就是这样。假如和解不成,中央委员会就会失去大多数委员会的信任,因而就不得不自己去鼓动召开代表大会,以便交出权力。**从各委员**

会的情绪可以明显看出,代表大会一定会通过符合二十二人决议精神的决议,即改组编辑部,把它交给多数派,改变党总委员会的成员,等等。但要使各委员会对和解满意,就要有我已对你说过的那个条件,即少数派接受宣言,不再把自己作为'一方'。如果他们能这样做,我想列宁在俄国就会失去立足之地,和平也就可以恢复。你说马尔托夫的问题已在'逐步'解决,我很奇怪。编辑部成员们的固执简直使人气愤,所以我现在虽然在思想上和其他方面还同情他们,但已开始对他们这些政治'领袖'失去信任了。组织问题他们已完全弄清楚了,他们在得不到俄国国内援助(**国内少数派是无能为力的**)的情况下,再那样固执下去,就说明他们斗争只是为了争夺席位。"

这是交易的开始,它的结局是:

中央委员会向各委员会发出一封信,通知他们:

"谈判最近(最多再过两个星期)就要结束,现在可以通知你们:(1)中央委员会没有增补一个少数派为中央委员(在这个问题上,不知是谁在散布谣言);……(3)同少数派的谈判正按照瓦连廷向你们报告的那种精神进行,就是说,如果谈到让步,那只有少数派让步,只有他们放弃中央机关报的派别论战,解散少数派的秘密组织,放弃中央委员的增补,把一切机构(技术机构、运送机构、联络机构)都交给中央委员会。只有在这些条件下,才有可能恢复党内和平。有根据相信,事情会是这样的。总之,如果少数派现在还想继续执行他们的旧政策,那中央委员会就会立即停止谈判,召开紧急代表大会。"

中央委员会就是这样安抚对它表示不信任的委员会的。下面是**少数派的"著名"活动家们的信**。这些信是俄历 1904 年 12 月中旬收到的。

"我们终于同无赖们见面了。他们的回答是:同意我们的技术机构的自治权;至于鼓动委员会,他们表示反对,认为这是中央委员会的直接职权(领导鼓动工作),他们宁愿改组中央委员会也不同意这个方案,**但他们不能现在就正式增补,只能建议实际上(非正式地)增补三个少数派(波波夫、佛敏、费舍)。我和 X.当然马上就同意了,从此以后,少数派的反对立场也就正式取消了**。真是如释重负。最近,整个中央委员会就要和我们一起开会,随后,我们就要把召开最靠近的委员会的代表会议的事确定下来。

……我们当然完全相信,我们可以控制中央委员会,要它听凭我们的摆

布。由于他们当中许多人已经承认少数派的原则性批评是正确的，就更容易做到这一点……　在所有极端顽固的委员会中（在巴库、敖德萨、下诺夫哥罗德和彼得堡），工人们要求实行选举制。这是坚定派垂死挣扎的明显征兆。"

与此同时，还收到了另一封信：

"'少数派'的全权代表和中央委员会已达成协议。全权代表已经签署了协议书。但由于事先没有询问'少数派'的意见，这个协议书本身自然也就不很妥当，因为这个协议书表示了对中央委员会的'信任'，而不是对中央委员会的联合政策的'信任'；这个协议书既谈到党内的融合，又谈到结束分立状态，但只是后一点谈得比较充分。此外，这个协议书没有提到'少数派'的'信条'。因此决定再让'少数派'的所有组织通过包括'信条'和上述修正的决议，当然也要承认我们的全权代表同中央委员会已经达成的协议。"

＊　　　　　＊　　　　　＊

这些在犯罪现场被擒并为上述文件所揭露的人物，由于他们所特有的"对道义的敏感"，很可能要尽力把党的注意力从这些文件的内容上引开，而转到这些文件的公布权这个道义问题上。我相信，党不会为他们这种转移视线的手法所迷惑。我声明：我对这种揭露在道义上负完全责任，并将向审理整个案件的仲裁法庭作出一切必要的说明。

1905 年 1 月在日内瓦印成单行本　　　　　译自《列宁全集》俄文第 5 版
　　　　　　　　　　　　　　　　　　　　第 9 卷第 115—125 页

专制制度和无产阶级

(1904 年 12 月 22 日〔1905 年 1 月 4 日〕)

俄国又掀起立宪运动的浪潮。当代人还没有看到过类似当前这样的政治活跃的局面。合法报纸猛烈地抨击官僚制度,要求让人民的代表参加国家的管理,坚持声明必须进行自由主义的改良。地方自治人士、医生、律师、工程师、农村业主、市议员和其他人等举行各种各样的集会,通过比较明显地主张立宪的决议。到处可以听到在俄国的庸人看来是异常大胆的政治上的揭发和关于自由的热情演说。在工人和激进青年的压力之下,自由派的集会变成公开的民众大会和街头示威。在无产阶级的广大群众中间,在城乡贫民中间,潜在的不满情绪在明显地增长。虽然无产阶级较少参加自由派运动的各种最为隆重盛大的活动,虽然它对体面人士的循规蹈矩的会议似乎有些袖手旁观,但是总的看来,工人们非常关心运动。总的看来,工人们渴望参加广泛性的民众集会和公开的街头示威。无产阶级似乎是在克制自己,它聚精会神地仔细观察周围情况,聚集力量,考虑争取自由的决战时刻是否已经到来的问题。

看来,自由派激动的浪潮已经开始有些低落。有关反动分子在最有影响的宫廷人士当中获胜的传闻和国外报纸有关这方面的报道正在得到证实。几天前颁布的尼古拉二世的命令,是对自由派的当头一棒。沙皇力图保留和维护专制制度。沙皇不愿意改变管理形式，也不打算立宪。他答应（只是答应而已）进行种种非常次要的改革。而实现这些改革的保证当然一项也没有提出。警察对自由派报刊采取的严厉措施每日每时都在加强。一切公开的游行示威又开始遭到像以前一样的，甚至是更加残暴的镇压。地方自治会议和市政机关的自由派议员，显然又开始受到限制，倾向自由主义的官员受到的限制更大。自由派报纸的调子低沉沮丧，请求通讯员们原谅它们不敢刊登他们的来信。

在斯维亚托波尔克-米尔斯基的许可令颁布之后曾很快高涨起来的自由派激动的浪潮，完全有可能在新的禁令颁布之后又很快平息下去。必须把必不可免地（而且愈来愈不可免）要产生反对专制制度的反对派和反对专制制度的斗争的深刻原因，与自由派暂时活跃的浮浅理由区别开来。深刻的原因产生深刻的、强大的和顽强的人民运动。浮浅的理由有时是内阁中人员的更换和政府在某种恐怖行动之后通常力图暂时采取狐狸尾巴政策的做法。谋杀普列韦[72]，显然要恐怖组织付出巨大的努力和进行长期的准备工作。这种恐怖行为愈是成功，它就愈明显地证实全部俄国革命运动史的经验，这种经验警告我们要避免采取恐怖手段这种斗争方法。俄国的恐怖手段过去是而且现在依然是知识分子特有的斗争方式。所以，无论人们怎样向我们说明恐怖手段重要，说它不是代替人民运动，而是与人民运动并行，但事实雄辩地证明，在我们这里个人政治谋杀跟人民革命的暴力行动是毫无共同之点的。资本主义社会里的群众运动，只能是阶级的工人的运动。这种运动在俄国正依照它的独有的规律发展，它走着自己的道路，而且愈来愈深入和广泛，从暂时的平静走向新的高潮。只有自由主义浪潮

1904 年 12 月 22 日(1905 年 1 月 4 日)载有
列宁《专制制度和无产阶级》一文(社论)的
布尔什维克报纸《前进报》第 1 版
(按原版缩小)

的起伏是受各大臣情绪左右的，而加速大臣更换的是炸弹。因此，难怪我们这里在资产阶级反对派的激进的（或倾向于激进的）代表中间时常有人同情恐怖手段。难怪在革命知识分子当中，特别热衷于恐怖手段（长期的或一时的）的，正是那些不相信无产阶级和无产阶级的阶级斗争的生命力和力量的人。

由于某种理由而产生的自由派的激动是短暂的，是不持久的，这当然不会使我们忘记，专制制度和日益发展的资产阶级社会的需要之间存在着无法消除的矛盾。专制制度不能不阻碍社会的发展。资产阶级的阶级利益、知识分子（没有他们，现代资本主义生产是不可想象的）的利益与专制制度的冲突会愈来愈大。自由派的声明的理由可能是浮浅的，自由派的不坚决的骑墙立场的性质可能是卑微的，但是对专制制度来说，它只能同土地占有者商人阶级当中的一小撮享有极高特权的巨头保持真正的和平，而决不能同整个这个阶级保持和平。对于一个打算成为欧洲式的国家，而且在政治和经济失败的威胁下不得不成为欧洲式国家的国家来说，以宪法形式直接反映统治阶级的利益是必要的。因此，对觉悟的无产阶级来说，极为重要的是，既要清楚地了解自由派反对专制制度的必然性，又要清楚地了解这种反对的真正的资产阶级性质。

工人阶级抱有最伟大的、具有世界历史意义的目的：把人类从各种各样的人压迫人和人剥削人的制度下解放出来。为了实现这一目的，数十年来它一直在全世界范围内进行顽强的努力，不断地扩大自己的斗争，组织成百万人的政党，不为个别的失败和暂时的失利而灰心。对这样真正的革命阶级来说，没有什么能比摆脱一切自我欺骗、一切幻影和错觉更重要的了。在我们俄国，最流行和最常见的错觉之一，就是似乎我国的自由派运动不是资产阶级的运动，似乎俄国所面临的革命不是资产阶级革命。俄国的知识分子——从最温和的解放派[73]一直到最极端的社会革命党人——一向认为，承认我国的革命是资产阶级革命，就是使革命黯然失色，就是把革命贬低和庸俗化。俄国觉悟的无产者却认为，这种承认是对实际情况的唯一正确的阶级分析。对无产者来说，资产阶级社会里的争取政治自由和民主共和制的斗争，只是为推翻资产阶级制度而进行的社会革命斗争的必要阶段之一。严格地区别本质不同的各个阶段，冷静地探讨这些阶段到来的条件，这决不等于把最终目的束之高阁，决不等于提前放慢脚步。恰恰相反，正是为了加快步伐，正是为了尽可能迅速而稳妥地实现最终目的，才必须了解现代社会里的阶级关系。那些回避所谓片面的阶级观点的人，那些想成为社会主义者但又害怕直截了当地把我们俄国所面临的和在我们俄国已经开始的革命叫做资产阶级革命的人，只会陷入大失所望和来回摇摆的境地。

　　值得注意的事实是：正当现代立宪运动进行得热火朝天的时候，一家最倾向于民主主义的合法报刊却利用不寻常的自由，不仅来攻击"官僚制度"，而且还攻击似乎"在科学上"是"站不住脚的"、"乖谬的、因而是错误的阶级斗争理论"（《我们的生活报》[74]第28号）。请看，知识分子和群众相接近的任务，"一向都只是在强调人民群众和……大部分知识分子所出身的那些社会阶层之间的阶级矛盾时提出来的"。不用说，这种说法是根本违反现实的。情况恰恰相反。俄国所有合法的文化派知识分子，所有老的俄国社会主义者，所有解放派类型的活动家，过去和现在都完全忽视整个俄国的，特别是俄国农村的深刻的阶级矛盾。甚至连俄国激进知识分子的极左翼社会革命党的过错，主要也是忽视了这一点；不妨回忆一下它那些通常的关于"劳动农民"或关于我们面临的革命"不是资产阶级革命而是民主主义革命"的议论。

不。革命的时刻愈逼近，立宪运动愈激烈，无产阶级政党就愈是应该更严格地维护自己的阶级独立性，不容许将自己的阶级要求淹没在一般的民主主义词句的大海里。所谓的社会的代表们愈是经常地、坚决地提出他们所谓的全民要求，社会民主党就愈是应该毫不留情地揭穿这一"社会"的阶级性。就拿11月6—8日举行的"秘密的"地方自治人士代表大会[75]有名的决议来说吧。你们从中可以看到被置于次要地位的、故意含糊其词的、羞羞答答的立宪要求。你们可以看到那里口口声声谈的是人民和社会，但是谈社会比谈人民多得多。你们可以看到关于在地方自治机关和市政机关，即代表土地占有者和资本家的利益的机关方面实行改革的特别详细的和最详细不过的意见。你们可以看到那里提到改革农民的生活，使他们摆脱监护和确保正当的审判形式。十分明显，你们所看到的是有产阶级的代表，他们只要求专制制度让步而不打算对经济制度的基础进行任何改变。如果这样一些人也愿意"根本"（似乎是根本）"改变农民目前这种不享有充分权利的和受屈辱的境况"，那么这就再一次证明，社会民主党一再强调农民的生活方式和生活条件落后于资产阶级制度的一般条件的观点是正确的。社会民主党一贯要求觉悟的无产阶级在全体农民的运动中要严格区分出农民资产阶级的最高利益和迫切需求，不管这些需求是怎样被烟幕所掩盖和遮蔽，也不管农民意识（和"社会革命党的"空谈）使它们带有什么样的"平均化的"空想色彩。再拿12月5日彼得堡工程师宴会的决议来说。你们可以看到，590名宴会参加者以及随后在决议上签名的6 000名工程师，都主张立宪，认为

"没有宪法就不可能有效地保护俄国的工业",同时一致反对政府向外国企业主订货。

难道现在还不能看出,正是占有土地的工商业资产阶级和农民资产阶级的各个阶层的利益构成了已表面化的立宪要求的内容和基础吗? 难道我们能为民主派知识分子出面代表这些利益所迷惑吗? 这些知识分子在历次欧洲资产阶级革命中,都是一向到处扮演政论家、演说家和政治领袖的角色的。

俄国无产阶级肩负着极其重大的任务。专制制度已经动摇。它投入一场艰难而又毫无指望的战争,这场战争严重地破坏了它的政权和统治的基础。如果不求助于统治阶级,如果没有知识分子的支持,它现在就无法支撑下去,而这种求援和这种支持必然会带来立宪的要求。资产阶级力图从政府的困境中捞一把。政府正在作最后的挣扎,它打算用一些廉价的让步,非政治性的改革以及沙皇新命令中满篇皆是的不负任何责任的诺言来实现脱身之计。这种把戏能否取得哪怕是暂时的和局部的成功,最终要取决于俄国无产阶级,取决于它的组织性和它的革命冲击力量。无产阶级应当利用对它异常有利的政治形势。无产阶级应当支持资产阶级的立宪运动,激发被剥削的人民群众的尽可能广泛的阶层,并把他们团结在自己的周围,集结自己的力量,以便在政府最绝望的时刻,在人民最激愤的时刻发动起义。

无产阶级对立宪派的支持首先应当表现在什么地方呢? 最主要的是利用普遍的激愤情绪去鼓动和组织工人阶级和农民中很少被触动的最落后的阶层。当然,作为有组织的无产阶级,社会民主党应当把自己的队伍派到居民的一切阶级中间去,而这些阶级愈是主动地采取行动,斗争愈尖锐,决战的时刻愈逼近,我们的工作重心就愈应当转移到训练无产者和半无产者本身去进行争取自由的直接斗争方面去。在这种时刻,只有机会主义者才会把个别工人演说家在地方自治会议和其他公共集会上发表讲话称之为特别积极的斗争,新的斗争方式或高级形式的示威。这样的示威只能具有完全从属的意义。现在无比重要的事情,是使无产阶级注意真正高级的和积极的斗争形式,如著名的罗斯托夫的群众性示威和南方一系列的群众性示威[76]。现在无比重要的事情,是扩充我们的干部队伍,组织力量,准备进行更直接更公开的群众斗争。

　　当然,这并不是说要放下社会民主党人每天的日常工作。他们永远不会放弃这一工作,他们认为这一工作正是对决战的真正准备,因为他们唯一指靠的正是无产阶级的积极性、自觉性和组织性,正是无产阶级在被剥削劳动群众当中的影响。这里所谈的是指出正确道路,提醒人们必须前进,指出策略上动摇的危害性。组织工作也是觉悟的无产阶级在任何条件下永远不应忘记的日常工作。没有广泛的、多方面的工人组织,没有它们和革命的社会民主党的结合,就不可能同专制制度进行有效的斗争。在我们这里,也像在任何地方一样,那些毫无气节的、随时更换自己的口号就像更换手套一样的知识分子党员,表现出种种瓦解组织的倾向,如果不给这种倾向以坚决的回击,组织工作便无法进行;如果不同荒谬的、反动的、掩盖一切涣散现象的组织-过程"论"作斗争,组织工作便无法进行。

　　俄国政治危机的发展目前主要取决于对日战争的进程。这场战争已经最彻底地揭露了而且还在继续揭露专制制度的腐朽,使它在财政和军事方面遭到最大的削弱,使苦难的人民群众受到极大的折磨并把他们推上起义的道路,因为这场罪恶而可耻的战争要求他们作出无穷无尽的牺牲。专制制度的俄国已经被立宪的日本击溃,任何拖延只能加剧失败。俄国舰队的精锐部分已经被歼灭,旅顺口已经陷于绝望境地,前往援救的分舰队不仅毫无成功的希望,甚至连到达目的地的希望也没有;库罗帕特金率领的主力部队伤亡了 20 多万人,它已经疲惫不堪,孤立无援地面对着攻克旅顺口后必然会来消灭它的敌人。军事崩溃已必不可免,随之而来的必然是十倍的不满和激愤。

我们必须用全副精力迎接这一时刻。在这一时刻,在愈来愈频繁的此起彼伏的爆发中,将有一次爆发导致规模巨大的人民运动。在这一时刻,无产阶级将起来领导起义,为全体人民夺得自由,保证工人阶级能够进行公开的、广泛的、为欧洲的全部经验所丰富了的争取社会主义的斗争。

载于 1904 年 12 月 22 日(1905 年
1 月 4 日)《前进报》第 1 号

译自《列宁全集》俄文第 5 版
第 9 卷第 126—136 页

无产者的漂亮示威和
某些知识分子的拙劣议论

(1904 年 12 月 22 日〔1905 年 1 月 4 日〕)

我国社会的有产阶级中的现代立宪运动,与过去 50 年代末和 70 年代的这类运动截然不同。现在自由派的立宪要求本质上还是那些。激进的演说家们的演讲不断重复着地方自治自由派的老调。无产阶级参加运动却是件巨大而十分重要的新事。俄国工人阶级(它的运动曾是近十年来整个革命运动的主轴)早已转入公开的斗争,走上街头,举行民众大会,不顾警察的镇压,在南方各城市的街头直接跟敌人搏斗。

而现在,由于无产阶级鲜明地、坚决地、无比果断和无比勇敢地登上舞台,自由派资产阶级的运动立刻引起人们的注意。首先我们来看一看圣彼得堡的游行示威(可惜,由于"孟什维克"进行瓦解组织活动,这里工人参加游行示威的声势不大)和莫斯科的游行示威。然后我们再来看一看工人们在斯摩棱斯克的自由派资产阶级宴会上,在下诺夫哥罗德教育协会的集会上,在各城市的学者、医生协会和其他协会的会议上的出现,看一看萨拉托夫的工人大会,看一看 11 月 6 日在哈尔科夫法学家协会,11 月 20 日在叶卡捷琳诺达尔市杜马,11 月 18 日在敖德萨人民保健协会,以及稍后在敖德萨地方法院的示威,而在敖德萨的两次示威和哈尔科夫的一次示威中,工人们还进行了街头游行,他们手持旗帜在市内行进,高唱革命歌曲等等。

最后这四次示威在《火星报》第79号上标题为"无产阶级的示威"的专栏内也有叙述,我想提请读者注意这些叙述。首先我要转述一下《火星报》刊载的事实,然后再来转述《火星报》的议论。

在哈尔科夫,委员会组织工人去参加法学家协会的会议;有200多个无产者出席了会议,一部分工人不好意思去参加庄严的会议,一部分"大老粗被谢绝入场"。自由派主席在第一篇革命演说发表后就溜走了。接着是一个社会民主党人发表演说,传单纷飞,马赛曲的歌声高扬,有将近500名工人涌上街头,手持红旗唱着工人歌曲前进。最后,有一部分人被殴打和逮捕。

叶卡捷琳诺达尔。杜马的大厅来了大批听众(因为传说自由派要发表演说)。电话被弄坏了。委员会的一个演说家带着30—40名工人闯进大厅,发表了一篇简短的、充满革命精神的社会民主主义的演说。鼓掌。散发传单。议员们目瞪口呆。市长白白抗议了一番。示威者最后安然退场。夜间大肆搜捕。

敖德萨。第一次示威。有近2 000人举行集会,其中有**大批**工人。一系列革命演说(社会民主党人和社会革命党人的),雷鸣般的掌声,革命的欢呼声,传单。高唱革命歌曲上街游行。解散,没有发生冲突。

敖德萨。第二次示威。数千人集会。像上次一样举行了规模巨大的人民革命集会和街头游行。发生冲突。大批人受伤,一些人受重伤。一名女工死亡。60人被捕。

这就是事情的实际情况。这就是俄国无产者的示威。

我们再来看看某些知识分子社会民主党人的议论。这些议论是针对叶卡捷琳诺达尔示威的。整篇文章全是谈的这次示威。请听："在这次示威中，俄国有组织的无产阶级第一次跟我国倾向自由主义的资产阶级正面相遇！……"这次示威是"政治斗争方式发展中的又一新的进展"，它"毕竟是一种能够产生十分显著有益的结果的真正的新的政治斗争手段"，工人们在这样的示威中"感觉到他们是作为一定的政治单位出现的"，他们获得"自己可以作为党的政治战士的权利能力感"。"社会的最广大阶层"逐渐认识到，"党是一种十分确定的、定型的而且主要是具有**要求**权的组织"。人们习惯于把整个党看成"是积极的、战斗的、明确宣布自己的要求的政治力量"。必须"在杜马、地方自治机关和社会人士的一切会议上更广泛地运用新的斗争方式"。于是，《火星报》编辑部就附和发表这些议论的人，也谈论什么"新型示威的思想"，什么"特别是在叶卡捷琳诺达尔，我们的同志们得以向'社会'表明，他们是作为一个感觉到自己有能力影响事态的进展并力图做到这一点的独立政党进行活动的"。

　　够了。够了。什么"特别是在叶卡捷琳诺达尔……" 新的进展，新的方式，新的手段，第一次正面相遇，十分显著有益的结果，一定的政治单位，政治权利能力感，要求权…… 从这些浮夸的深奥的议论中，我闻到一种陈腐的、早已过时的、几乎被人遗忘的气味。但是在认清这种陈腐的东西之前，我不禁要问：可是，先生们请原谅，为什么"特别是在叶卡捷琳诺达尔"呢？为什么这确实是新的方式呢？为什么哈尔科夫人也好，敖德萨人也好，都不吹嘘（恕我用字粗俗）方式的新颖、显著有益的结果、第一次正面相遇和政治权利能力感呢？为什么几十个工人和数百个自由派在杜马大厅的四壁之内集会的结果竟比成千的工人不仅在医生协会和法学家协会,而且**在街头**集会的结果更显著有益呢? 难道街头集会(在敖德萨以及从前在顿河畔罗斯托夫和其他城市)真的不如杜马里的会议更能增强政治权利能力感和要求权吗? ……的确,我必须承认,当我抄写最后这个词(**要求权**)的时候,我觉得有些不自在——这个词也太不妙了,不过歌里的词是不能随便删改的。

然而,在一种情况下这个词是有某种意义的,而且不单单是这个词,《火星报》的一切议论也都是如此。这种情况就是我们假定议会制存在,我们暂时设想叶卡捷琳诺达尔市杜马已迁到泰晤士河畔,与威斯敏斯特教堂比邻[77]。在这种小小的假定之下,人们就可以明了,为什么在代表聚会的四壁之内能够比在街头上具有更大的"要求权",为什么同首相斗争,不,是同叶卡捷琳诺达尔市市长斗争,比同巡警斗争更有益,为什么政治权利能力感和作为一定的政治单位的自觉恰恰是在下院的大厅里或在地方自治会议的大厅里提高了。真的,既然没有真正的议会,为什么不玩一下议会制的游戏呢? 在这里可以绘声绘色地设想出"正面相遇"和"新的方式"等等等等。不错,这些想象必然会使我们的思想离开**争取**议会制的真正的群众斗争问题,而放到**玩**议会制的游戏上去,但这都是小事情。可是结果是多么鲜明、显著啊……

显著的结果…… 这种说法使我立刻想起马尔丁诺夫同志和《工人事业》杂志。不回过头来谈一谈后者,便不能正确评价新《火星报》。关于叶卡捷琳诺达尔的示威的"新的斗争方式"的议论,完全是重复编辑部在它的《给各党组织的信》(附带说一句,把原稿藏起来秘而不宣,而只是把抄本对大家公开,这是否明智呢?)里的议论。编辑部的议论是在另外的问题上再现了《工人事业》杂志平常的思路。

工人事业派关于赋予经济斗争本身以政治性质,关于工人同业主和政府的经济斗争,关于向政府提出必将带来某些显著结果的具体要求的必要性的"理论",究竟有什么错误和危害呢?难道我们不应该赋予经济斗争以政治性质吗?完全应该。但是,《工人事业》杂志从"经济"(工会)斗争中引申出无产阶级革命政党的政治任务,这样它就不可原谅地把社会民主党的观点缩小和庸俗化了,它就贬低了无产阶级全面的政治斗争任务。

现在新火星派关于新的方式,关于动员无产阶级力量的高级形式,关于增强工人的政治权利能力感和他们的"要求权"的新的途径等等的理论,究竟有什么错误和危害呢?难道我们不应该在地方自治会议上和在召开地方自治会议之际举行工人示威吗?完全应该。但是,对无产阶级的漂亮示威我们不应该尽说些知识分子的蠢话。如果我们把我们日常示威的那些恰恰同积极斗争最无相似之处的特点,那些只是为了取笑才说它们能够产生特别有益的结果,特别能够提高政治权利能力感等等的特点,称赞为新的方式,那我们就只能腐蚀无产阶级的意识,我们就只能使它的注意力离开迫在眉睫的真正的严重的公开斗争的任务。

我们的老相识马尔丁诺夫同志和新《火星报》的过错,就在于他们都对无产阶级的力量,对它的整个组织能力,特别是对它建立党组织的能力,对它进行政治斗争的能力抱着知识分子的不信任态度。《工人事业》杂志过去以为,无产阶级还不能,或者说,长时期内还不能进行超出反对业主和政府的经济斗争范围的政治斗争。新《火星报》现在以为,无产阶级还不能,或者说,长时期内还不能进行独立的革命活动,因此它把数十名工人在地方自治人士面前发表讲话称之为新的斗争方式。无论是旧《工人事业》杂志或是新《火星报》，都像宣誓一样地重复着关于无产阶级的主动性和自我教育的词句，他们这样做只是因为这些誓词可以掩盖知识分子对无产阶级的真正力量和迫切任务的无知。无论是旧《工人事业》杂志或是新《火星报》，对于显著而鲜明的结果以及资产阶级与无产阶级的具体对立的特殊意义，都发表了一通毫无道理的深奥的无稽之谈，借此把无产阶级的注意力吸引到议会制的游戏上来，使它离开日益逼近的、以人民起义为主导的直接冲击专制制度的任务。无论是旧《工人事业》杂志或是新《火星报》，都在**修正**（订正）革命的社会民主党的旧的组织原则和策略原则，忙于寻找新的词句和"新的方式"，实际上是把党拉向后退，提出一些落后的、甚至是十分反动的口号。

这种不过是旧破烂的新修正，我们已经领教够了！现在是前进和停止用臭名远扬的组织–过程论来掩盖瓦解组织行为的时候了，现在是强调工人示威中那些使它们愈来愈接近于争取自由的真正的公开斗争的特点并把它们提到首位的时候了。

载于 1904 年 12 月 22 日（1905 年　　　　译自《列宁全集》俄文第 5 版
1 月 4 日）《前进报》第 1 号　　　　　　第 9 卷第 137—143 页

是结束的时候了[78]

(1904 年 12 月 22 日〔1905 年 1 月 4 日〕)

所有目击者的评论一致认为,11 月 28 日的示威遭到失败,是由于几乎完全没有工人参加。但是,工人们究竟为什么没有参加示威呢?青年学生响应彼得堡委员会的号召参加了示威,为什么彼得堡委员会不想法吸引工人参加而将它已开始的事业断送了呢?委员会的一位工人委员的下面一封信,对这些问题作了回答。我们摘录了这封信的最重要的段落。

"情绪(11 月初)十分高昂而且急欲表露出来。表达这种情绪的手段势必是示威。果然,在这个时候出现了一份以'大学生社会民主主义组织'的名义散发的传单,号召在 11 月 14 日举行示威游行。委员会获悉此事后曾建议该组织将游行示威延期到 11 月底,以便有可能与彼得堡的无产阶级采取共同行动。大学生们表示同意…… 觉悟的工人们都渴望举行游行示威。许多工人以为大学生要举行示威,在 11 月 14 日来到了涅瓦大街。当时有人向他们指出,他们不应当在委员会没有号召的情况下擅自行动,他们虽然也表示同意,但是他们回答说,'我们原以为那里会发生什么事情'。不管怎样,这一事实说明了觉悟的工人的情绪。

11 月 18 日委员会会议决定在 28 日举行游行示威。当场选出了负责组织游行示威和制定行动计划的委员会,决定散发两份作准备用的鼓动性传单和一份号召书。工作沸腾起来了。笔者曾亲自召集了一系列工人会议和小组代表会议,会上议论了工人阶级的作用以及当前举行游行示威的目的和意义。大家讨论了武装示威和非武装示威的问题,而且所有的会议都通过了决议,赞同委员会的决定。工人们要求多给一些传单以便广泛散发,他们说:'就是发给几车也不多。'

28 日的示威就这样准备起来了,预计这次示威的规模是巨大的。但是,在这里,我们彼得堡的'少数派'像'全俄的'和国外的'少数派'一样,不会不扮演完全反面的角色——瓦解组织分子的角色。为了使人对这个角色了解得十分清楚,恕我就地方'少数派'和他们的活动说几句话。在示威以前和示威以后,委员会的多数成员都是第二次党代表大会的多数派的拥护者。失败和造成党的分裂的分歧,在许多方面削弱了各地方社会民主党组织的活动。地方'少数派'在与'多数派'的斗争中竭力破坏地方委员会的威信以维护自己的派别利益。各区的代表即'少数派'的拥护者,不准'多数派'的同志进入他们的地区,他们不跟委员会发生任何联系。结果各该区的组织遭到惊人的瓦解,工作效力大为降低。例如,有这样一件事:一个区的代表近五六个月来一直是一个'孟什维克'。由于和总的工作割断了联系,这个区大大削弱了。从前这里有 15—20 个小组,而现在勉强算才有 4—5 个。工人们对这种情况很不满意,而他们的代表却竭力利用这种不满来反对'多数派',并在此基础上促使工人们起来反对委员会。'少数派'竭力利用地方社会民主党的一切弱点来反对'多数派',他们的努力能否成功,这是另外的问题,但这是事实。

示威前 3 天,根据'少数派'的倡议召开了委员会会议。由于某种原因,委员会的 3 名'多数派'委员未能得到开会的通知,因而缺席。'少数派'建议取消游行示威,不然的话,他们就要反抗示威并且不散发一张传单;由于 3 位坚持游行示威的同志缺席,这个建议被通过了。决定不散发传单,并毁掉号召书。

广大的公众和工人都在准备参加示威,只等委员会发出号召了。开始有风声说,游行示威取消了,无限期地延期了。许多人对取消游行示威表示不满;技术部门提出抗议并拒绝继续为委员会工作。

星期五召开了委员会会议,上次会议缺席的 3 位委员对关于示威问题的错误的新决定提出抗议;鉴于民众即使没有传单也都要聚集在涅瓦大街上,他们坚决主张采取一切措施,使工人们也参加游行示威。一个'少数派'代表提出反对,理由是,**'不是所有的工人都已成熟到足以自觉地参加示威和维护委员会提出的要求'**。问题交付表决,结果,会议以多数票赞成一票反对通过参加示威的决定。但这时发现大量(12 000 多份)印好的号召书已被烧毁了。此外,它们不可能在各工厂广泛散发,因为到了星期六早晨传单往什么地方散发都来不及了,各工厂在星期六的两三点钟就下班了。这样一来,传单只能在一小部分工人和熟人当中散发,根本不可能在广大群众中散发了。在这种情况下,示威是注定要失败的。示威果然遭到了失败……

现在我们的'少数派'可以庆贺一番了。他们胜利了！这是破坏委员会（应读为"多数派"）威信的又一件事实。但是我们希望读者更认真地考虑一下造成示威的这种结局的原因，并能同我们一起说：'是的，我们党内目前所形成的状况，使我们无法进行有成效的工作。必须尽快结束党内的危机，必须团结自己的队伍。否则，我们就有完全削弱的危险，我们如果不利用当前有利的时机，就会落后于伟大的事件。'"

彼得堡"少数派"从渺小的小组利益出发破坏无产阶级示威的行径，已经使党忍无可忍。我们党的情况非常严重，最近一年它的影响大受损失，这一点举世皆知。我们现在要把情况讲给那些不会以粗野的嘲笑和幸灾乐祸来对待这种严重情况的人，讲给那些不会唉声叹气、叫苦连天地躲避党内危机中一些棘手问题的人，讲给那些认为自己的义务是完全弄清（即使付出难以置信的努力也要弄清）危机的原因并根除祸害的人。我们要向这些人，**而且只向这些人**谈谈危机的历史，因为不研究这段历史就无法了解"孟什维克"终于造成的目前的分裂局面。

危机的第一阶段。在我们党的第二次代表大会上，虽有工人事业派分子和半工人事业派分子反对，火星报的原则还是取得了胜利。代表大会之后，少数派由于要把代表大会所否决的人引进编辑部，便开始进行破坏党的活动。瓦解、抵制、策划分裂，从8月底到11月底一直进行了**3个月**。

第二阶段。普列汉诺夫向渴望增补的先生们作了让步，同时在《不该这么办》一文（第52号）中公开声明，为了避免更大的灾难，他个人向修正主义者和无政府个人主义者让步。这帮先生利用他的让步进一步破坏党。他们一进入中央机关报的编辑部和党总委员会，便组成**秘密组织**，以期将自己人拉进中央委员会并破坏第三次代表大会。这是一个前所未闻的和令人难以置信的事实，但是它已被新中央委员会的一封关于同这伙高尚人物达成协议的书信确凿地证实了。

第三阶段。三个中央委员转到反党阴谋家一边，他们从**少数派中增补了三个野心家**（可是在书面材料中向各委员会说的却完全不是这样），并在总委员会的帮助下**彻底破坏**绝大多数谈到危机的委员会所支持的**第三次代表大会**。在奥尔洛夫斯基的小册子（《反党的总委员会》）和列宁的小册子（《关于中央机关与党决裂的声明和文件》）①中，这些事实同样有确凿的证据。俄国国内广大的党的工作者不知道这些事实，但是凡是不仅在口头上想成为党员的人都必须知道这些事实。

第四阶段。俄国国内的工作者为了反击使我们党蒙受耻辱的国外小组而团结起来。**多数派**的拥护者和**委员会举行了一系列的非正式的代表会议**，选出了自己的全权代表。完全把持在增补进来的野心家手里的新中央委员会，**向自己提出的任务就是瓦解和分裂多数派的一切地方委员会**。请同志们对这一点不要抱任何幻想，中央委员会没有另外的目的。国外一伙人的亲信正在各地（敖德萨、巴库、叶卡捷琳诺斯拉夫、莫斯科、沃罗涅日等地）筹备和建立新的委员会。国外小组准备召开自己的精选的代表大会。秘密组织破坏了中央机关之后，又来反对地方委员会了。

彼得堡孟什维克的瓦解行径不是偶然的，而是一个经过周密考虑的分裂委员会的步骤，这一步骤是在被增补进中央委员会的"孟什维克"的协助下进行的。我们再重复一遍：大多数俄国国内党的工作者不知道这些事实。我们要坚持不懈地提醒他们：凡是

---

① 　见本卷第98—106页。——编者注

愿意捍卫党而同瓦解行为进行斗争的人,凡是不愿意完全受愚弄的人,都必须知道所有这些事实。

　　为了继续同"少数派"在一个党里工作,我们曾作了一切可能的让步和一系列最不可能的让步。现在,当第三次代表大会遭到破坏,而瓦解行为已针对地方委员会的时候,这方面的一切希望都破灭了。与背着党进行秘密活动的"孟什维克"相反,我们应该公开宣布并用行动证明,党同这些先生们断绝所有一切关系。

载于1904年12月22日(1905年
1月4日)《前进报》第1号

译自《列宁全集》俄文第5版
第9卷第144—148页

地方委员会的代表会议

(1904 年 12 月 22 日〔1905 年 1 月 4 日〕)

不久前,我们党的地方委员会举行了三个代表会议:(1)四个高加索地方委员会的代表会议,(2)三个南方(敖德萨、叶卡捷琳诺斯拉夫、尼古拉耶夫)地方委员会的代表会议和(3)六个北方(彼得堡、莫斯科、特维尔、里加、北方和下诺夫哥罗德)地方委员会的代表会议。我们希望不久就能发表有关这些代表会议的详细材料[79]。现在我们只报道一点:所有这三个代表会议都无条件地赞成立即召开党的第三次代表大会和支持"多数派"的著作家小组。

载于 1904 年 12 月 22 日(1905 年 1 月 4 日)《前进报》第 1 号

译自《列宁全集》俄文第 5 版 第 9 卷第 149 页

《前进报》编辑部给
彼得堡通讯员来信所加的按语[80]

(1904 年 12 月 22 日〔1905 年 1 月 4 日〕以后)

彼得堡来信(第 1—6 页[①])

编者按:彼得堡同志所作的结论同我们在《是结束的时候了》一文[②](《前进报》第 1 号)中所作的结论完全一致。孟什维克充分证明他们完全不愿意服从多数,共同工作,他们瓦解了第二次代表大会所建立的机关以后,现在又破坏第三次代表大会,因此除了决裂之外,党已经没有其他斗争手段。同瓦解组织分子决裂得愈快愈彻底,就愈……[③]

编者按:彼得堡同志所作的结论充分证实了我们所作的结论(《前进报》第 1 号,《是结束的时候了》)的正确性。我们建议多数

---

① 来信页码。——编者注
② 见本卷第 123—127 页。——编者注
③ 手稿到此中断。全文已被列宁删去。——俄文版编者注

派的所有的委员会和组织尽快地坚决摆脱这些瓦解组织分子，以便着手工作而不是一味争吵。

载于 1934 年《列宁文集》俄文版
第 26 卷

译自《列宁全集》俄文第 5 版
第 54 卷第 353 页

创建日内瓦俄国社会民主工党图书馆发起人小组的声明[81]

(1904 年 12 月底)

创建日内瓦俄国社会民主工党图书馆发起人小组一致决定把图书馆移交给"多数派委员会常务局",以便在党的第三次代表大会就图书馆作出决议之前统一管理该馆的事务。

载于 1934 年《列宁文集》俄文版
第 26 卷

译自《列宁全集》俄文第 5 版
第 9 卷第 150 页

《他们是如何为自己辩护的？》
一文提纲要点[82]

(1904 年 12 月 28 日和 1905 年 1 月 11 日
〔1905 年 1 月 10 日和 24 日〕之间）

他们是如何为自己辩护的？

（1）对列宁关于《地方自治运动和〈火星报〉的计划》的小册子的两
个答复——编辑部的答复和普列汉诺夫的答复。这个和字也
是令人奇怪的（普列汉诺夫**是**编辑部**成员**），但是最有意思的
是这两个答复的**不同之处**。

普列汉诺夫非常谨慎而巧妙地为错误立场辩护。编辑部却很
笨拙。

无论是（1）关于斯塔罗韦尔的决议案及**其**与《火星报》的"计
划"的联系，还是（2）关于"高级形式的动员"，普列汉诺夫都**只字**未
提。可见，普列汉诺夫恰恰回避了《火星报》的错误的**实质**（错误的
开始，即它的起点是斯塔罗韦尔的决议案。终点是关于"高级"形
式的论断）。

编辑部正好**强调了**自己的立场同斯塔罗韦尔的决议案的联系
并且**维护**关于"高级形式"的思想。

无论是编辑部还是普列汉诺夫为关于引起惊慌的言论**所作的**

辩护都非常软弱无力(显然是在退却)。

　　普列汉诺夫老是在旧列宁同新列宁的矛盾上兜圈子[83]，以便证明《火星报》编辑部的行动是和旧列宁一致的。

　　普列汉诺夫把事情描绘成这样，似乎列宁**现在**反对向地方自治人士示威，并且反对强迫他们接受"积极的行动纲领"。这是胡说，歪曲。

━━━━━━━━━━━━━━━━━━━━━━━━━━

　　我所反对的《火星报》的论点是哪些呢?

(1)关于引起惊慌的言论是不妥当的和庸俗的。

　　　回答? 普列汉诺夫所说的坦波夫人(哈哈!)[84]普　　编辑部几
　　　列汉诺夫所说的无政府主义者(在哪里?)　　　　乎被偷光:
　　　编辑部所说的"捣乱行动"　　　　　　　　　　　"多余的"。

(2)同自由派的"协议"应当取决于实际的共同斗争，而不是"诺言"

　　　普列汉诺夫──**什么也没有说**

(3)斯塔罗韦尔的条件已被抛弃。(编辑部为自己所作的辩护极其软弱无力，实际上是在招认。)

(4)"新形式"。编辑部──软弱。普列汉诺夫──**什么也没有说**。关于**起义**问题，见《火星报》第**62**号。社论。

　　　对准备起义的

　　　"纯空想观点"。

　　　　　"开始表现出来"……

载于1926年《列宁文集》俄文版　　　　　译自《列宁全集》俄文第5版
第5卷　　　　　　　　　　　　　　　　第9卷第394—395页

旅顺口的陷落⁸⁵

（1905 年 1 月 1 日〔14 日〕）

"旅顺口投降了。

这是现代史上最重大的事件之一。昨天，通过电报传遍文明世界每个角落的这几个字，使人感到沮丧，使人感到一场巨大而可怕的灾难和不幸，这种感觉是难于用言语来表达的。强大帝国的精神力量在破灭，年轻的种族还没有来得及充分显示自己，它的声望就在日益低落。整个政治制度已被判决，一连串的奢望已被打断，巨大的努力已被摧毁。当然，旅顺口的陷落早在意料之中，人们早就在为自己开脱并说些老套话来安慰自己了。但是，明显而严峻的事实粉碎了全部编造的谎言。现在，要冲淡已经发生的崩溃的意义是不可能的。难以补救的失败使旧世界第一次遭到屈辱，打败它的是一个十分神秘的、看来还很年轻的、昨天才来追求文明的新世界。"

欧洲一家有名望的资产阶级报纸⁸⁶这样描述了对事件的直接印象。应当承认，这家报纸不仅清晰地表达了整个欧洲资产阶级的情绪，它的话也反映了旧世界资产阶级的真实的阶级本能；旧世界资产阶级对新的资产阶级世界的成就感到惶恐不安，对长久以来被认为是欧洲反动势力的最可靠堡垒的俄国军事力量的崩溃感到惊慌失措。难怪就连没有参战的欧洲资产阶级也感到受了屈辱和沮丧。它如此习惯于把俄国的精神力量和欧洲宪兵的军事力量等同看待。在它看来,年轻的俄罗斯种族的声望与无比强大的、坚定不移地保护着现代"秩序"的沙皇政权的声望是紧密相连的。难怪整个欧洲资产阶级都认为居于支配地位和发号施令的俄国的灾难是"可怕的",因为这一场灾难意味着世界资本主义的发展大大加速,历史的发展大大加快,而资产阶级十分清楚地知道,它根据痛苦的经验知道,这种加速就是无产阶级的社会革命的加速。西欧资产阶级在长期停滞的环境中,在"强大的帝国"的庇护下曾感到十分安逸,可是现在突然有一种"神秘的、还很年轻的"力量竟来打破这种停滞和摧毁这些支柱。

的确,欧洲资产阶级应当感到害怕。无产阶级应当感到高兴。我们最凶恶的敌人的灾难不仅意味着俄国的自由即将来临,它还预示欧洲无产阶级的新的革命高潮的到来。

但是,旅顺口的陷落为什么和在什么程度上是一场真正历史性的灾难呢?

人们首先看到的是这一事件在战争进程中的作用。对日本人来说,战争的主要目的已经达到。进步的先进的亚洲给予落后的反动的欧洲以不可挽救的打击。10年以前,以俄国为首的这个反动的欧洲,曾因中国败于年轻的日本而感到不安,并为了从日本手中抢走最好的胜利果实而联合起来。欧洲一直保护着旧世界已经确立的关系和特权,维护着它的优惠的权利,即几世纪以来一直被视为天经地义的剥削亚洲各国人民的权利。日本夺回旅顺口是对整个反动欧洲的一个打击。俄国占据旅顺口6年,花了多少亿卢布修筑战略铁路,修建港口,建设新的城市,加固要塞;被俄国收买和在俄国面前卑躬屈膝的一切欧洲报纸都曾吹嘘这个要塞是攻不破的。军事评论家们说,就实力而论,旅顺口等于6个塞瓦斯托波尔。可是,一个小小的、一直被人瞧不起的日本,却在8个月之内占领了这个要塞,而在此以前英国和法国为了攻克一个塞瓦斯托波尔,却花了整整一年的时间。军事上的打击是不可挽救的。关于制海权问题——现代战争的一个主要的和根本的问题,已经解决了。起初并不比日本舰队弱的(如果不是较强的话)俄国太平洋舰队,全军覆没了。舰队作战的基地也被人夺走,于是罗日杰斯特文斯基的分舰队在白白地花费了好几百万以后,在威武的装甲舰大败英国渔船以后,只好又可耻地开了回来。据估计,俄国仅在舰队方面的物质损失,即达3亿卢布。但是,更为重要的是它损失了上万名优秀的海军人员,损失了整整一个陆军集团军。许多欧洲报纸现在正在竭力冲淡这些损失的意义,它们在这方面的热心努力达到了滑稽可笑的地步,它们甚至说库罗帕特金现在"轻松了","用不着"再为旅顺口操心了! 俄国军队也用不着再去管整整一个集团军了。据最近英国的统计材料,被俘者达 **48 000 人**,在金州和在要塞本身的会战中被打死的还有成千上万的人。日本人完全占领了整个辽东,获得了能影响朝鲜、中国和满洲的无比重要的据点,腾出了拥有8万—10万人的配备有庞大的重炮队的经过锻炼的军队来对付库罗帕特金。这支重炮队开抵沙河,将使日军对俄军的主力居于压倒的优势。

据国外报纸报道,专制政府决定无论如何也要继续作战,并给库罗帕特金派去20万人的军队。很可能战争还要拖延很久,但战争胜利无望已经是很明显的了,而一切拖延只会加重俄国人民由于容忍专制制度的宰割而带来的无数灾难。在此以前,日本人在每一次大的会战以后总是比俄国人更迅速而且更扎实地增强自己的军事力量。而现在,他们在争得了全部制海权和全歼了俄国的一个集团军以后,就能够比俄国人多派出一倍的援军。在此以前,日本人一直在连续不断地打击俄国的将军们,尽管他们的大部分精锐炮兵当时已用于围攻要塞。日本人现在已经可以把自己的兵力充分集中起来,而俄国人却不仅要为萨哈林岛担心,而且要为符拉迪沃斯托克担心。日本人占领了满洲最好的和人口最稠密的地区,他们在那里可以靠被征服地区的资财和靠中国的帮助来供养军队。而俄国人却愈来愈只能靠从俄国运去的物资接济,由于无法运送足够数量的物资,库罗帕特金很快就不能进一步扩充军队了。

　　但是,专制制度所遭到的军事破产具有更为重大的意义,它是我国整个政治制度崩溃的标志。靠雇佣兵或半脱离人民的帮会分子作战的时代,已经一去不复返了。战争现在是由人民来进行的,——据涅米罗维奇-丹琴科证明,甚至库罗帕特金也开始懂得,这个道理不是光写在纸上的。战争现在是由人民来进行的,因此,战争的伟大属性现在表明得特别明显,这就是在事实上,在千百万人的面前揭露出一向只有少数觉悟的人才明白的人民和政府间的不一致。一切先进的俄国人,俄国社会民主党,俄国无产阶级对专制制度的批判,现在已被日本武器的批判所证实,这就使那些不知道什么叫专制制度的人,以至知道这一点但却一心一意维护专制制度的人,都愈来愈**感到**在专制制度下无法生活下去了。一旦人民不得不在实际上以自己的鲜血为专制制度付出代价,专制制度同整个社会发展的利益、同全体人民(一小撮官吏和巨头除外)的利益水火不相容的情况就表现出来了。愚蠢、罪恶的殖民冒险政策使专制制度陷入了绝境,只有人民自己才能够解脱这种绝境,而且只有以摧毁沙皇制度为代价。

旅顺口的陷落是对沙皇制度的罪行所作的一次最重大的历史总结。这些罪行从战争刚一爆发就已开始暴露出来，现在它们将更加广泛地更加不可遏制地暴露出来。我们死后哪怕洪水滔天![87]——所有大大小小的阿列克谢耶夫都这样说，他们没有想到，而且也不相信洪水真的就要来到了。将军们和统帅们原来都是些庸碌无能之辈。根据英国一位军事评论家的权威性论断(载于《泰晤士报》[88])，1904年战争的全部进程，是"对海军和陆军战略基本原则的犯罪性的忽视"。军政界的官僚像农奴制时代一样寄生成性、贪污受贿。军官们都是些不学无术、很不开展、缺乏训练的人，他们和士兵没有密切的联系，而且也不为士兵所信任。农民群众的愚昧无知，目不识丁和孤陋寡闻，在现代战争中同进步的民族发生冲突时，都赤裸裸地暴露出来了，因为现代战争也同现代技术一样，要求有质量高的人才。没有具有主动精神的、自觉的陆海军士兵，要在现代战争中取胜是不可能的。在使用射速快口径小的步枪和速射炮的时代，在舰船上装有复杂的技术设备、陆战中采用散开队形的时代，任何耐力、任何体力以及任何多数人密集在一起的战斗阵势，都不能造成优势。专制俄国的军事威力原来只是虚有其表。沙皇制度成了按照现代最新要求组织军事的障碍。而军事却是沙皇制度一向全神贯注的、最引为骄傲而且不顾人民的任何反对而为之作出无可计量的牺牲的事业。粉饰的坟墓①——这就是专制制度在对外防卫这个可以说是它最内行的专业方面的写照。事变证实某些外国人的看法是对的，这些人看到亿万卢布被用来购买和建造

---

① 见圣经《新约全书·马太福音》第23章。——编者注

精良的军舰曾感到好笑，并且说，在不会使用现代军舰的情况下，在缺少能够熟练地利用军事技术的最新成就的人才的情况下，这些花费是没有用处的。不论是舰队也罢，要塞也罢，野战工事也罢，陆军也罢，竟都成为落后的和毫无用处的东西了。

一个国家的军事组织和它的整个经济文化制度之间的联系，从来还没有像现在这样密切。因此，军事上的破产不可能不成为深刻的政治危机的开端。先进国家同落后国家的战争这一次也起了伟大的革命作用，就像历史上屡次发生过的情形一样。觉悟的无产阶级是战争这个一切阶级统治的不可避免和无法排除的伴侣的无情敌人，它不能闭眼不看击溃了专制制度的日本资产阶级所完成的这一革命任务。无产阶级敌视一切资产阶级和一切资产阶级制度的表现，但是这种敌视并没有解除它应对历史上进步的和反动的资产阶级代表人物加以区别的责任。因此，革命的国际社会民主党的最彻底和最坚决的代表，如法国的茹尔·盖得和英国的海德门，都直率地表示他们同情击溃俄国专制制度的日本，这是完全可以理解的。在我们俄国，不用说，有些社会主义者在这个问题上也表现了思想混乱。《革命俄国报》[89]谴责盖得和海德门说，一个社会主义者只能拥护工人的、人民的日本，而不能拥护资产阶级的日本。这种谴责十分荒谬，正像一个社会主义者因为承认主张自由贸易的资产阶级比主张保护关税的资产阶级进步而受到的谴责一样。盖得和海德门并没有袒护日本资产阶级和日本帝国主义，但在两个资产阶级国家发生冲突的问题上，他们正确地指出了其中一个国家在历史上所起的进步作用。"社会革命党人"的思想混乱，当然是我们的激进知识分子不懂得阶级观点和历史唯物主义的必然结果。新《火星报》也不能不表现出混乱。起初它大谈不管什么样的和平。后来,当饶勒斯清楚地表明,拥护一切和平的冒牌的社会主义运动是为谁的利益服务的,是为进步的资产阶级的利益还是为反动的资产阶级利益服务的时候,新《火星报》才急忙"进行纠正"。现在它又发表庸俗的议论,说什么借日本资产阶级的胜利"进行投机"(!!?)是如何不恰当,说什么"不论"专制制度是胜是败,战争总是灾难。

不是这样。俄国的自由事业和俄国(以及全世界的)无产阶级争取社会主义的斗争事业,在很大程度上取决于专制制度的军事失败。这一事业从这次使欧洲所有的旧制度维护者感到恐惧的军事破产中得到很多好处。革命的无产阶级应当不断地进行反对战争的宣传,同时要永远牢记,只要阶级统治还存在,战争就不会消除。饶勒斯之流的庸俗的和平辞藻,对被压迫阶级毫无用处,被压迫阶级对两个资产阶级国家间的资产阶级战争不负任何责任,它正在竭尽全力来推翻一切资产阶级,因为它知道,就是在"和平的"资产阶级剥削时期,人民的灾难也是无穷的。但是,在反对自由竞争的同时,我们不能忘记,和半农奴制度相比,自由竞争是有进步性的。在反对一切战争和一切资产阶级的时候,我们在宣传当中应当把进步的资产阶级与农奴制的专制制度严格区分开来,我们应当经常指出俄国工人被迫参加的这个历史性的战争的伟大的革命作用。

不是俄国人民,而是俄国专制制度挑起了这场殖民战争,这场战争已变成新旧资产阶级世界之间的战争。不是俄国人民,而是专制制度遭到了可耻的失败。俄国人民从专制制度的失败当中得到了好处。旅顺口的投降是沙皇制度投降的前奏。战争还远未结束,但是它每延续一步都将大大加剧俄国人民的不满和愤慨,都将促使新的伟大的战争,人民反对专制制度的战争,无产阶级争取自由的战争的时刻早日到来。难怪最沉着、最冷静的欧洲资产阶级这样惊慌失措,它满心赞同俄国专制制度作出自由主义的让步,但害怕俄国革命比害怕火还要厉害,因为俄国革命将是欧洲革命的序幕。

一家冷静的德国资产阶级的机关报[90]写道:"有一种根深蒂固的见解,即认为在俄国爆发革命是完全不可能的事情。人们用各种各样的论据为这种见解辩护。例如说俄国农民不爱动,俄国农民笃信沙皇,依赖僧侣。又说,极端不满分子只是极少数人,他们可能举行叛乱(小规模的爆发)和进行恐怖性的谋杀,但决不能掀起总起义。他们对我们说,广大的不满的群众缺乏组织和武器,而最主要的是缺乏冒生命危险的决心。俄国的知识分子一般大约只是在30岁以前具有革命情绪,以后他们搞到一官半职,就舒适安逸地生活起来,于是很大一部分激烈分子就变为平庸的官吏。"但现在,这家报纸继续写道,许多迹象证明要发生巨大的变革。现在谈论俄国革命的已经不光是革命者,而且还有那些全无"狂热"的、现存制度的坚实柱石,如特鲁别茨科伊公爵,他写给内务大臣的信现在正被所有的国外报刊转载[91]。"害怕俄国革命看来是有实际根据的。不错,谁也不认为俄国农民会拿起木叉去为宪法而斗争。但难道革命是在农村里发生的吗? 在现代历史上,革命运动的体现者早已是大城市了。在俄国,风潮正是在城市里掀起的,它正在从南到北、从东到西地涌动。谁也不敢预言结果将会怎样,但是认为俄国革命不可能发生的人在日益减少,这却是一个无可怀疑的事实。而一旦发生严重的革命爆发,被远东战争削弱了的专制制度是否能对付得了,那就是非常值得怀疑的事情了。"

　　是的,专制制度是被削弱了。最不相信革命的人也开始相信革命了。普遍相信革命就已经是革命的开始。政府本身正在以自己的军事冒险促进革命的继续发展。俄国的无产阶级将致力于支持和扩大重要的革命冲击。

载于 1905 年 1 月 1 日(14 日)　　　　译自《列宁全集》俄文第 5 版
《前进报》第 2 号　　　　　　　　　　第 9 卷第 151—159 页

寓言喂不了夜莺

(1905 年 1 月 1 日〔14 日〕)

我们请读者注意新火星派刚刚出版的一本署名为"**一工人**"的小册子《我们组织内的工人和知识分子》，阿克雪里罗得为它写了序言。也许我们要不止一次地谈到这部颇有教益的著作，因为它绝妙地证明，"少数派"或新火星派的蛊惑宣传曾经造成和正在造成怎样的结果，新火星派自己现在是怎样千方百计地想从他们说过的一切废话中脱身。我们暂且只谈一谈小册子和序言的实质。

"一工人"不幸相信了新火星派的宣传。因此，他就一口气说了一大堆符合阿基莫夫精神的工人事业派的话。"我们的知识分子领导人……没有给自己规定……发展工人意识和发挥工人主动性的任务……" 发挥主动性的愿望"经常遭到迫害"。"在任何一种类型的组织里都没有发挥工人主动性的余地……" "经济斗争被抛到九霄云外"，甚至连宣传性的和鼓动性的集会"也不许工人参加"（竟然如此！）。示威游行"已过时"——所有这些灾难（很久以前旧《工人事业》杂志反对旧《火星报》时就发出过这种关于灾难的叫喊）当然都是"官僚主义集中派"，即跟工人事业派作对的我们第二次代表大会的多数派造成的。这位不幸的"一工人"在受了委屈的少数派的教唆下反对党的代表大会，把这次代表大会说得一无是处，说在这次代表大会上"没有我们"（没有工人），"没有我们参加"，那里"几乎一个工人"也没有，——而曾是代表大会代表的所有的真正的工人斯捷潘诺夫、哥尔斯基和布劳恩都坚决拥护多数派和反对知识分子的毫无气节这样一个事实，不用说，被小心翼翼地避开了。但是这并不重要。重要的是新火星派的宣传达到了怎样极端下流的地步。他们在选举失败后"责骂"代表大会，他们在没有参加代表大会的人面前进行责骂，唆使别人污辱历次社会民主党代表大会，而与此同时，他们却大摇大摆地钻进了完全是以代表大会的名义进行活动的中央机关。梁赞诺夫公然把代表大会叫做**拼凑会议**，但他至少没有从"拼凑会议"中得到任何封号和称号，他的立场（见他的小册子：《破灭了的幻想》）不是更正派些吗？

　　然而，这位工人即使被人唆使来反对"多数派"，但他并不满足于什么自治、工人的主动性等等空话，从一个工人的心理状态来讲，这是非常有代表性的。他也像一切新火星派分子或工人事业派分子一样，重复着这些话，但他却是以冷静的无产阶级的本能力求**用行动来证实言论**，他不满足于用寓言来充饥。他说，如果领导人的"组成不变"（黑体是"一工人"用的），漂亮话照旧是空话。应当要求**让**工人**参加**一切重要的党的机关，应当取得与知识分子**平等的权利**。"一工人"以一个真正的无产者和真正的民主主义者对一切空话所抱的极端不信任态度说：**怎样保证将来参加委员会会议的不光是一些知识分子呢？** 这正击中我们的新火星派分子的要害。这个绝妙的问题表明，工人事业派的挑唆还没有使无产者的明确思想发生混乱。他直截了当地声称，他所在的委员会"在书面上〈请听！〉基本上仍然是少数派的委员会，而在它的实践中，它与多数派的委员会毫无区别。我们工人未能进入任何重要的，即领导的机关（更不用说委员会了）"。

　　谁也不会像这个孟什维克工人那样一针见血地揭穿孟什维克。他懂得,如果**没有保证**,关于自治和无产阶级的主动性的高谈阔论就都是无聊的空话。可是,在社会民主党组织里能有什么样的**保证**呢?"一工人"同志,您考虑过这一点吗? 如果一起参加过党代表大会的革命家们会后开始抱怨代表大会不选他们,大叫大嚷,说代表大会是一次想要巩固火星派观点的反动尝试(托洛茨基在新《**火星报**》**编辑**出版的小册子里的说法),说代表大会的决议并不是神圣不可侵犯的,说代表大会上没有工人群众,——那么,有什么样的保证能防止这种情况发生呢? 如果关于党组织的形式和准则的总的决议,即党的组织章程(它只能以这种章程的形式存在),事后被一些毫无气节的人借口说章程这类东西是官僚主义和形式主义而撕毁了他们所不喜欢的那一部分,——那么,有什么样的保证能防止这种情况发生呢? 如果那些破坏一致通过的组织规则的人后来又开始议论纷纷,说组织是过程,组织是倾向,组织是与内容协调一致的形式,因此,要求遵守组织规则是荒谬的、不切实际的,——那么,有什么样的保证能防止这种情况发生呢? 小册子的作者"一工人"没有考虑过这些问题中的任何一个问题。但是他十分接近这些问题,他十分真诚地、大胆地向清谈家和政客们直接提出了这些问题,所以我们衷心地推荐他的小册子。这本小册子出色地表明:"说漂亮话"的骑士如何被他们自己的拥护者所揭穿。

　　"一工人"人云亦云地反对列宁的"组织计划",他照例没有明确而肯定地指出他对计划的**哪一点**不满意,他援引帕宁和切列万宁的话(除了气话之外,他们什么也没有说),但是,连列宁写给彼得堡一位同志的那封轰动一时的信也不想**看一眼**。假如"一工人"

不相信他的挑唆者们所说的话,而去看看这封信,那他读了下面这段话会感到十分吃惊的:

"应当特别努力使尽可能多的工人成为完全自觉的职业革命家并且进入委员会。应当努力使那些在工人群众当中联系最多和'名声'最好的工人革命家参加委员会。因此,委员会中应当尽可能包括工人运动中工人出身的所有主要带头人。"(该信第7—8页)①

"一工人"同志,请您读一读,并且反复读一读这几句话,您就会发现责骂旧《火星报》和它的拥护者即第二次代表大会的"多数派"的工人事业派分子和新火星派分子是怎样**欺骗了**您。请您仔细读一读这几句话,并请接受我的这个请求:从我们社会民主党的书刊中给我再找出**这样一个地方**,那里也是如此明确、直截了当而**毫不含糊地**提出了您所提出的"我们组织内的工人和知识分子"的问题,同时那里也指出必须吸收尽可能多的工人**参加委员会**,必须尽可能吸收工人运动中工人出身的所有带头人**参加委员会。我敢断言**,您再指不出这样一个地方。我敢断言,凡是根据各种文件,**根据《工人事业》杂志**、《火星报》和各种小册子,而不是根据造谣者的胡说去下功夫研究我们党内争论的人,都会看清新火星派的宣传的虚伪和蛊惑性质。

您也许会反驳说:列宁可以这样写,但是他的意见并不总是都能实现的。当然,这是可能的。任何一个党的著作家也不能担保一切自称是他的拥护者的人,实际上都能时时执行他的意见。但是,第一,难道那种自称是"信"的拥护者但又不执行它的意见的社

---

① 参看本版全集第7卷第5页。——编者注

会民主党人不是已经被这封信揭穿了吗？难道信的刊出只是为了知识分子，而不也是为了工人们吗？难道一个作者除了通过印刷品之外还会有其他办法来陈述自己的观点吗？第二，就算跟"一工人"证明的一样，无论孟什维克或布尔什维克都没有执行这些意见，那么从这里不是可以明显地看出，孟什维克没有任何权利制造这种与布尔什维克的"分歧"吗？他们唆使工人反对布尔什维克，说布尔什维克忽视工人的主动性，这不是蛊惑煽动吗？

孟什维克和布尔什维克在这一点上的真正分歧是什么呢？难道不就是布尔什维克更早地和更直截了当地提出吸收工人参加委员会这种明确而肯定的意见吗？难道不就是布尔什维克一向鄙视那些只是流于空谈（像孟什维克那样）的关于自治和工人主动性的"漂亮话"吗？

请看令人尊敬的、劳苦功高的元老阿克雪里罗得现在如何在他的序言中脱身吧。那位工人饱读阿克雪里罗得的"出色的"小品文、马尔托夫的令人难忘的文章以及托洛茨基的非凡的（从"多数派"的利益的角度来看）小册子并从中学到工人事业派的智谋，他那无产阶级的直爽和粗犷，已把阿克雪里罗得逼得走投无路了。

"一工人"试图反驳列兵的如下论断：自从经济主义产生以来，我们的党组织，就其成员来说，已相对地更无产阶级化了。显然，"一工人"是不对的。凡是在相当长的一段时间内细心观察过我们党内事务的人都了解这一点。但最有趣的是看到我们的阿克雪里罗得是怎样改变腔调的。他曾说社会民主党是知识分子的组织；谁不记得他这一套堂皇的、曾被社会民主党的敌人自由主义解放派分子巧妙地利用的论断呢？谁不记得在党内受了委屈的新火星派分子是怎样重复和反复咀嚼这种对党的诽谤呢？而现在，这个阿克雪里罗得被"一工人"从这种诽谤中得出的直接的、公正的结论吓坏了，于是竭力设法脱身。

他在序言中说："在社会民主党诞生和最初发展时期，俄国的革命政党曾是纯粹的知识分子的政党……　现在觉悟的革命工人构成社会民主党的主力部队〈请听！〉。"(第15页)

可怜的"一工人"！他相信了阿克雪里罗得的"漂亮话"，活该倒霉！有些作家根据"增补"的需要，一年半以来忽而说东忽而道西，谁相信他们，谁就总是要倒霉的。

请看，阿克雪里罗得对直接向他提出的"保证"问题是如何支吾搪塞的。这真是妙极了，这是新火星派著作界的杰作。"一工人"谈到工人和知识分子**在组织里**的关系，"一工人"**说得万分正确**：如果没有保证，没有平等权利，也就是说，没有选举原则，关于非官僚主义的集中制的漂亮话就都是空谈。那么，阿克雪里罗得是怎样回答的呢？"迷恋于改变我们组织内工人的法律地位的思想是片面的"，作者徒劳无益地把消除弊病问题转移到"形式上的组织关系方面"，他平白无故地忘记了，"权利平等这一局部性任务"，只有在"我们的实践沿着社会民主主义方向进一步发展的过程中"才能得到解决。"小册子的作者专心致力的问题，只有在我们党的自觉的集体工作过程中才能彻底解决。"

难道这还不是杰作吗？阿克雪里罗得本人在同盟代表大会上和新《火星报》(第55号)上第一个提出的正是组织问题，而且只是组织问题，可是当"一工人"专门写了一本关于组织问题的小册子的时候，有人却又郑重地对他说：重要的不是形式，而是工作过程！

对新《火星报》和阿克雪里罗得来说，重要的不是组织原则，而是为无原则的立场作辩护的饶舌过程。在整个臭名远扬的组织-

过程论(着重参看罗莎·卢森堡的文章),即把马克思主义庸俗化并使之失去灵魂的理论中,除了为无原则进行辩护之外,没有任何其他内容。

我们再重复一遍:为了使人们了解新火星派分子在组织问题上的立场的全部虚伪,必须大力推荐"一工人"的这本出色的小册子。我们特别要向那些受到孟什维克选举原则①的宣传挑唆而反对布尔什维克的工人推荐这本小册子。工人们一针见血地揭穿了清谈家和扯谎者。他们的问题提得很好:或者是选举原则,或者只是关于吸收工人参加委员会的意见。如果是选举原则,那就拿出正式的保证、法定的保证、法定的平等权利来。工人们可以看到,新火星派分子害怕这个问题,就像魔鬼害怕晨祷一样。如果关于吸收工人的意见是好的,如果旧《火星报》认为民主主义,即在**俄国国内秘密组织里普遍运用选举原则与专制警察制度不相容**这种看法是对的,那么,**您在哪里**也找不到像多数派所提出的吸收工人参加委员会这种直截了当而有教益的意见了。

载于1905年1月1日(14日)　　　　　译自《列宁全集》俄文第5版
《前进报》第2号　　　　　　　　　　　　第9卷第160—166页

---

① 见尼·**列宁**《关于中央机关与党决裂的声明和文件》(本卷第98—106页。——编者注)。这本小册子里引证的**孟什维克领袖**的信说:"工人们要求实行选举制,这是坚定派垂死挣扎的明显征兆。"我是坚定派,但我很满意这种垂死挣扎。工人们对选举原则的要求明显证明,新火星派用寓言是喂不了工人的,阿克雪里罗得的任何遁词现在都不能使他摆脱被彻底揭露的命运。

致布尔什维克苏黎世小组

1905年1月18日于日内瓦

敬爱的同志们：现在不可能召集编辑部的会议来答复你们的质问，我姑且以个人名义向你们作一答复。布尔什维克苏黎世小组问道，"我们怎样对待中央机关报和中央委员会，是认为它们的存在是合法的，而它们的活动是非法的，因而对它们采取反对的态度呢，还是根本不承认它们是党的中央机关"。

我认为你们的问题的提法有些诡辩。《前进报》发刊预告[92]和第1号（《是结束的时候了》①）加上我写的《声明和文件》②似乎已经**在实质上**回答了这个问题。中央机关（中央机关报、中央委员会和总委员会）与党**决裂**了，破坏了第二次代表大会和第三次代表大会，以最卑劣的手法欺骗党，以波拿巴分子的手段篡夺了它们垂涎的地位。这还怎么谈得上中央机关的合法存在呢？一个凭伪造的期票骗得金钱的骗子，他占有金钱能说是合法的吗？

我真不明白，问题已经反复解释得这样透彻了，苏黎世的布尔什维克还是弄不清楚。中央机关不打算服从党，这一点已完全被证实。我们究竟怎么办呢？召开第三次代表大会吗？它们在这一点上也玩弄了骗人伎俩。唯一的办法就是：尽可能**完全地**、迅速地、明确地（公开、当众地）与孟什维克决裂，召开不经中央机关的

---

① 见本卷第123—127页。——编者注
② 见本卷第98—106页。——编者注

同意和没有它们参加的自己的第三次党代表大会,**立即**(也不等候这个中央机关)开始跟我们的党中央机关,《前进报》编辑部和北方代表会议所选出的国内常务局[93]一起工作。

我再重复一遍:中央机关**自己已置身于党外**。谁拥护中央机关,谁拥护党? 中间立场是没有的。现在是划清界限的时候了,与秘密分裂党的孟什维克相反,现在必须公开接受他们的挑战:好,分裂好了,因为你们已经彻底分裂出去了。好,分裂好了,因为**一切**延缓和通过**党的**途径(第三次代表大会)来解决问题的办法我们都已用尽了。好,分裂好了,因为到处和瓦解组织分子进行令人厌恶的争吵,结果只是损害了事业。彼得堡有人给我们来信说:分裂以后倒更好了,可以没有争吵地同你所信任的人一起工作。难道这不很清楚吗? 波拿巴分子和瓦解组织分子滚开!

这个答复你们是否满意,请告诉我。

在国外的多数派小组**必须**团结起来,请立即把这一点写信告诉那些伯尔尼人(卡扎科夫先生。伯尔尼贝克赖路1号),他们已经着手这样做了,他们的答复会比我更好。应当更加努力地干起来。请与所有的小组通信联系,催一催钱和资料,在新的地方建立小组等。

我们与少数派彻底决裂之后,也觉得好多了。衷心地希望你们也能尽快地摆脱出来。

握手。

你们的　**尼·列宁**

附言:最后再以个人名义特别向梅耶尔松问好。他近来怎样? 他身体好吗?

　　我在生施泰纳的气,告诉她,这太不像话了,她答应圣诞节来信谈一谈尼古拉耶夫的情况,现在快到1月底啦!!

　　伯尔尼小组倡议把国外的布尔什维克联合起来,当然是在常务局的领导之下。请向伯尔尼小组索取它就这件事写给我们的信和日内瓦小组的答复。

载于1926年《列宁文集》俄文版
第5卷

译自《列宁全集》俄文第5版
第9卷第167—168页

致叶·德·斯塔索娃和
莫斯科监狱中的同志们[94]

1905年1月19日

亲爱的朋友们：我已经收到你们有关法庭上的策略问题的询问（从绝对者的来信和通过一个不知名的人的"逐字转达的"便函中得知）。绝对者谈到两个观点。便函上谈到三种意见，可能就是指的下面三点，我试把它们加以还原：（1）否定法庭并直接抵制它。（2）否定法庭并不参加审讯。只有在下列条件下才能邀请律师：律师必须完全从抽象的法的角度论述法庭是站不住脚的。在最后发言中阐明信仰并要求陪审法庭审判。（3）关于最后发言的问题如上所述。利用审讯作为宣传手段，并为此目的在律师的协助下参加审讯。指明庭审的非法性，甚至召请证人（证明不在现场等等）。

再一个问题是：只说就信仰来讲是社会民主主义者呢，还是承认自己是俄国社会民主工党的党员？

你们来信说，需要有一本论述这个问题的小册子。我倒认为，在缺乏经验指导的情况下，不宜马上出版小册子。也许在适当场合我们会在报纸上稍微提一提。也许狱中的哪一位同志会给报纸写篇短文（5 000—8 000 个字母）吧？这或许是引起讨论的最好办法。

我个人还没有完全肯定的意见,我觉得在发表肯定的意见之前,最好先跟狱中的或受过庭审的同志们较为详细地谈一谈。作为这个谈话的开始,我来谈一谈我的想法,我认为,许多做法要取决于:庭审将是**什么样的**? 就是说,有可能把它用来进行宣传还是根本没有这种可能? 如果是第一种情况,那么第 1 条策略是不适宜的;如果是第二种情况,那么第 1 条是适宜的,但是即使是这样也必须先提出公开的、明确的、强烈的抗议和声明。而如果有可能利用庭审进行宣传,那么第 3 条策略是最合适的。依我看,发表一篇阐明信仰的演说一般说是很需要的,是很有益的,在大多数情况下,这种演说能够起到宣传鼓动的作用。特别是在政府开始利用庭审手段的时候,社会民主党人应当发表演说阐述社会民主党的纲领和策略。有人说,承认自己是党员,特别是某一组织的成员是不适当的,最好只声明:就信仰来说我是社会民主主义者。我认为,在演说中应当直接避开组织关系,应当这样说:由于明显的原因,我不打算谈自己的组织关系,但是我是社会民主党人,我要谈**我们的党**。这样的说法有两个好处:直截了当地和明确地预先说明,不能谈组织关系(即是否参加了组织,参加了什么样的组织等),同时又谈到**我们的党**。为了使社会民主党人在法庭上的演说成为党的演说和声明,为了使宣传有利于党,这样做是必要的。换句话说:我撇开我的形式上的组织关系不谈,我不在形式上代表任何组织讲话,但是,作为一个社会民主党人,我要向你们谈谈**我们的党**,并请你们把我的声明看做是叙述**我们**社会民主党的一切文献以及我们的某些小册子、传单、报纸中所贯穿的那些社会民主主义观点的一种尝试。

　　律师问题。对律师必须严加管束,严加控制,因为这帮知识分子坏蛋常常害人。要事先对他们说:假如你这个狗崽子敢做一点点不体面的事情,**或在政治上采取机会主义立场**(说社会主义不成熟、不正确,说是一时的迷恋,说**社会民主党人否定暴力**,说他们的学说和运动具有和平性质等诸如此类的话),那么我这个被告就马上当众打断你的话,叫你一声下流胚并声明拒绝这样的辩护等等。这种威胁手段必须加以使用。找律师,只找聪明的,别的不要。要事先对他们说:只须在核对事实和起诉的预谋性的问题上批评并"揭露"证人和检察官,只须把审判的舍米亚卡式的做法[95]披露于光天化日之下。就连聪明的自由派律师也最爱谈论**或者暗示**什么社会民主主义运动的和平性质,什么甚至像阿道夫·瓦格纳一类的人物也承认它的文化作用等等。所有类似的企图必须加以根除。似乎倍倍尔说过,律师是最反动的家伙。你要安守本分。你只能以律师的身份嘲笑原告的证人和检察官,最多也只能将这样的法庭和自由国家的陪审法庭加以对比,而不要涉及被告人的信念,不许你对他的信念和他的行动稍加评价。因为你这个可怜的自由主义者对这些信念了解得很差,甚至你称赞它们时也难免流于庸俗。当然,对律师说所有这些话时不能像索巴开维奇[96]那样,而应当温和地、客气地、委婉慎重地说。但是,无论如何对律师最好还是要加以提防,不要相信他们,**特别是**当他们说他们是社会民主党人和党员(根据我们的第1条!!)的时候。

　　我认为是否参加审讯的问题要由律师问题来决定。邀请律师也就意味着参加审讯。为了揭露证人和进行反对法庭的宣传,为什么不参加呢? 当然,必须十分小心,以免流于不恰当的辩护腔,这是自不待言的！最好**在审讯之前**,针对审判长的头几个问题立刻声明,我是社会民主党人,我将在我的发言中向您说明这意味着什么。参加审讯的问题要完全根据情况具体加以决定。假定你们已经完全被揭露,证人谈出真实情况,起诉的全部事实都是证据确凿的;那参加审讯也许就没有必要了,而应当把全部注意力集中在原则性的演说上面。如果事实站不住脚,侦查证人们的证词矛盾百出和瞎说一气,那么放弃揭露庭审的预谋性的宣传材料则未必有什么好处。事情也还要取决于被告人:如果他们十分疲倦,有病,劳累,又没有善于进行"法庭辩论"和舌战的强手,那最好拒绝参加审讯,公开声明这点,并把全部注意力放在原则性演说上面,这种演说最好事先准备妥当。在任何情况下,谈论社会民主党的原则、纲领和策略,工人运动,社会主义的宗旨,起义,都是最重要的。

最后我再重复一遍:这是我的一些不成熟的想法,千万不要把它们看成是一种解决问题的尝试。必须等待经验给我们某些启示。而在积累这种经验时,同志们在许多场合下必须斟酌具体情况,必须凭**革命者的本能**行事。

————

向库尔茨、鲁边、鲍曼和所有的朋友致以崇高的敬意。不要灰心！我们的事情现在进行得很顺利。我们终于和捣乱分子分手了。我们和退却的策略也一刀两断了。现在我们正在进攻。俄国国内的各委员会也开始跟瓦解组织分子决裂。自己的报纸已经创立,也有了自己的实际的中央机关(常务局)。报纸已经出了两号,日内(公历1905年1月23日)将出第3号**97**。我们希望每周出版一次。祝你们身体健康和精神饱满!! 大概我们还会见面，并且将不会像这里那样闹同盟代表大会之类的纠纷和争吵，而是在较好的条件下战斗！

载于1924年《无产阶级革命》杂志
第7期（总第30期）

译自《列宁全集》俄文第5版
第9卷第169—173页

彼得堡的罢工

(1905 年 1 月 8 日〔21 日〕)

1 月 3 日在普梯洛夫工厂开始的罢工正在急剧发展成为工人运动的壮举之一。我们的消息目前还只限于国外的和俄国国内合法的报纸的报道。但是,就是这些报道也使人毫不怀疑,罢工已经成为重大的政治事件。

罢工开始完全是自发的。这是一次劳动与资本的冲突,这种冲突是经常发生的,这一次是因为工厂当局解雇了四名工人。工人们团结起来一致要求让这些工人复工。运动迅速壮大起来。合法的"俄国工厂工人协会"[98]参加了这个运动,罢工正在转入下一个阶段,即高级阶段。

合法的工人协会曾是祖巴托夫分子[99]特别注意的对象。祖巴托夫运动最初是警察当局为了自身的利益,为了支持专制制度,为了腐蚀工人的政治意识而策划的运动,现在这一运动已超出自己的范围,锋芒指向专制制度,正在成为无产阶级阶级斗争的一次爆发。

社会民主党人早已指出,我国的祖巴托夫运动必然会产生这种结果。他们曾经说过,工人运动的合法化必将有利于我们社会民主党人。这种合法化将把工人中某些阶层,特别是落后的阶层吸引到运动中来,会有助于震动那些社会党人鼓动家们不能很快震动而且也许永远也震动不了的人。工人们一旦被吸引到运动中来，关心起自己的命运问题，他们就会继续前进。合法的工人运动只会成为社会民主主义工人运动的新的、更广泛的基础。①

毫无疑问，在彼得堡发生的事件正是这样的。

有两个情况促进了运动的特别迅速的扩展：第一，经济斗争的有利时机（政府急需完成陆军部和海军部的订货）；第二，社会上立宪运动的高涨。工人们为了保护一些被解雇的同伴开始了罢工，进而又提出了广泛的经济要求。他们要求实行八小时工作制、规定最低限额的工资（男工1个卢布、女工70戈比），取消强制性的加班加点（加班加点工资加倍）、改善卫生和医疗条件等等。罢工开始转为总罢工。

国外的报纸在1月8日（21日）星期六报道说，甚至根据俄国官方消息，已有174个工厂和作坊停了工，工人共有96 000人。

这是正在形成的无产者阶级和它的敌人的一场伟大的影响久远的冲突。

但是，问题并不限于经济要求。运动已开始具有政治性质。当地的社会民主党人已经参加这个运动（虽然声势似乎还不大）。在一些数千人的盛大的工人集会上，开始讨论政治要求并投票通过有利于政治自由的决议。据报道，工人们起草的请愿书[100]共分三个部分。第一部分是叙述人民的权利要求。第二部分是消除人民贫困状态的措施。第三部分是消除资本对劳动的压迫的措施。第一部分的要求是：人身不受侵犯、言论、集会和信仰自由；国家出资举办义务学校教育，民选代表参与立法，在法律面前人人平等，

---

① 参看尼·列宁的《怎么办？》第86—88页（本版全集第6卷第108—110页。——编者注）。

大臣的责任制,取消赎金[101]、实行低利贷款、逐步将国有土地分给人民,实行所得税。(如果这个报道属实,那么它表明社会民主党人的纲领在群众或他们的觉悟不高的领袖人物的脑海里的反映是非常值得注意的。)英国《旗帜报》[102]的记者报道,1月5日(18日)曾举行了三个集会(一个有4 000人,另一个有2 000人)并通过了如下的政治要求:(1)立即召开全民投票选举的立宪会议;(2)停止战争;(3)对流放和囚禁的政治犯全部实行大赦;(4)出版和信仰自由;(5)集会和结社自由。国外报纸1月8日(21日)报道了1月9日(22日)星期日准备在冬宫前举行示威并向"沙皇本人"呈递请愿书的消息。工人们宣称:不自由毋宁死。工人的代表从莫斯科和利巴瓦奔赴彼得堡。

这就是我们目前掌握的一些有限的尚待核实的消息。显然,运动还远没有达到发展的最高阶段,为了全面地评价目前发生的事情,必须等待事态的发展。但是,引人注目的是,运动十分迅速地从纯经济方面转向政治方面,千百万无产者表现出巨大的团结和魄力,——而这一切都是在没有受到(或很少受到)社会民主党的有意识的影响的情况下出现的。运动的某些领导人朴素的社会主义观点,工人阶级中某些人对沙皇的天真的笃信,不是减弱而是增强了无产阶级所迸发出来的革命本能的作用。先进的被压迫阶级的政治抗议和它的革命毅力,正在冲破外部和内部的重重障碍——警察的阻拦和某些领袖的思想不成熟与落后。近十年来社会民主党的工作和这个时期工人运动的经验教训已经开花结果,使社会主义和政治斗争的思想得到广泛传播。无产阶级用事实表明,在俄国政治运动的舞台上,并不像某些人胆怯地认为的那样,只存在两种力量(专制制度和资产阶级社会)。无产阶级向我们指出革命的阶级力量的真正高级形式的动员；这种动员，当然不是在某个城市杜马里进行意义不大的示威，而是开展像罗斯托夫的游行示威和1903年的南方大罢工那样的群众运动。无产阶级革命力量的这种新的和高级形式的动员，会使我们迅速地接近这样一个时刻：无产阶级将更坚决更自觉地起来同专制制度战斗！

载于1905年1月11日(24日)
《前进报》第3号

译自《列宁全集》俄文第5版
第9卷第174—177页

《1895 和 1905（小小的对比）》一文提纲

（1905 年 1 月 9 日〔22 日〕以前）

1895 和 1905

（小小的对比）

这里其实有两个题目：

（1）工作发展情况的对比；（2）当前的组织任务。应该把它们分成**两篇**小文章。

1. 将当时和现在的社会民主党工作的规模、范围和形式加以对比。

2. 规模：当时只有一些小组。群众性的鼓动工作**刚刚**开始。宣传晦涩难懂，是讲课式的。社会民主主义者在民意党人、民权党人[103]等中间为自己开辟道路。

3. 现在。党。经常的群众性鼓动工作。公开的、街头的政治发动。革命的时代。

4. 形式。10—16 人（委员会）。20—30 个工人小组。最多和 100—150 人建立联系。"讲座"。**自学**是主要的。

5. 现在。组织分成许多"层"。圣彼得堡和敖德萨 委员 会——地区——组织员集会（中心小组）——小组，然后是"中央机关"和常务局。大约有五个新的 层 。

6.《给一位同志的信》是在新的层已经建立起来而"经济派"阻碍了它们的发展的时候写的。现在,《给一位同志的信》中所捍卫的思想实际上已经实现了。

7.新的任务:(γ)数量众多的各层组织培养出了一批新的党的工作者和党员。要把他们的工作固定下来。(1)报告情况——作出决议——询问——同中央机关报直接联系。(2)选举的原则?(3)增补的候选人是指定还是选举?

8.第二项任务,也许是更重要的任务:要以新的、可以说是"纵的"方式施加影响的工作,来补充建立新的横层组织的工作。也就是说,由于运动的发展,上层组织通过群众集会的新形式面向群众,以补充现在这种按层进行的工作,已成为必要和可能的了。作为按多"层"进行工作的自然产物的"飞行集会"和"群众大会"必然会导致那种现在在国外占主要地位,在我国革命的明天也一定会取得优势的高级形式,这就是作为对无产阶级施加政治影响和进行社会民主主义教育的主要手段的"群众大会"。

9.当然,为此各"层"同样是必要的。它们将(永远?)是必要的。是"补充",而不是"代替"……

载于1926年《列宁文集》俄文版第5卷　　　译自《列宁全集》俄文第5版第9卷第396—397页

俄 国 革 命[104]

1月10日（23日）于日内瓦

长期以来似乎对资产阶级的反政府运动袖手旁观的工人阶级现在出来说话了。广大工人群众以惊人的速度赶上了自己的先进的同志，觉悟的社会民主党人。在这些日子里，彼得堡的工人运动真是一日千里。经济要求被政治要求所代替。罢工逐渐发展成总罢工，并引起空前强大的游行示威；沙皇已经威信扫地了。起义开始了。武力和武力对峙。巷战正酣，街垒林立，枪声四起，大炮轰鸣。血流成河，争取自由的内战的烽火燃烧起来了。莫斯科和南方，高加索和波兰都决定加入彼得堡的无产阶级的队伍。工人们的口号是：不自由毋宁死！

今天和明天将决定许多事情。形势每小时都有变化。电报不断带来振奋人心的消息，现在，什么言语也不足以形容当前的事件。每一个革命者和社会民主党人，都应该为履行自己的义务作好准备。

革命万岁！

起义的无产阶级万岁！

载于1905年1月11日（24日）
《前进报》第3号

译自《列宁全集》俄文第5版
第9卷第178页

工人民主派和资产阶级民主派

(1905 年 1 月 11 日〔24 日〕)

社会民主派或工人民主派对待资产阶级民主派的态度问题是一个老问题,同时又永远是一个新问题。其所以是老问题,是因为从社会民主派刚一产生的时候起这一问题就被提出来了。这个问题的理论基础早在马克思主义的早期著作《共产党宣言》和《资本论》中就已经阐明了。其所以永远是新问题,是因为每个资本主义国家发展的每一步,都会使不同色彩的资产阶级民主派和社会主义运动中的不同流派发生特别的、独特的结合。

这个老问题目前在我们俄国也已成为特别新的问题。为了更清楚地说明现在的提法,我们先简略地叙述一下历史上的情况。旧的俄国革命民粹派采取空想的、半无政府主义的观点。他们认为村社农民是天生的社会主义者。在俄国有教养社会的自由主义背后,他们清楚地看到俄国资产阶级的欲望。他们否认争取政治自由的斗争,认为这是争取有利于资产阶级的设施的斗争。民意党人向前迈进了一步,转向了政治斗争,但是他们未能把政治斗争和社会主义联系起来。当人们用瓦·沃·先生式的关于俄国民主派知识分子具有非阶级性、非资产阶级性的理论来重新恢复对我国村社社会主义性质的日益减弱的信念时,问题的明确的社会主义提法甚至被模糊了。从此,以前绝对否定资产阶级自由主义的民粹派就开始同这个自由主义逐渐融合成一个自由主义民粹派。随着无产阶级意识形态(社会民主主义)和群众性工人运动的出现与发展,俄国知识分子运动(从最温和的文化派运动到最极端的革命恐怖运动)的资产阶级民主主义实质就愈来愈明显了。但是伴随群众性工人运动的发展而来的是社会民主党人内部的分裂。社会民主党内的革命派和机会主义派明显地暴露出来了,前者代表的是我们运动中的无产阶级倾向,后者代表的是我们运动中的知识分子倾向。合法马克思主义[105]实际上很快成了"马克思主义在资产阶级著作中的反映"[106]并经过伯恩施坦机会主义而直接发展成为自由主义。一方面,社会民主党内的经济派醉心于纯粹工人运动的半无政府主义观念,认为社会主义者支持资产阶级反对派就是背叛阶级观点,声称资产阶级民主主义在俄国是一种幻影①。另一方面,另一种色彩的经济派同样醉心于纯粹工人运动,责备革命的社会民主党人忽视我们的自由派、地方自治人士、文化派同专制制度所作的社会斗争②。

　　旧《火星报》早就指出了俄国的资产阶级民主主义因素,而这在当时是许多人所没有看到的。它要求无产阶级支持资产阶级民主派(见《火星报》第 2 号关于支持大学生运动③,第 8 号关于地方自治人士秘密代表大会,第 16 号关于自由派贵族代表④,第 18 号⑤关于地方自治机关中的不满⑥等)。它经常指出自由派和激进

---

① 见反对《火星报》的工人事业派小册子《两个代表大会》(第 32 页)。
② 见 1899 年 9 月号《〈工人思想报〉增刊》。
③ 见本版全集第 4 卷第 346—351 页。——编者注
④ 见本版全集第 6 卷第 246—252 页。——编者注
⑤ 同上书,第 339—347 页。——编者注
⑥ 顺便向斯塔罗韦尔和普列汉诺夫表示衷心的谢意,他们开始了一件非常有益的工作——揭示旧《火星报》未署名文章的作者。希望他们把这个工作进行到底,因为这份材料最能说明新《火星报》向工人事业派的转变。

派运动的资产阶级的性质,并对左右摇摆的解放派说:"是时候了,应该懂得一个简单的道理:要保证实际上(而不是口头上)协同一致地进行斗争以反对共同的敌人,不能靠政治手腕,不能靠已故的斯捷普尼亚克曾经称之为自我克制和自我隐藏的东西,不能靠外交上的互相承认这种暗中约定的谎言,而要靠真正参加斗争,真正在斗争中团结一致。当德国社会民主党人反对军事警察反动派和封建僧侣反动派的斗争,同依靠人民的一定阶级(如自由派资产阶级)的某一个名副其实的政党的斗争真正一致的时候,他们的行动就协同起来了,而并没有讲互相承认的漂亮空话。"(第26号)①

旧《火星报》这样提出问题,就使我们直接参加到目前关于社会民主党人对自由派态度的争论中来。大家知道,这些争论是从第二次代表大会开始的,这次大会通过了两个决议,一个决议符合多数派的观点(普列汉诺夫的决议案),另一个决议符合少数派的观点(斯塔罗韦尔的决议案)。第一个决议案确切指出自由主义这种资产阶级运动的阶级性质,认为首要的任务是向无产阶级说明自由主义的主要流派(解放派)的反革命和反无产阶级性质。这个决议案承认无产阶级支持资产阶级民主派是必要的,但没有陷入政客式的互相承认,而是根据旧《火星报》的精神把问题归结为共同斗争:"只要资产阶级**在自己**反对沙皇制度**的斗争中是**革命的或仅仅是反对派",社会民主党人**就**"应该支持"他们。

相反地,斯塔罗韦尔的决议案却没有对自由主义和民主主义作阶级分析。这个决议案充满了善良愿望,它把协议的条件定得尽可能高而且好,但遗憾的是,这些条件是虚假的、**口头上的**:自由

---

① 见本版全集第7卷第27—28页。——编者注

派或民主派应该**声明**什么啦,不应该提出哪些**要求**啦,应该给自己提出什么**口号**啦。好像资产阶级民主派的历史没有处处告诫过工人不要相信声明、要求和口号!好像历史没有向我们提供数以百计这样的例子:资产阶级民主派不仅提出过完全自由的口号,而且提出过平等的口号,还提出过社会主义的口号,但它并不因此就不再是资产阶级民主派了,它这样就更加"模糊"无产阶级的意识!社会民主党的知识分子翼想向资产阶级民主派提出不容模糊的条件来反对这种模糊!无产阶级翼则通过对民主主义的阶级内容的分析来进行斗争。知识分子翼追求口头的协议条件。无产阶级翼则要求进行实际的共同斗争。知识分子翼定出一种衡量好的、善良的和可以与之达成协议的资产阶级的尺度。无产阶级翼则不期望资产阶级有什么善良愿望,而是支持一切资产阶级,哪怕是最坏的资产阶级,**只要它实际上反对沙皇制度**。知识分子翼坚持讨价还价的观点:如果你站在社会民主党人一边,而不站在社会革命党人一边,那么我们就同意达成协议来反对共同的敌人,否则就拉倒。无产阶级翼则采取因事制宜的观点:我们是否支持你们,完全取决于我们能否更灵活地打击我们的敌人。

　　斯塔罗韦尔决议案一接触到实际,它的一切缺点就暴露无遗了。新《火星报》编辑部的有名的计划,即"高级形式的动员"计划,以及第77号(社论:《站在十字路口的民主派》)和第78号(斯塔罗韦尔的小品文)的原则性议论,就是如此。关于计划,在列宁的小册子中已经谈到了,现在就来谈一下这些议论。

　　新《火星报》上述议论的主要思想(或者确切些说,主要的糊涂思想)就是要对地方自治人士和资产阶级民主派加以区别。这种区别贯穿在这两篇文章中,而且细心的读者会看到,除了资产阶级民主派这个术语外,同时还使用了它的一些同义语:民主派、激进知识分子(原文如此!)、新兴民主派、知识分子民主派。新《火星报》以它素有的谦逊把这个区别颂之为伟大的发现,可怜的列宁"所无法理解的"独特观念。这种区别和我们从托洛茨基以及直接从《火星报》编辑部那里不断听到的新斗争方法直接有关,这种斗争方法就是:地方自治自由派"只配挨蝎子鞭**107**责打",而知识分子民主派适合于同我们达成协议。民主派应该作为独立的力量独立行动。"俄国自由派,如果除掉它的历史上必要的部分,除掉它的运动神经〈请听!〉,即除掉它的资产阶级民主派这一半,就只配挨蝎子鞭责打。"在列宁关于"俄国自由派"的观念中,"根本没有社会民主党这一民主派的先锋队能够随时〈!〉施加影响的社会成分"。

新理论就是如此。和现在的《火星报》的一切新理论一样,这个理论也是极端混乱的。第一,以首先发现知识分子民主派自居,这是没有根据的和可笑的。第二,把地方自治自由派和资产阶级民主派区别开来是不对的。第三,认为知识分子可以成为独立力量的意见是站不住脚的。第四,地方自治自由派(除掉"资产阶级民主派"这一半)只配受鞭责等等的说法是不公正的。下面就来分析所有这些论点。

列宁仿佛忽视了知识分子民主派和第三种分子的产生。

打开《曙光》杂志第2—3期合刊。拿斯塔罗韦尔小品文中引用了的《内政评论》来看。我们看到**第三章的标题:《第三种分子》**①。浏览这一章,就会读到"在地方自治机关任职的医生、技术员等等的人数和影响的日益增长",读到"非人力所能左右的经济的发展引起对知识分子的需要,知识分子的人数愈来愈多","这些知识

---

① 见本版全集第5卷第293—301页。——编者注

分子同官僚和地方自治局的掌权人必然发生冲突"，"近来这些冲突简直带有流行性"，"专制制度和整个知识分子的利益是不可调和的"，读到**直接号召**这些分子站到社会民主党的"旗帜下面来"……

很好，是不是？新发现的知识分子民主派和号召他们站到社会民主党的旗帜下面来的必要性，竟由可恶的列宁**在三年以前**"发现了"。

自然，当时还没有发现地方自治人士**和**资产阶级民主派是截然不同的。但是，这种截然不同所包含的合理性，就像我们说莫斯科省**和**俄罗斯帝国的领土截然不同一样。地方自治人士有产者和贵族代表们在他们反对专制制度和农奴制度这一点上是**民主派**。他们的民主主义是有局限性的、狭隘的和不彻底的，如同所有的资产阶级民主主义在不同程度上是有局限性的、狭隘的和不彻底的一样。《火星报》第77号社论分析我国的自由派，把它划分为：(1)农奴主-地主；(2)自由派地主；(3)主张有资格限制的宪法的自由派知识分子；(4)极左的——民主派知识分子。这个分析是不完全的和混乱的，因为把知识分子的划分和不同阶级与集团的划分混淆起来了，而知识分子是代表这些阶级和集团的利益的。除了反映地主的一个广大阶层的利益以外，俄国资产阶级民主派还反映大量工商业者，主要是中小工商业者的利益，以及(这尤其重要)农民中间大批大小业主的利益。忽视俄国资产阶级民主派的这个最广大的阶层，是《火星报》分析中的第一个缺陷。第二个缺陷是忘记了，俄国民主派知识分子按其政治立场来说不是偶然地而是必然地分裂为三个流派：解放派、社会革命党人和社会民主党人。所有这些派别都有很长的历史，并且分别代表了(以专制国家所能允许的明确程度)资产阶级民主派中温和的和革命的思想家的观点以及无产阶级的观点。没有比新《火星报》的天真愿望更可笑的了:"民主派应当作为独立的力量行动",可是同时又把民主派和激进知识分子混为一谈! 新《火星报》忘记了,成为"独立力量"的激进知识分子或知识分子民主派**也就是我们的"社会革命党"**! 在我们的民主派知识分子中不可能有别的"极左的"知识分子。不言而喻,只有从讽刺的意义上或只有从暗杀分子的意义上才可以谈到这种知识分子的独立力量。站在资产阶级民主派的立场上并从《解放》杂志向左转,那就是转向社会革命党人,而不是转到其他地方去。

最后,新《火星报》的最后一个新发现更是经不住批评的,它说:"除掉资产阶级民主派这一半的自由派"只配挨蝎子鞭责打,如果除了地方自治人士以外就没有人可以接近的话,"抛弃领导权的思想是比较明智的"。一切自由派,只有当它在实际上反对专制制度时,才配得到社会民主党的支持。唯一彻底的民主派即无产阶级对一切不彻底的(即资产阶级的)民主派的这种支持,就是实现领导权的思想。只有从小资产阶级、小贩的观点出发,才会把达成协议、互相承认、口头的条件看做是领导权的实质。从无产阶级观点看来,在战争中实现领导权的应该是斗争最坚决、利用一切机会打击敌人并且言行一致的人,因而也就是那个批评任何不彻底性的民主派思想领袖。① 新《火星报》认为不彻底性是资产阶级民主派的精神特性,而不是政治经济特性,认为可以而且应当找到一种衡量不彻底性的尺度,**达不到**这种尺度自由派只该挨蝎子鞭责打,**超出**这种尺度就值得同它达成协议,这种看法是完全错误的。这

---

① 给有见识的新火星派加一个附注。人们大概会对我们说,如果**没有任何条件**作为保证,无产阶级的坚决斗争将会导致胜利果实为资产阶级所利用。我们要反问:除了无产阶级的独立力量以外,还能有什么东西可以保证执行无产阶级的条件?

正是"预先确定可容许的卑鄙行为的尺度"。其实,请仔细地想一想下面一段话:把反对派集团承认普遍、平等、直接和无记名投票的选举制提出来,作为同它们达成协议的条件,就是"向它们奉送一种检验自己要求的有效试剂,即民主主义的石蕊试纸,并把无产阶级支持的全部价值置于他们的政治打算的天平上"(第78号)。写得多漂亮!真想对这位说漂亮话的斯塔罗韦尔说:我的朋友,阿尔卡季•尼古拉耶维奇,别说得那么漂亮吧!司徒卢威先生大笔一挥,在"解放社"的纲领中写上普选权,就使斯塔罗韦尔的有效试剂失了效。就是这位司徒卢威已经不止一次在实际上向我们证明,这些纲领对于自由派只不过是一张纸,不是石蕊试纸,而是一张普通的纸,因为资产阶级民派可以毫不在乎地今天这样写,明天那样写。甚至许多转向社会民主党的资产阶级知识分子也有这种特点。欧洲和俄国的自由主义的全部历史提供了数以百计的言行不一的例子。正因为如此,斯塔罗韦尔想发明有效试纸的意图是幼稚可笑的。

　　这种幼稚的意图使斯塔罗韦尔产生一种伟大的思想:支持不同意普选权的资产者同沙皇制度作斗争,就是"一笔勾销普选权思想"!斯塔罗韦尔也许还要给我们写一篇漂亮的①小品文来证明,

---

①　请再看看我们的阿尔卡季•尼古拉耶维奇的一篇散文中的一段话:"凡是近年来注意俄国社会生活的人,无疑不能不看到一种日益加强的民主主义倾向,这种倾向想要实行除掉一切思想表层和过去历史残余的赤裸裸的、不加粉饰的立宪自由思想。这种倾向从某种意义上说是民主派内部成分变化的长远过程的实现,是它的奥维狄乌斯变化[108]过程的实现,这种变化在20年当中以其万花筒般的五光十色吸引了好几代人的注意和兴趣。"可惜这是不符合事实的,因为自由的思想不是赤裸裸的,而正是由资产阶级民主派的最新哲学家的唯心主义(布尔加柯夫、别尔嘉耶夫、诺夫哥罗德采夫等。见《唯心主义问题》[109]和《新路》杂志[110])粉饰起来的。同样可惜的是,在斯塔罗韦尔、托洛茨基和马尔托夫的万花筒般的五光十色的奥维狄乌斯变化中,贯穿着一种追求空泛辞藻的露骨倾向。

我们支持君主派同专制制度作斗争，就是勾销共和国"思想"？可惜斯塔罗韦尔的思想只是在条件、口号、要求、声明的框子里一筹莫展地兜圈子，而忽略了唯一现实的标准：实际参加斗争的程度。这样在实践上必然会粉饰激进知识分子，声明可以和他们达成"协议"。知识分子竟被说成是自由派的"运动神经"（而不是尽说漂亮话的奴仆？），这是拿马克思主义开玩笑。法国和意大利的激进派被誉为敌视反民主的要求或反无产阶级的要求的人，虽然尽人皆知，这些激进派无数次背叛了自己的纲领和模糊了无产阶级的意识，虽然在同一号（第78号）《火星报》的下一版（第7版）上大家可以看到，意大利的君主派与共和派"在反社会主义的斗争中是一致的"。萨拉托夫的知识分子（卫生界）关于全民代表必须参加立法的决议被宣布为"民主派的真正呼声〈!!〉"（第77号）。随同无产者参加地方自治运动的实际计划而来的，是建议"和资产阶级反对派左翼代表达成某种协议"（关于不引起惊恐的有名的协议）。对于列宁提出的关于臭名昭著的斯塔罗韦尔协议条件跑到哪里去了的问题，新《火星报》编辑部回答说：

"这些条件应当永远留在党员的记忆中，党员知道在哪些条件下党才同意正式和民主派政党达成政治协议，在达成信中所谈到的那种局部协议时，他们在道义上就有责任把资产阶级反对派的可靠代表——真正的民主派和坐享其成的自由派严格区别开来。"①

一步接着一步，除了全党的协议（按照斯塔罗韦尔的决议案，

————————

① 见编辑部第二封《给各党组织的信》，这也是秘密出版的（"仅供党员阅读"），虽然其中没有丝毫秘密的东西。把整个编辑部的这个回答和普列汉诺夫的"秘密"小册子《论我们对待自由派资产阶级反沙皇制度斗争的策略》（1905年日内瓦版。《给中央委员会的信》。仅供党员阅读）比较一下是很有教益的。我们希望能再谈谈这两篇著作。

这是唯一可允许的协议），在各个城市出现了局部协议。除了正式协议，出现了道义上的协议。口头承认"条件"并对此负"道义上的"责任，这原来是为了授予"可靠的"和"真正的民主派"的称号，虽然每个小孩子都懂得，许许多多地方自治机关的空谈家，只要能安抚社会民主党人，是会作出任何口头声明，甚至会用激进派的誓言保证他们是社会主义者。

不，无产阶级不会去玩弄口号、声明和协议这种把戏。无产阶级决不会忘记，资产阶级民主派不可能是可靠的民主派。无产阶级支持资产阶级民主派，不是基于同他们达成不引起惊恐的协议，也不是基于相信他们的可靠性，而是根据他们实际上是否同专制制度作斗争和他们在斗争中表现如何。为了达到无产阶级独立的社会革命的目的，这种支持是必要的。

载于1905年1月11日（24日）　　　译自《列宁全集》俄文第5版
《前进报》第3号　　　　　　　　　第9卷第179—189页

从民粹主义到马克思主义

(1905 年 1 月 11 日〔24 日〕)

第一篇文章

前几天,一家合法的报纸发表意见说,现在不是指出反对专制制度的各阶级的利益有"矛盾"的时候。这个意见并不新鲜。我们在《解放》杂志和《革命俄国报》上常常看到这种意见,当然,都附有某种说明。这种观点在资产阶级民主派的代表人物中占上风是很自然的。至于说社会民主党人,他们中间对这个问题不可能有两种意见。无产阶级和资产阶级反对专制制度的共同斗争,不应当也不可能使无产阶级忘记它的利益和有产阶级的利益的敌对性的对立。而要弄清楚这种对立,就必须弄清楚各个派别的观点之间的深刻分歧。当然,决不应当由此得出结论说,我们应该拒绝与其他派别的拥护者即与社会革命党人和自由派达成我们党的第二次代表大会认为社会民主党人可以达成的临时协议。

社会民主党人认为社会革命党人是我国资产阶级民主派的极左翼的代表。社会革命党人对此大为不满,认为这种看法无非是想恶意贬低对方,怀疑对方的意图的纯洁和诚挚。实际上,这种看法根本谈不上是怀疑,而只是对社会革命党人的观点的阶级根源和阶级性所作的马克思主义的评定。社会革命党人把自己的观点叙述得愈清晰，愈明确，就愈能证实对他们的观点所作的马克思主义的评定是正确的。在这方面，《革命俄国报》第46号所发表的社会革命党人的党纲草案，是很值得注意的。

草案前进了一大步，这不仅表现在对原则的叙述比以前更加明确。进步还表现在各项原则的内容上——从民粹主义进到马克思主义，从民主主义进到社会主义。我们对社会革命党人的批判已经有了成果：批判迫使他们特别强调他们的社会主义的善良愿望和他们与马克思主义一致的观点。这样一来，旧的、民粹派的、模糊不清的民主主义的观点的特征就表现得更加明显。有人可能会责备我们自相矛盾（一方面承认社会革命党人的社会主义的善良愿望，另一方面又认为他们的社会本质是资产阶级民主主义的），我们要提醒这些人，早在《共产党宣言》里就已分析过各式各样的社会主义，不仅有小资产阶级的社会主义，而且还有资产阶级的社会主义。想成为社会主义者的善良愿望，并不排除资产阶级民主主义的本质。

研究一下草案，我们便会发现社会革命党人的世界观有三个基本特征。第一，对马克思主义进行了理论上的修正。第二，在对劳动农民和土地问题的看法上尚有民粹主义残余。第三，这种民粹派观点的残余的另一表现是，认为即将到来的俄国革命的性质似乎不是资产阶级的。

我说是对马克思主义的**修正**。一点也不错。纲领的整个基本思路、整个精神，都证明了马克思主义对民粹主义的胜利。后者仍然活着（靠注射最新式的修正主义），只不过是以部分地"改正"马克思主义的形式出现罢了。我们来看看下面这个主要的、一般理论上的修正：资本主义的积极面和消极面之间的良好关系和不良关系的理论。这种修正不只是含混不清，它把古老的俄国主观主义带进马克思主义。承认资本主义使劳动社会化并创造了能够改造社会的"社会力量"，即无产阶级力量，承认资本主义的具有历史意义的"创造性"工作，也就是脱离民粹主义而转向马克思主义。社会主义理论的基础是经济和阶级划分的客观发展。请看如下修正："在某些工业部门中，特别是在农业中，以及在整个国家中"，资本主义的积极面和消极面的关系"变得〈竟然如此！〉愈来愈不妙"。这种修正是重弹赫茨和大卫、尼古·一逊和瓦·沃·及其有关"俄国资本主义"的特殊"命运"的整个理论的老调。整个俄国的落后，特别是俄国农业的落后所表明的已经不是**资本主义**的落后，而是一种为落后论进行辩护的独特性。除了唯物主义历史观以外，还流露出一种对知识分子的陈旧看法：似乎知识分子能够为祖国选择比较顺利的道路，并且可以成为资本主义的超阶级的裁判，而不会是旧的生活方式被资本主义摧毁之后才产生的那个阶级的代表。在俄国，由于残存着资本主义前的关系，资本主义的剥削方式特别丑恶。而这一事实竟被道地的民粹派观点忽略了。

民粹主义理论在对农民的论点上表现得尤其明显。在整个草案中不加区别地使用了这些字眼：劳动者、被剥削者、工人阶级、劳动群众、被剥削者阶级、各个被剥削者阶级。如果起草人能稍微考虑一下最后这个他们脱口而出的用语（各个阶级），那么他们就会明白，在资本主义制度下从事劳动和遭受剥削的不仅有无产者，而且还有小资产者。从前用在合法民粹派身上的话，现在又得用在我们的社会革命党人身上了：发现世界上从未有过的、没有小资产阶级的资本主义的荣誉是属于他们的。他们说到劳动农民时，闭眼不看下面这个已经证实过、研究过、统计过、描述过、反复说明了的事实：在我国，农民资产阶级在这种劳动农民中现在已占绝对优势，富裕农民虽然无疑地有权获得劳动者的称号，但是他们不雇用工人就不行，他们现在已经掌握一半以上的农民生产力。

从这个观点来看，最令人奇怪的是，社会革命党在最低纲领中给自己规定了这样的任务："为了社会主义和为了反对资产阶级私有制原则，必须利用俄国农民的村社的以及一般劳动的观点、传统和生活方式，特别是把土地看成全体劳动人民的共同财产的看法。"乍看起来，这个任务似乎完全无害，它只是学究似地重复了早已被理论和生活驳倒了的村社空想思想。而实际上我们所面临的，却是俄国革命将要在不久的将来予以解决的一个迫切的政治问题：谁利用谁？ 是自命为社会主义者的革命知识分子为了反对资产阶级私有制原则而利用农民的劳动的观点呢，还是资产阶级私有者而同时又是劳动者的农民为了反对社会主义而利用革命的民主派知识分子的社会主义空谈呢？

我们认为第二个前景将会实现（与我们的反对者的愿望和想法相反）。我们确信它将实现，是因为它已经实现了十分之九。正是"资产阶级私有者"（同时又是劳动者的）农民已经为了本身的利益利用了民粹主义民主派知识分子的社会主义空谈。这些知识分子本想用自己的劳动组合、合作社、牧草种植、小犁、地方自治局货栈、银行来支持"劳动的传统和生活方式"，可实际上却支持了村社内部的资本主义的发展。俄国经济历史就这样证明了俄国政治历史明天将要证明的东西。觉悟的无产阶级的全部任务就在于，决不拒绝支持**资产阶级**劳动农民的进步的和革命的要求，同时又向农村无产者说明，明天必然要进行反对这种农民的斗争，向他们说明,真正的社会主义的目的不同于资产阶级民主主义关于平均使用土地的幻想。与资产阶级农民一起反对农奴制残余,反对专制制度、神父、地主;与城市无产阶级一起反对整个资产阶级,特别是资产阶级农民——这就是农村无产者的唯一正确的口号,这就是俄国社会民主党当前唯一正确的土地纲领。我们党的第二次代表大会所通过的正是这样的土地纲领。与农民资产阶级一起争取民主主义,与城市无产者一起争取社会主义。贫苦农民掌握这个口号将比掌握那些倾向民粹主义的社会革命党人的华而不实的口号要牢固得多。

现在我们来谈一谈上面所指出的草案的要点的第三点。草案的起草人已经抛弃了反对政治自由(据说这只能使政权转到资产阶级手里)的彻头彻尾的民粹派分子的观点。但是,草案在分析专制制度以及各阶级对它的态度时,民粹主义的残余仍然表现得很明显。在这里(像往常一样),我们可以看到,小资产阶级的革命知识分子一试图准确地叙述对**现实**的了解,就必然会彻底暴露出他们的观点的矛盾和陈腐。(因此,我们顺便指出,必须始终把同社会革命党人的争论归结为对现实的了解问题,因为只有这个问题才能清楚地揭示出我们深刻的政治分歧的原因。)

草案写道:"比在任何地方都更加反动的大工业家和大商人阶级,愈来愈强烈地需要专制制度的保护以对付无产阶级……" 这是不对的,因为在欧洲任何地方也不像在我国这样,先进的资产者对专制的管理形式竟是如此漠不关心。资产阶级虽然害怕无产阶级,可是它对专制制度的不满情绪正在加深,而这在某种程度上就是因为警察虽有无限的权力,但仍然无法消灭工人运动。草案在谈到**大**工业家"阶级"的时候,把资产阶级中的各个部分和派别同作为阶级的整个资产阶级混淆起来。这一点尤为错误,因为专制制度最不能给以满足的正是中小资产者。

"……领地贵族和农村的富农阶级愈来愈强烈地需要这样的支持来对付农村的劳动群众……" 当真如此吗? 那么,地方自治自由主义是从哪里产生的呢? 文化派(民主派)知识分子跟善于经营的农夫为什么互相倾心呢? 难道富农与善于经营的农夫毫无共同之处吗?

"……专制制度的存在与国家的整个经济、社会政治和文化的发展日益处于不可调和的和愈来愈尖锐的矛盾之中……"

他们竟把自己的前提弄到如此荒谬的地步! 难道能够设想一种与国家的整个经济等等的发展"不可调和的矛盾"竟能不表现在起经济支配作用的各阶级的情绪上吗?? 二者必居其一。**或者**专制制度真的与国家的经济发展是不可调和的。这样,它同工业家、商人、地主、善于经营的农夫的**整个阶级**的利益就也是不可调和的。正是这个阶级从1861年以来就控制了"我国的"经济的发展,这一点社会革命党人该不是不知道吧(虽然他们从瓦·沃·那里学到的是相反的东西)。与整个资产阶级不可调和的政府,可以利用资产阶级各派别和阶层之间的纷争,可以同保护关税派和解来对付自由贸易派,依靠一个阶层去反对另一个阶层,使这种均衡状态几年和几十年延续下去,——整个欧洲历史就说明了这一点。**或者**是我国工业家、地主和农民资产者都"愈来愈强烈地需要"专制制度。这样,就不能不认为,他们这些国家的经济统治者,甚至作为阶级整体来说,是不了解国家经济发展的利益的,甚至连这些阶级的先进的、有教养的知识分子代表和领袖人物也不了解这些利益!

但是，认为我们的社会革命党人不了解情况，不是更自然吗？请看，稍后他们自己也会承认"存在着自由主义民主主义反对派。它主要包括有教养的社会中从阶级地位来说处于中间状态的分子"。难道我们的有教养的社会不是资产阶级社会吗？难道它与商人、工业家、地主、善于经营的农夫没有千丝万缕的联系吗？难道上帝规定在俄国的资本主义中，自由主义民主主义反对派就不是资产阶级民主主义反对派吗？难道社会革命党人知道这样的先例吗？难道他们能够想象出这样一种情况，即资产阶级对专制制度的反对立场可以**不通过**自由主义的有教养的"社会"表现出来吗？

草案的含混不清是混淆民粹主义和马克思主义的必然结果。只有马克思主义才能对争取民主主义的斗争和争取社会主义的斗争之间的关系作出科学的、正确的、日益为现实所证实的分析。像在世界各国一样，在我国也有资产阶级民主派和工人民主派。像在世界各国一样，我国社会民主党也必须毫不留情地揭穿资产阶级民主派的必然产生的幻想和它对自己本质的无知。像在世界各国一样，我国觉悟的无产阶级也必须支持资产阶级民主派对农奴制残余和专制制度所持的反对派立场和同它们所进行的斗争，同时一刻也不容忘记自己的阶级独立性和自己的推翻资产阶级的阶级目的。

载于1905年1月11日(24日)
《前进报》第3号

译自《列宁全集》俄文第5版
第9卷第190—197页

我们的达尔杜弗们[111]

(1905 年 1 月 11 日〔24 日〕)

我们刚刚接到的第 83 号《火星报》上,刊登了孟什维克和中央委员会关于"完全停止少数派在组织上的分立状态"的声明。他们向我们保证说:"少数派不再认为自己是**一方**,以后既谈不上抵制中央委员会,也谈不上向它提出**最后通牒式的要求**了。"这个声明稍微晚了一步! 党现在从列宁的小册子(《关于中央机关与党决裂的声明和文件》)①中获悉,增补波波夫、费舍和佛敏的"最后通牒式的要求"**已经实现了**,不过是以秘密的、**欺骗党**的方式实现的。以类似的欺骗方式破坏第三次代表大会的最后通牒式的要求也同样实现了。破坏地方工作的活动还在继续,同时所谓的中央委员会已经批准在圣彼得堡(根据《火星报》的报道)成立**"特别组织"**或小组,"因为对它的人数众多的〈?〉成员来说,在地方委员会的领导下进行工作显然是不可能的"。

这样一来,"多数派"所说过和预言过的一切,从列宁的"信"(1903 年 12 月写的《我为什么退出了编辑部》)②开始直到奥尔洛夫斯基的小册子《反党的总委员会》,现在已经被事态的发展**完全和绝对地**证实了。中央机关报增补四名编辑和中央委员会增补三

---

① 见本卷第 98—106 页。——编者注
② 见本版全集第 8 卷第 91—98 页。——编者注

名委员,是一年半来斗争的实际目的。为了增补,曾编造出一套组织–过程论和一堆"原则"分歧。为了这次增补,我们的中央机关现在已完全与党决裂了,并且正在与各地方委员会——决裂。我们提出的口号"多数派必须与瓦解组织分子断绝一切关系"(《前进报》第1号,《是结束的时候了》①),完全被证实是正确的。

在《火星报》的声明中还有一段十分引人注意的话:"全权代表〈少数派〉的决议曾提交在基辅、哈尔科夫、顿河区、库班、彼得堡、敖德萨等委员会以及在顿涅茨联合会和克里木联合会和其他党组织工作的少数派的一切拥护者讨论。"这么说来,经过**将近一年半的殊死的斗争**,国外小组在中央机关报、总委员会和(从5月开始)中央委员会的帮助下**共争得了参加第二次代表大会的20个委员会之中的5个国内委员会!**② 除委员会之外,光荣地列名《火星报》的出色团体,仅仅在彼得堡和敖德萨两个城市里建立起来。显然,库班委员会是为了多捞两张选票最近才炮制出来的。

可见,少数派的机关报《火星报》现在,在1月,证明了另一个孟什维克在9月对党内情况所作的评定的正确性。这是指同情少数派和现在已被增补进中央委员会的中央代办员在9月间写给中央委员格列博夫的信。信中说,**"在俄国少数派是软弱无力的"**,支持它的只有**4个委员会**。国外小组的这种软弱无力也

---

① 见本卷第123—127页。——编者注
② 在出席代表大会的各委员会当中,只有一个基辅委员会从多数派转到少数派那里去了,也就是说,在代表大会上,它的两位代表曾是布尔什维克,而现在孟什维克在委员会里占优势。相反地,尼古拉耶夫和西伯利亚委员会的两名代表在代表大会上曾是孟什维克,而在代表大会之后,这两个委员会已站在多数派一边。在代表大会上,敖德萨、顿河区、乌法、莫斯科等委员会分裂成为多数派和少数派(一边一个代表)。其中只有顿河区委员会现在是孟什维克派的。

就迫使它在中央委员会里搞波拿巴政变并以欺骗方式逃避第三次代表大会。

载于 1905 年 1 月 11 日(24 日)　　　　　译自《列宁全集》俄文第 5 版
《前进报》第 3 号　　　　　　　　　　　　第 9 卷第 198—200 页

俄国革命的开始

1 月 25 日(12 日),星期三,于日内瓦

俄国正在发生一系列最伟大的历史事件。无产阶级起来反对沙皇制度了。无产阶级的起义是政府逼出来的。现在几乎毋庸置疑,政府是蓄意让罢工运动比较顺利地开展起来,让大规模的游行示威顺利开始,好把事情弄到动用武力的地步。它果然弄到了这个地步! 死伤者达数千人——这就是 1 月 9 日彼得堡的流血星期日的结果。军队战胜了手无寸铁的工人、妇女和儿童。军队向倒在地上的工人开枪,制服了敌人。现在,沙皇的仆从和他们欧洲的保守派资产阶级的走狗极端无耻地说:"我们好好地教训了他们一顿!"

不错,教训是巨大的! 俄国无产阶级不会忘记这个教训。工人阶级中最不成熟、最落后的阶层,那些笃信沙皇并真诚希望和平地向"沙皇本人"呈递受尽折磨的人民的请愿书的阶层,全都从沙皇或沙皇的叔父弗拉基米尔大公所统率的军队那里得到了教训。

工人阶级从国内战争中得到了巨大教训;无产阶级在一天当中所受的革命教育,是他们在浑浑噩噩的、平常的、受压制的生活中几个月、几年都受不到的。英勇的彼得堡无产阶级的口号"不自由毋宁死!",现在已经响彻全俄国。事件正以惊人的速度发展着。彼得堡的总罢工日益扩大。整个工业、社会生活和政治生活已陷于瘫痪。1 月 10 日,星期一,工人和军队的冲突更加激烈。

和政府的假报道相反,首都的许许多多地方都在流血。科尔皮诺的工人也起来了。无产阶级正在武装自己又武装人民。据说,工人们占领了谢斯特罗列茨克军械库。工人们为了进行争取自由的殊死斗争,正在储备左轮手枪,将自己的工具锻造成武器,并在设法弄到炸弹。总罢工席卷了外省。莫斯科已有 1 万人丢下了工作。预定明天(1 月 13 日,星期四)在莫斯科举行总罢工。里加发生了骚动。洛兹的工人们在示威,华沙在酝酿起义,赫尔辛福斯的无产阶级在游行示威。在巴库、敖德萨、基辅、哈尔科夫、科夫诺和维尔纳,工人的不满情绪日益增长,罢工日益扩大。在塞瓦斯托波尔,海军总部的仓库和兵工厂正在燃烧,军队拒绝向起义的水兵开枪。雷瓦尔和萨拉托夫也发生了罢工。在拉多姆,工人和预备军同军队发生了武装冲突。

革命日益发展。政府已经开始手忙脚乱。它企图从血腥的镇压政策转向经济上的让步,用小恩小惠或答应实行九小时工作制来敷衍了事。但是流血日的教训不会白白过去。彼得堡起义工人的要求——在普遍、直接、平等和无记名投票的选举制的基础上立即召开立宪会议——定会成为一切罢工工人的要求。立即推翻政府——这就是那些甚至信仰过沙皇的彼得堡工人用来回答 1 月 9日大屠杀的口号;他们是通过他们的领袖格奥尔吉·加邦神父作出回答的,这位神父在这个流血日之后说:"我们再没有沙皇了。血的河流把沙皇和人民分开了。争取自由的斗争万岁!"

我们说,革命的无产阶级万岁!总罢工把愈来愈广泛的工人阶级群众和城市贫民群众发动和动员起来了。武装人民日益成为革命时刻最紧迫的任务之一。

只有武装起来的人民才能成为人民自由的真正支柱。所以,无产阶级武装得愈快，在自己的革命罢工者的军事阵地上坚持得愈久，军队就会动摇得愈快，士兵中最终会明白自己干的是什么事，因而站到人民一边反对恶魔、反对暴君、反对屠杀手无寸铁的工人和他们的妻子儿女的刽子手的人就愈多。不管彼得堡本身目前的起义结局如何，它必定会成为走向更广泛、更自觉、更有准备的起义的第一步。也许政府能够拖延一下受惩罚的时间，但是拖延只能使下一步的革命冲击更加猛烈。拖延只能被社会民主党利用来团结有组织的战士的队伍和广泛传播有关彼得堡工人的创举的消息。无产阶级将丢下工厂，准备好武器，去参加斗争。在城市贫民中间，在千百万农民中间，争取自由的口号将愈来愈广泛地传播开来。革命委员会将在每一个工厂，城市的每一个区，每一个较大的村子成立起来。起义的人民将推翻沙皇专制制度的一切政府机关并宣布立即召开立宪会议。

立即武装工人和全体公民，准备并组织革命力量打倒政府当局和政府机关——这就是一切革命者为了进行共同的打击能够而且必须联合起来的实际基础。无产阶级应当永远走自己的独立的道路，不能削弱与社会民主党的联系，记住自己伟大的最终目的是使全人类摆脱一切剥削。但是，社会民主主义的无产阶级政党的这种独立性，任何时候也不能使我们忘记在真正的革命关头共同进行革命冲击的重要性。我们社会民主党人可以而且必须独立行动，不受资产阶级民主派革命家的影响，维护无产阶级的阶级独立性；但是，在起义时期，在直接打击沙皇制度的时候，在反击军队的时候，在攻打全体俄国人民的死敌的巴士底狱[112]的时候，我们必须同他们并肩行动。

全世界的无产阶级现在正怀着迫不及待的心情注视着全俄的

无产阶级。我国工人阶级英勇开始的推翻俄国沙皇制度的事业，将是世界各国历史上的一个转折点，它将促进各个民族、各个国家、地球上各个角落的全体工人的事业。所以，让每一个社会民主党人，让每一个有觉悟的工人都记住，他们现在肩负的全民斗争的任务是多么伟大。让他们不要忘记，他们还代表着全体农民，全体被剥削的劳动群众，即全体人民反对其敌人的需要和利益。现在，彼得堡无产者英雄们的榜样，正展现在大家的面前。

革命万岁！

起义的无产阶级万岁！

载于 1905 年 1 月 18 日（31 日）　　　译自《列宁全集》俄文第 5 版
《前进报》第 4 号　　　　　　　　　第 9 卷第 201—204 页

革命的日子[113]

(1905 年 1 月 18 日〔31 日〕)

1

俄国发生了什么事情？

是暴乱还是革命？这就是向全世界报道彼得堡事件并试图对这些事件作出评价的欧洲新闻记者和采访人员给自己提出的问题。这些被沙皇军队战败的成千上万的无产者是暴徒还是起义者呢？就连最有可能以编年史编纂者的不偏不倚态度"从旁"观察事件的外国报纸，也难以回答这个问题。它们经常乱用术语。这是不足为奇的。难怪人们说，革命是成功的暴乱，而暴乱是没有成功的革命。那些在伟大的声势浩大的事件开始时身在现场的人，那些只能很不完全地、很不准确地间接知道一点正在发生的事态的人，当然暂时还不能发表肯定的意见。然而，照旧谈论暴乱、暴动、骚乱的资产阶级报纸，也不能不看到它们的全国的以至国际的意义。要知道，正是这一点赋予事件以革命的性质。报道暴乱近几天情况的人，常常也改口谈起革命的最初日子来了。俄国历史的转折点已经来到。连那些深为全俄专制制度权力的强大无羁欢欣鼓舞的最顽固的欧洲保守党人，也不否认这一点。专制制度与人民之间是谈不上和平的。现在谈论革命的不仅仅是某些激烈分子，不仅仅是某些"虚无主义者"（欧洲至今还这样看待俄国的革命家），而且还有一切多少能够关心世界政治的人。

俄国工人运动几天之内就上升到高级阶段。我们亲眼看到它正在发展成全民起义。当然，我们在日内瓦，在这该死的远方，要赶上事态的发展是无比困难的。但是，当我们还暂时被困在这该死的远方的时候，我们必须力求赶上事态的发展，作出总结、得出结论，从今天的事件的经验中吸取教训，以便应用于明天，应用于那些今天"人民还在沉默"而不久的将来革命的烈火必将以这样或那样的形式燃烧起来的地方。我们必须做政论家经常要做的事情——写当前的事件并力求使我们的描述能够给运动的直接参加者和活动在现场上的无产者英雄们带来更多的帮助，能够促进运动的扩展，有助于自觉地选择耗费力量最少而能够获得最大最持久的成果的斗争手段、方式和方法。

经过几十年和几个世纪的酝酿而成熟起来的矛盾，都在革命过程中暴露出来。生活变得异常丰富。--向不抛头露面因而常常被肤浅的观察家所忽视或甚至轻视的群众，以积极的战士的姿态登上政治舞台。这些群众在实践中学习，他们在众目睽睽之下迈着试探性的步伐，摸索道路，确定任务，检验自己和自己的一切思想家的理论。这些群众为了承担起历史所赋予他们的巨大的世界性的任务作了英勇的努力，不论个别的失败多么惨重，不论血流成河和成千上万的人的牺牲多么使我们震惊，但是群众和各阶级都在革命斗争的过程中受到了直接的教育，这一点的意义是无与伦比的。这一斗争的历史必须以日计算。难怪有些外国报纸已经开始写"俄国革命日志"了。我们也要写这样的日志。

2

加 邦 神 父

　　加邦神父是奸细,这个推测似乎已被他是祖巴托夫协会的参加者和头目这一事实所证实。其次,国外报纸,也像我们的记者一样,指出这样一个事实,说警察当局是蓄意让罢工运动更广泛更自由地开展起来,说整个政府(特别是弗拉基米尔大公)是**想**在对它最为有利的条件下掀起一场血腥镇压。英国的记者们甚至指出,在这种形势下,祖巴托夫分子积极参加运动对政府特别有利。革命的知识分子和很可能备有武器的觉悟的无产者,不能不避开祖巴托夫运动,不能不站在运动之外。这样,政府就更能腾出手来,能够去搞百赢不输的把戏,因为他们认为参加游行示威的都是些最平和、最没有组织和最没有文化的工人;我们的军队对付他们不费吹灰之力,而无产阶级将受到一次很好的教训;在街上开枪射击任何人都是理直气壮的;反动的(或大公的)宫廷党徒将要完全战胜自由派;随之而来的将是最残暴的镇压。

　　英国报纸和保守的德国报纸都直言不讳地说政府(或弗拉基米尔)有这样的行动计划。这很可能是事实。1月9日流血日事件极好地证实了这一点。但是这种计划的存在丝毫不排斥加邦神父可能是**无意中**成为这一计划的工具的。在俄国一部分青年僧侣中间存在着自由主义改良运动,这是不容怀疑的,因为不论在宗教哲学协会的会议上,还是在教会的书刊中,都有这个运动的代言人。这个运动甚至还获得了名称:"新正教"运动。因此,不能绝对排除这种想法:加邦神父可能是虔诚的基督教社会主义者,正是流血星期日把他推上完全革命的道路。我们倾向于这种推测,何况加邦在1月9日大屠杀之后所写的信中曾说"我们没有沙皇",并且还号召为自由而战等等。这一切都是事实,这些事实说明他的正直和诚意;因为一个奸细的任务中决不可能包括这种主张继续进行起义的强有力的鼓动。

　　无论情况怎样,社会民主党人对新的领导者的策略是不言而喻的:对一个祖巴托夫分子必须慎重、警惕、不要轻信。在任何情况下都必须积极参加已经发动起来的(即使是祖巴托夫分子发动起来的)罢工运动,努力宣传社会民主党的观点和口号。从前面援引的信[114]中可以看出,俄国社会民主工党彼得堡委员会的同志们就是遵循了这种策略。无论反动的宫廷党徒的计划如何"巧妙",全体人民的先锋队无产者的阶级斗争和政治反抗的现实却更巧妙百倍。事实情况是:警察和军队的计划已转过来对付政府了,从祖巴托夫运动这--小小的契机已产生出一个宏伟广阔的全俄革命运动。工人阶级的革命毅力和革命本能以不可阻挡之势冲破了警察的一切阴谋诡计。

3

彼得堡作战计划

把手无寸铁的工人和平地前去呈递请愿书说成作战,骤然看来是很奇怪的。这是一场大屠杀。但是政府所指望的正是作战,它的行动无疑是经过十分周密的策划的。它从军事观点出发讨论了保卫彼得堡和冬宫的问题。它采取了一切军事措施。它废除了一切文治,把拥有150万人口的首都交给以弗拉基米尔大公为首的贪求屠杀人民的将军们全权支配。

政府蓄意逼迫无产阶级举行起义,用屠杀手无寸铁的人来挑动人们构筑街垒,以期把这次起义淹没在血海里。无产阶级将学习政府的这些军事课程。无产阶级既然开始了革命,它就一定能学会国内战争的艺术。革命就是战争。它是历史上所有一切战争中唯一合理的、正当的、正义的、真正伟大的战争。它不像任何其他战争那样,是为了维护一小撮统治者和剥削者的私利,它是为了人民群众反对暴君,为了千百万被剥削的劳动者反对专横和强暴而进行的战争。

现在,所有局外的观察家都一致认为,在俄国,这种战争已经宣布和开始了。无产阶级又要行动起来了,而且人数将比以前更多。正像彼得堡的工人很快从请愿书转到街垒一样,对沙皇残存的一点天真的信任,现在也将很快地消失。各地的工人都将武装起来。警察百倍严密地守卫军械库和军械商店是多此一举。不论什么样的严密措施和禁令,都不能阻止住城市的群众,因为他们已经意识到,没有武器,他们随时都可能遭到政府的任意枪杀。每一个人都将竭尽全力弄到一支步枪或者至少是一支左轮手枪;并把武器藏起来不让警察发现,随时准备反击沙皇制度凶残的走狗。俗话说,万事开头难。过去要工人转向武装斗争是很困难的。现在政府已迫使他们转向武装斗争。最困难的第一步已经迈出去了。

一位英国记者报道了莫斯科一条街上工人们具有代表性的议论。一群工人在公开地讨论流血日的教训。一个工人说:"斧头?不,对付军刀斧头是不顶事的。斧头不顶用,刀子更不顶用。不,需要左轮手枪,至少得有左轮手枪,有步枪更好。"类似这样的议论在整个俄国现在到处可以听到。而在彼得堡的"弗拉基米尔日"之后,这种议论就不再仅仅是议论了。

沙皇的叔父、大屠杀的指挥者弗拉基米尔的作战计划是阻止郊区,阻止郊区工人进入市中心。竭尽全力使士兵们相信,工人想捣毁冬宫(用圣像、十字架和请愿书!)和杀害沙皇。战略任务是保护通往皇宫广场的桥梁和主要街道。而"军事行动"的主要地点是一些桥梁(特罗伊茨基桥、萨姆普桑桥、尼古拉耶夫桥、皇宫桥)附近的广场,从工人区通往市中心的街道(纳尔瓦关卡附近、施吕瑟尔堡大街、涅瓦大街)以及皇宫广场(尽管这里军队密集并一直在进行阻挡,但仍有成千上万的工人冲到这里)。当然,军事行动的任务大大减轻了,因为大家都清楚地知道工人要往哪里去,知道只有一个集合地点和一个目标。勇敢的将军们"以赫赫的战果"战胜了赤手空拳的而且事先已公开了自己的去向和意图的敌人……　这是对手无寸铁的和平的人民群众的最无耻最残忍的屠杀。现在，群众将长久地思考并回忆和追述所发生的一切。群众经过这番思考，经过对"弗拉基米尔的教训"的这种领悟，必将得出一个唯一的结论：在战争中必须按作战方式行动。工人群众以及跟在他们后面的大批贫苦农民，意识到自己是作战的一方，这样……这样，我国国内战争中今后的交战，就将不只是按照大公和沙皇的"计划"进行了。1月9日在涅瓦大街一群工人中所发出的"拿起武器"的号召，现在是不会无影无踪地消失的。

4

《彼得堡作战计划》一文的补充

　　我们曾经在《前进报》第 4 号上谈到**彼得堡作战计划**①。现在我们在英国报纸上发现一些相当有趣的有关这个计划的详细报道。弗拉基米尔大公任命公爵瓦西里契柯夫将军为作战军队司令。整个首都被划分成若干个区,各派军官驻守。沙皇严阵以待,如临武装的大敌。作战的时候,司令部设在瓦西里耶夫岛的打牌桌旁,每隔半小时听取一次每个区的长官的报告。

　　特此通知彼得堡工人!

---

　　① 见本卷第 193—195 页。——编者注

5

"慈父沙皇"和街垒

总观流血星期日事件，最令人惊奇的是，对沙皇的天真的宗法式的信任是和手持武器反对沙皇政权的激烈巷战结合在一起的。俄国革命的第一天就以惊人的力量使旧的俄国和新的俄国相对峙，它表明农民世世代代对慈父沙皇的信任丧失殆尽，以城市无产阶级为代表的革命人民已经诞生。难怪欧洲资产阶级报纸说，1月10日的俄国已经不是1月8日的俄国了。难怪我们前面提到的德国社会民主党报纸[115]要追溯往事：70年前工人运动在英国是如何开始的，1834年英国工人如何举行街头游行示威抗议封闭工人联合会，1838年他们如何在曼彻斯特附近的规模巨大的集会上制定"人民宪章"，以及牧师斯蒂芬斯如何宣布"一切呼吸着上帝的自由空气和脚踏着上帝的自由土地的自由人，都有权有自己的家园"。这个牧师当时还号召集会的工人们拿起武器。

在我们俄国，领导运动的也是一个神父，他在一天之内就由号召和平地向沙皇本人请愿转到号召起来革命。格奥尔吉·加邦神父在流血日之后的一封信（这封信曾在自由派的会议上宣读过）中写道："同志们，俄国的工人们！我们再没有沙皇了。血的河流今天已把他和俄国人民隔开了。现在是俄国工人丢开他而开始为人民的自由战斗的时候了。我今天祝福你们。明天我将是你们中间的一员。今天我正为我们的事业奔忙。”

这不是格奥尔吉·加邦神父在说话。这是成千、成万、成百万、成千万俄国工人和农民在说话,过去他们曾经天真地和盲目地信任慈父沙皇,祈求慈父沙皇“本人”改善他们的不堪忍受的艰难处境,他们**只是**谴责欺骗沙皇的官吏胡作非为,使用暴力,横行霸道,抢劫掠夺。世世代代备受压抑的、野蛮的、被隔绝在穷乡僻壤的村野生活,加深了这种信任。俄国新的、城市的、工业的、文明的生活每月都在侵蚀和破坏这种信任。在近十年来的工人运动中,涌现出数以千计的先进的无产者-社会民主党人,他们完全自觉地抛弃了这种信任。运动教育了成千上万的工人,他们的阶级本能在罢工斗争和政治鼓动中得到了加强,从而摧毁了这种信任的一切基础。但是,在这数以千计和成千上万的人后面,还有千千万万被剥削的劳动者、被损害被侮辱者、无产者和半无产者,在他们身上还保留着这种信任。他们不可能走向起义,他们只能恳求和哀告。格奥尔吉·加邦神父表达了他们的感情和情绪,反映了他们的知识水平和政治经验水平,这也就是他在俄国革命开始时所起的作用的历史意义,这个人昨天还默默无闻,今天却已成为彼得堡的以至整个欧洲报刊上的当代英雄。

现在可以了解,为什么彼得堡的社会民主党人(他们的信我们在前面已经援引过)一开始曾对加邦而且也不能不对他抱着不信任的态度。一个身穿教袍,信仰上帝,并在祖巴托夫和保安处的严密保护下活动的人,是不能不令人怀疑的。他撕下身上的教袍,咒骂自己属于掠夺和毒害人民的可耻的神父阶层,这是真是假,谁也不能肯定,除非是非常了解加邦本人的极少数人。能够解答这个问题的,只有不断发展的历史事件,只有事实,事实,事实。而事实对这个问题的解答是有利于加邦的。

我们彼得堡的同志们看到波及无产阶级非常广泛的阶层的总罢工不可阻挡地飞快发展，看到加邦对那些可能被奸细诱惑的"没有文化的"群众的无法抗拒的影响，就担心地问自己：社会民主党能否掌握这个自发的运动呢？事实上，社会民主党人不仅没有支持那种认为可以进行和平请愿的天真幻想，而且还同加邦进行过争论，他们公开而坚决地维护自己的一切观点和自己的整个策略。而工人群众在没有社会民主党的影响下所创造的历史，证实这些观点和这种策略是正确的。无产阶级的阶级地位的逻辑，胜过了加邦的错误、幼稚和幻想。代表沙皇行动和行使沙皇的一切权力的弗拉基米尔大公，用他充当刽子手的功绩向工人群众所表明的，正是社会民主党人通过书报和口头宣传一贯向工人表明并且将来还要表明的东西。

我们曾经说过，对沙皇还抱着信任的工农群众不可能走向起义。在1月9日事件之后，我们有权说：现在他们能够走向起义，而且就要走向起义了。"慈父沙皇"对手无寸铁的工人进行了血腥的镇压，这样他自己就把他们推上街垒，并给他们上了街垒斗争的第一课。"慈父沙皇"的课是不会白上的。

社会民主党当前必须注意尽可能广泛地传播有关彼得堡流血日的消息，必须注意更好地团结和组织自己的力量，更加努力宣传它早已提出的口号：**全民武装起义**。①

---

① 不错，我们的深思熟虑（像马尔丁诺夫那样深思熟虑）的新火星派千方百计地搅乱、削弱和撤回这一口号（参看《火星报》第62号的社论：《我们能这样去准备吗？》）。但是，新火星派的马尔丁诺夫行径在我们党内遭到坚决的反击，特别是在提出同地方自治人士达成关于不引起惊恐的"协议"的著名计划之后。**116**

6

头　几　步

一次最普通的劳动和资本的冲突———一个工厂的罢工，成了燎原的星火。然而，值得注意的是，1月3日星期一爆发的这次12 000名普梯洛夫工厂工人的罢工，是最能表现无产阶级团结一致的一次罢工。起因是有4名工人被解雇。1月7日彼得堡的一位同志给我们来信说："当他们复工的要求没有得到满足的时候，全厂立刻齐心协力采取行动。罢工具有充分的自制力；工人们安排了一些人去保护机器和其他财产，以防觉悟不高的人可能进行某些破坏。然后他们又派代表团到其他工厂，把自己的要求告诉这些工厂的工人，并请求他们参加罢工。"成千上万的工人开始加入运动。为了通过系统地宣传君主主义来毒害无产阶级，在政府的协助下曾经成立一个合法的祖巴托夫工人协会，这个协会在运动的低级阶段为组织运动和扩大运动出过不少力。社会民主党人曾经对祖巴托夫分子说过，工人阶级的革命本能和它的团结精神将会战胜警察的一切卑鄙奸计。现在发生的情况和社会民主党人早已指出的完全一样。最落后的工人被祖巴托夫分子拖入运动，这样一来，沙皇政府本身必定进一步推动工人前进，而资本主义的剥削本身将使工人从和平的、伪善透顶的祖巴托夫主义转向革命的社会民主主义。无产阶级的生活和无产阶级斗争的实践将胜过祖巴托夫分子先生们的一切"理论"和一切挣扎。①

结果也正是这样。一位工人同志，俄国社会民主工党彼得堡委员会的委员在1月5日写给我们的信里这样叙述了他的印象：

"谢米扬尼科夫工厂的工人不久前在涅瓦关卡外面举行集会的情景，我现在印象还很清晰。但首先我要简单谈谈彼得堡工人中普遍存在的情绪。大家知道，最近一个时期，'祖巴托夫'组织开始在这里出现了，或者更确切地说，这种组织在加邦神父的领导下又复活了。这种组织在很短的时间里就大量发展和壮大起来。现在已经成立了11个被称为'俄国工厂工人大会'的分会。可以预料，这些大会必然会取得它们在南方所取得的那种成果。

现在，可以确有把握地说，广泛的罢工运动在彼得堡已经开始。几乎每天都可以听到忽而这个工厂忽而那个工厂又举行罢工的消息。普梯洛夫工厂已经罢工两天了。大约两星期以前维堡区的沙乌纺织厂罢了工。罢工持续了近4天。工人什么也没有得到。日内这个罢工将重新开始。到处情绪激昂，但是不能说这种情况对社会民主党有利。大部分工人主张纯经济斗争而反对政治斗争。可是，应当期待并相信这种情绪将有所转变，工人将会明白，没有政治斗争，任何经济上的改善都争取不到。今天涅瓦造船公司（谢米扬尼科夫的）的工厂罢了工。'俄国工厂工人大会'的地方分会力图成为已开始的罢工的领导者，当然，它是达不到这个目的的。社会民主党将是领导者，虽然它在这里的力量还极为薄弱。

彼得堡委员会出了传单，两份是写给沙乌纺织厂的，一份是写给普梯洛夫工厂的工人的。今天涅瓦造船厂的工人举行了大会。

① 参看列宁的《怎么办？》第86—88页（本版全集第6卷第109—110页。——编者注）。

到会的有将近 500 名工人。'工厂工人大会'的地方分会的成员们首次发表了讲话。他们避而不谈政治要求，主要是提出了一些经济要求。人群中发出不赞成的喊声。这时，《俄罗斯日报》[117]的撰稿人、在彼得堡工人中颇有威望的斯特罗耶夫出现了。斯特罗耶夫提出一项决议案。据他说，这项决议案是他和社会民主党的代表们共同起草的。决议案虽然也强调指出无产阶级和资产阶级的阶级利益的对立，但是强调得不够。在斯特罗耶夫发言之后，社会民主党的工人同志们讲了话，他们在原则上拥护这项决议案，但是着重指出它的局限性和不够的地方。这时，会场开始骚乱起来，有些人不满意社会民主党人的发言并开始破坏大会。大会以多数票罢免了与这些破坏者同伙的主席并选了一个社会党人担任新的主席。但是，'协会'（祖巴托夫协会）的成员不肯罢休，他们继续扰乱会场。尽管大会的绝大多数人（90％）是站在社会党人一边，但是大会最后还是不决而散，把决议推迟到明天。不管怎样，可以说，社会民主党人终于使工人的情绪倾向于自己了。明天还要举行一次大会，可能有两三千人参加。预料日内将有类似 1903 年南方的七月游行示威那样的大规模游行示威。弗兰科–俄罗斯公司的工厂正在罢工——大约有四五千人。据说，施季格里茨纺织厂已经开始罢工——大约有五千人。奥布霍夫工厂的罢工即将爆发——有五六千人。"

　　把这个社会民主党人、地方委员会委员（当然，他能够准确知道的仅仅是彼得堡一小部分地区发生的事件）的这些消息跟国外的，特别是英国报纸的消息对照一下，我们应该得出一个结论：国外的消息是十分准确的。

　　罢工以惊人的速度一天天发展起来。工人们举行了许多集会,并制定了自己的"宪章",提出了自己的经济要求和政治要求。这虽然是由祖巴托夫分子领导的,但是所提出的这些经济要求和政治要求总的说来不外是社会民主党党纲的要求,包括在普遍、直接、平等和无记名投票的选举制的基础上召开立宪会议的口号。规模空前的罢工的自发的发展,远远超过了有组织的社会民主党人对运动的有计划的参与。不过,还是让他们自己来说吧。

7

流血星期日的前夕

　　我们在叙述运动的发展过程时曾说过,在加邦的倡议下预定在1月9日星期日举行工人群众游行,前往冬宫向沙皇呈递关于召开立宪会议的"请愿书"。彼得堡的罢工在1月8日星期六已经变成了总罢工。甚至官方的消息也断定罢工者有10万—15万人。这样大规模的阶级斗争的爆发在俄国还是空前的。这个拥有150万人口的巨大中心的整个工商业和社会生活陷于瘫痪。无产阶级用事实表明,**它**是而且**只有它**才是现代文明的支柱,它的劳动创造了财富和豪华,它的劳动是我们全部"文化"的基石。城市陷入了没有报纸,没有照明,也没有水的状况。这次总罢工具有十分明显的政治性质,它是革命事件的直接序幕。

　　请看一位目击者在给我们的来信中是怎样描述这个具有历史意义的日子的前夕的:

　　"从1月7日起,彼得堡的罢工已经变成总罢工。不仅所有的大工厂停了工,而且许多作坊也停了工。今天,1月8日,除了《政府通报》[118]和《圣彼得堡市政府消息报》[119]之外,一份报纸也没有出版。到目前为止,运动的领导权一直掌握在祖巴托夫分子手里。我们注视着彼得堡前所未有的景象,心里感到惶惑不安,不知道社会民主党组织是否能够(即使是过一些时候)把运动抓到自己手里。情况极其严重。这些天,在市内各个区,在'俄罗斯工人联合会'所在地,每天都举行工人的群众性集会。在联合会所在地的大街上，整天挤满了成千的工人。社会民主党人不时地发表演说并散发传单。虽然祖巴托夫分子力图制造对立，总的说来社会民主党人受到了同情。讲演一涉及专制制度，祖巴托夫分子便喊道：'这和我们不相干，专制制度不碍我们的事!'其实，祖巴托夫分子在'联合会'所在地发表的演说中已经提出社会民主党所有的要求，从八小时工作制直到在平等、直接和无记名投票的选举制的基础上召开人民代表会议。只是祖巴托夫分子硬说，满足这些要求并不意味着要推翻专制制度，而是要使人民与沙皇接近，消灭把沙皇同人民隔开的官僚制度。

社会民主党人也在'联合会'所在地讲了话，他们的演说也博得同情，但是实际建议都是祖巴托夫分子提出来的。虽然社会民主党人反对，这些建议还是被通过了。这些建议就是：在1月9日，星期日，工人们应前往冬宫，通过格奥尔吉·加邦神父向沙皇呈递罗列了工人们的一切要求的请愿书。请愿书的结束语是：'给我们这一切吧，不然我们就活不下去。'同时，集会的领导人补充说：'如果沙皇不给，那么我们的双手就自由了，就是说，他是我们的敌人，我们要高举红旗去反对他。如果我们流血的话，血就洒到他的头上。'请愿书在各个地方都被通过。工人们发誓说，星期日他们大家要'带着妻子儿女'到广场去。今天各区将分别在请愿书上签名，凌晨2时所有的人都到'民众文化馆'举行最后一次集会。

所有这一切都是在警察的完全默许之下进行的，各地的警察都被调开，可是在一些建筑物的院子里却隐藏着宪兵骑兵队。

今天，大街上贴出市长禁止集会并以采用武力相威胁的布告。工人把布告撕掉了。军队正在从近郊调进城里。哥萨克手持拔出鞘的马刀强迫电车工作人员（售票员和司机）出工。"

8

死 伤 人 数

关于死伤人数，各种消息说法不一。当然，准确的统计是谈不上的，而用肉眼判断也是十分困难的。政府通报说，有 96 人死亡，330 人受伤，这显然是假的，谁也不会相信。据最近报上的消息，1月 13 日记者们向内务大臣递交了一份由采访人员编制的死伤者名单，**死伤人数**共达 **4 600** 人。当然，这个数字也**不可能是**完全的，因为即使白天（更不用说晚上）也不可能把一切冲突中的死伤者全部统计出来。

专制制度对手无寸铁的人民取得胜利所造成的损失，不亚于满洲的几次大战役。所有的外国记者都报道说，难怪彼得堡的工人们向军官们喊道，他们打俄国人民比打日本人还有成绩。

9

街 垒 战

我们已经知道,记者们的报道谈得最多的是瓦西里耶夫岛上的街垒,有时也谈到涅瓦大街上的街垒。1月10日(23日),星期一,官方报道说:"群众在施吕瑟尔堡大街,后来在纳尔瓦关卡附近,在特罗伊茨基桥,在亚历山大花园附近,在涅瓦大街的街心公园附近筑起带铁丝网和插着红旗的街垒。从邻近的房子的窗口向军队扔石头和射击。群众从警察手中夺取武器。邵夫兵器厂被抢劫一空。在瓦西里耶夫岛的第一和第二地段,群众截断了电线并砍倒了电线杆子。段警察局被捣毁。"

一位法国记者在星期日2时50分来电说:"射击还在继续。看来,军队已完全惊慌失措。我横渡涅瓦河时看到数发信号弹并听到齐射的巨响。瓦西里耶夫岛上的街垒被罢工者烧起的篝火照得通亮。我未能再往前走。不祥的号角声意味着射击的号令。一营士兵端着上了刺刀的枪,向一个用雪橇堆成的街垒冲去。一场真正的大屠杀开始了。有将近100名工人倒在战场上。有50名左右受伤的俘虏被押送着从我身旁走过。一个军官用手枪威胁我并命令我走开。"

记者们对街垒战很少有详细的描述,这是可以理解的,因为记者们总想离危险的地方稍微远一点。而街垒战的参加者幸存的不

用说已经寥寥无几。有消息说,大炮曾轰击街垒,不过,这个消息
看来还有待证实。

第 1、2、3、5、6、7、8 篇载于 1905 年
1 月 18 日(31 日)《前进报》第 4
号;第 4 篇载于 1926 年《列宁文集》
俄文版第 5 卷;第 9 篇载于 1924 年
《〈前进报〉和〈无产者报〉。1905 年
的最初布尔什维克报纸》一书第 1
编附录

译自《列宁全集》俄文第 5 版
第 9 卷第 205—229 页

致俄国社会民主工党莫斯科委员会

(1905 年 1 月 18 日〔31 日〕)

在彼得堡的消息的影响下,我们曾试图和少数派一起组织群众大会,希望在这样的时刻不要发生任何争吵。可是怎么样呢?孟什维克极其无耻地违背了一切协议,他们知道布尔什维克是不会吵闹的。现在孟什维克正千方百计地利用事件来为自己谋利。他们以总委员会的名义筹款,作为派遣孟什维克去俄国等活动的经费,他们在欧洲社会民主党面前百般吹嘘自己,并且利用公众希望和解的心情进行投机,因为公众不会容许中央委员会在这样重要的时刻还分成少数派和多数派。

今天出版了《火星报》第 84 号,上面登有这样的妙论:"但是,现在我们还要说说,那些'秘密'组织的空想家们又得到了什么样的教训! 他们曾认为,为了养成服从的习惯,为了搞形式上的组织'纪律',用'代理人'这个机械杠杆就能自行调动工人阶级百万大军。让他们用这种幼稚可笑的阿拉克切耶夫式的尺度去衡量一下在我们眼前展开的这场声势浩大的运动吧!",以及诸如此类的无耻谰言。现在正在把马尔丁诺夫新写的小册子《两种专政》大力推荐给读者。在彼得堡,在事件发生期间,委员会和"中央委员会直属小组"达成了一项**临时**协议。委员会开展了极其紧张的活动:印发大量传单,派出演讲人,组织捐款和发给罢工者补助金,在委会的领导下罢工者开始武装起来，修筑街垒等等。可是《火星报》**只字**不提彼得堡委员会，却百般吹嘘"中央委员会直属的圣彼得堡小组"，说什么这个小组一出现，彼得堡的活动就生气勃勃了。外国报纸也在为这个瓦解组织分子的小组捧场。

在敖德萨，布尔什维克让所有的自愿者都投入工作，而孟什维克却利用委员会的关系进行自己的瓦解组织活动并且作出强烈谴责《前进报》的决议。敖德萨来信说，那里出现了分裂。现在，从《火星报》的动向来看，孟什维克已把目标转向下诺夫哥罗德和莫斯科。

你们那里情况如何？委员会里是否有人力？委员会里有工人吗？工作进行得怎么样？有技术部门吗？中央委员会是否要你们执行《火星报》的对待自由派的计划[120]？委员会对这一计划态度如何？委员会在这个问题上赞同谁的观点，列宁的还是《火星报》的？

请把所有最近印发的传单寄来，主要是告知 1 月 12 日和随后几天的详细情况。委员会对《前进报》态度如何？收到此信后请立即回信。

译自《列宁文集》俄文版第 37 卷
第 11—12 页

沙皇的和平

（1905 年 1 月 19 日〔2 月 1 日〕）

外国报纸报道说：最近在皇村召开的（在 1 月 9 日胜利以后）有沙皇参加或没有沙皇参加的几次会议上，曾热烈地讨论了对日媾和是否适宜的问题。可敬的君主左右的人们，现在原则上都已赞成讲和了。10 天以前曾无条件主张继续战争的高官大臣，现在人数大大减少，其中许多人已经成为坚定不移的和平拥护者了。

对此，我们党的所谓中央机关报的那些不太聪明的社会民主党人应予以注意，因为他们不懂得，**"不管什么样的和平"**这一说法不过是一句空话（因为没有任何人征求过社会民主党人的意见，而且他们的意见也不起任何作用），在目前的形势下，这种说法实际上只是有利于吓破了胆的专制制度的拥护者。我们的新火星派忽略了整个欧洲资产阶级情绪的转变（欧洲资产阶级起初同情日本，由于害怕革命，他们早已转到俄国方面来了——参看《法兰克福报》等等）。现在他们又忽略了，彼得堡的乌格留姆-布尔切耶夫之流也开始利用**不管什么样的**和平这种平庸空洞的说法来达到自己的目的了。

载于 1931 年《列宁文集》俄文版
第 16 卷

译自《列宁全集》俄文第 5 版
第 9 卷第 230 页

俄国社会民主工党分裂简况[121]

(1905 年 1 月 21 日〔2 月 3 日〕)

瑞士社会民主党人的著名领袖**海尔曼·格罗伊利希**(Herman Greulich)在 1905 年 2 月 1 日写给《前进报》(俄国社会民主工党)编辑部的信中提到,他对俄国社会民主党人中间的新的分裂表示遗憾,并指出:"谁对这次分裂负有更大的责任,这我不去判断;我已建议德国社会民主党执行委员会通过国际的途径来解决这个问题"("Wer die größere Schuld an dieser Zersplitterung trägt, das werde ich nicht entscheiden und ich habe den internationalen Entscheid bei der deutschen Parteileitung angeregt")。

为了答复格罗伊利希的这封信,《前进报》编辑部和俄国"多数派委员会常务局"的国外全权代表斯捷潘诺夫同志写了下面一封信。

鉴于格罗伊利希同志想要通过国际途径来解决问题,我们把我们写给格罗伊利希的复信告知《前进报》的所有国外的朋友并请求他们将这封信**翻译**成他们所在的国家的语言,使尽可能多的外国社会民主党人了解这封信的内容。

最好也能将列宁的小册子《关于中央机关与党决裂的声明和文件》,以及(1)北方代表会议的决议和(2)高加索代表会议的决议,(3)南方代表会议的决议都翻译成外文。

这一请求能否做到,务请告知。

给格罗伊利希的信

1905 年 2 月 3 日

敬爱的同志:您在来信中提到我们党(俄国社会民主工党)内的哪一个派别应对分裂负责任的问题。您说您征求过德国社会民主党人和国际局**122**对这个问题的意见。因此,我们认为我们有责任向您说明分裂是怎样发生的。我们只想举出一些**有凭有据的事实**,尽量不去对它们进行任何评论。

在 1903 年年底以前,我们党是一些各不相干的被称为**委员会**的各地方社会民主党组织的总和。党的第一次代表大会(1898 年春天)所选出的中央委员会和中央机关报已经不存在了。警察破坏了它们,它们没有再恢复起来。在国外,"俄国社会民主党人联合会"(它的机关刊物是《工人事业》杂志,"**工人事业派**"由此得名)和普列汉诺夫之间发生了分裂。1900 年创刊的《**火星报**》站在后者一边。在 1900—1903 年这三年当中,《火星报》对俄国国内各委员会的影响最大。《火星报》反对"经济主义"(或者说"工人事业主义"=机会主义的俄国变种),捍卫了革命的社会民主主义思想。

党的不统一使大家都感到苦恼。

1903 年 8 月,终于在国外召开了**党的第二次代表大会**。所有的俄国国内委员会、崩得(Bund=犹太无产阶级的独立组织)和国外的**两个派别**——"火星派"和"工人事业派"都参加了代表大会。

代表大会的全体参加者都承认代表大会是合法的。在代表大会上，火星派和反火星派（工人事业派和崩得）之间展开了斗争；所谓的"泥潭派"采取了中间立场。火星派取得了胜利。他们通过了党纲（《火星报》的草案被批准）。《火星报》被承认为中央机关报，它的方针被承认为党的方针。有关策略问题的许多决议都贯穿着它的思想。火星派提出的组织章程（列宁的草案）被通过了。只是在一些细节上，反火星派在火星派少数派的参加下把它改坏了。代表大会上票数分配情况是这样的：共计 51 票。其中火星派 33 票（形成目前的**多数派**的火星派 24 票，形成目前的**少数派**的火星派 9 票），"泥潭派"10 票，反火星派 8 票（3 个工人事业派分子和 5 个崩得分子）。在代表大会行将结束，在举行选举之前，**7 名**代表（2 个工人事业派分子和 5 个崩得分子）退出了代表大会（崩得退出了党）。

这时，由于本身犯了错误而受到一切反火星派和"泥潭派"支持的火星派少数派，成为**代表大会的少数派**（24 票对 9 票＋10 票＋1 票，也就是 24 票对 20 票）。在选举中央机关时，曾决定中央机关报编辑部和中央委员会的人选各 3 名。在《火星报》旧编辑部的 6 人（普列汉诺夫、阿克雪里罗得、查苏利奇、斯塔罗韦尔、列宁、马尔托夫）当中，普列汉诺夫、列宁和马尔托夫三人当选。当时打算从多数派中选两人和从少数派中选一人组成中央委员会。

马尔托夫拒绝参加没有包括三个"被开除的"（落选的）同志的编辑部，同时全体少数派拒绝参加中央委员会的选举。从来没有人而且直到目前也没有人对选举的合法性提出过异议。但是，在代表大会之后，少数派竟拒绝在代表大会所选出的中央机关的领导下进行工作。

这种抵制行为从 1903 年 8 月底到 1903 年 11 月底一直持续了 3 个月。《火星报》（从第 46—51 号，共 6 号）是由普列汉诺夫和列宁两个人编辑的。少数派在党内组成了秘密组织[123]（这个事实现在已被少数派拥护者们自己在报刊上所确认，而且现在谁也不否认）。俄国国内委员会以压倒的多数（在已表明态度的 14 个委员会之中有 12 个委员会）表示反对这种破坏性的抵制行为。

但是，普列汉诺夫在 1903 年 10 月底召开的国外"同盟"（＝党的国外组织）的那次掀起一场轩然大波的代表大会之后，决定向少数派让步，并在《不该这么办》（1903 年 11 月第 52 号《火星报》）一文中向全党表示，为了避免分裂，有时甚至应当向错误地倾向于修正主义并作为无政府个人主义者从事活动（加上了着重标记的是普列汉诺夫在《不该这么办》一文中的原话）的人让步。列宁不愿违反代表大会的决议，因而退出了编辑部。于是普列汉诺夫就把以前的 4 个编辑全部"增补"进去了。俄国国内的各委员会声明，它们将看一看新《火星报》的方针是什么，看一看孟什维克参加编辑部是否为了和平。

结果，正像布尔什维克所预言的那样，旧《火星报》的方针并没有保持下来，新的孟什维克编辑部也没有给党内带来和平。《火星报》的方针竟转回到被第二次代表大会摒弃了的旧的工人事业派方面去了，以致少数派的杰出的成员托洛茨基本人在他的纲领性的小册子《我们的政治任务》（由新《火星报》编辑出版）中直言不讳地声称："在旧《火星报》和新《火星报》之间隔着一条鸿沟。"我们只是引证一下我们的对手的这句话，并不打算多谈《火星报》在原则上的动摇。

另一方面，"少数派的秘密组织"也没有解散，它继续抵制中央

委员会。党被秘密地分裂成公开的和秘密的组织，这一情况极其
严重地阻碍了工作。大多数对危机表示过意见的俄国国内委员
会，坚决谴责新《火星报》的方针和少数派的破坏行为。从各个方
面发出了要求立即召开第三次代表大会以摆脱难以容忍的局面的
呼声。

我们的党章规定，召开紧急代表大会，需要有在总票数中占半
数票的组织提出要求（例行代表大会"尽可能"每两年召开一次）。
半数已经构成。但这时中央委员会却利用多数派的几个中央委员
被捕的机会，背叛了多数派。未被逮捕的其他中央委员借口"和
解"，**与少数派的秘密组织相勾结**，他们宣布该秘密组织已被解散，
但是又背着党并且不顾中央委员会的书面声明**把3名孟什维克增
补进中央委员会**。这次增补是1904年11月或12月进行的。就
这样，少数派从1903年8月一直斗争到1904年11月，他们向中
央机关报和中央委员会分别增补了3个人，从而分裂了全党。

用这种手段非法建立的中央机关，以咒骂或沉默回答了召开
代表大会的要求。

当时国内各委员会已经忍无可忍。它们开始召开自己的非正
式代表会议。到目前为止，已经召开了三个代表会议：（1）4个高
加索委员会的代表会议，（2）3个南方委员会（敖德萨、尼古拉耶夫
和叶卡捷琳诺斯拉夫）的代表会议和（3）6个北方委员会（彼得堡、
莫斯科、特维尔、里加、"北方"（即雅罗斯拉夫尔、科斯特罗马和弗
拉基米尔）以及下诺夫哥罗德）的代表会议。所有这些代表会议都
拥护"多数派"，决定支持多数派的著作家小组（列宁、列兵、奥尔洛
夫斯基、加廖尔卡、沃伊诺夫等人）并选出了**自己的常务局**；第三个
代表会议，即北方的代表会议，责成该"常务局"改为**组织委员会**，

撇开从党内分裂出去的国外中央机关而召开国内各委员会的代表大会,即党的第三次代表大会。

1905 年 1 月 1 日(公历)前的情况就是这样。多数派委员会常务局开始了自己的工作(在我国警察迫害的条件下,代表大会的召开当然会拖延几个月。第二次代表大会本来宣布在 1902 年 12 月召开,实际上 1903 年 8 月才召开)。多数派著作家小组创办了**多数派机关报**《前进报》,该报从 1905 年 1 月 4 日(公历)开始**每周**出版一次。现在(1905 年 2 月 3 日)已经出版了 4 号。《前进报》的方针就是旧《**火星报**》的方针。《前进报》为了捍卫旧《火星报》正在同新《火星报》进行坚决的斗争。

由此可见,实际上存在着两个俄国社会民主工党。一个掌握着机关报《火星报》即"形式上"的所谓党中央机关报、中央委员会和 **20 个**国内委员会(除了参加第二次代表大会的 20 个委员会之外,国内其余的委员会都是在代表大会以后建立起来的,关于是否确认它们的合法性问题还是个有争论的问题)中的 4 个委员会。另一个掌握着机关报《前进报》、"俄国多数派委员会常务局"和 14 个国内委员会(上面谈到的 13 个委员会加上沃罗涅日委员会,也许还要加上萨拉托夫、乌拉尔、图拉和西伯利亚等委员会①)。

所有旧《火星报》的敌人、所有的工人事业派分子和大部分靠近党的知识分子都站在"**新火星派**"一边。所有在原则上坚定不移的旧《火星报》的拥护者、大部分觉悟的先进工人和党在国内的实际活动家都站在"**前进派**"一边。普列汉诺夫在党的第二次代表大会(1903 年 8 月)和同盟代表大会(1903 年 10 月)上曾是布尔什维

---

① 至少后面的 4 个委员会在党的第二次代表大会之后都表示拥护"多数派"。

克,而从 1903 年 11 月起就拼命地反对"多数派",他在 **1904 年 9 月 2 日**公开宣称(这次谈话已经印出来了)双方的力量差不多是相等的。

我们布尔什维克可以肯定地说,大多数国内的真正的党的活动家是站在我们一边的。我们认为,分裂的主要原因和统一的主要障碍是少数派的瓦解组织行为,他们拒绝服从第二次代表大会的决议,宁肯分裂也不愿召开第三次代表大会。

目前,孟什维克正在俄国各地制造地方组织的分裂。例如,在彼得堡,他们阻挠委员会在 11 月 28 日举行示威(见《前进报》第 1 号)①。现在他们在彼得堡已经分裂出去,单独成立了小组,名为"中央委员会直属小组"以对抗党的地方委员会。他们为了同党的委员会进行斗争,前几天在敖德萨也成立了同样的地方小组("直属中央委员会")。孟什维克的党中央机关由于其立场不对头而必然破坏党的地方工作,因为它们不打算服从选出它们的党的各委员会的决定。

《前进报》和新《火星报》之间的原则分歧,实质上也就是过去旧《火星报》和《工人事业》杂志之间的原则分歧。我们认为这些分歧是重大的,但是,在有可能完全捍卫自己的观点即旧《火星报》的观点的条件下,我们并不认为这些分歧本身会妨碍在一个党内共同工作。

1905 年由俄国社会民主工党
伯尔尼协助小组印成单页

译自《列宁全集》俄文第 5 版
第 9 卷第 231—237 页

---

① 见本卷第 123—127 页。——编者注

特列波夫执掌大权

(1905 年 1 月 25 日〔2 月 7 日〕)

1 月 9 日之后,残酷镇压一切不满者成了政府的口号。全俄人民最痛恨的沙皇制度的爪牙之一,在莫斯科以残忍、粗暴和参与祖巴托夫分子腐蚀工人的勾当而出名的特列波夫,星期二被任命为独揽全权的彼得堡总督。

逮捕事件接连不断地发生。首先被捕的是自由派代表团的成员们。这个代表团在星期六夜晚曾去拜见维特和斯维亚托波尔克-米尔斯基,请求政府接受工人们的请愿书,不要让军队用开枪来对付和平示威。当然,这些请求毫无结果。维特打发代表团去见斯维亚托波尔克-米尔斯基,后者却拒绝接见代表团。副内务大臣雷德泽夫斯基很冷淡地接见了代表团,他表示,应当劝说的不是政府,而是工人,政府完全了解目前发生的一切,它已经作出决定,这些决定不可能由于任何请愿而有所改变。耐人寻味的是,选出这个代表团的自由派大会曾提出劝阻工人列队前往冬宫的问题,但是与会的加邦的一位朋友说,这样做毫无用处,工人们的决定是不可更改的。(这些消息是英国《每日电讯》[124]的记者狄龙先生报道的,后来又为其他记者所证实。)

被捕的代表团成员盖森、阿尔先耶夫、卡列耶夫、彼舍霍诺夫、米雅柯金、谢美夫斯基、克德林、施尼特尼科夫、伊万钦-皮萨列夫和高尔基(后者在里加被捕并被押送到彼得堡)被毫无道理地指控为企图在革命后的第二天组织"俄国临时政府"。显然,这一指控是不攻自破的。被捕者当中的许多人(阿尔先耶夫、克德林、施尼特尼科夫)已经被释放。在国外,在有教养的资产阶级社会人士中间展开了营救高尔基的强大运动,德国许多杰出的学者和作家联名向沙皇请愿,要求释放他。现在,奥地利、法国和意大利的学者和著作家们也参加了请愿活动。

星期五晚上,《我们的生活报》的 4 个撰稿人普罗柯波维奇夫妇、希日尼亚科夫和雅柯夫列夫(鲍古查尔斯基)被捕。星期六早上,《现代报》[125] 的撰稿人加奈泽尔被捕。警察当局拼命搜查从国外寄给罢工者或死难者的遗孀和遗孤的款项。正在进行大批的逮捕。鲍古查尔斯基的逮捕证的号码是第 53 号,而希日尼亚科夫的逮捕证的号码已是第 109 号。星期六,上述两家报馆的编辑部被搜查,全部手稿被掠走,其中包括关于整整一周来的事件的详尽报告,这些报告是可靠的目击者们写的,并附有目击者的签名。他们为了教育后代,把所看到的一切都记录下来。现在所有这些材料永远也不能公之于世了。

星期三被捕的人很多,以至每间单人牢房要拘禁两三个人。新的独裁者对工人完全不讲什么客气了。从星期四开始把他们一批批地抓起来并把他们驱逐回乡。当然,他们将在家乡传播关于 1 月 9 日事件的消息并宣传反对专制制度的斗争。

特列波夫拿出他在莫斯科的一套老手法:用经济上的小恩小惠来诱骗工人群众。

企业主们和财政大臣聚集在一起,研究向工人作各种让步的对策,谈论着九小时工作制。财政大臣在星期二接见工人代表团,答应实行经济改革,警告他们不要进行政治煽动。

警察不遗余力地在一般居民和工人之间散布不信任和敌意。星期三外国报纸很明确地报道说,警察当局想方设法用耸人听闻的谣言来吓唬彼得堡居民,说什么要发生抢劫,罢工者要采取流血行动等等。甚至副内务大臣雷德泽夫斯基在星期二也向一位来访者说,罢工者打算抢劫、放火、破坏、杀人。只要有可能,罢工者(至少是他们的有觉悟的领袖们)就声明这是诽谤。**警察当局暗中支使一批奸细和看门人打碎玻璃,放火烧售报亭并抢劫店铺**来吓唬居民。而工人们实际上表现得十分和平,这一点使目击1月9日惨状的外国报纸记者们无不感到惊奇。

警探们现在正忙于成立新的"工人组织"。他们正在挑选一批合适的工人,发给他们一些钱,唆使他们去反对大学生和著作家,颂扬"慈父沙皇的真正人民的政策"。在20万—30万没受过教育的、为饥饿所折磨的工人当中,不难找出几千个上这种圈套的人。这些人将被"组织起来",被逼着去咒骂"自由主义骗子"并高声宣称,上星期日他们受骗了。然后这些工人阶级的败类将选出代表团,"恭顺地请求沙皇允许他们伏在他的脚下,忏悔他们在上星期日所犯的罪行"。记者继续说道:"根据我所获得的消息,现在警察当局正是这样安排的。当这些组织工作完成时,皇帝陛下将开恩同意在练马场接见代表团。练马场为此将专门作好准备。他将在动人的演说中表示他对工人们的慈父般的关怀并提出改善他们的境况的措施。"

附言:当我们从来电中获悉英国记者的预言已被证实的时候,本文已经排版了。沙皇在自己的皇村里接见了由警察当局挑选出来的34个工人组成的代表团,并发表了冠冕堂皇的假惺惺的演说,侈谈政府对工人的慈父般的关怀和对他们的罪过的宽恕。这种卑劣的滑稽剧当然骗不了俄国无产阶级,它永远也不会忘记流血的星期日。无产阶级还要用另一种语言同沙皇说话!

载于1905年1月25日(2月7日)
《前进报》第5号

译自《列宁全集》俄文第5版
第9卷第238—241页

1月9日后的彼得堡

(1905 年 1 月 25 日〔2 月 7 日〕)

1月10日,星期一,彼得堡像是一个刚刚被敌人占领的城市。大街上哥萨克巡逻队的车辆川流不息。到处可以看到一群群激怒的工人。晚间许多街道一片漆黑。没有电和煤气。一伙伙看门人护守着贵族的住宅。正在燃烧的售报亭向人群射出奇异的火光。

在涅瓦大街上人民同军队曾发生冲突。人群又遭到枪杀。在阿尼奇科夫宫附近曾发生三次齐射。警察封闭了军械商店,把武器搬到地下室,他们显然是用尽办法阻挠工人武装起来。政府机关的官吏们特别惊慌,生怕纵火和爆炸,他们仓皇逃出了彼得堡。

在瓦西里耶夫岛上,星期日被军队占领的街垒,星期一已重建起来,但又被士兵占领了。

没有报纸。学校停课。工人举行许多集会讨论这次事件和对抗办法。成群的同情者,特别是大学生,包围了医院。

据报道,两三万科尔皮诺工人在星期二早上带着请愿书向皇村进发。皇村的警备队派出一个步兵团和一个野战炮兵连去阻击他们。在离科尔皮诺5俄里的地方发生了冲突,军队开了枪,下午4时便把工人们完全击退和驱散了。死伤的人很多。工人们两次袭击皇村铁路,但都被击退。有7俄里长的铁路被破坏,早晨火车已经停驶。

政府在夜里偷偷地把流血的弗拉基米尔星期日的牺牲者们埋葬。特意瞒着死者的亲友,免得在送葬时举行游行示威。一车车尸体被送往普列奥布拉任斯克墓地。尽管警察严加防范,有些地方人们仍在试图举行游行示威来悼念为争取自由而牺牲的战士。

人民对军队深恶痛绝。外国报纸根据目击者的叙述报道说:1月11日,星期二,哥萨克在大直街截住一辆满载工人的有轨马车。其中一个工人向哥萨克喊道:"刽子手!"哥萨克挡住有轨马车,强迫所有的人下车并用马刀背乱打他们。有一个人当场被打伤。附近居民纷纷打开窗户向哥萨克喊道:"杀人犯! 强盗!"星期五电讯报道说,这一事件发生时,有个妇人也被哥萨克从有轨马车中赶出来。她在慌乱中失手把自己的孩子掉了下来,而孩子竟被哥萨克的马踩死了(《泰晤士报》)。我们的军队对工人所取得的这种胜利,是真正的皮洛士式的胜利[126]。

载于1905年1月25日(2月7日)《前进报》第5号

译自《列宁全集》俄文第5版第9卷第242—243页

致亚·亚·波格丹诺夫和
谢·伊·古谢夫

1905 年 2 月 11 日

致拉赫美托夫、哈里顿

昨天我已去电表示同意你们的修正,尽管我完全不同意我从你们信中所能了解到的那些东西。但我十分厌恶这种拖拉作风,你们的问题是对我的一种嘲笑,因而我只好听之任之:但愿能做点什么! 但愿能发出一个**不管什么样的**有关代表大会的通知,不过要真的**发出**,而不是谈来谈去! 你们会对"嘲笑"一词表示惊讶。其实只要想一想就清楚了:我在两个月以前就把我的草案寄给常务局的**全体**委员了①。竟没有一个委员关心这个草案并认为需要交换意见!! 可现在,我们却通过电报来……谈组织,谈集中制,实际上在中央机关的一些非常接近的同志中间,存在着一种令人唾弃的涣散现象和手工业习气。崩得分子就不空谈集中制,他们**每个人**每周都给中央机关写信,而联系**实际**上就建立起来了。只要看一看他们的《最新消息》[127],就可以看出这种联系。可我们的《前进报》已出到第 6 号,编辑部的一个成员(拉赫美托夫)却没有用一段话谈谈《前进报》,也没有为它写点什么。我们这里有人"谈

---

① 见本卷第 93—95 页。——编者注

到"在圣彼得堡和在莫斯科的广泛的写作联系,"谈到"多数派的年轻力量,而在发出着手工作的号召(《前进报》发刊预告和有关《前进报》的信)以后已经过了**两个月**,我们这里却毫无声息。国内的一些委员会(高加索、下诺夫哥罗德,更不用说伏尔加河流域、南方了)把常务局完全看成一种"神话",并且认为他们有这种看法是理所当然的。我们从外人那里"听说"多数派的圣彼得堡委员会和孟什维克集团结成一个什么联盟,可是从自己人那里却一个字也没有听到。我们不相信布尔什维克会采取这种自杀的愚蠢做法。我们从外人那里"听到"社会民主党人的代表会议和"联盟"的事,可是从自己人那里却**一个字**也没有听到,尽管人们说这是既成事实。看来,布尔什维克还想再次让人欺骗①。

我们唯一的力量就是坦率、团结和进攻的魄力。而人们在"革命"的时候却变得软弱了!! 在非常非常需要组织性的时候,他们却把自己出卖给瓦解组织分子。从对宣言和代表大会的草案提出的修正案(信中所述极不清楚)来看,他们醉心于"忠顺",老大爷就使用过这个词并且还补充说:如果不提到中央机关,没有人会去参加代表大会! 先生们,我敢说,如果你们**这样**做,你们任何时候都开不成代表大会,任何时候都得听命于中央机关报和中央委员会的波拿巴分子。**撇开**不被人们信任的中央机关召开代表大会,以**革命**常务局(如果对忠顺的章程奴颜婢膝,那这个常务局就等于名存实亡)的名义召集代表大会,并承认九个波拿巴分子、同盟(哈哈!)和波拿巴主义的傀儡(新炮制的委员会)有参加代表大会的**当然**权利,这就是一种让人耻笑和让人不尊重的行为。可以并且应

---

① 手稿上已勾掉下面几个字:"和唾弃"。——俄文版编者注

当邀请中央机关,但是如果承认它们有表决权,我再说一遍,这就是丧失理智。当然,中央机关反正是不会参加**我们的**代表大会的,何苦又再次让人向我们脸上吐唾沫呢? 何必要装假和躲躲闪闪呢? 这简直是耻辱。我们公开宣布了**分裂**,我们号召**前进派**参加代表大会,我们要组织**前进派**的党,并且要断绝,立刻同瓦解组织分子断绝**一切**关系,而别人却对我们大谈忠顺,装模作样,好像《火星报》和《前进报》可以举行共同的代表大会。真是滑稽! 当然,代表大会(如果它召开的话)的第一天、第一个小时就会结束这出滑稽剧。但是在代表大会召开以前,这种虚伪对我们却是极其有害的。

真的,我时常想,十分之九的布尔什维克确实是形式主义者。[1] 或者我们把那些愿意战斗的人团结成一个真正钢铁般的组织,有了这个虽小但却是巩固的党,我们就能打垮由形形色色的新火星派分子组成的这个不堪一击的怪物;或者我们用自己的行为证明,我们该当灭亡,因为我们是可卑的形式主义者。在组织常务局**以前**和创办《前进报》**以前**,我们曾竭尽全力来挽救忠顺,挽救统一,挽救形式的即高级的和解方法,人们怎么会不懂得这一点呢!?!? 而现在,在建立了常务局**以后**和创办了《前进报》**以后**,分裂已是事实了。当分裂成为事实的时候,才明显看出,我们在**物质方面要薄弱得多**。我们还需要把我们的精神力量变成物质力量。孟什维克掌握了较多的钱,较多的书刊,较多的运送机构,较多的代办员,较多的"名人"和较多的撰稿人。不看到这一点,就是不可

---

[1] 手稿上这句话最初是这样写的:"真的,我时常想,十分之九的布尔什维克确实是根本不能战斗的可怜的形式主义者,不如把他们都交给马尔托夫。"——俄文版编者注

饶恕的幼稚行为。如果我们不愿意向世界显示干瘪贫血的老处女的令人厌恶的形象,不愿意让世界看到我们像老处女一样在为自己没有生育的精神上的纯洁而自豪,那我们就应当懂得,我们需要战斗和战斗组织。只有在长期斗争以后,只有在具有优良组织的条件下,我们的精神力量才能转变成物质力量。

我们需要钱。**在伦敦**召开代表大会的计划是极端荒谬的,因为这将要多花费一倍的钱。① 我们不能停办《前进报》,而长期远离将会使它停刊。代表大会应该开得简单些,时间短一些,人数也不宜很多。召开这次代表大会是为了组织战斗。从各方面来看,你们对这一点抱有不切实际的想法。

《前进报》需要撰稿人。我们的人很少。如果不从国内补充2—3个固定的撰稿人,那就不要胡说什么同《火星报》作斗争了。我们需要小册子和传单,非常需要。

需要年轻力量。我真想建议把那些竟敢说没有人才的人当场枪决。俄国的人才多得很,只是必须更广泛和更大胆地、更大胆和更广泛地、再更广泛和再更大胆地吸收青年参加工作,**不要对青年不放心**。目前是战斗时期。整个斗争的结局都将取决于青年,取决于青年大学生,尤其是青年工人。抛掉一切因循守旧、论等级地位之类的旧习气吧。到青年中去建立**数以百计**的前进派小组并鼓励他们竭尽全力来工作吧。用吸收青年的办法把委员会扩大**两倍**,创立 5 个或者 10 个分委员会,把每一个正直刚毅的人"增补"进来。要毫不拖延地让任何一个分委员会都有书写和出版传单的权利(写错不要紧,我们会在《前进报》上"委婉地"加以纠正)。必

---

① 手稿上已勾掉下面一句话:"我们决不破费一点钱去换取我们的胜利。"——俄文版编者注

须火速把一切具有革命主动性的人团结起来和动员起来。不要怕他们缺乏锻炼，不必担心他们没有经验和不够成熟。[①] 第一，如果你们不善于组织和推动他们，他们就会跟着孟什维克和加邦分子走，那时他们的没有经验将会带来五倍的危害。第二，事变将**按照我们的精神**教育他们。事变已经在按照前进派的精神教育每一个人。

不过你们一定要把**数以百计**的小组大力组织起来，把平常关于委员会的(等级制的)无稽之谈完全撇开。目前是战斗时期。或者是在各地建立**新的**、年青的、朝气蓬勃的、生龙活虎的战斗组织，去进行各种各样遍及一切阶层的革命社会民主党的工作，或者是你们带着掌管大印的"委员会"人士的荣耀死去。

我将在《前进报》上论述这点[②]，并将在代表大会上谈到这点。我写信给你们，是想再次同你们交换意见，是想让数十个**年青的、朝气蓬勃的**工人小组(以及其他小组)同编辑部**建立直接的联系**，虽然……虽然(这只是在我们之间说说)我对实现这些大胆的要求并不抱任何希望。不过，也许两个月之后，你们会要求我用电报来回答是否同意把"计划"……加以如此这般的修正…… 我事先回答吧：我对一切都表示同意……

代表大会上再见。

列　宁

附言：必须负起责任，使向俄国运送《前进报》的工作革命化。

---

① 手稿上已勾掉下面的话："不要因为他们年轻缺乏经验而叫苦"。——俄文版编者注

② 见本卷第277—288页。——编者注

请进行最广泛的宣传去征求彼得堡的订户。让大学生特别是**工人**们成十成百地按自己的地址订阅吧。现在还害怕这点就太可笑了。警察永远也无法把所有的东西都截获。如果½—⅓能寄到，这已经是很可观了。请把这个想法告诉**每个**青年小组，他们会为自己找到许许多多同国外联系的途径的。请把《前进报》的通信处更广泛地开出去，尽可能广泛地开出去。

载于1925年《无产阶级革命》杂志
第4期(总第39期)

译自《列宁全集》俄文第5版
第9卷第244—248页

最初的几点教训

(1905年2月1日〔14日〕以前)

革命大风暴的第一个浪潮正在退落。我们正处在不可避免的和必然到来的第二个浪潮的前夕。无产阶级运动愈来愈广泛,现在已扩展到最边远的地区。激愤和不满笼罩着社会上各种各样的阶层以至最落后的阶层。工商业陷于瘫痪,学校停课,地方自治人士仿效工人进行罢工。像往常一样,在群众运动的间歇期间,个人恐怖行动频繁起来:对敖德萨警察局长的谋杀,高加索的暗杀以及在赫尔辛福斯对参议院检察长的暗杀。政府从血腥镇压的政策转向许愿政策。它力图用沙皇接见代表团的滑稽剧来欺骗工人,哪怕是其中的某些人。[1] 它力图用军事消息来转移公众的注意力并命令库罗帕特金向浑河发起进攻。1月9日彼得堡发生了大屠杀,12日就开始了这种从军事观点来看毫无意义的进攻,结果沙皇的将军们再次惨败。俄国人被击退,连新时报记者也报道说,俄国死伤达13 000人,比日本人大约多一倍。满洲的军事管理机关的腐败和士气涣散的情况,也和彼得堡一样。外国报刊以前登载的是证实和否认库罗帕特金与格里彭贝格争吵的电讯,现在改换为证实和否认关于大公们深知战争对专制制度的危险而打算尽快求得和平的消息的电讯。

---

[1] 参看本卷第221—222页。——编者注

难怪在这种情况下,就连欧洲最稳重的资产阶级报纸也不能再不谈论俄国革命了。革命正以 1 月 9 日以前从未有过的速度发展着和成熟着。第二个浪潮何时来临,是明天、后天还是几个月以后,这要取决于许多无法估计的情况。这就更加迫切地需要总结革命日子的某些经验并力求取得教训,这些教训会超出某些人的预料,更早地为我们所利用。

为了正确评价革命的日子,应当总观一下我国工人运动最近的历史。在将近 20 年以前,在 1885 年,中部工业区、莫罗佐夫工厂和其他一些地方发生了最初的大规模的工人罢工。当时,卡特柯夫曾写文章谈到俄罗斯已出现工人问题。无产阶级从经济斗争转到政治示威,从示威转到革命冲击,其发展速度真是惊人!我们不妨回顾一下已经走过的道路上的几个主要里程碑。1885 年,发生了广泛的罢工,当时,社会主义者是完全单独行动的,没有结成任何组织,他们参加这些罢工的寥寥无几。罢工所引起的群众的激愤情绪,迫使专制制度的忠实走狗卡特柯夫在谈到审讯问题时说,这是"庆祝在俄罗斯出现的工人问题的 101 响礼炮"[128]。政府作了经济上的让步。1891 年,彼得堡工人参加了为舍尔古诺夫送葬时举行的游行示威[129],在彼得堡的五一游行示威中有人发表了政治演说。这是先进工人在没有群众运动的情况下所进行的社会民主主义的游行示威。1896 年发生了几万工人参加的彼得堡罢工。群众运动中出现了街头鼓动,这时已是整个社会民主主义组织参加了运动。尽管当时这个几乎是清一色的大学生组织和我们现在的党比较起来还很弱小,但是它自觉地、有计划地进行社会民主主义的干预和领导,毕竟使运动比莫洛佐夫罢工具有更大的规模和意义。政府又一次作出经济上的让步。这次罢工为全国的罢工运动奠定了巩固的基础。革命的知识分子普遍成了社会民主主义知识分子。社会民主党成立了。1901 年，工人支援了大学生。示威性的运动开始了。无产阶级走上街头高呼：打倒专制制度！激进知识分子最后分化为自由派知识分子、革命资产阶级知识分子和社会民主主义知识分子。革命的社会民主党组织愈来愈广泛、积极和直接地参加游行示威。1902 年，罗斯托夫大罢工变成一次出色的示威。无产阶级的政治运动不再依附于知识分子、大学生的运动，而是自己直接从罢工中发展起来。有组织的革命的社会民主党人参加运动更加积极了。无产阶级为自己和**自己的**委员会中的革命社会民主党人争得了群众性的街头集会的自由。无产阶级第一次作为阶级同其余的一切阶级相对峙，同沙皇政府相对峙。1903 年，罢工又同政治示威相结合，但是基础更广泛了。罢工波及全区，有 10 万多工人参加，许多城市在罢工期间一再举行群众性的政治集会。可以感觉到，我们是处在街垒战的前夕（地方社会民主党人关于 1903 年基辅运动**130**的评论）。但是，这个前夕相当长，好像是在教我们懂得，强大的阶级有时是要成年累月地积蓄力量，又好像是在考验那些加入社会民主党的信仰不坚定的知识分子。果然，我们党的知识分子翼，新火星派或（也就是）新工人事业派已在开始寻找"高级形式"的示威，即由工人和地方自治人士达成不引起惊恐的协议。新火星派以一切机会主义者所固有的毫无原则的态度，竟提出如此不可思议的，最最不可思议的论点：在政治舞台上有两种（！！）力量，即官僚和资产阶级（参看《火星报》编辑部关于地方自治运动的**第二封信**）。新《火星报》的机会主义者们一味等待时机，竟忘记了无产阶级是一支独立的力量！1905 年来到了，1 月 9 日事件再次揭穿了一切忘掉自己身世的渺小的知识分子。无产阶级运动立即上升到更高的阶段。总罢工在全俄国大概动员了不下100万工人。社会民主党的政治要求甚至渗入到工人阶级中那些还信任沙皇的阶层。无产阶级冲破了警察的祖巴托夫运动的框子,原来为反对革命而成立的合法工人团体的全体成员,和加邦一起走上了革命的道路。我们亲眼看到罢工和示威开始变为**起义**。比起运动的前几个阶段来,有组织的革命的社会民主党参加运动的情况是明显地增多了,但是与积极的无产阶级群众要社会民主党领导的巨大要求相比,社会民主党的参加仍然是很不够很不够的。

总的说来,以不同的形式和由于不同的原因彼此结合起来的罢工运动和示威运动,日益向深度和广度发展,日益具有革命的性质,在实践中也日益接近革命的社会民主党早已提到的全民武装起义。在《前进报》第4号①和第5号上,我们已经根据1月9日事件作出这个结论。彼得堡的工人们自己也立刻直接得出了这个结论。1月10日,他们闯进一家合法印刷所,排印了如下的宣言(彼得堡的同志们把它寄给了我们),印了一万多份,散发到全彼得堡。下面就是这个出色的宣言②。

这个宣言用不着解释。它充分表现了革命无产阶级的主动性。彼得堡工人的号召没有像他们所希望的那样迅速地实现,这个号召还会不止一次地重新提出来,实现它的尝试也还会不止一次地失败。但是工人自己这样提出任务,其巨大意义是不容争辩的。革命运动使人们意识到这个任务在实践上是迫在眉睫的,并使这个任务在任何人民运动中都能提到最近日程上来。革命运动

---

①　见本卷第185—188页。——编者注
②　见本卷第242页。——编者注

所取得的这种成果,是任何力量都不能从无产阶级手中夺去的。

有必要来谈一谈起义思想的历史。关于这个问题,新《火星报》从第62号上令人难忘的社论开始,喋喋不休地发表了许多十分模糊的庸俗见解,散布了许多只有我们的老相识马尔丁诺夫才能发表的机会主义谬论,因此,准确地重述问题的旧提法就特别重要。新《火星报》的种种庸俗见解和全部谬论是举不胜举的。最好还是更经常记起旧《火星报》并更具体地发挥它过去提出的积极口号。

在列宁的小册子《怎么办?》的结尾,在第136页①上曾提出过**全民武装起义**的口号。下面就是1902年年初,即三年前关于这一点所说的话:"再想一想人民起义。现在大概所有的人都会同意:我们应当考虑起义并且准备起义……"②

载于1926年《列宁文集》俄文版
第5卷

译自《列宁全集》俄文第5版
第9卷第249—253页

---

① 见本版全集第6卷第168页。——编者注
② 手稿到此中断。——俄文版编者注

两　种　策　略

（1905 年 2 月 1 日〔14 日〕以前）

　　自从俄国发生群众性的工人运动以来，也就是在将近十年之久的过程中，社会民主党人在策略问题上一直存在着重大的意见分歧。大家知道，正是由于这种意见分歧，在 90 年代后半期才产生了"经济主义"，结果使党分裂为机会主义派（工人事业派）和革命派（旧火星派）。但俄国社会民主党内的机会主义和西欧的机会主义不同，它有自己的某些特点。俄国机会主义非常明显地反映出党的知识分子翼的观点，或者可以说，反映出这个知识分子翼没有任何独立的观点，它既迷恋于伯恩施坦主义的时髦字眼，又迷恋于纯粹的工人运动的直接结果和形式。这种迷恋使合法马克思主义者纷纷叛变而投到自由主义方面，使某些社会民主党人创造出有名的"策略-过程"论[131]，这个理论使我们的机会主义者得到尾巴主义者的绰号。他们一筹莫展地尾随在事变的后面，从一个极端跳到另一个极端，在一切场合缩小革命无产阶级活动的范围，降低对革命无产阶级的力量的信心，而且这样做时通常都打着无产阶级的主动性的旗号。这是怪事，但却是事实。没有人像工人事业派这样侈谈工人的主动性，也没有人像工人事业派这样以自己的说教来缩小、削弱和降低工人的主动性。觉悟的先进工人向他们的热心的但并不聪明的建议人说："少讲些'提高工人群众的积极性’的空话吧。我们的积极性要比你们所想象的高得多；我们能够用公开的街头斗争来支持那些甚至不能产生任何‘显著结果’的要求！你们没有资格来给我们‘提高’积极性，因为你们自己恰恰就缺乏积极性！先生们，请你们还是少崇拜点自发性，多想想如何提高你们自己的积极性吧！"这就是当时所描述的革命工人对机会主义的知识分子的态度(《怎么办?》第55页①)。

新《火星报》向《工人事业》杂志倒退了两步，又使这种态度复活起来。新《火星报》的版面上又充满尾巴主义的说教，而且又是用这些令人作呕的誓词作掩护：上帝作证，我是真诚信奉无产阶级主动性的。在无产阶级的主动性的旗号下，阿克雪里罗得和马尔丁诺夫，马尔托夫和李伯尔(崩得分子)在代表大会上维护大学教授和中学生无需加入党的任何一个组织而自行列名为党员的权利。在无产阶级的主动性的旗号下，杜撰出了庇护瓦解行为和颂扬知识分子无政府主义的"组织-过程"论。在无产阶级的主动性的旗号下，发明了同样著名的"高级形式的示威"的理论，即让经过三级选举所精选出来的工人代表**与地方自治人士**达成不引起惊恐的和平示威的**协议**。在无产阶级的主动性的旗号下，武装起义的思想被曲解和庸俗化，被贬低和搅乱了。

由于最后这个问题在实践上非常重要，我们特意提请读者注意这个问题。工人运动的发展无情地嘲笑了新《火星报》的圣贤们。新《火星报》的第一封信在"无产阶级的阶级自觉和主动性的有计划发展过程"的旗号下，建议"把工人的声明邮寄到议员家里去，并把它拿到地方自治会议的大厅里去大量散发"作为高级形式

的示威；它的第二封信，更是一种非常惊人的发明，它说在现在这个"历史时刻，政治舞台已被有组织的资产阶级和官僚间的角逐完全占据〈!〉"，"任何〈请听，请听啊!〉下层革命运动的客观意义都只有一个〈!〉，那就是拥护这两种〈!!〉力量中那个关心破坏现存制度的力量所提出的口号"（竟把民主派知识分子宣布为"力量"了）；这第一封信还没有来得及散发到俄国各地，第二封信还没有来得及送到俄国；觉悟的工人还没有来得及读一读这两封美妙绝伦的信并将它好好地嘲笑一番，无产阶级实际斗争的事变一下子就把新火星派政论家们的这全套政治废物抛到垃圾堆去了。无产阶级指明，还有第三种**力量**（当然，其实不是第三种，按次序来说是第二种，按战斗能力来说是第一种），这种力量不仅关心破坏专制制度，而且**决心着手真正破坏**专制制度。从 1 月 9 日起，我们眼看着工人运动在**发展**为人民起义。

现在我们来看一下，过去曾把这种向起义的过渡当做策略问题事先加以议论的社会民主党人是怎样评价这个问题的，而工人自己又是怎样开始在实践中解决这个问题的。

请看三年以前对起义这个决定我们当前的实践任务的口号是怎样说的吧："再想一想人民起义。现在大概所有的人都会同意：我们应当考虑起义并且准备起义。但是怎样准备呢？当然不能由中央委员会指定代办员到各地去准备起义！即使我们已经有了中央委员会，那它在俄国目前的条件下采用这种指定办法，也不会得到丝毫结果的。相反，在创办和发行共同的报纸的工作过程中自然形成起来的代办员网，却不需要'坐待'起义的口号，而会进行那种保证它在起义时最可能获得成功的经常性工作。正是这种工作会巩固同最广大的工人群众及一切不满专制制度的阶层的联系，而这对于起义是十分重要的。正是在这种工作的基础上会培养出一种善于正确估计总的政治形势，因而也就善于选择起义的适当时机的能力。正是这种工作会使**所有的**地方组织都习惯于同时对那些激动整个俄国的同样的政治问题、事件和变故作出反应，并且尽可能有力地、尽可能一致地和适当地对这些变故作出回答，而事实上起义也就是全体人民对政府的最有力、最一致和最适当的'回答'。最后，正是这种工作会使全俄各地的所有革命组织都习惯于彼此发生一种能使党**在实际上**统一起来的最经常而又最秘密的联系，而没有这种联系，就不可能集体讨论起义计划，不可能在起义前夜采取应该严守秘密的必要的准备措施。

总而言之，'全俄政治报计划'不但不是沾染了学理主义和文人习气的人脱离实际工作的产物（就像那些对它没有很好考虑的人所认为的那样），恰恰相反，它是一个**从各方面立刻开始准备起义、同时又丝毫不忘记自己日常的迫切工作的**最切实的计划。"（《怎么办?》）[1]

上面我们加上了着重标记的结束语，对于革命社会民主党人是怎样设想起义准备工作的问题，作出了明确的回答。但是，不管这个回答怎样明确，旧的尾巴主义策略还是不能不在这个问题上也表现出来。马尔丁诺夫最近出版了一本小册子《两种专政》，这本书受到新《火星报》（第84号）的大力推荐。作者从他工人事业派的内心深处感到愤慨，因为列宁竟会说出"准备、**规定**和实行全民武装起义"的话来。威风凛凛的马尔丁诺夫攻击敌人说："国际社会民主党根据历史经验和对社会力量发展动态的科学分析，向

---

[1] 见本版全集第6卷第169—170页。——编者注

来都认为只有宫廷政变和军事政变才能预先**规定**和有成效地按预定计划进行,这是因为这些政变不是人民革命,即不是社会关系的变革,而仅仅是统治集团内部的更迭。社会民主党一向认为人民革命是不能预先**规定**的。人民革命不是人为地制造出来的,而是自行发生的。"

　　也许有的读者读了这套长篇大论以后会说,马尔丁诺夫显然"不是"什么了不起的对手,认真对待他未免可笑。我们完全同意这样的读者的意见。我们甚至会向这样的读者说,世界上没有比认真对待我们的新火星派的一切理论和一切议论更痛苦的事情了。不幸的是,这套无聊的话也出现在《火星报》的社论上(第62号)。更加不幸的是,党内有一些人,而且不是少数人,竟让这些无聊话弄昏了头脑。于是我们不得不来谈谈不重要的东西,正如我们不得不谈曾发现"组织-过程"的罗莎·卢森堡的"理论"一样。必须向马尔丁诺夫说清楚,不应该把起义和人民革命混为一谈。必须说明,在解决关于推翻俄国专制制度的方法这一实际问题时,只有基法·莫基耶维奇[132]才会这样挖空心思地提到社会关系的变革。这种变革,随着农奴制的崩溃,已在俄国开始了,正因为我国的政治上层建筑落后于已经实现的社会关系变革,才使上层建筑的倾覆成为必不可免;并且完完全全有可能**一击**即倒,因为俄国的"人民革命"已给了沙皇制度100次打击,而能够把它打倒的是第101次打击还是第110次打击,那就不得而知了。只有那些把自己的庸俗习气强加给无产者的机会主义知识分子,才会在实际讨论怎样进行第二个100次中的某一次打击的方法时,表现出自己在"社会关系变革"方面的中学生见识。只有新《火星报》的机会主义者,才会把我们所见到的以通过政治报纸来进行全面的群众鼓动为重心的计划,歇斯底里地喊做可怕的"雅各宾式的"计划!

　　说人民革命不能规定,这是正确的。马尔丁诺夫和《火星报》第62号社论的作者能认识到这一真理,这是不能不加以夸奖的(马尔丁诺夫的一个忠实战友或学生在该社论中攻击"空想主义者"时问道:"在我们党内究竟有什么起义的准备可谈呢?")但是,如果我们真正准备了起义,如果由于社会关系**已实现**变革而使人民起义成为可能,那规定起义就是完全可以实现的事情。让我们用一个简单的例子来给新火星派解释一下这个问题。工人运动是否可以规定呢? 不,不可以,因为它是由社会关系变革产生出来的成千的个别行动构成的。罢工是否可以规定呢? 可以,虽然——马尔丁诺夫同志,请想想看,**虽然**每次罢工都是社会关系变革的结果。什么时候可以规定罢工呢? 当规定罢工的组织或小组在当地的工人**群众**中享有威信,而且善于正确估计工人群众中不满和愤怒增长的时机时,就可以规定罢工。马尔丁诺夫同志和《火星报》第62号"社论作者"同志,你们现在懂得这是怎么回事了吗? 如果懂得了,那现在就请费神把起义和人民革命加以对比吧。"人民革命是不能预先规定的。"起义则是可以规定的,如果规定起义的人在群众中享有威信并且善于正确估计时机的话。

　　幸运的是,先进工人的主动性常常是远远超过新《火星报》的尾巴主义哲学。新《火星报》绞尽脑汁想出一套理论,证明起义是不可以由那些将革命阶级的先进队伍组织起来,作好起义准备的人来规定的,而事变却表明,起义是可以由那些没有作好准备的人来规定的,而且他们有时也不得不加以规定。

　　请看一个彼得堡的同志给我们寄来的传单吧。这份传单是1月10日在彼得堡占领了一家合法印刷所的工人们自己排印的,并且散发了 10 000 多份。

"全世界无产者，联合起来！

公民们！昨天你们看见了专制政府的凶恶暴行！看见了鲜血流满街头！看见了数百名为工人事业而奋斗的战士被打死，看见了死亡，听到了被打伤的妇女和不能自卫的儿童的哀号！工人的鲜血和脑浆喷溅在他们亲手铺砌的马路上。是谁派来军队，把枪炮子弹对准工人的胸膛呢？——是沙皇、大公、大臣、将军和宫廷的恶徒们。

他们是杀人凶犯！——处死他们吧！同志们，拿起武器，占领兵工厂、军械库和军械商店。同志们，砸烂牢狱，解放争取自由的战士。捣毁征兵局、警察局和一切官府机关。推翻沙皇政府，建立自己的政府。**革命万岁！人民代表立宪会议万岁！——俄国社会民主工党。"**

这一群富有首创精神的先进工人发出的起义号召没有取得成功。几次起义号召未能成功或几次"规定"起义未能成功，这并没有使我们惊奇，也没有使我们灰心丧气。我们让新《火星报》就这一问题去高谈阔论，说什么必须有"社会关系的变革"吧，让它振振有词地去斥责那些高喊"建立自己的政府"的工人们的"空想主义"吧。只有不可救药的学究或糊涂虫才会认为这类号召书的重心是放在这个口号上。对我们来说，重要的是看到并强调指出这种大胆而出色地着手解决我们现在所直接面临的任务的实际做法。

彼得堡工人的号召没有实现，而且也不可能像他们所希望的那样迅速地实现。这个号召还会不止一次地重新提出来，起义的尝试也还会不止一次地失败。但是，工人自己提出这个任务，这一事实本身就具有巨大的意义。工人运动使人们意识到这个任务在实践上是迫在眉睫的,并使这个任务在任何人民风潮中都能提到最近日程上来。工人运动所取得的这种成果,是任何力量都不能从无产阶级手中夺去的。

社会民主党人早在三年以前就已根据一般的理由提出了准备起义的口号。① 由于无产阶级的主动性,在国内战争直接教训的影响下又提出了这个口号。有各种各样的主动性。有富有革命首创精神的无产阶级的主动性,也有不成熟的、需要带领的无产阶级的主动性,有自觉的社会民主主义的主动性,也有祖巴托夫式的主动性。而有些社会民主党人甚至现在还以崇敬的心情凝视着这第二种主动性,他们以为只要无数次重复"阶级的"这几个字,就可以应付局面,而无须对目前的迫切问题作出直接的回答。就拿《火星报》第 84 号来看吧。《火星报》的"社论作者"以胜利的姿态攻击我们说:"推动这次雪崩〈1 月 9 日〉的为什么不是狭隘的职业革命家组织而是工人大会呢? **因为这个大会是建立在工人群众主动性基础上的真正**〈听啊!〉**广泛的组织**。"如果这一经典语句的作者不是马尔丁诺夫的信徒的话,那么他也许会懂得,工人大会之所以能够为革命无产阶级的运动效劳,正是由于这个大会已从祖巴托夫式的主动性转向了社会民主主义的主动性(此后这个大会马上就不再作为合法的大会存在了)。

如果新火星派或新工人事业派不是尾巴主义者,他们就会看见,正是 1 月 9 日事件证实了一些人的预言,这些人曾说过:"工人运动合法化归根到底只会使我们获得好处,而决不会使祖巴托夫之流获得好处"。(《怎么办?》)② 正是 1 月 9 日事件一次又一次地

---

① 见本版全集第 6 卷第 169—170 页。——编者注

② 同上书,第 109 页。——编者注

表明了这本书中所陈述的任务的全部重要性:"应当训练出一些既会锄今天的莠草"(即消除祖巴托夫主义今天的腐蚀作用),"**又会割明天的小麦的人**"(即以革命精神来领导靠合法化前进了一步的运动)。而新《火星报》的伊万努什卡们[133]却借口麦子丰收来贬低革命割禾手的坚强组织的意义!他们像崩得分子一样,喋喋不休地谈论"工人的主动性"这个词。

这个新《火星报》的社论作者继续说,"进攻革命后方",就是犯罪。这句话究竟是什么意思,真是天知道。至于这句话与新《火星报》总的机会主义面目有什么联系,我们可能在下一次再专门谈一谈。现在只是指出,这句话的真正政治意义只有一个,就是:社论作者对革命后方匍匐献媚,对"狭隘的"、"雅各宾式的"革命先锋队却嗤之以鼻。

新《火星报》愈是热衷于马尔丁诺夫精神,尾巴主义的策略和革命社会民主派的策略之间的全部对立性就愈是明显。我们在《前进报》第1号上已经指出,起义应当和一次自发运动结合起来。① 可见,我们丝毫也没有忘记"保障后方"的重要性,如果可以借用军事比喻的话。在第4号上,我们谈到彼得堡委员会委员的正确策略,他们在一开始就全力支持和发展自发运动中的革命成分,同时又对这个自发运动的落后的祖巴托夫式的后方持慎重的、不轻信的态度。② 现在我们在结束本文时,要对新火星派提出忠告——这个忠告我们还会多次向他们提出:请你们不要贬低革命先锋队的任务,不要忘记我们必须以我们**有组织的**主动性来支持这个先锋队。少说些发展工人主动性的空话(工人表现出无穷无

① 参看本卷第116页。——编者注
② 参看本卷第192页。——编者注

尽的、你们所看不见的革命主动性!），多注意一下，不要让自己的
尾巴主义腐蚀不开展的工人。

载于 1905 年 2 月 1 日(14 日)　　　　译自《列宁全集》俄文第 5 版
《前进报》第 6 号　　　　　　　　　　第 9 卷第 254—263 页

我们是否应当组织革命？

(1905 年 2 月 1 日和 8 日〔14 日和 21 日〕之间)

这是很久以前，一年多以前的事情。据不无名气的德国社会民主党人帕尔乌斯证明说，俄国党内发生了"原则分歧"。无产阶级政党首要的政治任务，是反对集中制的极端表现，反对从日内瓦这类地方向工人"发号施令"的思想，反对夸大鼓动家组织、领导者组织的思想。这就是孟什维克帕尔乌斯 1903 年 11 月 30 日在他的德文周报《世界政策问题小报》(《Aus der Weltpolitik》)[134] 上所陈述的深刻的、坚定不移的看法。

当时曾向善良的帕尔乌斯指出(见 1903 年 12 月列宁写给《火星报》编辑部的信)[①]，他成了谣言的牺牲品，他所看到的原则分歧其实是无谓争吵，新《火星报》开始显露出的思想转变是向机会主义的转变。帕尔乌斯一声不响了，但是他那夸大领导者组织的意义的"思想"，却被新火星派千音百调地唱来唱去。

过了 14 个月。孟什维克对党的工作的破坏和他们的说教的机会主义性质，已完全显露出来了。1905 年 1 月 9 日事件充分表明了无产阶级革命力量的巨大潜力和社会民主党人的组织的十分薄弱。帕尔乌斯觉醒过来了。他在《火星报》第 85 号上发表了一篇文章，这篇文章就其实质来说，标志着他从机会主义的新《火星

---

① 参看本版全集第 8 卷第 95 页。——编者注

报》的新思想彻底转向革命的旧《火星报》的思想。帕尔乌斯在谈到加邦时慨叹："有英雄，但是没有政治领导者，没有行动纲领，没有组织……""缺乏组织的可悲后果已经表现出来……""群众是分散的，大家各行其是，没有一个进行联系的中心，没有指导性的行动纲领……""由于缺乏进行联系和指导的组织，运动垮台了。"于是帕尔乌斯提出了一个口号（我们在《前进报》第 6 号上已经提到）——"**组织革命**"①。帕尔乌斯在革命教训的影响之下，深信"我们在当前政治条件之下无法组织这几十万人"（指准备起义的群众）。他正确地重复了《怎么办？》一书中早已提出的思想："但是我们可以建立一个能够成为联系的酵母，而在革命时刻能够把这几十万人团结在自己周围的组织。""必须组织工人小组，这种小组的明确的任务就是训练群众准备起义，在起义时把他们聚集在自己的周围，按照提出的口号发动起义。"

终于出现了！看到这些埋没在新《火星报》垃圾里的旧日的正确思想，我们不由得轻松地发出这样的感叹。一个无产阶级政党的工作者的革命本能，终于战胜了（哪怕是暂时地）工人事业派的机会主义。我们终于听到一个社会民主党人的声音，他不是向革命后方匍匐献媚，而是无所畏惧地指出支持革命先锋队的任务。

当然，新火星派是不会同意帕尔乌斯的。编辑部的附注说："帕尔乌斯同志所表述的思想，不是全部都得到《火星报》编辑部的同意的。"

可不是！这种思想给予他们一年半以来的全部机会主义空谈以"迎头痛击"，他们岂能"同意"这种思想！

---

① 见本卷第 236—245 页。——编者注

"组织革命！"可是，我们这里不是有个聪明的马尔丁诺夫同志吗，他知道革命是由社会关系变革引起的，革命是不能规定的。马尔丁诺夫会向帕尔乌斯说明他的错误并指出，即使帕尔乌斯指的是组织革命先锋队，那这也是一种"狭隘的"和有害的"雅各宾"思想。再有，要知道，我们的聪明的马尔丁诺夫正在牵着马尔托夫这个特略皮奇金[135]的鼻子走，马尔托夫能够进一步加深他老师的思想，他大概要以"**放任**革命"（见第85号，黑体是原作者用的）的口号来代替"组织革命"的口号。

是的，读者，《火星报》的社论向我们提出的正是这样的口号。显而易见，现在，只要"放任"自己的舌头，去完成一个自由的饶舌－过程或饶舌的过程，就可以写出指导性的文章来。机会主义者向来都需要这样的口号，仔细看来，其中除了动听的词句，除了颓废派的某种文字上的矫揉造作之外，没有任何东西。

帕尔乌斯一再强调组织，好像他突然变成了布尔什维克。他这个不幸的人不了解，组织是一种**过程**（《火星报》第85号，——以及新《火星报》以前的所有各号，特别是华丽的罗莎的华丽杂文）。他这个可怜的人不知道，根据辩证唯物主义的整个精神，不仅组织，而且连策略也是一种过程。而他却像一个"密谋家"一样，热衷于组织－计划。他又像一个"空想主义者"一样，幻想在什么第二次或第三次代表大会上，上帝保佑，一下子就组织起来。

请看，这位帕尔乌斯的话真是集"雅各宾主义"之大成。"按照提出的口号发动起义"，请想想看！这种说法比我们大名鼎鼎的马尔丁诺夫所驳斥的"规定"起义的思想还要糟糕得多。的确，帕尔乌斯应当向马尔丁诺夫学习。帕尔乌斯应当读一读《火星报》第62号，他可以从那一号的社论中了解到，在1902年和1904年，我们党内曾不合时宜地流行过的关于准备起义的"**空想**"是多么有害。帕尔乌斯应当读一读阿克雪里罗得给"一工人"的小册子写的序言，以便了解那种"严重有害的和对党有直接破坏性的病毒"（原文如此！），那些"把自己的一切希望寄托在人民群众中最落后、最不觉悟和根本不开化〈！！〉的分子的自发起义上面的"人，正带着这种病毒威胁着社会民主党。

帕尔乌斯认为目前不可能组织几十万人，他把"建立能够成为联系的酵母的组织"的任务提到首要地位。当诸如此类的东西出现在我们新火星派机关报的版面上的时候，他们怎么能够不辗转不安呢？要知道，所谓作为联系的酵母的组织，这就是职业革命家的组织，而只要一提这种组织，我们的新火星派马上就会晕倒。

我们十分感激《火星报》把它的社论和帕尔乌斯的文章登在一起。在旧《火星报》清晰的、明确的、直言不讳的、大胆的革命口号的衬托下，空泛混乱的尾巴主义的空谈显得多么突出！说什么"为了**永远不再**欺骗俄国和欧洲，信任的政策正在走下舞台"，这难道不是空洞浮夸的空谈吗？实际上任何一号欧洲资产阶级报纸都表明，这种欺骗还在继续并且正在奏效。"温和的俄国自由派已被置于死地。"如果把自由派"策略性的"隐蔽愿望看做是它的死亡，那是一种幼稚的政治上的天真。实际上，自由派是活着的，它活着并且生气勃勃。它现在正处于执政的前夕，它过去隐蔽起来，正是为了在适当的时机更稳妥可靠地伸手夺取政权，它正是为了这点才竭力向工人阶级送秋波。除非极度近视的人，才会认为这种调情（恰恰在当前时刻这是百倍危险的）是真的，才会吹嘘说："祖国的解放者无产阶级，全民族的先锋队无产阶级的**英雄作用**，现在已被自由主义民主派资产阶级的先进分子的舆论**所承认**"。新火星派先生们，你们总归要知道，自由派资产者承认无产阶级是英雄，**正是因为这个无产阶级**虽然在打击沙皇制度，但它本身的力量还不够大，社会民主主义觉悟还不够高，还不足以**争得它**所要得到的那种自由。你们要知道，我们不应当称赞自由派现在的这种奉承，而应当提醒无产阶级并向它说明这种奉承用意何在。你们看不到这种用意吗？那么你们看一看**工厂主、商人、交易所经纪人**关于立宪的必要性的**声明**吧！这些声明清楚地谈到温和自由派的死亡，不是这样吗？自由派饶舌家们喋喋不休地谈论无产者的英雄气概，而工厂主们却在郑重其事地要求残缺不全的宪法，最亲爱的"领导者们"，情况就是这样！①

　　然而，再妙也不过的是《火星报》关于武装问题的论断。"武装无产阶级的工作，系统地筹备组织以保证人民在各地同时起来进攻政府的工作"，被说成是"技术性的"（！？）任务。而我们当然站得高于被轻视的技术，我们看到事物的深处。"不论它们（"技术性的"任务）如何重要，我们训练群众准备起义的工作的**重心并不在这里……**" "如果地下组织不能以一种不可缺少的武器——**进攻专制制度和为此而进行自我武装的迫切需要**——来武装人民，那么它们的一切努力就没有任何作用。可见，我们应当努力**向群众宣传：为了达到起义的目的，要进行自我武装。**"（最后两处的黑

① 当我们从自由派营垒方面收到如下的耐人寻味的消息时，上面的几行字已经写完了。德国资产阶级民主派报纸《法兰克福报》（1905年2月17日）驻彼得堡的特派记者转引了**彼得堡自由派记者**对政治形势的如下评论："如果自由派错过了目前的时机，那是愚蠢的。现在，自由派掌握了全部王牌，因为**他们成功地把工人套在自己的车上了，**而政府方面却没有人，因为官僚制度对谁都压制。"新《火星报》在这个时候竟谈论自由派的死亡，这说明该报是多么纯朴天真啊，不是这样吗？

体是原作者用的)

的确,这真是对问题的一种深刻的提法,不像狭隘的、几乎达到"雅各宾主义"的帕尔乌斯那样提问题。重心不在于武装工作,也不在于系统地筹备组织,而在于用武装而且是自我武装的迫切需要来武装人民。看到这种企图把我们的运动拉向后退的庸人之见,真为社会民主党感到莫大的羞耻! 用自我武装的迫切需要来武装人民,这是社会民主党的经常的和一般的、在任何时候和任何地方都要完成的任务,这个任务同样适用于日本、英国、德国、意大利。凡是有被压迫的和为反对剥削而斗争的阶级的地方,社会党人的宣传总是一开始首先就用自我武装的迫切需要去武装这些阶级,而这种**"需要"**从**一有**工人运动时起就已存在了。社会民主党只是应当把这种迫切需要变为有意识的,使体验到这种需要的人重视组织和有计划行动的必要性,重视整个政治形势。《火星报》的编辑先生,请您观察一下任何一次德国工人集会,请您看一看,人们譬如说对警察的仇恨表现得多么强烈,讽刺话说得多么尖刻,拳头又握得多么紧。是什么力量抑制着这种要求立即制裁骑在人民头上的资产者和他们的走狗的迫切需要呢? 是组织和纪律的力量,是觉悟的力量,人们认识到个人谋杀是荒唐的,认识到严重的人民革命斗争的时刻尚未到来,进行这种斗争的政治形势还不具备。这就是为什么在这种条件下社会党人不向人民说,而且永远不会向人民说:你们武装起来吧,而始终必须(否则他便不是一个社会党人,而是一个空喊的饶舌家)用自我武装和进攻敌人的迫切需要去武装人民。俄国目前的条件和这些日常工作的条件恰恰不同。正是因为这样,在此以前从来没有说过:拿起武器! 而始终是用自我武装的迫切需要去武装工人的革命社会民主党人,所有的革命社会民主党人**现在**也跟在具有革命主动精神的工人之后,提出了口号:**拿起武器!** 正是在这样的时刻,当这个口号终于提出来的时候,《火星报》却说:重心不在于武装,而在于自我武装的迫切需要。难道这不是知识分子的死气沉沉的说教吗? 难道这不是不可救药的特略皮奇金精神吗? 难道这些人不是把党拉向后退,使党离开革命先锋队的迫切任务而去注视无产阶级的"后背"[136]吗?这种把我们的任务极度庸俗化的做法,并不取决于这个或那个特略皮奇金的个人品质,而取决于他们的整个立场,即用组织-过程或策略-过程的名言所绝妙无比地表述的那个立场。这种立场本身必然会使人们害怕一切明确的口号,回避一切"计划",在大胆的革命主动精神面前退缩,进行空洞的说教和重复陈腐的老调,害怕跑到前面去,虽然我们社会民主党人已经明显地落在无产阶级的革命积极性的后面。老实说,是僵死的东西抓住了活的东西,僵死的工人事业派理论也使新《火星报》不可救药地失去了生机。

　　现在来看一看《火星报》"关于作为民族解放者阶级的先锋队的社会民主党的政治领导作用"的论断。他们教训我们说:"我们就是把起义的技术组织工作和进行起义的工作完全抓到自己手里,也不可能起到这种作用,更不可能永久保持这种作用。"请想想看:即使我们把进行起义的工作完全抓到自己手里,也不可能起到先锋队的作用! 这些人竟然还在大谈先锋队! 他们**生怕**历史把民主革命中的领导作用加在他们身上,他们**忐忑不安地**想着最好不要让他们去"进行起义"。他们有一种想法(他们只是还不敢在《火星报》上直截了当地把这种想法说出来),认为社会民主党组织似乎**不应当**"进行起义",不应当力求把向民主共和制的革命过渡完全抓到自己手里。社会主义的这帮不可救药的吉伦特分子,他们仿佛觉得这是一种可怕的雅各宾主义。他们不懂得，我们愈是努力设法把进行起义的工作完全抓到自己手里，我们就愈能把这个事业的更大的部分抓到自己手里，而这一部分愈大，反无产阶级的或非无产阶级的民主派的影响就愈小。他们一定要做尾巴，他们甚至为自己杜撰了一套特殊的哲学，说应该做尾巴，——马尔丁诺夫已经开始阐述这一哲学，也许明天在《火星报》上将进行**全面透彻的**阐述。

让我们试着来一步一步地分析该报的论断：

"觉悟的无产阶级依据历史发展的自发过程的逻辑，为了自己的目的利用一切参加组织的分子，利用革命前夕的时机所造成的一切不满分子……"

好得很！然而所谓利用**一切**分子也就是**完全**掌握领导权。《火星报》自己打了自己一记耳光，它感觉到了这一点，于是急忙补充说：

"……所有这些分子将夺去它对革命本身的一部分技术性领导，这样他们就自觉不自觉地把我们的要求带到人民群众的最落后阶层中去，对此丝毫不要感到不安。"

读者，这话您懂得吗？利用**一切**分子，同时，**不要**因为他们将夺去一部分**领导**而感到**不安**！！？？ 别胡说八道了，先生们，如果真是**我们**利用一切分子，如果真是**我们的**要求被我们利用的人所采用，那么他们将不是**夺去**我们的领导，而是**接受**我们的领导。而如果**所有**这些分子真的要夺去我们的领导（当然，不只是"技术性的"领导，因为把革命的技术方面和政治方面分开是极其荒诞的），那就意味着，不是我们利用他们，而是他们利用我们。

"有个神父曾在群众中广泛宣传我们的政教分立的要求，君主派工人协会曾组织人民向冬宫进军，如果在他们之后会有一个首先率领人民群众去同沙皇军队进行最后战斗的将军，或者有一个首先宣布正式推翻沙皇政权的官员来充实俄国革命，那我们只会感到高兴。"

是的，对此我们也会感到高兴，但是我们希望对**可能发生的**快事的喜悦感情，不要模糊了我们的逻辑。会有一个神父或将军来充实**俄国革命**，这是什么意思？这是说，一个神父或将军将成为革命的拥护者或领袖。这些"新手"可能成为完全自觉的革命拥护者或者不完全自觉的革命拥护者。在后一种情况下（对新手来说，这种可能性最大），对他们的不自觉我们不应当感到高兴，而应当感到担忧，并**竭力加以纠正和弥补**。当我们还没有做到这一点的时候，当群众还跟着觉悟不高的领袖走的时候，应该说，不是社会民主党利用一切分子，而是一切分子利用它。一个革命的拥护者，一个昨天的神父或将军或官员，可能成为满怀偏见的资产阶级民主主义者，因而，只要工人**跟着他**走，资产阶级民主派就会"利用"工人。新火星派先生们，你们明白这一点吗？如果明白，那为什么你们**害怕**完全自觉的（即社会民主党的）革命拥护者掌握领导权呢？为什么你们害怕一个社会民主党人军官（我故意用类似你们所举的例子）和一个社会民主党组织的成员根据这个组织的倡议和委托把你们所设想的那位将军的职权和任务担负起来，"完全抓到自己手里"呢？

我们再来谈谈帕尔乌斯。他在他那篇出色的文章的末尾提出了一个出色的建议——"抛弃"瓦解组织分子。从我们在"党的生活"栏里刊登的消息[137]中可以看出，排除瓦解组织分子是俄国社会民主党多数派的最强烈、最坚决的口号。说得对，帕尔乌斯同志,应当毫不留情地"抛弃",并且先从那些过去和现在一直用组织-过程、组织-倾向的"理论"来称颂瓦解行为的社会民主党报刊的英雄们身上开始。不应当光这样说,而且要这样**做**。应当立即召开一切愿意把党组织起来的党的工作者的代表大会。应当不限于劝说和忠告,而是向一切动摇不定的人,一切不坚定的、没有信心和怀疑的人提出直接的和坚定的最后通牒:抉择吧! 我们从我们报纸的创刊号起,就以《前进报》编辑部的名义,以对瓦解组织分子义愤填膺的全体俄国国内党的工作者的名义,提出了这种最后通牒。同志们,请尽快抛弃他们,同心协力地抓起组织工作吧! 宁可要一百个接受组织-计划的革命的社会民主党人,也不要一千个空谈组织-过程的特略皮奇金式的知识分子!

载于 1905 年 2 月 8 日(21 日)   译自《列宁全集》俄文第 5 版
《前进报》第 7 号   第 9 卷第 264—273 页

关于起义的战斗协议

(1905 年 2 月 4 日〔17 日〕)

《革命俄国报》(第 58 号)说:"现在总该让战斗的团结精神贯穿到被骨肉相残的仇恨所伤害的革命社会主义派别的队伍中去,并使被罪恶地削弱了的社会主义团结一致的意识得到复活…… 要尽可能保存革命力量,通过协同一致的攻击来扩大革命力量的作用!"

我们曾经不止一次地反对社会革命党人中间这种空谈成风的现象,现在我们也还要反对。先生们,搬弄"骨肉相残的仇恨"等等吓人的字眼做什么用呢? 这是革命者应当说的话吗? 现在,真正的斗争正在进行,血正在流(关于这一点,《革命俄国报》也曾加以过分渲染),在这种时刻,"骨肉相残的仇恨"这种荒谬的言过其实的说法,显得特别虚伪。你们是说要保存力量吗? 但是保存力量要靠统一协调的、在原则上一致的组织,而不是靠不同类东西的黏合。这种徒劳的黏合不会保存力量,而会消耗力量。为了在事实上,而不是在口头上实现"战斗的团结",必须清楚、明确而又**切实地**了解,我们究竟**能够**在什么问题上团结和团结到什么程度。**否则**,说什么战斗的团结,都是空话,空话,空话,而要达到**这种**了解,必须通过你们用这些"可怕的"术语所谈论的那种论战、斗争和仇恨。如果我们不谈那些把俄国社会思想和俄国社会主义思想这两大部分分开的分歧，难道会更好吗？难道民粹主义这个模糊的、充满社会主义幻想的民主派资产阶级的意识形态和马克思主义这个无产阶级的意识形态之间的激烈的斗争，只是由"崇拜争执"引起的吗？得了吧，先生们，如果你们这样说，如果你们仍然把关于民粹主义和你们的"社会革命主义"具有资产阶级民主主义本质的马克思主义观点看做一种"侮辱"，你们就只能使自己成为笑料。就是在未来的俄国各革命委员会中，我们也不可避免地会发生争论、分歧、敌对，——但是必须向历史学习。在行动的时刻必须考虑如何使这不致成为突如其来的，成为任何人也不理解的、糊里糊涂的争论，必须作好准备，去进行原则上的争论，去了解每个派别的出发点，并预先指出可能的团结和不可避免的敌对。革命时代的历史所提供的许许多多例子说明，仓促达成的不成熟的"战斗团结"危害极大，因为这是把极不相同的分子黏合在革命人民的各委员会里，结果**只会引起相互摩擦和痛苦的绝望**。

我们愿意吸取这一历史教训。我们认为在你们看来是狭隘的教条的马克思主义，正是这一历史教训和指南的精华。我们认为革命无产阶级的**独立的**、毫不妥协的马克思主义政党，是社会主义胜利的唯一保证，是一条通向胜利的康庄大道。因此，我们在任何时候，包括最革命的时刻，都不会放弃社会民主党的完全独立性，不会放弃我们的意识形态的彻底的不妥协性。

你们以为这会**排斥**战斗的团结吗？你们想错了。从我们的第二次代表大会的决议中你们可以看到，我们不拒绝为了斗争和以斗争为基础达成协议。我们在《前进报》第4号上曾强调指出，俄国革命的开始无疑会使在实际上实现这些协议的时刻更加临近①。在专制制度土崩瓦解的时代里,革命的社会民主党和革命民主派分子共同进行斗争是必然的,而且是必要的。我们认为,如果丢开尖刻的责骂的词句,清醒冷静地估量一下可能达成未来的战斗协议的条件,以及协议的"权限"(如果可以这样说的话)的可能范围,那我们将会更好地致力于未来的战斗协议的事业。我们在《前进报》第3号上就开始了这一工作,当时我们着手研究了"社会革命党"从民粹主义向马克思主义的进步②。

《革命俄国报》关于1月9日事件写道:"群众自己拿起了武器。""毫无疑问,武装群众的问题迟早是会解决的。""到那时,我们按照我们党的策略的整个精神用言语和行动〈我们顺便指出,我们很想给最后一个词打上个问号,然后再继续引证〉争取的那种恐怖主义和群众运动的结合,将会最明显地表现出来并得到实现。""不久以前,我们亲眼看见运动的这两个因素还处于分离状态并且由于这种分离状态而丧失了应有的力量。"

这倒真是实话实说! 事情正是这样。知识分子的恐怖手段和群众性的工人运动**曾经处于分离状态并且由于这种分离状态而丧失了应有的力量**。革命的社会民主党经常说的正是这一点。正是因为这样,它一向不仅反对恐怖手段,而且也反对我们党的知识分子翼的代表们不止一次表现出来的向恐怖手段方面的动摇。③ 正是因为这样,旧《火星报》才驳斥恐怖手段,它在第48号上写道:"**旧式的恐怖斗争曾是一种最冒险的革命斗争形式**,而从事这一斗

----

① 参看本卷第186—187页。——编者注
② 见本卷第175—181页。——编者注
③ 克里切夫斯基在《工人事业》杂志第10期上发表的文章。马尔托夫和查苏利奇对勒克尔特的行刺行为的态度。**138** 所有新火星派分子在普列韦被杀事件的传单上的言论。**139**

争的人往往享有坚强不屈和勇于自我牺牲的活动家的声誉……　而现在，当示威转为对政权的公开反抗时……　我们的旧的恐怖主义就不再是唯一英勇的斗争方式了……　现在英雄主义表现在广场上；当代的真正英雄，就是那些领导起来反对自己的压迫者的人民群众的革命家……　法国大革命的恐怖主义……是在1789年7月14日攻下巴士底狱时开始的。它的力量曾是人民的革命运动的力量……　**这种恐怖主义不是出于对群众运动力量的绝望**，相反地，**是出于对它的力量的坚定不移的信念**……　**这种恐怖主义的历史对俄国革命家颇有教益。**"①

真是千真万确！**这种恐怖主义的历史是颇有教益的。**上面摘录的一年半以前的《火星报》的引文同样是有教益的。这段引文向我们充分表明社会革命党人在革命的教训的影响下也想要得出的那些思想。这段引文提醒我们**相信**群众运动的意义，提醒我们注意，只有坚持原则才能产生革命坚持性，有了这种坚持性就可以摆脱由于这个运动的长期的**表面的**停滞而造成的"绝望"情绪。现在，在1月9日事件之后，骤然一看，似乎在群众运动中根本谈不上什么"绝望"情绪，但是这只是骤然一看而已。应当分清，什么是对群众明显表现出来的英雄主义的一时的"迷恋"，什么是由于把阶级斗争的原则放在首位而把党的全部活动和群众运动密切联系起来的坚定不移的、深思熟虑的信念。应当记住，不论革命运动在1月9日之后现已达到怎样高的程度，这个运动总还要经过不少阶段，然后我们各社会主义政党和民主主义政党才会在自由俄国

① 《火星报》上的这篇文章是普列汉诺夫写的，当时编辑该报（第46—51号）的是列宁和普列汉诺夫。普列汉诺夫当时还没有设想出有名的向机会主义让步的新方针。

的新的基地上复兴。所以,在所有这些阶段,在经历斗争的一切波折时,我们都应该保持社会民主党与无产阶级阶级斗争的不可动摇的联系,并时时注意巩固和加强这种联系。

因此,我们认为,《革命俄国报》的如下论断显然是一种夸大:"武装斗争的先锋队已淹没在激愤的群众的队伍中……" 这与其说是已经实现的现在,不如说是希望达到的未来。2月17日(4日)谢尔盖在莫斯科被暗杀(今天的电讯恰好报道了这件事),这显然是一种旧式的恐怖行为**140**。武装斗争的先锋队**还没有**淹没在激愤的群众的队伍中。正当群众(在彼得堡)没有先锋队,没有武器,没有革命的指挥官和革命的参谋部,就像这个《革命俄国报》所说的,"怒气冲冲地扑向锋利的刺刀"的时候,先锋队却带着炸弹在莫斯科暗中守候谢尔盖。上面所说的分离状态现在**还存在**,现在所有的人都愈来愈清楚,"群众已提高到只身英雄的水平,群众中已产生出群众的英雄主义"(《革命俄国报》第58号),这时,知识分子的个人恐怖行动就更加显得不符合要求。先锋队应该**在实际上**淹没在群众中,即把自己的自我牺牲的劲头用到与起义群众的不可分离的实际联系上去,不是形象化地、象征性地同群众一起前进,而是真正地同群众一起前进。这是必要的,现在未必有人会怀疑这点。这是可能的,1月9日事件和工人群众一直存在的深刻的潜在的不满情绪证明了这一点。这是一个新的、崇高的、比以前更加困难的任务,但这并不会而且也不应当阻碍我们立即实际着手解决这一任务。

社会民主党同革命的民主主义政党,同社会革命党的战斗的团结,可能成为促进这一任务解决的手段之一。武装斗争的先锋队愈是迅速地"淹没"在起义群众的队伍中,社会革命党人愈是坚决地沿着他们自己用下面的话所拟定的道路前进，这种团结实现的可能性就愈大。社会革命党人曾说过："让革命的恐怖主义和群众运动的这种初步的结合日益发展和巩固，让群众尽快地用恐怖主义斗争手段全副武装起来吧！"为了尽快地实现这种战斗的团结的尝试，我们乐意把我们收到的格奥尔吉·加邦的下面一封信发表出来：

"给俄国各社会主义政党的公开信。

彼得堡和俄国其他地方一月的流血日子，使被压迫的工人阶级和以嗜血成性的沙皇为首的专制制度正面相遇。伟大的俄国革命开始了。一切真正珍惜人民自由的人，必须决一死战。由于认识到当前历史时刻的重要性，在目前的局势下，我首先作为一个革命者和行动者，号召俄国的一切社会主义政党立即相互达成协议并着手进行武装起义来反对沙皇制度。每个政党的力量都必须全部动员起来。大家必须有一个共同的战斗技术计划。炸弹和炸药，个人的和群众的恐怖行为，一切有助于人民起义的东西。当前的目标是推翻专制制度，成立临时革命政府，由该政府立即宣布对一切争取政治自由和宗教自由的战士实行大赦，立即武装人民并立即在普遍、平等、无记名投票和直接的选举制的基础上召开立宪会议。同志们，干起来吧！前进，投入战斗！让我们再一次高呼1月9日彼得堡工人们的口号——不自由毋宁死！现在，任何的拖延和争吵都是对人民的犯罪行为，而你们是捍卫人民的利益的。我将贡献出自己的全部力量去为人民服务，因为我自己就来自人民（农民的儿子），我将坚决地把自己的命运同反对工人阶级的压迫者和剥削者的斗争联系起来，因此，我自然会诚心诚意地跟那些要干一番真正事业，要把无产阶级和一切劳动群众从资本主义压迫和政治奴役下真正解放出来的人站在一起。

格奥尔吉·加邦"

关于这封信，从我们这方面来说，我们认为有必要尽可能坦率而明确地表示一下意见。我们认为这封信所提出的"协议"是可行的，有益的，而且是必要的。我们对格·加邦能谈到"协议"表示欢迎,因为只有保持每个政党的原则上和组织上的完全独立,它们的战斗团结的尝试才不致无望。我们必须十分慎重地进行这种尝试,不要让不同类东西的毫无意义的结合损害事业。我们不可避免地要分进(getrennt marschieren),但是我们可以不止一次地合击(vereint schlagen),而且现在就可以这样做。从我们的观点来看,最好这种协议不仅包括各社会主义政党,而且还包括各**革命**政党,因为当前的斗争目标,并不包含任何社会主义的东西,我们不应当而且任何时候也不允许把当前的民主主义目标同我们的社会主义革命的最终目标混淆起来。为了达成协议,最好是放弃,而且从我们的观点来看也**必须**放弃关于"**个人的**和群众的恐怖行为"的一般号召,而直截了当地、明确地提出恐怖手段和群众起义的直接的、真正的、事实上的**结合**作为联合行动的任务。不错,加邦又补充说:"一切有助于人民起义的东西",这清楚地表明,他希望使个人的恐怖行为也服从于这个目标,但是这种希望,在说明《革命俄国报》第58号上我们所指出的那种思想时,应该表达得更明确,并且体现在毫不含糊的实际决议中。最后,我们要指出,不管所提出的协议可能达成的条件如何,我们觉得格·加邦的超党派立场是一种不好的现象。加邦这么迅速地从信任沙皇并向他呈递请愿书转向革命目标,自然不可能一下子就具备鲜明的革命世界观。这是不可避免的,而且革命发展得愈迅速愈广泛,这种现象就出现得愈频繁。而各政党、各派别相互间采取十分明朗和明确的态度,这是它们之间能够稍微成功地达成暂时协议的绝对必要条件。明朗和明确是每一个实际步骤都需要的,有了这一点,才能在当前的**实际**工作中态度明确和毫不动摇。俄国革命的开始想必会使许多人登上政治舞台,而且还可能使这样一些派别登上政治舞台,这些派别将坚持认为，"革命"这一口号对"行动者"来说已足以说明他们的目的和他们的活动手段。没有什么比这种意见更荒谬的了。看起来似乎是更高超或更适宜或更"巧妙的"超党派立场，实际上不过是一种**更含混**、更模糊而且在实际活动中必然包含着不彻底性和动摇的立场。为了革命，我们的理想决不应当是使一切政党、一切派别汇合成一个革命的混合物。相反地，革命运动的发展和扩大，它日益深入到人民的各个阶级和各个阶层，必然会使许多新的派别产生出来（产生出来倒很好）。只有它们在相互关系方面以及在对革命无产阶级的立场方面抱有十分明朗和明确的态度，才能保证革命运动取得最大成就。只有相互关系十分明朗，才能保证为达到当前共同目标而达成的协议收到成效。

我们认为，格·加邦的信中十分正确地**规定了**这一当前目标：(1)推翻专制制度，(2)成立临时革命政府，(3)立即宣布对争取政治自由和宗教自由（当然还包括争取罢工自由等等）的战士实行大赦，(4)立即武装人民，(5)立即在普遍、平等、直接和无记名投票的选举制的基础上召开全俄立宪会议。关于在选举中革命政府应立即实现全体公民的完全平等和完全的政治自由，不用说，加邦是有所暗示的，但是这一点也可以直截了当地指明。此外，最好把在各地建立革命农民委员会以支持民主革命和实现这一革命的具体措施一项，也包括在临时政府的纲领中。革命的成就在很大很大程度上取决于农民的革命主动性，类似我们上面提出的口号，各个社会主义政党和革命民主主义政党可能会同意的。

我希望格·加邦这个深刻体验和感受到一个政治上不觉悟的人的观点向革命观点的转变的人，能够取得一个政治活动家所必备的明确的革命世界观。我们希望他的关于起义的战斗协议的号

召最后能够成功,希望革命的无产阶级能和革命民主派并肩前进

去打击专制制度,并以最小的代价更迅速更有把握地把它推翻。

载于1905年2月8日(21日)　　　　译自《列宁全集》俄文第5版

《前进报》第7号　　　　　　　　　第9卷第274—282页

关于召开党的第三次代表大会[141]

编 者 按 语

(1905 年 2 月 15 日〔28 日〕)

《前进报》编辑部对国内常务局的倡议不能不表示热烈的赞同。现在终于采取有力措施按照**党**的原则来摆脱国外波拿巴分子所造成的局面了！在"党的生活"栏里我们刊登了各地委员会迅速响应常务局号召的消息。[142]希望**所有一切**团体和组织，以及把自己算做俄国社会民主工党党员，或者只是因观点相近和同情而靠近党的个人，都学习它们的榜样。第三次代表大会是**第一次**在这样的条件下召开的：事先大家都知道了它的成员（根据党章）、工作进程和参加大会（不管是什么人）的权利。希望每个同志都广泛地利用这些条件！希望大家不要忘记，我们的党章保障每个人都可以向代表大会陈述自己的意见。（党章第 10 条："每个党员和**每个与党有联系的人**，都有权要求将他的声明原封不动地交给中央委员会、中央机关报编辑部**或党代表大会**。"）希望大家**立刻**利用这个机会。《前进报》编辑部负责把这些声明交给现在已被确定为代表大会组织委员会的国内常务局。参加代表大会并享有表决权的，只有各委员会的代表和其他符合党章规定条件的享有全权的党组织的代表。而参加大会只享有**发言**权的是：经本代表大会批准的任何人以及经组织委员会批准的不能享有全权的党组织的代表。

（党章第 3 条附注 2："中央委员会可以邀请不符合附注 1 所规定的条件的组织"，即在代表大会召开前一年未被确认为享有全权的那些组织"派遣有发言权的代表出席代表大会"。不言而喻，组织委员会既然受多数委员会的委托，不顾波拿巴分子的中央委员会和总委员会的意志而召开代表大会，它也就接收了中央委员会在召集代表大会方面的一切权利。）

《前进报》编辑部向代表大会提出的大致的**议事日程**如下：1. 代表大会的组成（议事规程、组织委员会的报告、代表资格审查）。2. 代表们的报告。3. 党内危机①。4. 组织问题。5. 对起义的态度。6. 同革命民主派达成起义的协议。7. 对自由派的态度。8. 农民中的工作和对革命农民运动的支持。9. 军队中的工作。10. 改进宣传鼓动工作。11. 选举负责人员。

为了使代表大会开得成功，十分需要全体党员积极参加制定和准备关于上述问题和其他重大问题的报告和决议的工作（以及收集报告的材料）。我们请求所有维护党的原则的人**立即**着手进行这一工作。**凡是**曾经这样或那样参与党内危机变故的人，都可以对代表大会有所帮助，他可以简短地谈谈自己的经验，提出自己对寻求出路的方法的意见。**每一个**在任何党组织或靠近党的组织里工作的**人**，都可以根据个人的经验，提出极有益的材料，供解决组织问题的各个方面之用。（谈的内容大致有以下几点：工作的时间和地点；组织成员的数目，工人和知识分子的数目；他们之间的

---

① 倍倍尔写信给列宁，表示自己愿意充当《火星报》拥护者和《前进报》拥护者的仲裁人。**143**列宁回答说，无论他，无论他所知道的任何一个《前进报》的拥护者，都无权用自己的行动来约束全党，因此倍倍尔的建议应当提交国内常务局召开的党的代表大会审查。我们认为，代表大会可能将这一建议列入"党内危机"一项。

关系；是否需要成文的章程，需要什么样的；对于自治的范围、分工、加入党和靠近党的团体、成员的增补和开除等是否需要作出规定，需要作出什么样的规定；选举原则；委员会同宣传员、鼓动员和组织员小组，区小组和工厂小组，写作委员会和技术委员会的关系等等。）

《前进报》编辑部已经收到一些关于在农民和士兵中工作的材料。我们得知，有一个团体正在系统地归纳它的成员在宣传、鼓动和组织工作中的经验，并将向代表大会提出报告。有一位同志也答应作报告，他在某大城市发生反犹大暴行时，曾参加组织**数百名**工人武装反抗的工作。还有一位研究军事的同志，答应作报告谈谈巷战问题。最为重要的是，让尽可能多的同志**立即**着手进行这类工作。

党内危机问题已经在书报刊物中谈得非常详细了。关于这个问题的讨论不能也不应当占很多时间。代表大会的中心工作，应当是我国革命运动巨大的新高潮所提出的关于组织和策略方面的**新问题**。**全体**社会民主党人（即使他们多少参加了一点运动）的集体经验，对于解决这些问题有着不可估量的重要意义。但必须尽快地收集这种经验，以便提供给代表大会讨论。

同志们，行动起来吧！希望一切珍视社会民主主义工人运动的人都立即给予代表大会积极的帮助。这样，党就会迅速地摆脱暂时屈辱和软弱的境地，走上积极参加伟大的俄国革命的道路，走上战胜俄国人民的万恶敌人的道路！

载于1905年2月15日（28日）　　　　译自《列宁全集》俄文第5版
《前进报》第8号　　　　　　　　　　第9卷第283—286页

新火星派阵营内部情况

(1905 年 2 月 15 日〔28 日〕)

普列汉诺夫在《火星报》第 87 号的社论中,温和谦逊地向马尔托夫频频点头,成功地运用了用温和的手段杀死(kill with kind-ness)的策略。普列汉诺夫虽然奉承第 85 号社论的作者,**但实际上却完全是在反驳他**,而且他所运用的观点正是《前进报》一向坚持的观点。祝你成功!不过,最可敬的辩证论者,您还应当想到您同马尔丁诺夫的血缘关系。同他谈谈对你们来说是可怕的和致命的前景吧,如果你们**"作好胜利的准备"**(第 87 号上的口号),并获得胜利,这种前景就会成为现实!同他谈谈"夺取政权"、"参加临时政府"和"革命专政"的严重危险吧。可怜的普列汉诺夫,他要从整个(?)编辑部所推崇的托洛茨基、马尔丁诺夫、"一工人"和阿克雪里罗得等人的小册子积成的废物堆里爬出来,也还需要很长的时间!在《火星报》第 86 号的附刊上,**波波夫承认,他就是列宁在《声明》中公布的那封信的作者**①。需要证明的正是这一点!少数派先生们一贯欺骗党的行为已被证实。正如我们事先所说的,这些先生们力图把读者的注意力转移到列宁是否有权没收揭露波拿巴分子的信的问题上,好让自己脱身。以在道德方面敏感著称的马尔托夫和波波

---

① 参看本卷第 104 页。——编者注

夫,大叫盗窃行为,大叫密探活动等等。骂吧,先生们,使劲骂吧:讲不出道理来,你们就只好骂街了。

载于1905年2月15日(28日)
《前进报》第8号

译自《列宁全集》俄文第5版
第9卷第287页

致俄国国内各组织

1905 年 2 月 28 日

亲爱的同志们：刚刚获悉，圣彼得堡、图拉、莫斯科、北方、下诺夫哥罗德、高加索、敖德萨等地都同代表大会站在一起了。当然，其他地方也会是这样。据说，中央委员会已声明它拥护代表大会。自然，现在谁也不会相信它了；大家说，就让它参加代表大会好了，反正大家都被邀请了；但是召集代表大会的是常务局，而且只能是常务局。至于为什么中央委员会一点信誉也没有（曾有极个别的几票赞同它，但马上又收回了），这已没有必要再说了。大家都明白，中央委员会只会进行欺骗和玩弄外交手腕。

异常重要的是，要立即着手筹备代表大会，并且要用尽一切办法吸收区小组、宣传小组、工厂小组，总之，吸收一切小组，尤其是工人小组来参加这一工作。在《前进报》第 8 号（今天出版）上我们也谈到了这一点①。工人参加代表大会将是十分有益的。（我们认为，列席的尺度应当尽量放宽。只是钱成问题。请广为宣传吧：我们相信，一定会有一些工人能为每个代表筹集 150—200 卢布，在知识分子中间也一定不乏乐于捐助的人。）代表大会要讨论的问题是很重要的：组织、同外层组织的关系、起义、武装工人（建立代那买特炸药工场）、同社会革命党人达成起义的协议、支援革命的

----

① 见本卷第 265—267 页。——编者注

农民运动以及其他许多问题。关于军队工作、农民工作的报告是极其重要的。请你们为了召开代表大会,尽可能广泛地利用同军官、大学生等等的联系。在代表大会上将要用列宁的党章第1条代替马尔托夫的党章第1条,同时扩大各级**党**组织和**靠近**党的组织的权利。将会有很多革命民主派分子到这里来。希望每一个人都更积极地来筹备代表大会。

致热烈的问候!

列 宁

彼得堡已经开始给我们寄送各区召开的工人会议的记录。这是个值得效法的榜样。我们热切地请求工人们自己经常给《前进报》写稿。

载于1926年《列宁文集》俄文版
第5卷

译自《列宁全集》俄文第5版
第9卷第288—289页

调　查　表[144]

供党的第三次代表大会用

(1905 年 2 月 20 日〔3 月 5 日〕以前)

　　鉴于要召开党的第三次代表大会,有些做实际工作的同志要求我们发表下面的声明。在代表大会即将讨论组织问题的时候,最好能注意到并特别仔细地讨论一下尽可能多的在俄国国内工作过的同志的建议和意见。因此,希望**凡是**在国内工作过的人都能对下列问题表示态度和作出回答。《前进报》编辑部将把它们收集在一起转交代表大会,这样,每个代表就都可以利用多数同志的集体经验了。现将修改党章和拟定代表大会的决议时需要弄清的一些极为重要的问题大致列举如下。(1)工作的地点、时间和年限?(2)是否做过委员会的委员或委员会的某一机构的成员? 什么机构? 工厂小组等等? (3)填表人所知道的每个委员会的委员或委员会的各部门、组织员小组等等的成员有多少? 各有工人和知识分子多少? (4)从外层组织增补委员会的惯例如何? 可否指明在外层组织工作的平均期限? 有没有因增补等等而不满的例子? 在一切回答中,必须严格划分第二次代表大会前后两个时期。特别希望详细说明第二次代表大会**前**的时期。(5)填表人工作所在地**总共**有多少党组织、团体、小组等等? 列举每个团体和它的成员数目,它的职能等等。(6)有没有不属于党但靠近党的团体(组织、小组等等)？(7)外层组织(以及所有不同形式的外层小组)同委员会如何联络？工作人员对这些联络方式是否满意？(8)您认为实施选举原则是否可能，是否合乎需要？如果不，为什么？如果是，那如何实施？最好能确切指明，哪些小组应当享有选举权。(9)您认为把委员会(团体、小组、组织等等)分成知识分子的和工人的这样两种委员会有没有好处？如果没有，为什么？如果有，请指明分法。(10)委员会是否选出了中心指导小组？如果选了，是怎样选出的？多久对它进行一次检查？您对成立这种小组满意吗？(11)您认为地方组织制定成文的章程有好处吗？可能吗？(12)您认为将有关地方组织(委员会等等)的某些准则写入党章有好处吗？如果有，请指出是哪些准则。(13)您认为在党章中规定中央委员会有任免各委员会和其他组织的委员的明确权利合适吗？中央委员会的明确权利应当是哪些？(14)要不要用特别的准则来保护地方委员会的自治权？用哪些准则？(15)您所在的那个委员会或团体、小组等等多久召集一次会议？如果可能，请确切地列举您工作期间所开过的一切会议。如果不可能，可说明大致情况。经常开会有没有什么不便？根据您的经验，一个月平均有可能和需要召开几次会议，会议的成员有多少？

载于1926年《列宁文集》俄文版第5卷

译自《列宁全集》俄文第5版第9卷第290—291页

在布尔什维克日内瓦俱乐部
三次发言的记录[145]

1905 年 3 月 5 日记录

一

列宁：建议把组里工作的全部结果公布出来，首先让斯捷潘诺夫提出自己的书面报告，并把记录也提交出来。这些记录的综合报告要交给代表大会，它们对代表大会的工作能够给予很多实际的启示。遗憾的是，斯捷潘诺夫的报告过于抽象。为了根据报告作出确切的结论并形成决议，这些报告应该更具体些。为此，我建议编制一份调查表，在国外和国内的同志中进行调查，并要求他们对所提出的问题给以明确的回答（是，不是，有多少）。他们的工作情况要如实地反映出来，例如，曾在哪个城市工作，会议上解决了哪些问题，等等。概括性的结论虽然也能说明某些问题，但是，我再重复一遍，不能根据它们作出确切的结论。所以，我建议由一个小组来编制这样一个调查表，然后把它寄给国外的和国内的同志，让他们简单扼要地回答所有的问题。如果我们有了这样的原始材料（如果有 100—200 个同志作出回答），那么代表大会就能用它来作出确切的结论。

我再重复一遍我的建议:第一,将所有记录的综合报告连同记录本身一并提交代表大会;第二,着手编制调查表。现在就必须着手进行这些工作,不要拖延。我甚至建议放下组里的一切工作,着手整理所有的记录,并根据记录写出提交代表大会的报告。

二

列宁:目前,在关于召开第三次代表大会的通知已经发出的情况下,各组的工作已具有另外一种性质。它们已经工作了两个月,但所做的事情仍然很少:记录不全,没有报告;对此必须抓紧,以便使这些材料不致白白丢掉,而能起到实际的作用,也就是说,应当把它们全部提交代表大会。为了尽快地把记录提交出来,我建议让整个小组都来协助秘书们工作。我再说一遍,如果小组完不成这项工作,它的全部材料就可能都留在这个小组之内,然而这些材料对于制定组织计划是会有帮助的。我还建议,立即着手编制调查表。所有这些工作都应当抓紧,事不待人,代表大会可能很快就要召开。最好委托专门的委员会来编制调查表。

三

列宁:我丝毫不反对奥丽珈同志的建议。至于谈到我的经验,鉴于各种事件和工作条件在目前变化得如此迅速,我认为我并不具备这样的经验。我是编制过一份调查表,但它过于笼统。我建议挑选富有经验的同志参加调查表编制委员会,并尽可能加速这一工作。

载于 1934 年《列宁文集》俄文版
第 26 卷

译自《列宁全集》俄文第 5 版
第 9 卷第 292—293 页

新的任务和新的力量[146]

（1905年2月23日〔3月8日〕）

俄国群众性工人运动随着社会民主党的发展而发展起来,运动发展的特点表现为三个引人注目的过渡。第一是从狭隘的宣传小组过渡到在群众中进行广泛的经济鼓动;第二是过渡到大规模的政治鼓动和公开的街头游行示威;第三是过渡到真正的国内战争,过渡到直接的革命斗争,过渡到人民的武装起义。其中每个过渡都是由以下两方面准备起来的:一方面是社会主义思想主要按着一个方向所进行的工作,另一方面是工人阶级的生活条件和整个心理状态上发生了深刻的变化,工人阶级愈来愈多的阶层被唤起进行更自觉、更积极的斗争。这些变化有时是无声无息的,无产阶级聚集力量是在暗中悄悄进行的,因而常常使知识分子对群众运动的持久性和生命力感到失望。后来,转变关头一到,整个革命运动好像一下子就上升到一个新的高级阶段。在无产阶级和它的先进部队社会民主党面前,从**实际上**提出了新的任务,为了解决这些新的任务,转变前夕谁也没有料想到的新的力量,好像是从地底下生长了出来。但是,所有这些并不是一下子发生的,这里并不是没有动摇,社会民主党内各派别之间并不是没有斗争,也并不是没有人要倒退,回到陈腐的、看来早已过时的和被埋葬了的观点上去。

　　俄国社会民主党现在正经历这样一个动摇时期。曾经有过一个时期，当时是冲破机会主义理论向政治鼓动过渡的，当时曾有人担心力量不足以应付新的任务，并过分频繁地重复"阶级的"一词或用尾巴主义的观点解释党同阶级的关系，以此来为社会民主党落后于无产阶级的要求的现象辩护。运动的进程清除了所有这些目光短浅的忧虑和落后的观点。现在，反对腐朽集团和派别的斗争，又伴随着新的高潮到来，虽然这一斗争的形式略有改变。工人事业派在新火星派身上复活了。要使我们的策略和组织适应新的任务，必须克服"高级形式的示威"（地方自治运动计划），或"组织-过程"等机会主义理论的反抗，必须反对那种害怕"规定"起义，或害怕无产阶级和农民的革命民主专政的反动心理。现在有人又在过分频繁地（而且常常是非常愚蠢地）重复"阶级的"一词和降低党对阶级应负的任务，以此来为社会民主党落后于无产阶级的迫切需求的现象辩护。有人又在滥用"工人的主动性"的口号，崇拜低级形式的主动性，而忽视高级形式的真正社会民主主义的主动性，忽视无产阶级本身的真正革命的首创精神。

　　毫无疑问，运动的进程这一次也将清除所有这些陈腐的和没有生气的观点的残余。但是，这种清除决不应只限于驳斥旧的错误，而更多的是要进行建设性的革命工作，从实际上实现新的任务，把现在涌上革命舞台的大批新的力量吸引到我们党方面来，让我们党利用这些力量。正是这些建设性的革命工作的问题，应当成为即将召开的第三次代表大会的主要议题，现在我们党的全体党员在地方工作和总的工作中，正是应当将自己的全部思想集中到这些问题上。什么是摆在我们面前的新的任务，我们大体上已说过不止一次了，这就是：把鼓动扩展到城乡贫民更多的阶层中去，

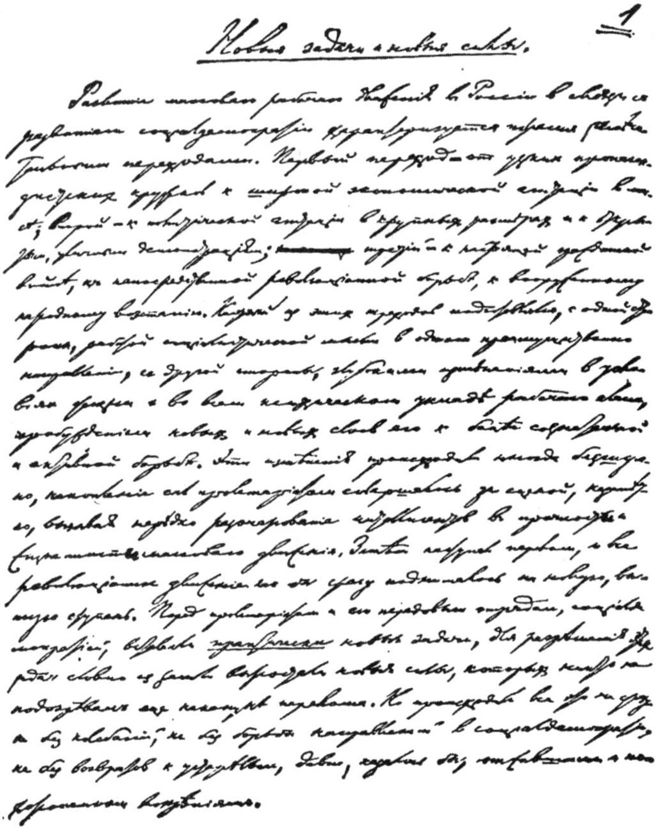
Новые задачи и новые силы.

1905年列宁《新的任务和新的力量》一文手稿第1页

（按原稿缩小）

1933 年 7 月 5 日中国共产党苏区中央局《斗争》报第 17 期
所载列宁《新的任务和新的力量》一文的中译文

创立更广泛的、更灵活的和更牢固的组织,准备起义和武装人民,为了达到这些目的而与革命民主派达成协议。什么是实现这些任务的新的力量呢? 最能说明这一点的就是关于全俄到处发生总罢工的消息,以及关于青年、整个民主派知识分子甚至许多资产阶级人士罢业和革命情绪激昂的消息。存在着这些巨大的新生力量,同时又坚信现在俄国这种空前未有的革命震动所波及的也还只是工人阶级和农民中储存的全部大量易燃物的一小部分,所有这些就是新的任务可以解决而且一定会解决的充分的和绝对的保证。摆在我们面前的实际问题,首先就是**究竟怎样**来利用、指导、联合和组织这些新的力量,**究竟怎样**把社会民主党的工作主要集中到当前时局所提出的新的更高的任务上,同时又决不忘记那些旧有的和日常的任务,这些任务正摆在我们面前,而且只要资本主义剥削的世界还存在,这些任务就始终会摆在我们面前。

为了指出一些解决这个实际问题的办法,先来谈谈一个个别的、但在我们看来却是非常典型的例子。不久以前,就在革命开始的前夕,自由派资产阶级的《解放》杂志(第63期)谈到了社会民主党的组织工作问题。《解放》杂志密切注视着社会民主党内两派间的斗争,不失时机地一次又一次地利用新《火星报》向"经济主义"的转变,并着重指出(在谈到"一工人"的蛊惑性的小册子时)它对"经济主义"的深刻的原则上的同情。自由派的机关报正确地指出,从这本小册子中(见《前进报》第2号关于这本小册子的评论①)必然得出否定或缩小革命社会民主党的作用的结论。而《解放》杂志在谈到"一工人"所说的在正统马克思主义者胜利后经济

① 见本卷第143—149页。——编者注

斗争已被忽视这种完全错误的论断时说道：

　　"现在的俄国社会民主党有一种错觉，它害怕文化工作，害怕合法道路，害怕'经济主义'，害怕工人运动的所谓非政治形式；而不懂得，只有文化工作，合法的和非政治的形式，才能为那堪称革命运动的工人阶级的运动建立十分巩固和十分广泛的基础。"于是《解放》杂志就劝告解放派分子"要带头创立工会运动"，不是反对社会民主党，而是与它一道进行活动，并且把这同实行反社会党人非常法时期的德国工人运动的情况相对比。

　　这里不是谈论这个极端错误的对比的地方。首先必须重新说明社会民主党对工人运动合法形式的态度的真相。1902年出版的《怎么办？》一书中这样写道："在俄国，非社会主义的和非政治的工人团体的合法化已经开始了。""我们今后也不能不考虑这个潮流。"怎样考虑呢？该书提出这个问题，并指出不仅必须揭穿祖巴托夫学说，而且要揭穿一切谈论"阶级合作"问题的动听的自由主义言词（《解放》杂志在请求社会民主党合作时，完全承认第一个任务，而对第二个任务则默不作声）。该书继续说："这样做，并不是忘记工人运动合法化归根到底只会使我们获得好处，而决不会使祖巴托夫之流获得好处。"我们在合法会议上揭露祖巴托夫派和自由派时，是把莠草和小麦分开的。"而所谓小麦，就是吸引更广泛的和最落后的工人阶层来注意社会问题和政治问题，就是使我们革命家摆脱那些实际上是合法性的工作（如散发合法书籍，组织互助会等等），这些工作的发展必然会供给我们愈来愈多的鼓动材料。"①

　　从这里可以明显地看出，在所谓**"害怕"**运动的合法形式问题

---

　　①　见本版全集第6卷第109—110页。——编者注

上，成为"**错觉**"的牺牲品的完全是《解放》杂志。革命的社会民主党人不仅不害怕这些形式，而且直接指出在这些形式中既有**莠草**又有**小麦**。可见，《解放》杂志只是用自己的议论来掩盖自由派的真实的(有根据的)**害怕心理**，自由派唯恐革命社会民主党会揭穿**自由主义的阶级实质**。

但是，从当前的任务的角度看来，我们特别关心的是关于解除革命者的一部分工作的问题。正是在当前革命开始的局势下，这个问题具有特别迫切和特别广泛的意义。《怎么办?》一书写道："我们愈是积极进行革命斗争，政府也就愈会被迫承认一部分工会工作为合法工作，这样就能解除我们的一部分负担。"①但是，积极的革命斗争解脱"我们的一部分负担"，不仅可以通过这一条道路，而且还可以通过其他许多道路。当前的局势不仅仅把许多以前被禁止的东西"合法化了"。它使运动大大扩展，以至除了政府承认合法的事物以外，还有许多以前曾被认为只有革命者，而且的确只有革命者才能做到的事情，现在都已付诸实践，成为大家都能做到的平常事情了。社会民主主义运动发展的全部历史进程的特征，就是这个运动排除一切障碍，不顾沙皇政府的各种法律和各种警察手段，不断取得更大的行动自由。革命无产阶级无论在工人阶级中，或是在其他阶级中(当然，这些阶级只是赞同工人民主派的一小部分要求)好像都处于一种政府无法得到的同情和赞助的气氛之中。在运动开始时，社会民主党人曾不得不完成大量的几乎完全是文化性的工作，力量差不多完全用在经济鼓动上。后来，这些工作便一件一件地逐渐交给新的力量，交给被吸引到运动中来

---

① 见本版全集第6卷第144页。——编者注

的更广泛的阶层。革命组织逐渐集中掌握真正的**政治**领导工作，即从工人抗议和人民不满的表现中作出**社会民主主义**的结论的工作。起初我们曾不得不对工人进行文化教育，——直接意义的和转义的。现在，政治知识水平已大大提高了，可以而且应当把全部力量集中到有组织地领导革命巨流这个更直接的社会民主主义的目的上去。现在，自由派和合法报刊正进行着过去曾一直占用我们过多力量的大量"准备"工作。现在，那种没有受到已被削弱的政府追究的公开宣传民主主义的思想和要求的工作，开展得十分广泛，以至我们倒要去适应运动的崭新规模了。当然，在这个准备工作中既有莠草又有小麦；当然，现在社会民主党人应当更加注意清除资产阶级民主派对工人的影响。但是，和以前我们主要是唤醒政治上不觉悟的群众的活动比较起来，这一工作将包含着更多得多的真正社会民主主义的内容。

人民运动开展得愈广泛，各个阶级的本质就暴露得愈清楚，**党领导阶级，做阶级的组织者，而不做事变的尾巴**的任务就显得愈迫切。各种各样的革命主动性愈是到处普遍发扬，一切空谈家①乐于重复的关于一般主动性的工人事业派言论，就更显得空洞无物，**社会民主主义**主动性的意义就更加明显，事变对我们的**革命首创精神**提出的要求也就更高。不断涌现的社会运动洪流愈宽广，能够替这些洪流开辟新河道的巩固的社会民主党组织就更加重要。不以我们为转移而进行的民主主义的宣传鼓动愈是有利于我们，社会民主党为保卫工人阶级的独立性不受资产阶级民主派侵犯而实行的有组织的领导就更加重要。

---

① 此处《前进报》上刊印的是："新火星派"，不是"一切空谈家"。——俄文版编者注

革命时代对于社会民主党，就如同战争时期对于军队一样。必须扩大我们军队的干部队伍，把军队从平时的编制改为战时的编制，动员预备军和后备军，召回休假的官兵，建立新的辅助军团、辅助支队和勤务部队。不要忘记，在战争中必然而且必须用训练较少的新兵来补充自己的队伍，经常要用普通士兵来代替军官，必须加速和简化士兵提升为军官的过程。

直截了当地说：必须大力扩大党的和靠近党的各种组织，以便多少能跟得上百倍增长的人民革命力量的洪流。这当然不是说应当把坚持不懈的训练和马克思主义真理的系统教育搁置一旁。不是的，但是应当记住，现在，军事行动本身在训练和教育工作上具有更大得多的意义，因为这种军事行动正是**按照我们的**方向，并且完全是按照我们的方向**教育着**未曾受过训练的人们。应当记住，我们对马克思主义的"学说上的"忠诚现在更进一步加强了，因为革命事变进程到处给予**群众实际教育**，而这些教育恰恰在证实我们的信条。因此，我们所说的不是放弃信条，不是减弱我们对那些游移不定的知识分子和华而不实的革命家们所持的不信任与怀疑态度，完全不是这样。我们所说的是关于讲授信条的新方法，对于一个社会民主党人来说，忘记这些新方法是不能容许的。我们是说，现在非常重要的是利用伟大革命事变的实际教材，向群众——已经不是向小组——讲授我们旧的"信条"课程，例如，要讲必须在实际上把恐怖手段和群众起义融合起来，应当善于在俄国有教养的社会的自由主义的背后看到我国资产阶级的阶级利益（参看《前进报》第3号上关于这一问题与社会革命党人的论战①）。

---

① 见本卷第175—181页。——编者注

　　所以,问题不是要削弱我们社会民主党的严格要求和我们的正统的不调和态度,而是要通过**新的**途径,用新的教育方法去加强它们。在战争时期,应当通过军事行动直接教育新兵。同志们,更大胆地采用新的教育方法吧! 更大胆地组织更多的战斗队,派他们去战斗,吸收更多的青年工人,扩大一切党组织的通常范围,从委员会直到工厂小组、行业工会、大学生小组! 要记住,我们在这一工作中的任何拖延,都会有利于社会民主党的敌人,因为新的水流急于寻找出路,如果它们找不到社会民主主义的河道,就必然会冲入非社会民主主义的河道。要记住,革命运动的每个实际步骤,都将不可避免地要以社会民主主义的科学来教育青年新兵,因为这一科学是以客观地正确地估计各个阶级的力量和趋向为基础的,而革命不外是对旧的上层建筑的破坏和力图按照自己的意向创立新的上层建筑的各个阶级的独立行动。但不要把我们的革命科学降低为仅仅是一种书本上的信条,不要拿什么策略-过程、组织-过程等这类为涣散、踌躇和消极辩护的可鄙词句来糟蹋我们的革命科学。让各种不同的团体和小组有更多的自由来进行各种各样的活动,要记住,就是没有我们的忠告,不要我们的忠告,革命事变进程本身的严峻要求也会保证它们走上正确的道路。人们早就说过,在政治上常常要向敌人学习。而在革命时期,敌人总是特别有效地和迅速地强迫我们作出正确的结论。

　　因此,总括起来说就是:应当考虑迅猛发展的运动,考虑新的工作速度,更自由的气氛和更广阔的活动天地。要使整个工作具有完全不同的规模。要把训练方法的重心从平时的授课转到军事行动上来。要更大胆、更广泛和更迅速地把年轻的战士吸收到我们**各种各样的**组织中来。要刻不容缓地为此建立**数以百计的**新组织。不错,是要数以百计的组织,这不是言过其实,请不要反驳我,说现在进行这样广泛的组织工作已经"晚了"。不,组织工作永远谈不上晚。我们应该利用我们合法取得和非法夺来的自由,来增加和巩固各种各样的党组织。不管革命的进程和结局如何,也不管革命由于某种情况多么早地受到阻挠,要稳妥可靠地保持革命的一切实际成果,只有看无产阶级的组织程度如何。

"组织起来!"这个多数派拥护者在党的第二次代表大会上就曾想加以明文规定的口号,现在应当立刻实现。如果我们不能够大胆主动地建立新的组织,那我们就应该放弃起先锋队作用的空洞抱负。如果我们束手无策地停留在已经达到的委员会、团体、会议、小组等的界限、形式和范围之内,那我们就是以此证明我们自己无能。现在,在事变的影响下,有成千的小组出现在各地,它们没有通过我们,也没有任何固定的纲领和目的。要让社会民主党人给自己提出一项任务,这就是与尽可能多的这样的小组建立和加强直接的联系,让他们给这些小组帮助,用自己积累的知识和经验去启发它们,用自己的革命首创精神去鼓舞它们。除了自觉的非社会民主主义的小组以外,让所有这样的小组或者直接加入党,或者**靠近党**。在后一种情况下,既不能要求它们接受我们的纲领,也不能要求它们同我们建立必要的组织关系;只要它们怀有反抗的情感,只要它们同情国际革命社会民主党的事业,那么,在社会民主党人向他们开展积极活动的情况下,在事变进程的压力下,这些**靠近**党的小组就会首先成为社会民主工党的民主主义的助手,然后又成为它的具有坚定信念的成员。

人才很多又很缺,——社会民主党的组织生活和组织需求间的矛盾很早就可以用这种矛盾的说法来表达了。这个矛盾现在表现得特别突出：到处都在强烈地吁求新的力量，埋怨组织内缺乏人才，而与此同时，到处又有大批的人自请效劳，年轻的力量，特别是工人阶级中的年轻力量在不断增长。做具体组织工作的人在这样的条件下埋怨缺乏人才，就是陷入了法国大革命最高发展时代罗兰女士所陷入过的那种错觉之中。罗兰女士在1793年写道：法国没有人才，遍地都是侏儒。谁这样说，谁就是只见树木不见森林，谁就是承认自己已被事变弄得眼花缭乱，不是他这个革命者在自己的意识和活动中支配着事变，而是事变支配着他，事变压倒了他。这样的组织者**最好是引退**，让位给年轻人，这些年轻人的充沛精力足以补偿那些陈规老套。

人才是有的，革命的俄国从来也未曾有过像现在这样多的人才。革命的阶级从来也未曾有过像现代俄国无产阶级所拥有的这样无比有利的条件：暂时的同盟者，有觉悟的朋友和不自觉的助手。人才多得很，只是需要抛弃那些尾巴主义的思想和训诫，只是需要让主动性和首创精神得到充分发挥，让"计划"和"所干的事业"能够充分实现，这样我们才配做伟大革命阶级的代表，这样俄国无产阶级才会像它开始进行革命时那样英勇地把**整个伟大的俄国革命**进行到底。

载于1905年2月23日(3月8日)　　　　　译自《列宁全集》俄文第5版
《前进报》第9号　　　　　　　　　　　　第9卷第294—306页

解放派和新火星派，
保皇派和吉伦特派

(1905 年 2 月 23 日〔3 月 8 日〕)

《解放》杂志第 66 期上刊登了一篇对马尔丁诺夫的小册子《两种专政》(该小册子受到了《火星报》编辑部的称赞和推荐，见第 84号)的评论。果然不出所料，自由派资产者并不掩饰他们对社会民主党内的机会主义派的同情。在《解放》杂志看来，马尔丁诺夫的小册子"**和阿基莫夫先生的著作**"，都是"**现代整个社会民主党著作中最有意义的作品之一**"。自由派对于宣扬尾巴主义还能持其他态度吗？这种宣扬是要吓唬革命阶级，说参加临时政府和在**民主**革命(被"雅各宾派"吓倒了的马尔丁诺夫把这个革命同社会主义革命混为一谈!)时期实行"革命专政"是注定没有好结果的。《解放》杂志在《意义重大的转折》一文中赞扬普列汉诺夫关于向修正主义者让步的思想，这是偶然的吗？《解放》杂志(第 57 期)说，"实际上少数派现在所捍卫的东西比多数派所捍卫的东西要更富有生命力和活动力"，这该怎么解释呢？这难道不是说，"对俄国自由派的思想生命力的唯一希望，是寄托在社会民主党内机会主义的生命力上面"(见我们的《一个热心效劳的自由派》①一文)吗？司徒卢威先生硬说，《**火星报**》**编辑部**出版的(见第 72 号)托洛茨基的小册子《我们的政治任务》"十分公正地捍卫了某些思想，凡是注意社会民主党著作

---

① 见本卷第 55—58 页。——编者注

的人，早就从阿基莫夫、马尔丁诺夫、克里切夫斯基等先生以及其他所谓的经济派的作品中对这些思想有所了解了"（《解放》杂志第57期），司徒卢威的这种说法对不对呢？如果马尔丁诺夫之流考虑过这些问题，那么他们或许会明白旧火星派关于雅各宾派和吉伦特派之间的关系同革命的社会民主党人和机会主义者之间的关系有相同之处这种令人伤脑筋的（唉，真令人伤脑筋！）观点。（如果我们没有记错的话，这个观点首先是在普列汉诺夫写的《火星报》第2号的社论中提出的。）吉伦特派是不是法国大革命事业的叛徒呢？不是。但他们是这一事业的不彻底的、不坚定的、机会主义的捍卫者。**因此**，雅各宾派同他们进行了斗争，雅各宾派始终不渝地捍卫着18世纪的先进阶级的利益，正如革命的社会民主党人始终不渝地捍卫着20世纪的先进阶级的利益一样。因此，大革命事业的真正叛徒、保皇派、立宪派僧侣等等便支持和维护吉伦特派，反对雅各宾派对他们的攻击。最可敬的吉伦特分子马尔丁诺夫，您现在是不是开始有点明白了呢？还不明白吗？那么，再给您解释一下：新火星派是不是无产阶级事业的叛徒呢？不是。但他们是这一事业（以及阐明这一事业的组织原则和策略原则）的不彻底的、不坚定的、机会主义的捍卫者。因此，革命的社会民主党人反对他们的立场（一些人是直接而公开地反对他们，另一些人是关起门来在编辑部的办公室里，用圆滑委婉的方法秘密地反对他们）。因此，无产阶级事业的**真正叛徒**解放派便在思想上支持和维护新火星派。最可敬的吉伦特分子马尔丁诺夫，您现在是不是开始有点明白了呢？

载于1905年2月23日（3月8日）　　　译自《列宁全集》俄文第5版
《前进报》第9号　　　　　　　　　　　第9卷第307—308页

无休的托词

(1905 年 2 月 24 日〔3 月 9 日〕以后)

　　《火星报》和所谓的总委员会在继续实行拖延、推托和规避代表大会的策略。普列汉诺夫试图采用形式主义的观点,顽强地(顽强应当用在好事上)重复说,代表大会应由总委员会召开,因此,凡不是由总委员会召开的代表大会都是不合法的。这种说法十分片面、十分幼稚而自私,使人真想"分给兔子一块熊耳朵"[147],真想发给普列汉诺夫一枚严格遵守党章和党的法规的奖章! 我们要以最尊敬的态度问问这位主张辩证地即全面地观察问题的最可尊敬的人:是总委员会属于党呢,还是党属于总委员会? 是总委员会向党报告工作和受党监督呢,还是党向总委员会报告工作? 难道服从上级组织这条纪律不能取代服从下级组织那条纪律吗?? 我们这位一丝不苟的守法者是否还记得自己在党的第二次代表大会上就此所发表的言论呢?

　　根据我们的党章,如有半数票主张召开代表大会,总委员会就应当召开代表大会。如果总委员会拒不履行它自己的职责,那党怎么办呢? 在德国社会民主党党章上对这个问题作了直截了当的回答:那时代表大会便不是由党的最高执行委员会来召开,而是由不受执行委员会支配的特别监察委员会来召开。我们党章中没有对这个问题作任何答复。我们要问我们的新《火星报》的朋友们,这是不是说，问题无法解决呢？这是不是说，如果总委员会拒不履行自己的党的职责，党就应当解散而由总委员会来代替呢？党属于总委员会，是这样吗？

我们认为，不是这样，党本身**必须**对它的负责人员执行党章的情况进行监督，而"监督"也不单单是在口头上加以责备，而是要在行动上加以纠正。谁不善于要求和**争取**使自己的受托者完成他们对委托人所负的责任，谁就不配享有政治上自由的公民的称号。谁不善于要求和**争取**使自己的受托者完成他们对委托人所负的党的责任，谁就不配享有党员的称号。总委员会是各委员会的受托者。各委员会**必须**争取使这个受托者执行它对委托人所负的责任。各委员会要做到这一点，除了选出自己的常务局来召开代表大会之外，**不会有**别的办法。各委员会就是这样做的。它们意识到自己最起码的党的职责，它们就**必须**这样做。

可敬的普列汉诺夫同志是不是试图否认这一论断的正确性呢？他是不是试图给我们举出，世界上有这样**一个**社会民主党，它的党员在党的机关规避召开代表大会的时候，会不采取像我们的委员会那样的做法呢？我们向普列汉诺夫同志提出要求：请试一试吧！

现在来谈谈第二个实际的问题：我们的总委员会是真的回避执行它召开代表大会的党的职责吗？这个问题不单是个形式问题，因为除了党章规定的职责外，还有责任……①

载于1930年《列宁文集》俄文版
第15卷

译自《列宁全集》俄文第5版
第9卷第309—310页

---

① 手稿到此中断。——俄文版编者注

俄国社会民主工党第三次
代表大会的工作和决议的总提纲

（1905 年 2 月）

1

代表大会议程草案

议事规程。

代表资格的审查。

最后的组成（邀请有发言权的代表）。

2.1.党内危机。

4.3.2.组织问题。

3.代表们的报告。

3.4.对起义的态度。

5.起义的战斗协议。

6.对自由派的态度。

7.农民中的工作。

8.军队中的工作。

9.改进宣传鼓动工作。

10.选举负责人员和领导机关。

2

代表大会决议目录

决议：

    1.关于少数派的瓦解活动的决议。

    2.关于普列汉诺夫的"调和主义"①立场的决议。

    3.关于新火星派的根本立场的决议。

    4.关于各组织中工人和知识分子的关系的决议。

    5.关于起义的公开决议。

    6.关于起义的秘密决议。

    7.关于起义的战斗协议的公开决议。

    8.关于起义的战斗协议的秘密决议。

    9.关于撤销斯塔罗韦尔的决议案的决议。

  10.关于新《火星报》的地方自治计划的决议。

  11.关于"农民中的工作"的决议。

  12.关于支持农民运动的决议。

  13.关于军队中的工作的决议。

  14.关于宣传和鼓动工作的决议。

---

① "调和主义"一词是写在"立场"一词之上的。——俄文版编者注

3

代表大会各项决议的总提纲

决议：

1. （a）少数派的实际目标：中央机关的成员。

（b）不执行代表大会的决定。

（c）同盟代表大会前的分裂：成立秘密组织。

（d）这一行为及由此而产生的一切瓦解行为是不正直的。

（e）用组织–过程、组织–倾向的理论以及关于官僚主义、形式主义等等的空喊为瓦解行为辩护是可耻的。

（f）他们的瓦解行为给俄国的正常工作带来的巨大危害。

（g）必须彻底清除瓦解组织分子。

（h）委托中央机关出版一本小册子，扼要地叙述分裂的原因和经过，并通知国际社会民主党。

2. （a）必须对所谓的调和派问题表示意见。

（b）这一派唯一诚实不作假的人是普列汉诺夫，他编写了《**火星报**》第52号。

（c）代表大会承认普列汉诺夫在党的第二次代表大会上和同盟第二次代表大会上的立场是正确的，他在增补问题上的和平愿望是真诚的。

(d)遗憾的是,普列汉诺夫未能坚持他向修正主义者和个人主义的无政府主义者让步的立场,他**从原则上**进行辩解的一切做法显然都是错误的,这只能引起思想混乱并把狡诈作风带到党的关系中来。

(e)现在所谓的调和派就是虚伪的孟什维克。除了普列汉诺夫的纲领之外,并没有任何其他**独立的**和解纲领。普列汉诺夫的纲领现在也被他自己否定了(可以作个人让步,但必须同修正主义者和无政府个人主义者进行原则性的**争论**)。

3.　(a)代表大会承认我们的立场同新火星派的立场有原则区别。

(b)早在第二次代表大会上,新火星派就表现出十分缺乏坚定的原则性,起先完全反对机会主义派,最后却公然(虽然是不自愿和无意识地)倒向他们。

(c)第二次代表大会以后,机会主义的性质表现得更加明显:在组织问题上,同样在为有系统的小规模的背叛行为辩护。钝化无产阶级的阶级斗争武器——组织。歪曲马克思主义,以至为瓦解行为和知识分子的无政府主义辩解并对它们加以称颂。

(d)在自己政策的总方针问题上,《火星报》自己不得不承认"新《火星报》和旧《火星报》之间的鸿沟"。转向尾巴主义。

(e)在策略方面这表现在对自由派的态度上。地方自治运动。

(f)在策略方面这表现在对起义的态度上,企图钳制和搅乱。

(g)在策略方面这表现在对武装的态度上。

(h)在策略方面这表现在用"工人的主动性"这一口号等等来腐蚀不开展的工人。

（i）总之,新火星派＝党内的机会主义派。

这一阵营内部成分极其复杂。

组织-过程论	缺乏坚定的原则性(第二次代表大会)。
党和阶级	转向机会主义的《工人事业》杂志(鸿
自由派和地方自治运动	沟)。
起义	靠近党的知识分子和司徒卢威之流的
武装	公开机会主义者赞同他们。
革命专政	必须为旧《火星报》的方针而斗争。

4. （a）关于知识分子政党的叫嚷的虚伪性。为自由派所利用。新火星派自己也放弃了。

（b）在工人中进行宣传的蛊惑性。"选举原则",它在**自由的政治**条件下是必要的,它在俄国却不可能被**广泛**采用。

（c）掩盖尾巴主义的所谓"工人的主动性"的空话,在组织方面许诺**不可能办到的事**,用廉价的手段唆使人们反对"官僚主义"、"形式主义"等等,而且什么也没有提供;看不到工人的**革命**主动性,尽跟着落后分子转。

（d）告诫工人。觉悟的工人应当了解和牢记**工人事业派**的类似手段,应当了解和牢记旧《火星报》的立场——通过工人群众选拔觉悟的工人社会民主党人、工人革命家、我们的倍倍尔们的重要性,把每个区、每个工厂等等**组织起来**的重要性。

（e）只有先进工人有了充分的觉悟,只有完全消除社会民主党人之间,即知识分子和工人之间的界限,无产阶级的阶级政党**社会民主党**才有保障。

5.^①(a)必须立即准备起义。

(b)必须建立组织和建立一些战斗性的组织。

+7.　(c)必须增加一般组织:组织革命。

(d)恐怖手段应当真正同群众运动结合。

(e)起义的目的:临时革命政府,武装人民,立宪会议,革命农民委员会。

(f)社会民主党在行使权力时的任务:彻底实行全部民主纲领,成立独立的组织和工人阶级的组织,大力发挥无产阶级和贫苦农民的革命主动性,坚定不移地捍卫阶级纲领和阶级观点,批判地对待革命民主派的幻想。

或7: {

(g)这些(上述)情况也决定社会民主党要同革命民主派达成起义的战斗协议。

(h)革命民主派是指彻底的坚定的民主派,他们接受社会民主党的**全部**民主纲领,不会放弃任何革命措施,但缺乏明确的社会民主主义的阶级意识。

9.　(a)斯塔罗韦尔的决议案根本是错误的:问题的关键不在于声明,而在于斗争,在于共同斗争。

(b)自由派和自由主义民主派的声明和口号没有取得信任(司徒卢威)。

(c)对他们作出任意的和不正确的解释,说他们是民主派知识分子。同**力量**达成协议,但知识分子并不是力量。斯塔罗韦尔的混乱思想。

(d)提到日程上的协议,不是以发表声明为条件,而是以**参加**

---

① 第6点和第8点已省略,关于这两点见本卷第294页。——编者注

起义为条件,这不是同自由主义民主派而是同**革命**民主派达成的协议。

10. (a)同地方自治人士达成协议甚至会破坏斯塔罗韦尔决议案的条件。

(b)所谓不要吓跑自由派的说法既不妥当又不合时宜。不能用无政府主义的危险为此辩解。

(c)关于"高级形式的示威"的一些口号的反动意义。

(d)新《火星报》的印象主义-机会主义。

(e)"阶级的主动性"和阶级的有计划发展等字眼的滥用。

(f)公布他们的第一封信以教育青年党员。

11. (a)目前特别重要的是：　｜注意：
　　(b)强调民主主义方面　｜　同农民资产阶级一起反对地主,同农村无产阶级一起反对资产阶级。

(c)一刻也不能忽略**社会主义的**(全部社会主义的)纲领,

(d)坚持无产阶级的观点,特别是**社会主义无产阶级**的观点。

12. (e)支持农村无产阶级和农民资产阶级反对地主的**革命**运动,直到完全剥夺地主的土地,决不能助长小资产阶级社会主义的幻想,也不能听之任之,要全力防止君主主义者和凯撒主义者利用农民资产阶级中的反动分子。

13. (a)士兵工作的重要意义：

(b)传单。

(c)军事组织,它的成分? 特殊的军事组织可能有用处,要看情况。

(d)①。

14. (a)把**纲领**作为基础……

(b)巡视小组。

(c)讲演和鼓动演说。

*   *   *

在反对新火星派的原则决议中，指出下面几点非常重要：

(a)否定或贬低觉悟的无产阶级及其先锋队，即社会民主工党的坚强组织的思想，会使工人运动变成资产阶级民主派的尾巴。

(b)恶意贬低觉悟的社会民主党对无产阶级自发运动的影响，并从理论上对马克思主义作出庸俗化的解释，以阻碍革命主动性的发挥和社会民主党的先进任务的完成，这也会导致同样的结果。

把对革命的技术领导和政治领导分开和对立起来的思想，也会导致同样的结果，并且——

并且——②

---

① (d)点没有写。整个第13条上加了问号。——俄文版编者注

② 手稿到此中断。——俄文版编者注

4

代表大会决议草案

1. 关于孟什维克或新火星派的瓦解行为的决议

代表大会认为，必须准确查明有关孟什维克或新火星派在党的第二次代表大会后的所作所为的确凿事实。他们甚至不打算对这次代表大会的决议和选举的合法性进行争论，便恬不知耻地撕毁了代表大会的决议。代表大会刚一闭幕，他们就抵制代表大会所建立的中央机关，背着党在党内秘密地成立了单独的组织。这个组织追求的目的是要把代表大会所否决的六个候选人硬塞进中央机关报的编辑部和党中央委员会。为了达到这个违反党的意志和利益的目的，孟什维克到处破坏党的正常工作，到处进行秘密的分裂活动，破坏社会民主党人之间的同志关系，把党的中央机关报变成制造谣言和纠纷的机关，对选出中央机关并要求它们报告工作的党的各委员会，肆意进行卑鄙的攻击和谩骂，把党总委员会降为小团体的报复工具，甚至不惜公然篡改提出召开第三次代表大会要求的党的意见。

代表大会坚决谴责这一瓦解行为，并警告一切有觉悟的社会民主党人，要提防臭名远扬的组织-过程论，因为这一理论为瓦解行为辩护,并极力贬低革命的马克思主义理论。

代表大会认为,党的多数派的拥护者在制定反对瓦解组织分子的决议和要求召开第三次代表大会的过程中,曾想尽一切办法对党内同志作了诚恳的同志式的斗争。现在,既然党所建立的中央机关已完全放弃了它们对党应负的责任,代表大会只好认为它们已置身于党外。代表大会认定,对于维护党的原则的人来说,现在只有离开瓦解组织分子单独进行工作,此外别无出路。因此,代表大会决定,我们党的任何组织都不得接纳少数派的拥护者或新火星派。

代表大会委托党中央委员会出版一本简要的小册子来阐明这一决议,使整个俄国的和国际的社会民主党都能有所了解。

2. 关于普列汉诺夫在党内危机中的行为的决议

代表大会认为普列汉诺夫在党的第二次代表大会和国外同盟代表大会上对于纲领、策略和组织问题所采取的立场是正确的。代表大会承认,在同盟的代表大会以后,普列汉诺夫为了党内和平和消除孟什维克所造成的分裂状态,提出了向他在全党面前正确地称之为修正主义者和无政府个人主义者的人让步的政策(1903年11月7日《火星报》第52号)。代表大会深感遗憾的是,普列汉诺夫未能坚持住这个立场,他开始用最无耻的手段,违背党的意志去满足孟什维克的一切要求;他为了替孟什维克辩护,竟堕落到维护他认为是错误的孟什维克的根本立场,并捏造种种根本不存在的同党内多数派的意见分歧。

代表大会坚决谴责这种对待党内同志的狡诈政策,这种政策无论是出于对待党内个别人的多么人道的动机，都不可能不对党产生破坏性的影响。

3. 关于新火星派的根本立场的决议

代表大会认为，同孟什维克或新火星派的根本立场作斗争是绝对必要的，因为他们已离开革命的社会民主党而倒向了机会主义。还在第二次党代表大会上，这一点就已从某些论断上，从少数派全体成员是由旧《火星报》的反对者和最无坚定原则性的分子所组成这点上表露出来了。第二次代表大会后，孟什维克倒向工人事业派机会主义的行为就非常明显了，连他们自己也承认新《火星报》和旧《火星报》之间隔着一条鸿沟。的确，在一系列问题上，新《火星报》提出了完全错误的和模糊无产阶级阶级意识的口号和理论。例如，组织-过程论就把马克思主义降低到为瓦解行为和知识分子的无政府主义作辩护的地步。又如，在党和阶级的关系上，又重新提起那些错误的、贬低党作为阶级的先进部队、领导者和组织者的任务的观点。新《火星报》提出的它同旧《火星报》在下面一些问题上的分歧意见，也是错误的和反动的。这些问题是：关于对自由派的态度和地方自治运动计划，关于起义的准备以及关于规定起义和进行起义的思想的所谓空想性，关于武装群众以及在革命时期从技术上和组织上领导群众的任务，关于在推翻专制制度时代不可能和不应当实行无产阶级和小资产阶级的革命民主专政，等等。所有这些观点不仅在理论方面，而且直接在实践方面会使党倒退，俄国正处于革命关头，这些观点对革命的无产阶级政党特别有害。因此，代表大会责成全体党员在宣传和鼓动工作中说明这些观点的错误。

4. 关于社会民主党内工人和
知识分子的关系的决议

代表大会坚决谴责新火星派所执行的在社会民主党各组织内散布工人和知识分子间互不信任和敌视的政策。代表大会要觉悟的工人回想一下,几年前他们是怎样经受到党内工人事业派的类似的斗争手段,并且又是怎样否定这些手段的。新火星派尽是空谈工人的主动性和选举原则,但对我们各地组织的工作却不作任何实际的改进,并且蛊惑人心地许诺根本办不到的事情。在自由的政治条件下,我们党可以而且也会完全建立在选举原则的基础上。在专制制度的条件下,对于参加党的成千上万工人群众来说,这是无法实现的。

代表大会再次提出社会民主工党的有觉悟的拥护者的任务:全力巩固这个党同工人阶级群众的联系,把无产者和半无产者更广泛的阶层不断提高到具有充分的社会民主主义觉悟的水平,发挥他们的革命的、社会民主主义的主动性,注意通过工人群众本身把尽量多的完全有能力领导运动和党的一切组织的工人选拔出来。

代表大会代表党重申革命的社会民主党人的意见:建立尽可能多的加入我们党的工人组织;努力使那些不愿意或没有机会加入党的工人组织至少要靠近党;争取使尽量多的有觉悟的工人社会民主党人成为党的委员会的委员。

载于1926年《列宁文集》俄文版
第5卷

译自《列宁全集》俄文第5版
第9卷第311—324页

对党章中关于中央机关一项的修改

（1905 年 2 月）

大部分在俄国工作的同志，其中包括多数派委员会常务局，都主张**在俄国**建立**一个**中央机关。

这一改革究竟意味着什么呢？在一个中央机关里，在俄国工作的同志应该占多数，——这是从上述意图中必然得出的结论。这一意图是否能实现完全取决于选举中央机关成员的代表大会的意志。因此，这里没有什么可争议的，也没有什么可谈论的。

其次，中央机关报同中央委员会的关系将是怎样的呢？有人对我们说，中央机关报是中央委员会任命的委员会。中央机关报编辑部的一个（或两个）成员可以（还是那些同志说）作为中央委员会的一部分而且是**一小部分**加入中央委员会。那么试问，中央委员会的这个国外部分将如何参加中央委员会的工作呢？"靠通信"来实际**参加**中央委员会的工作，这明明是空想，只能当做笑话说说而已。在国外，要费很大的力气，经过无数的奔波、劳碌、责骂和不愉快，才能**在事后**了解到很少一点情况，说从国外"参与解决问题"，那只是"为了显示自己了不起"或者是为了骗人。

因此，二者必居其一：或者中央委员会国外的委员们（或国外委员）**根据党章**（因为其他的"协定"都不起作用）约定**整个**中央委员会定期在国外集会。**如果**是这样，那这个最高中央机关**实际上**

同现在的党总委员会完全一样,成为一个每年集会3—4—5次,并且只是给整个工作规定**总方向**的机构。**或者**中央委员会在俄国集会,并且在**没有**国外委员参加的情况下**在国内**解决一切问题;这样,国外委员就不过是一个列名的,一个**徒有虚名**的中央委员而已。**实际上**他**不可能**参与解决总的问题。在这种情况下,是否有人来担任中央委员会的"国外委员"这个"职位"(或这个闲差?)是大可怀疑的!

另一个(也是最后一个可能的)假定。作为一个中央机关的中央委员会的**全体**委员,都是在俄国工作的同志。只有这样的中央机关才会成为**真正唯一**的俄国的中央机关。在国外,它可以指派自己的代办机构。然而,**实际上**这个代办机构将作为一个独立的中央机关存在,其实可以设想这就是中央机关报的编辑部。显然,这里需要一个**完整的委员会**,它只有通过**极其漫长的道路**才能形成、建立、达到协调一致(在第二次代表大会后,俄国为了建立**新的**中央机关报,整整奋斗了**一年半**,而且这还是在全国十分关怀**全党**的严重危机的时期!)。在实际工作中,这个委员会是完全独立地主持**周刊**机关报的工作的。俄国国内中央委员会**最多也不过**是半年(或一年半)开一次"会议"(这种"会议"同"总委员会"有什么区别呢?)或者由中央委员会的**个别**委员"写封信"来过问一下它所进行的工作而已。在实际工作中,这个国外委员会要向**数百名**党员进行宣传工作和培养国外工作人员的工作(作专题报告和开会)。中央委员会**实际上**不能**切实**指导这一工作,不能**切实**领导国外委员会的这一工作。中央委员会除了**偶尔**同主持这一工作的人开几次会议之外,实际上不能**参加**这一工作。再说一遍:这些会议同总委员会有什么区别呢?

结论：事实上，在实际工作中，"一个"中央机关不是**徒有虚名**，就一定和必然成为现在这种被嘲笑为"三个中央机关并存"的体制。事实上，在实际工作中，由于地理情况、政治情况和工作性质的不同，在我们党内现在和将来（直到专制制度被推翻）都必不可免地要形成两个中央机关，这两个中央机关只是**偶尔**"**通过会议**"才联合起来，这些会议**实际上**将永远起着党的最高或最上级的党"总委员会"的作用。

不言而喻，对国外的反感已在国内的人们中间引起了普遍的呼喊声：打倒国外派！打倒两个中央机关！这种反感是合乎情理的和**值得称赞**的，因为它意味着党的力量和党的自觉在第二次代表大会后有了巨大的增长。这种反感表示我们党前进了一步，这一点是无可争辩的。但是，不应当让自己为话语所迷惑或者把一时的**情绪**，把对"国外派"的暂时的"愤怒"提升为"制度"。党的任何制度也不能建立在愤怒之上。确定一个简单扼要的原则："一个中央机关"，是最容易不过的了，但是这种决定丝毫无助于解决如何真正（不是在纸上）统一俄国国内和国外的工作的各种职能这个十分复杂的问题。

载于1926年《列宁文集》俄文版　　　　　译自《列宁全集》俄文第5版
第5卷　　　　　　　　　　　　　　　第9卷第325—327页

关于公社的演讲提纲¹⁴⁸

（1905 年 2—3 月）

1. 公社的历史概况。

   拿破仑第三执政时期的法国。帝国主义的基础：资产阶级已经不，无产阶级还不¹⁴⁹……

   拿破仑第三的冒险主义。炫耀、战争的必要性。

2. 1848 年 6 月以后无产阶级的成长。1864 年的国际工人协会¹⁵⁰。拿破仑第三对它的迫害。

   法国工人对战争的抗议（7 月 12 日，国际巴黎支部，第 16 页）和德国工人对战争的抗议（7 月 16 日的不伦瑞克工人集会，开姆尼茨工人集会，国际柏林支部，第 18 页）^①。

3. 色当：1870 年 9 月 2 日，以及 **1870 年 9 月 4 日**宣布成立共和国。自由派狡猾分子夺取政权。

   自由派律师和口是心非的保皇派：**梯也尔**。

4. 国防政府＝背叛人民的政府。特罗胥：保卫巴黎的“计划”。保卫的滑稽剧。巴黎工人的英勇行为。1871 年 1 月 28 日的**投降**。

5. 俾斯麦规定**在 8 天之内**为解决战争与和平问题召开国民议会

---

① 这里和下面列宁引用的是 1871 年在柏林出版的马克思的《法兰西内战》一书的德文版单行本。——编者注

的条件(第 34 页)。梯也尔同保皇派的阴谋。

容克院(ruraux①)。**波尔多国民议会**,拥有 630 名议员＝30 名波拿巴主义者＋200 名共和主义者(100 名温和派和 100 名激进派)＋400 名保皇派(200 名奥尔良派＋200 名正统派)。

梯也尔和法卢的会谈。

6. 对巴黎的挑衅:任命保皇派分子为使节,从国民自卫军的士兵手中夺走了"30 苏";在巴黎,警察局长是瓦朗坦,国民自卫军司令是奥雷尔·德·帕拉丹,等等(特列波夫和瓦西里契柯夫!!);把国民议会迁到凡尔赛;查封共和派报纸等等。力图把战争费用转嫁到穷人身上(第 35 页)。武装的巴黎工人与——保皇派的集会。冲突不可避免。

7. **马克思的警告②**:1870 年 9 月 9 日国际总委员会的第二篇宣言:"不应当为民族历史上的 1792 年所迷惑",开展"自己阶级的组织"工作,不要抱定推翻政府的目的("绝望的蠢举"):第 25 页。国际(总委员会)书记欧仁·杜邦在 1870 年 9 月 7 日也为法国写过同样内容的东西(韦伊的书第 134 页)。

8. 最后一次挑衅行为。1871 年 3 月 18 日夺取国民自卫军的大炮。梯也尔的骗人论据。企图没有得逞。国民自卫军中央委员会宣布成立公社。巴黎公社与凡尔赛政府之间的**内战爆发**。

9. 公社内的派别:(a)**布朗基主义者**。早在 **1880** 年 11 月间,布朗基在《既没有上帝也没有老板》报上就谴责了阶级斗争的理论,并反对把无产阶级利益同民族利益分开(韦伊的书第 229 页)(他没有把工人同革命资产阶级分开);(b)**蒲鲁东主义者**(互

---

① 地主议会。——编者注

② 反对 1870 年创办《祖国垂危报》的**布朗基**。(注意)

助论者)"组织交换和信贷"。

　　工人阶级的革命本能将**不顾**错误的理论而极力表现出来。

10. **公社的政治措施**：

　　(1)废除常备军

　　(2)废除官僚制度(a)一切官员由选举产生；(b)薪俸不得多于

　　　6 000法郎。

　　(3)教会同国家分离　　┌─────────┐
　　　　　　　　　　　　　│ **最低纲领** │
　　(4)实行免费教育　　　└─────────┘

　　　公社与农民。三个月内一切都会是另一个样子！（第

49—50页）①

　　　公社与国际。弗兰克尔，**波兰人**(世界共和国的旗帜)。

11. **公社的经济措施**。

　　(1)禁止面包工人做夜工。

　　(2)禁止罚款。

　　(3)登记遗留下的工厂，将其交给工人协作社，并按照仲裁委员

　　　会的裁决给予补偿。（第54页）

　　　　┌──────────────────────────┐
注意：│ 没有接收银行。没有实行八小时工作制。 │
　　　　│ 　　　　韦伊的书第142页　　　　　　　│
　　　　└──────────────────────────┘

　　(4)制止出卖典押品。延期付款(房租)。

12. 覆灭。组织上的缺点。防御状态。梯也尔同俾斯麦的勾结｛俾

斯麦的角色＝雇佣凶手｝。**1871年5月21—28日流血周**。

　　　流血周的惨状，流放等等。诽谤。（第65—66页）

---

　　①　揭露"秘密"：特罗胥的伎俩，修道院内的"秩序"(第54页)。**做得还很少！**

儿童和妇女……

第 487 页:有 20 000 人在街头被杀。3 000 人死于狱中等等。

军事法庭:到 1875 年 1 月 1 日共有 **13 700** 人(80 名妇女,60 名儿童)被判罪、流放、监禁[151]。

13. 教训:资产阶级**什么事**都干得出来,今天是自由派、激进派、共和派,明天就叛变、杀人。

无产阶级的独立组织——阶级斗争——内战。

在当前的运动中,我们大家都在沿着公社所开辟的道路前进。

载于 1931 年《列宁文集》俄文版第 16 卷

译自《列宁全集》俄文第 5 版第 9 卷第 328—330 页

起义的战斗协议和建立战斗委员会

（1905 年 2—3 月）

提纲：[152]

(1)协议的理由

(2)它的目的

(3)纲领(1)推翻专制制度

(2)临时革命政府

(3)武装人民

(4)立宪会议

(5)革命农民委员会。

(4)建立**预备战斗委员会**，以便：

(1)收集经费

(2)查明人力

(3)将协议事通知广大的俄国工作人员，并广泛讨论
实现协议的手段

(4)为建立**俄国**战斗委员会而筹备**俄国**代表会议。

(5)战斗委员会的任务：统一准备起义的各种措施。

$2/3$鉴于完全团结一致和保持每个党的独立性的重要性。

(6)战斗委员会对恐怖行动的态度。

(7)向一切社会主义者和一切革命民主派发出号召。

补5

战斗委员会只就**完全**属于其纲领范围内的问题发出呼吁书，而且每次都必须声明保持党的独立性。

载于 1926 年《列宁文集》俄文版
第 5 卷

译自《列宁全集》俄文第 5 版
第 54 卷第 456—457 页

《警察司司长洛普欣的报告书》小册子序言

(1905 年 2—3 月)

好东西不可过多！好像洛普欣先生在他的报告书中是这样说的。警察司所认为的好东西，就是加强保安的"暂行"条例，这个条例从 1881 年以来就是俄罗斯帝国最稳定的基本法之一。按照报告书的中肯说法，警察完全有权任意"摆布庶民"，读报告书时愈是碰到措辞艰涩而笨拙的官样文章，这种说法就愈是引人注目。的确，有了这个《条例》，警察就可以坐享清福，但是这个条例的"优"点却又使警察本身变得娇气起来。这是一方面。另一方面，早在 25 年前就可被看做非常措施的非常镇压措施，简直成了家常便饭，连居民也都对它习以为常了（如果可以这样说的话）。非常措施的镇压作用已经减弱，就像一根新的弹簧长期过分使用后要渐渐松劲一样。警察司司长洛普欣先生的报告书充满了独特的忧郁伤感的语调，整个报告书都在说：真是得不偿失。

这种伤感的语调，一个警察对俄国的基本警察法所作的这种事务性的、干巴巴的、无情的批评，使社会民主党人非常高兴。警察昌盛的好日子过去了！60 年代过去了，那时甚至没有想到会有革命政党。70 年代过去了，那时这种政党虽然已经实际存在并已引起恐惧，但它的力量"只能用来进行单独的暗杀，而不能进行政

治变革"。在"秘密宣传是依靠个别人和小组"的时候,新发明的弹
簧还能起一定的作用。但是现在,"在社会处于目前这种状况下,
在对现制度的不满情绪和激烈的反政府运动在俄国普遍增长起来
的时候",这根弹簧完全松劲了!如果加强保安的非常措施**不得不**
千百次地被用来对付"工人的具有和平性质和纯粹经济动机的罢
工",如果连石头也被看做政治上不无危险的武器,在这种情况下,
这些措施显得多么荒谬无聊啊!

可怜的洛普欣在绝望中加了两个感叹号,他请大臣先生们和
他一起嘲笑加强保安条例所造成的那些毫无意义的后果。从革命
运动真正深入人民并且紧密地同工人群众的阶级运动结合在一起
的时候起,这个条例的全部措施,从要求登记公民证到军事法庭,
都已不中用了。甚至连"看门人制度",连无所不能的、尽善尽美的
"看门人制度"也遭到警务大臣的致命批评;大臣指责这个制度减
弱了对警察的预防性活动的影响。

说实在的,警察制度彻底破产了!

除了最可敬的洛普欣先生这位具有如此高的权威的人物的说
明外,沙皇政策的全部发展进程也证实了这一破产。在真正的人
民革命运动还没有发生,政治斗争还没有同阶级斗争合为一体的
时候,要对付个人和小组,单靠一些警察措施也还有些用处。要对
付阶级,这些措施就完全无能为力了,这些措施过多,反倒成为警
务工作的障碍。一度威严可怕的加强保安条例的条文,变成了毫
无意义的无端吹毛求疵,这些做法在并非革命者的"庶民"中所引
起的不满情绪,远远超过对革命者的真正伤害。要对付人民革命,
对付阶级斗争,决不能依靠警察,必须也依靠人民,也依靠阶级。
这就是从洛普欣先生的报告书中得出的教训。这也是专制政府从

实践中得出的教训。警察机构这个弹簧已经松劲了,单靠军事力量已显得不够。必须煽起民族的、种族的仇视,必须把城市的(**然后当然是乡村的**)小资产阶级中最落后的阶层组成"黑帮",必须设法把居民中一切反动分子集结起来保卫王位,必须把警察同小组的斗争变成一部分人民反对另一部分人民的斗争。

政府现在就在这样做,它在巴库唆使鞑靼人反对亚美尼亚人,力图引起新的反犹大暴行,组织黑帮反对地方自治人士、大学生和造反的中学生,求助于忠心的贵族和农民中的保守分子。这没有什么了不起! 我们社会民主党人对专制制度的这种策略并不感到奇怪,而且也不害怕。我们知道,现在,当工人已开始向大暴行制造者进行武装回击的时候,煽起种族仇视再不会使政府得到什么好处;政府如果依靠小资产阶级中的剥削阶层,那就会使更广泛的真正无产阶级群众起来反对自己。我们从来不曾指望而且现在也不指望靠"说服"当权者或者靠有教养的人转到"善人"方面来进行政治和社会变革。我们过去和现在一直告诫人们说,阶级斗争,人民中的被剥削部分反对剥削部分的斗争,是政治变革的基础,并且**最终**决定一切政治变革的命运。政府承认警察舍本逐末的活动已完全破产,因此转而直接组织内战,这就证明**最后清算**的时刻就要到来。这样更好。政府发动了内战。这样更好。我们也赞成进行内战。如果说在什么地方我们感到特别安全可靠,那就是在这个战场上,即在广大受压迫的和无权的、养活着整个社会的千百万劳动群众反对一小撮享有特权的寄生虫的战争中。当然,政府可以用煽起种族和民族仇视的手段暂时阻碍阶级斗争的发展,但这只能是短时期的事情,而且结果会更加扩大新的斗争场地,使人民更加痛恨专制制度。证据就是:巴库大暴行的后果使一切阶层反对沙皇制度的革命情绪增长十倍。政府原想用流血的场面和巷战的大批牺牲者来吓唬人民，实际上它反而**消除了人民**对流血的恐惧，对直接武装冲突的恐惧。实际上，它倒为我们进行了一种十分广泛而有力的宣传鼓动，这样的鼓动是我们做梦也想象不到的。让我们用法国革命歌曲中的话来说，Vive le son du canon!（"炮声万岁!"），革命万岁，反对沙皇政府及其追随者的公开的人民战争万岁!

尼·列宁

载于1905年日内瓦前进出版社出版的《警察司司长洛普欣的报告书》一书

译自《列宁全集》俄文第5版第9卷第331—334页

他们想骗谁？

（1905 年 3 月 2 日〔15 日〕）

在我们刚收到的《火星报》第 89 号上刊登了"党总委员会"1905 年 3 月 8 日的决定。果然不出所料，国外的"总委员会"对于国内党的委员会召开代表大会一事大发雷霆，宣布"代表大会的参加者以自己的行动将自己置身于党外"。在俄国活动的党实际上早已离开了国外小组，而现在是形式上也要离开它。国外小组的盛怒我们是十分理解的。同样可以理解的是，人们只有在盛怒和绝望的情况下才会像总委员会那样，发表这种糟糕的议论，才会这样笨拙地"回避真理"。他们对我们说："按照党章，只有总委员会才能召开代表大会。"是的，但如果总委员会撕毁党章，用欺骗手段规避召开代表大会的职责，这种情况就另当别论了。党早已证明，总委员会就是这种"情况"（见奥尔洛夫斯基的《反党的总委员会》一书，书中曾指出，按照"总委员会"的算术，$16 \times 4 = 61$！）。其次，他们还对我们说，到 1905 年 1 月 1 日，根据总委员会的一致（包括列宁在内）决定，有权利能力的组织（各中央机关除外）有 33 个。这是不对的。党早就从上述小册子中知道，到 1905 年 1 月 1 日，有权利能力的组织只有 29 个。《火星报》所举出的库班委员会和喀山委员会从未得到总委员会的批准，而波列斯克委员会和西北委员会只是到 1905 年 4 月 1 日才被批准。剩下的是 29 个组织

（圣彼得堡委员会、莫斯科委员会、特维尔委员会、北方委员会、图拉委员会、下诺夫哥罗德委员会、萨拉托夫委员会、乌拉尔-乌法委员会、西伯利亚委员会、顿河区委员会、哈尔科夫委员会、基辅委员会、敖德萨委员会、叶卡捷琳诺斯拉夫委员会、里加委员会、奥廖尔-布良斯克委员会、斯摩棱斯克委员会、萨马拉委员会、沃罗涅日委员会、高加索联合会＝4个委员会、库尔斯克委员会、阿斯特拉罕委员会、尼古拉耶夫委员会、克里木委员会、矿区委员会和同盟）。总委员会又说，"多数派委员会常务局"受到10个组织的全权委托。这是胡说。大家都知道，常务局还是在1905年1月1日以前在13个委员会（6个北方的委员会，3个南方的委员会，4个高加索的委员会）的三次代表会议上选出来的。常务局提出召开代表大会之后，沃罗涅日委员会和图拉委员会就与常务局站到一起了。因此，到1905年1月1日，28个国内享有全权的组织中有15个组织不顾波拿巴分子的中央机关的意愿而拥护召开代表大会。这里还没有包括那些早就完全拥护召开代表大会（见沙霍夫的小册子《为召开代表大会而斗争》）的享有全权的组织（萨拉托夫委员会、西伯利亚委员会及其他组织）。总委员会试图欺骗那些只是根据国外派的空谈而不是根据文件来了解问题的不明真相的公众，这种做法是十分可笑和笨拙的，这从下面两个材料中可以特别清楚地看出来。在少数派出版的一本非常有趣的小册子《关于1904年9月2日日内瓦会议的报告》中，唐恩承认，党的多数委员会同《火星报》断绝了一切同志关系，而激烈反对多数派的普列汉诺夫却不得不声明，敌对双方的力量差不多是相等的！！（请注意，这是一个国外派的评论。）在列宁的那个不仅没有被少数派驳倒反而为波波夫的坦率承认所证实的

《声明》里①,不是别人,正是波波夫这位中央代办员承认,少数派只有 4 个国内委员会,因此在真正的党代表大会上,编辑部和总委员会无疑要撤换。再说一遍:最可敬的热心于增补的英雄们,你们想骗谁呢? 你们就像害怕火一样害怕唯一真正符合党的原则的解决办法——召开代表大会,但同时却又硬说,你们的反对者拥有的组织很少,总共只有四分之一! 你们在盛怒之下没有发现,你们是自己打自己的耳光。尼古拉二世害怕立宪会议,难道不是因为沙皇制度的反对者只占人民的一小部分吗?

载于 1905 年 3 月 2 日(15 日)   译自《列宁全集》俄文第 5 版
《前进报》第 10 号   第 9 卷第 335—337 页

---

① 参看本卷第 104 页。——编者注

无产阶级和资产阶级民主派

（1905 年 3 月 2 日〔15 日〕）

我们已经指出，新火星派认为温和的俄国自由派已被置于死地，无产阶级的先锋队作用已为我国民主派所承认，这是一种不可原谅的浅薄看法①。恰恰相反，正是现在，资产阶级民主派正在竭力使工人运动完全受自己支配。因此，正是现在，借新火星派复活的工人事业主义就特别有害。这里有一份曾在俄国散发的值得注意的传单，它提供了有关这个问题的宝贵材料：

"最近以来，资产阶级力求组织起来，但是资产阶级民主派面向工人，却是一个更值得注意的事实。民主派想当无产阶级经济斗争和政治斗争的领导者。他们说：'从信念来看，我们说实在的是社会民主党人，但是社会民主党由于自己党内纷争而没有了解当前局势的重要性，结果便不能领导工人运动，所以我们想担负起这个任务。'从这些新的'表现在内心的社会民主党人'继续发表的言论可以看出，他们没有制定独立的纲领，而只是要解释和回答工人向他们提出的问题。刊物应当适合这种需要，而绝不应当带有党的性质。这样，这些'纯粹的社会民主党人'，由于不满意委员会的策略和目前的做法，便自己采取了早已被历史抛弃的'倾听意见'的形式，采取了已经寿终正寝的经济主义形式。这些先生们自

---

① 参看本卷第 249 页。——编者注

认为是社会民主党人，自认为是工人阶级意愿的真正表现者，其实他们不了解或者不想了解，只有在统一的工人政党的领导下，只有在无产阶级认识到自己的阶级独特性并了解到它的真正解放的事业必须由它自己来实现，而不能由破坏工人政党行动的声誉的资产阶级民主派来完成的时候，工人运动才能获得重大的成果。这些'说实在的'社会民主党人，所谓的马克思主义者应该了解到，由于他们力图证明必须由某些纯粹是资产阶级知识分子组成的'民主派'（而不是社会民主党人）来给工人指出走向自由和社会主义的道路，竟使工人群众受到多么严重的危害。

其实，看来他们已经完全忘记了社会主义，而只是热衷于玩弄目前的政客手腕。他们渐渐地把机会主义因素带到工人运动中来。工人不再渴望建立自己的政党，而信赖知识分子。为什么工人阶级的这些新朋友竟容忍甚至鼓励这种现象呢？'民主派'自己对这点作出了坦率的回答。他们说：'过去我们这一派仅仅在知识分子中间进行工作，但是最近的事件却迫使我们面向工人。'

这些坐享民主主义成果的先生们，自称为'原则上的'社会民主党人，他们只是在群众已经走上街头，马路上已经洒满了成千上万工人的鲜血的时候，才来关怀无产阶级运动。于是他们便以工人阶级的真正朋友的身份出现，假装看不见数十年中所进行的培养和指导俄国无产阶级的革命情绪并以无数牺牲的代价创立了统一的社会民主工党的活动。显然，这些时髦的社会民主党人从全部马克思主义理论中只弄清了一点（这也是不久以前的事），这就是只有组织起来的无产阶级的力量才能推翻专制暴政和夺得主要由资产阶级享用的政治自由。无产阶级的新朋友们骑在工人运动的身上，把直接成果当做鞭子，驱赶着运动并吆喝着：'前进，奔向

我们的自由！'俄国俗话说得对：'愿上帝保佑我们摆脱朋友，至于
敌人，让我们自己来对付吧。'"

载于 1905 年 3 月 2 日(15 日)　　　　　译自《列宁全集》俄文第 5 版
《前进报》第 10 号　　　　　　　　　　　第 9 卷第 338—340 页

无产阶级和农民

(1905 年 3 月 10 日〔23 日〕)

农民起义风起云涌。农民袭击地主庄园和农民没收地主的粮食、牲畜的消息从各省不断传来。在满洲被日本人击溃的沙皇军队正在向手无寸铁的人民实行报复,正在讨伐内部敌人——贫苦农民。城市的工人运动得到了新的同盟者即革命的农民。因此,无产阶级的觉悟的先锋队社会民主党对农民运动的态度问题,就具有直接的实际意义,在我们党的所有组织中,在宣传员和鼓动员的一切发言中,都应当把这个问题提到最近的日程上来。

社会民主党已经不止一次地指出,农民运动向它提出了一个双重任务。我们应当无条件地支持和推进这个运动,因为它是革命民主主义的运动。同时我们还应当始终不渝地坚持自己的无产阶级的阶级观点,把农村无产阶级组织起来,就像组织城市无产阶级一样,并把它同后者一起组织成为独立的阶级政党,向它说明它的利益和资产阶级农民的利益是敌对的,号召它为实现社会主义革命而斗争,向它指出,要想摆脱压迫和贫困,把农民中的一些阶层变为小资产者是无济于事的,必须用社会主义制度来代替整个资产阶级制度。

旧《火星报》从第 3 号起,即早在 1902 年第一次农民运动以前,就不止一次地强调指出社会民主党的这个双重任务[1];我们党

---

[1]　见本版全集第 4 卷第 379—386 页。——编者注

的纲领中也反映出这种任务;我们的报纸(第3号)也再一次谈到了这个任务①。现在,当特别重要的是阐明这个任务的实际方面时,我们引证一下卡尔·考茨基的意见是很有意义的。考茨基在德国社会民主党的杂志《新时代》上发表了一篇题为《农民和俄国革命》的文章。作为一个社会民主党人,考茨基坚决维护这样一个真理:**现在**摆在我们革命面前的任务不是实行社会主义革命,而是消除现行的即资本主义的生产方式发展道路上的政治障碍。考茨基接着说道:"在农民和地主的关系这个问题上,城市的革命运动应当保持中立。它没有任何理由站到农民和地主的当中,保护后者而反对前者;它的同情完全是在农民方面。但是,城市的革命运动的任务也绝不是唆使农民去反对地主,地主在现代俄国所起的作用,完全不同于例如'旧制度'时期的法国封建贵族。再说,城市的革命者即使想要影响地主和农民之间的关系,这种影响也是很小的。这种关系要由地主和农民他们自己来确定。"考茨基的这些意见,如果不联系上下文来看,就会引起不少误会,为了正确了解这些意见,还必须注意他在文章末尾所说的一段话。他在那里说:"胜利的革命在利用革命的最凶恶敌人的大地产来改善无产阶级和农民的生活条件方面,大概不会遇到什么特殊的困难。"

　　读者只要细心比较一下考茨基的所有这些论点,就不难看出这些论点正好就是我们刚才所说过的社会民主党对问题的提法。考茨基的语句在个别地方不准确和不清楚,是由于他写得仓促和对俄国社会民主党的土地纲领缺乏了解的缘故。问题的实质在于:在俄国革命的各种不同的变故中,革命无产阶级对农民和地主

---

　　①　见本卷第175—181页。——编者注

间的纠纷,不能在一切场合和一切条件下都采取同样的态度。在一些条件下,在一定的局势下,不仅应当采取同情的态度,而且应当采取直接支持的态度,不仅应当采取支持的态度,而且应当采取"唆使"的态度。在另外一些条件下,可以并且应该采取中立的态度。根据上面所引的考茨基的意见看来,他正确地抓住了我们任务的这两个方面,他不仅和我们那些完全陷入革命民主主义的庸俗幻想的"社会革命党人"不同。而且和那许多寻找一种"简单的"、适合一切场合的解决任务的办法的社会民主党人(像梁赞诺夫或伊克斯)也不同。这些社会民主党人(和所有社会革命党人)的主要错误,就在于他们不坚持阶级观点,而是去寻找一种适合一切场合的解决任务的办法,忘记富裕农民和中等农民的两面性。其实他们注意的只是两个阶级:要么是地主和"农民-工人阶级",要么是私有者和无产者。而实际上却存在着三个最近目的和最终目的都各不相同的阶级:地主,富裕农民和部分中等农民,以及无产阶级。在这种情况下,无产阶级的任务实际上就不能不是双重性的。社会民主党在制定俄国的土地纲领和土地策略上的全部困难,就在于怎样尽量明确地规定,无产阶级在什么条件下必须采取中立态度,在什么条件下必须采取支持和"唆使"的态度。

这个任务只能有一个解决办法:同农民资产阶级一起反对一切农奴制和反对农奴主-地主;同城市无产阶级一起反对农民资产阶级和其他任何资产阶级,这就是农村无产者及其思想家社会民主党人的"路线"。换句话说:**如果农民以革命民主主义的面貌出现,就支持和推动他们,直到完全剥夺不管怎样"神圣的"老爷的"财产"。如果农民以反动的或反无产阶级的面貌出现,就对他们采取不信任态度,摆脱他们而单独组织起来,并准备同他们作斗**

争。或者再换一种说法：如果农民同地主的斗争有利于民主派的发展和巩固，就帮助农民；如果农民同地主的斗争只是与无产阶级和民主派毫不相干的土地占有者阶级的两个派别之间的账务清算，就对农民采取中立态度。

自然，这种答案不能满足那些对待农民问题缺乏深思熟虑的理论观点的人，他们追求时髦的、动人的"革命"（口头上革命）口号，不懂得恰恰是在农民问题上采取革命冒险行为是非常危险的。对待这样的人（我们当中现在已有不少这样的人，社会革命党人就属于这一类，随着革命和农民运动的发展，这样的人一定还会增多），社会民主党人应当坚定不移地坚持阶级斗争的观点，反对一切含糊的革命观念，应当冷静考虑农民中各种不同的成分，反对革命空谈。实际和具体地讲，只有下面这种见解才最接近于真实情况：所有在土地问题上反对社会民主党的人都不考虑这样一种事实，即在我们俄国的欧洲部分，有一个很大的富裕农民阶层（在总数大约1 000万农户中有150万—200万户）。农民所拥有的全部生产工具和全部财产至少有一半掌握在这个阶层的手里。这个阶层如果不雇用雇工和日工就不能生存。毫无疑问，这个阶层是敌视农奴制度、地主和官吏的，它能够成为民主主义者，但是，更没有疑问的是，它是敌视农村无产阶级的。任何想在土地纲领和策略中抹杀、回避这种阶级敌对性的企图，都是自觉或不自觉地抛弃社会主义观点。

在农村无产阶级和农民资产阶级之间有一个中等农民阶层，这个阶层在地位上具有上述两个对立阶层各自的特征。所有这些阶层，即全体农民在地位上的共同特征无疑也会使整个农民运动成为民主主义的，不管它们的不自觉性和反动性的某些表现有多么严重。我们的任务是永远也不离开阶级观点和组织城市无产阶级与农村无产阶级的最紧密的联盟。我们的任务是向自己和人民阐明"土地和自由"这个普遍而模糊的要求后面所隐蔽的**真正民主的和革命的内容**。因此，我们的任务是最坚决地支持这种要求和推动这种要求，同时又在农村中培养社会主义斗争的因素。

为了确切地规定社会民主工党在实际工作中对农民运动的态度，我们党的第三次代表大会应当通过一项支持农民运动的决议。下面就是这个决议的草案，这个决议陈述了上面谈到的和在社会民主党的著作中不止一次发挥过的那些观点，现在应当把这个决议交给尽可能广泛的党的工作者讨论：

"俄国社会民主工党，作为觉悟的无产阶级的政党，力求把所有劳动者从一切剥削下完全解救出来并支持一切反对现在的社会制度和政治制度的革命运动。所以俄国社会民主工党也最坚决地支持现在的农民运动，拥护能够改善农民状况的一切革命措施，直到为达到这些目的而剥夺地主的土地。同时俄国社会民主工党，作为无产阶级的阶级政党，一贯力求建立农村无产阶级的独立阶级组织，而且要时刻记住向农村无产阶级说明它的利益和农民资产阶级的利益是对立的，向它说明，只有农村无产阶级和城市无产阶级进行反对整个资产阶级社会的共同斗争，才能导向社会主义革命，而唯有社会主义革命才能够把全体贫苦农民从贫困和剥削下真正解救出来。

俄国社会民主工党提出立刻成立革命农民委员会来全面支持一切民主改革和具体实现这些改革，它把这点作为在农民中进行鼓动工作的实践口号和使农民运动具有高度自觉性的手段。在这种委员会中，俄国社会民主工党也将力求建立农村无产者的独立组织,这一方面是为了支持全体农民的一切革命民主行动,另一方面是为了保护农村无产阶级在同农民资产阶级进行斗争时的真正利益。"

载于 1905 年 3 月 10 日(23 日)　　　　译自《列宁全集》俄文第 5 版
《前进报》第 11 号　　　　　　　　　第 9 卷第 341—346 页

论 巷 战[153]

（公社的一个将军的意见）

（1905 年 3 月 10 日〔23 日〕）

编者按：本文是巴黎公社的著名活动家克吕泽烈的一篇回忆录的译文。从下面的简要传记材料中可以看出，他本人的见解虽然不完全是，但至少主要是在巴黎街头起义的经验的基础上形成的。此外，他所说的完全是无产阶级反对一切有产阶级的革命，而现在我们在俄国所经历的革命在很大程度上是反对政府集团的全民革命。因此，不言而喻，克吕泽烈的独特的思想，只能作为俄国无产者针对我们的情况独立地研究西欧同志经验的材料。我们认为，把作者的相当有趣的经历简略地向读者介绍一下并不是多余的。

古斯塔夫·保尔·克吕泽烈（Cluseret）1823 年 6 月 13 日生于巴黎。曾在圣西尔军事学校读书，1843 年毕业，获得了陆军少尉（sous-lieutenant）的军衔。1848 年任陆军中尉时期，曾积极参与镇压巴黎的工人起义（六月事件）。在 6 小时之内拿下了 11 个街垒，缴获了 3 面旗帜。由于这种"功勋"，他获得了荣誉军团勋章。1855 年任陆军上尉时期，参加了克里木战役。后来辞职。在意大利解放战争中，他参加了加里波第的军队。1861 年去美国，并参加了反对蓄奴州的国内战争。获得了将军军衔和（在克罗斯基斯胜利后）美国国籍。后来回到法国。1868 年因在《艺术报》[154]上发表文章被捕入狱。在圣珀拉惹狱中和"国际"的活动家建立了联系。由于他在报上发表了尖锐的军事批评，被作为美国公民驱逐出法国。共和国成立（1870 年 9 月 4 日）后回到巴黎，参加了策划在里昂和马赛发动起义的活动。1871 年 4 月 3 日被任命为公社的军事部长。4 月 16 日当选为公社委员。后因放弃伊西堡垒被公社撤职和逮捕，但被同志法庭宣告无罪。公社失败后逃出法国。1872 年 8 月 30 日被凡尔赛法庭判处死刑。大赦后1881 年回到法国，曾为《公社报》和《马赛曲报》[155]撰稿。因鼓动军队不服从指挥被判处两年徒刑。从法国逃亡。1888 年，作为革命政党的候选人参加了众议院的选举，猛烈抨击议会制和激进的"克列孟梭"党[156]。1889 年在土伦第二选区当选为众议院议员。属于社会主义工人派。著有《军队和民主》（1869 年）一书和专门记述公社的两卷《回忆录》（1887 年）。

载于 1905 年 3 月 10 日（23 日）　　　　译自《列宁全集》俄文第 5 版
《前进报》第 11 号　　　　　　　　　　　第 9 卷第 347—348 页

第 一 步

(1905 年 3 月 10 日〔23 日〕)

我们读了《火星报》第 91 号上 1905 年 3 月 10 日党总委员会的决定以后曾说：你们叩门，门就会开**157**。关于总委员会 1905 年 3 月 8 日的决定的消息和我们在《前进报》第 10 号上的答复①还没有传到国内，就发生了总委员会精彩的新转变，对于新火星派同志们的这种转变，我们只能表示衷心的欢迎，并且衷心地希望他们能朝着这个方向继续向前迈步。

总委员会 1905 年 3 月 10 日的决定是给参加国内常务局召开的党的第三次代表大会的代表们的号召书，它建议代表大会接受德国党和倍倍尔的调停以恢复党的统一，并表示同意由总委员会派两名代表出席代表大会，以便商谈如何实现调停的主张。

总委员会**"在新的道路上"**迈出了第一步，这时，它当然不可能完全不采取它过去的某些手段，不可能不再说谎话，这些谎话本身的荒唐我们在《前进报》第 10 号上已经指出，这就是：什么国内多数委员会所召开的代表大会不是党的代表大会，什么"为数不多的党员"想"把自己的决定强加给党的真正多数"。这些遁词若不是可笑的，就是可鄙的，我们不想再谈这些。特别是由于总委员会迈出的新的一步已经自然地引起了普遍的注意，我们就更不想谈这

---

① 见本卷第 318—320 页。——编者注

些了。总委员会终于(终于!)懂得了党的代表大会在解决党内危机方面的意义,终于进行了第一个尝试,虽然是微小的、懦怯的、不彻底的尝试,它毕竟还是试图朴实地看待事物,直率地谈论问题,并试图摸索一条道路,一条通过第二次代表大会后形成的党的两个部分之间的直接谈判来恢复党的统一的"新道路"。

预祝顺利! 如果早能这样,无产阶级政党就不致成年累月地经受着痛苦的、荒唐的、慢性的危机和秘密的分裂了。如果能再真心诚意一些去直接而公开地考虑在俄国工作的党的工作者的意愿,俄国社会民主党早在一年以前就可以摆脱自己的暂时分裂状态了。是的,一年以前,甚至一年多以前。

这是1904年1月底的事情。党总委员会头一次开会讨论党内的新形势和党内危机,参加会议的有普列汉诺夫、阿克雪里罗得、马尔托夫、瓦西里耶夫和列宁。上述后两个人,这两个中央委员和多数派的拥护者清楚地看到,**实际上党已经被少数派分裂了**,这种分裂的**秘密**性质给党带来了无穷的危害,使党的士气完全涣散,放纵一方肆意"无理取闹",对另一方却用必须遵守共同的决议加以约束。**秘密**分裂党的活动和公开的分裂活动相比(按其道义上和政治上的意义、按其道义上和政治上的后果来说),差不多就像秘密通奸和公开的自由恋爱一样。

总委员会的上述委员因此提出了一项决议案(1904年1月28日)①,决议案全文由沙霍夫刊载在《为召开代表大会而斗争》(第81页)上。尽管在编辑部和在总委员会,即党的最高机关中布尔什维克的反对者占优势,但**布尔什维克**考虑到当前历史时期的极

① 见本版全集第8卷第115—117页。——编者注

其严重的任务,还是最先在决议中谈到党内和平的必要性。布尔什维克在决议中把必要的和不可避免的思想斗争同"不体面的无理取闹"、瓦解行为、地位之争、抵制行为等等加以严格地区分。布尔什维克请求党的总委员会号召全体党员"尽快抛开彼此之间的小成见,把思想斗争永远限制在一定范围内,不让它破坏党章,阻碍实践活动和正常工作"。我们有很多非常健忘的党员,他们喜欢谈论党的主动性,但是却宁愿听信无谓的诽谤而不去**研究**有关党的分裂的**文献**。因此,我们坚决建议所有愿意弄清党内情况的同志,看一看《为召开代表大会而斗争》这本小册子的第 81 页。

　　孟什维克自然否决了列宁和瓦西里耶夫的决议案,通过了(普列汉诺夫、马尔托夫和阿克雪里罗得)请求中央委员会"增补"孟什维克的决议案。由于中央委员会在 1903 年 11 月 26 日曾表示同意由它自己即中央委员会增补**两名**孟什维克,所以总委员会的这项决议案无非是强迫中央委员会接受**三个**特定的人员。现在,全党已经确凿地知道(从列宁的《声明》①中),正是由于这"三个"人,才编造出原则性的意见分歧并且进行"不体面的无理取闹",**一直到 1904 年 11 月**。列宁和瓦西里耶夫为了回答关于增补的决议,提出了不同意见(沙霍夫的书第 84 页)②,我们建议重读一下这个意见,以使那些不熟悉情况的人或健忘的人从中受到教育。意见中说,"除了立即召开党的代表大会以外",中央委员会的这些委员"根本看不出还有其他办法能正当地和正确地摆脱目前的党内纠纷,终止这种因中央机关的成员问题所引起的令人不能容忍的斗争"。

————

　　① 见本卷第 98—106 页。——编者注
　　② 见本版全集第 8 卷第 144、147、148 页。——编者注

孟什维克显然在破坏代表大会。当时曾好言相劝，说在代表大会上可以达成各种协议，否则斗争就会采取秘密的卖淫式的恋爱那种龌龊的形式。但是无论怎样规劝，对他们都不起作用。顺便说一下，既然孟什维克不耻于进行"卖淫式的恋爱"，那从他们方面来说，采取这种手法就是很自然的和可以理解的，但从**调和派**普列汉诺夫方面来说，采取这种手法就是一个大错误，危机的进一步发展已经明显地证实了这一点。现在，所有的人都从事实中（即从格列博夫及其一伙后来的行为的事实中）看到和知道，假如普列汉诺夫在1904年1月投票赞成召开代表大会，代表大会很快就会召开，而**在代表大会上就会形成一个强有力的调和派，它在任何情况下都不会让多数派或少数派单独取得优势。如果这样**，代表大会不仅能够召开，而且一定是一个真正**调和的**代表大会。我们再重复一遍：这不是凭空猜想，这是后来事件的实际进程**确凿证实了的**看法。但是普列汉诺夫也认为"卖淫式的恋爱"，即秘密分裂胜过坦率公开的交谈和彻底的协商。

我们现在看到的情况怎样呢？孟什维克不得不接受布尔什维克所提出的结论，尽管是畏畏缩缩，犹犹豫豫，尽管是晚了一些。布尔什维克坚持自己的意见，并且终于争取到代表大会的召开。他们说得对，如果"夫妻"俩注定不能再"同居"，那就应当公开分手，而不要像可鄙的懦夫那样进行掩饰。

当然，迟做总比不做好，就是总委员会的畏畏缩缩的一步，即准备派出它的两名"代表"的做法，我们也表示衷心的欢迎。但是我们坚决反对这一步所表现的畏缩和犹豫。先生们，你们为什么只愿意派**国外总委员会**的两名代表出席代表大会呢？为什么不派**所有的**党组织的代表呢？要知道，俄国多数派委员会常务局的委员们**邀请**所有的人参加代表大会并特别给编辑部、总委员会和同盟寄出了挂号信！为什么会产生这样奇怪而不可理解的矛盾呢：一方面，为了同中央委员会的三个骑士建立**虚伪的**和平（分明是违背多数派委员会的意志），你们不是只限于由总委员会派出"自己的两名代表"，而是**询问了少数派所有的委员会和组织**，《火星报》第 83 号曾公开谈过这一点。而另一方面，为了和全党建立**真正的**和平，你们却只派出一个国外总委员会的两名代表来进行"直接的谈判"。对我们说来，与国内的孟什维克合作要比与一伙著作家合作重要百倍，但是，国内的孟什维克到哪里去了呢？那些**工人**，各组织的成员和代表，即那些曾被你们嗾使来反对第二次代表大会和你们多次为他们的主动性叫喊的工人，他们到哪里去了呢？？阿基莫夫和布鲁凯尔，马霍夫和叶戈罗夫（或者他们的朋友和同道者）等同志曾从他们的角度十分坚决地支持孟什维克，但又没有损害自己的名誉，即没有参加由于增补而引起的争吵，这些同志到哪里去了呢？普列汉诺夫和其他许多人曾在新《火星报》上说过，你们似乎已经与克里切夫斯基同志和其他过去的"经济派"和解了，这些人又到哪里去了呢？梁赞诺夫同志受到你们的同情支持（这我们也是很了解的），但他还是**拒绝加入少数派的组织——同盟**，他现在到哪里去了呢？

或者你们会说，所有这些同志都没有委托书？但是，你们不是**"抛开一切形式上的考虑"**给代表大会写信了吗！！

不，先生们，敷衍的办法不能满足我们，漂亮话也不能喂饱我们。让我们抛开"形式上的考虑"直截了当地说，如果你们真想在同一个组织中一道进行工作，那你们就应当**全体出席代表大会**，并且还邀请所有那些**只是**在思想看法上而不是在增补问题上与我们不一致的同志。那你们就应当考虑"革命者的善良愿望",你们极不聪明地拿这种愿望作借口,规避代表大会,但是**只有**这种愿望才能完全决定代表大会所代表的**整个**党的命运。那你们就应当物色能够对**代表大会一切成员**的这种"善良愿望"施加影响的调停人。我们对任何这样的调停人都将表示衷心的欢迎。

你们叩门,门就会开……　布尔什维克通过公开的斗争,现在终于真正找到一条摆脱危机的比较直接而明确的道路。我们终于争取到召开代表大会。我们终于使孟什维克转变了,他们已从离开党的党总委员会的粗暴呵斥转向直接公开地建议举行直接谈判。不管总委员会是否有足够的智慧和诚意沿着"新的道路"迈出第二步,——我们相信,无论如何,党性一定会彻底战胜小组习气。

载于 1905 年 3 月 10 日(23 日)　　　　译自《列宁全集》俄文第 5 版
《前进报》第 11 号　　　　　　　　　　　第 9 卷第 349—354 页

关于党纲的历史¹⁵⁸

（1905年3月10日〔23日〕）

　　普列汉诺夫强调纲领草案**不是**我写的,这样一来他就首先用暗示、非难和斥责的方式把我们关于纲领草案的争论公之于众了。遗憾的是,他并不是在叙述这些争论,而只是在造谣中伤,也就是说,他的论断是耸人听闻的,但又是模糊不清和经不起检验的。因此,我必须对我的同事的反对普列汉诺夫的文章加以补充,我这里有关于我们在讨论纲领草案时发生争论的确凿材料,必要时我将公布这些材料。那时读者就会看到:(1)普列汉诺夫硬说我们的关系冷淡似乎是由于《怎么办?》一书造成的,根本不是这样。关系冷淡是由于在发生纲领争论时六人小组分裂成两半造成的;(2)我始终坚持把关于大生产排挤小生产这一论点加到纲领中去。普列汉诺夫却打算只是采用著名的"或多或少"这种模糊不清的说法;(3)我始终坚持在谈到我们党的阶级性质的地方用"无产阶级"一词代替"被剥削的劳动群众"一词;(4)当我和我的支持者在六人小组中指责普列汉诺夫在其纲领草案中对党的无产阶级性质表达得不够清楚的时候,普列汉诺夫却反驳说,我是像马尔丁诺夫那样来理解党的无产阶级性质的。

载于1905年3月10日(23日)
《前进报》第11号

译自《列宁全集》俄文第5版
第9卷第355页

关于我们的土地纲领

（给第三次代表大会的信）

（1905 年 3 月 16 日〔29 日〕）

日益发展壮大的新的农民运动,又把我们的土地纲领问题提到了首要地位。这个纲领的基本原则,当然不会引起意见分歧和争论。无产阶级政党应当支持农民运动。它永远也不会去保护现代的地主土地占有制免遭农民的革命冲击,但是与此同时,它将永远努力发展农村中的阶级斗争,并使这一斗争具有自觉性。这些原则,我认为,是全体社会民主党人都同意的。只是在必须把这些原则应用于实际的时候,在必须把它们写在纲领中以适应当前任务的时候,才发生了意见分歧。

现实最能解决各种理论上的意见分歧,我相信,革命事变的迅速进展也会消除社会民主党内在土地问题上的这些意见分歧。未必有谁会否认,制定关于各种土地改革的空洞计划,并不是我们的事情,我们应当加强同无产阶级的联系,**支持**农民运动,同时又不忽视农民业主的私有者的倾向,革命向前发展得愈快,这些倾向和无产阶级的敌对性就会愈迅速愈尖锐地表现出来。

但是,从另一方面来说,很明显,当前的革命时机要求提出一个十分明确的具体口号。这个口号应当是成立**革命农民**委员会,而我们党的土地纲领就非常正确地提出了这个口号。在农民运动中还有大量的愚昧无知和缺乏自觉性的现象,对这一点产生任何错觉,都是极其危险的。农夫的愚昧无知首先表现在不懂得运动的**政治**方面,例如不懂得,如果不对**整个国家**的**整个**政治制度进行根本的民主改革,就根本不可能在扩大地产方面采取任何可靠的步骤。农民需要土地,他的革命情感,他的本能的、原始的民主主义**不可能**不表现为要取得地主的土地。对此当然没有人会否认。社会革命党人只停留在这一点上,而不去用阶级分析方法对待农民的这个模糊的愿望。社会民主党人根据阶级分析断定,全体农民除了要求归还割地[159]以外,未必**能够**团结一致地继续前进,因为超出这个土地改革的范围,农村无产阶级和"善于经营的农夫"之间的对抗就必然会明显地表露出来。当然,社会民主党人决不会反对起义的"农夫""彻底打倒地主",剥夺地主的**全部**土地,但是社会民主党人不能在无产阶级的纲领中陷入冒险主义,不能让那些只会是变换阶级或变换所有者类别的土地占有制改造(即使是民主主义的改造)的美妙前景,遮盖住反对私有者的阶级斗争。

到目前为止,我们的纲领中提出的是归还割地的要求,而在对纲领的各种注解中指出,割地根本不是一堵墙,而是"继续前进所必须经过的一道门"①,无产阶级乐意支持农民在这条道路上继续前进,但是它必须留神注意它的临时同盟者——农民业主,看他是不是伸出了他的业主的魔爪。现在,革命事变当前,自然而然地产生了这样一个问题:如果把我们策略上的**这一**论点由注解变为纲领本身,不是更为合适吗?因为,无论如何,纲领总是社会民主党全党观点的正式表达,而任何注解势必多多少少反映某一个社会

---

① 参看本版全集第7卷第165页。——编者注

民主党人个人的观点。因此，把我们对这一问题的政策中比较共同的论点纳入纲领，而在注解中阐发具体的办法、个别的要求、例如割地的要求，这样不是更加合理吗？

为了更具体地说明我的思想，我在这里引用一下我们纲领的有关地方应当采用的一个提法：（俄国社会民主工党首先要求）……"（4）建立革命农民委员会以消除一切农奴制残余，对一切农村关系实行民主改革并采取革命措施来改善农民的状况直到剥夺地主的土地。社会民主党将支持农民的一切革命事业，捍卫农村无产阶级的独立的利益和独立的组织。"

按照上面的提法，一向通常是在注解中发挥的论点就被写进纲领，而"割地"却由纲领转入注解。这样修改的好处是，纲领中可以更明确地指出无产阶级立场的独特性，而明确这样一个重要问题比起修辞上的不便是更为重要的（所谓不便就是：不是把肯定的要求写入纲领，而是把通常属于注解范围的说明写入纲领。不过，应当指出，在我们的纲领中已经有这样的说明：例如，请参看关于反对那些会使警察、官吏的监护巩固的改革的条文[160]）。还有一个好处是，纲领上将永远消除那种荒谬的思想，好像社会民主党对农民说，他不能而且也不应当提出超过割地的要求。必须在纲领中提出明确的说法以消除这种思想，而不只是在注解中加以说明。我的提法的缺点，可能是没有指明剥夺土地的任何具体方法。但这也可以算是缺点吗？

凡写文章论述土地问题的社会民主党人都不止一次地指明，如果我们在这个问题上醉心于制定空洞的计划，那是非常不恰当的，因为，最主要的土地改革措施——土地国有化，**在一个警察国家中**必然会被歪曲并且会被用来模糊运动的阶级性质。而其他一切改造土地关系的措施,在资本主义制度下都只是接近于国有化,都只是一些局部的措施,只是某些可能采取的措施,但社会民主党绝不打算用它们来**限制自己**。目前,社会民主党人正在反对国有化,甚至社会革命党人受了我们的批判的影响,也开始更谨慎得多地对待这种国有化了(请把他们的纲领草案同他们以前的"蛮勇"比较一下)。

但问题在于,革命运动正使我们走向我们的一项最近要求——成立民主共和国,同时并消灭常备军等等。

在成立民主共和国,武装人民以及实现其他类似的共和主义措施的时候,社会民主党不能发誓拒绝土地国有化,从而在这个问题上束缚住自己的手脚。因此,我的提法的缺点只是表面的。而实际上这种提法为当前时机提出了一个彻底的阶级的口号(而且这个口号非常具体),同时也为那些在我们的革命顺利发展时可能成为必要的或最好的"革命民主"措施留下了充分的余地。在目前,以及在将来,直到农民起义彻底胜利,革命的口号必须考虑到**农夫和地主**的对抗;关于割地的条文已完全正确地强调指出了这种情况;然而各种各样的"国有化"、"地租的转让"、"社会化"等等却都忽视和模糊了这种突出的对抗(这正是它们的缺点)。

我的提法同时还把革命农民委员会的任务扩大到"对一切农村关系进行民主改革"。在我们的纲领中,把农民委员会当做一个口号提了出来,并且完全正确地说明它们的特点是**农民的**,即等级的委员会,因为等级的压迫只能由整个下层的被压迫等级来消灭。但是有什么理由把这些委员会的任务限定为只是进行土地改革呢?难道为了进行行政改革等其他改革还要建立**其他的**委员会吗?我已经说过,农民最糟糕的一点是完全不懂得运动的政治方面。如果能够(哪怕是在个别的情况下)把农民在改善自身状况方面的有效的革命措施(没收粮食、牲畜、**土地**),同**农民委员会**的成立和活动联系起来,同革命政党(在特别顺利的情况下,是临时革命政府)对这些委员会的完全承认联系起来,那就可以认为,争取把农民吸引到民主共和国方面的斗争是胜利了。如果不把农民吸引到这方面来,那么农民的一切革命措施就会是很不巩固的,而他们的一切成果也容易被执掌政权的社会阶级夺走。

最后,在谈到对"革命民主"措施的支持时,我的提法明确地划清了农民夺取土地这样的措施的虚假的貌似社会主义的**外表**同它们的真正的民主主义内容之间的界限。只要回想一下马克思和恩格斯对土地运动,例如对美国的土地运动的态度(马克思在1848年对克利盖的评论[161],恩格斯在1885年对亨利·乔治的评论[162]),就足以了解划清这种界限对社会民主党人是何等重要。现在当然谁也不会**否认**因土地而引起的农民战争,谁也不会否认追逐土地的行动(在半农奴制国家或殖民地)。我们完全承认这种战争的合法性和进步性,但同时我们也要揭露它的民主主义的,即**归根到底**是资产阶级民主主义的内容,因此,在支持这个内容的同时,我们还提出特别的"保留条件",指出**无产阶级**民主派的"独立"作用,指出力求实现社会主义革命的阶级政党——社会民主党的特殊目的。

由于有这些看法,因此我建议同志们在即将召开的代表大会上讨论我的提案,并依照我的上述精神扩充纲领的有关条文。

载于1905年3月16日(29日)　　　　　　译自《列宁全集》俄文第5版
《前进报》第12号　　　　　　　　　　第9卷第356—361页

波拿巴分子的鬼把戏

3月29日(16日)于日内瓦

我们刚刚收到从特维尔发来的如下报道:3月9日,在有中央委员会代表参加的外层组织同地方委员会召开的会议上,讨论了对中央委员会召开的党的第三次代表大会(1905年3月4日告全党书)的态度问题。会上宣读了特维尔委员会的决议:"特维尔委员会拥护俄国社会民主工党中央委员会关于准备党的第三次代表大会的号召(1905年3月4日中央委员会的决议),并开会作出决定:派代表参加这次代表大会。鉴于特维尔委员会向组织局的代表声明它参加该局所组织的代表大会,特维尔委员会认为应当说明,它所以作出这个声明,是因为常务局的代表①曾说中央委员会决定使正在筹备的代表大会成为例行代表大会。"

外层组织的会议不同意特维尔委员会的决议。当时以一票弃权,七票对一票的多数通过了下面的决议:"我们终于等到了中央委员会关于准备立即召开第三次代表大会的号召,我们拥护中央委员会的这一行动,同时我们声明,我们已经参加组织局正在召集

---

① 一个曾在特维尔委员会和外层组织于2月召开的会议上作了关于第三次代表大会报告的多数派委员会常务局代表告诉我们说,特维尔委员会这种说法"不准确"。他向我们声明说:"我根据中央委员尼基季奇的**直接声明**告诉你们,中央委员会**有意**宣布召开第三次(例行)代表大会,即通过协商的办法使常务局召开的代表大会成为这个例行的代表大会,但是由于各种情况,**尚未来得及**同常务局就这个问题进行正式商谈。"

的**党的**代表大会。我们认为，只有在中央委员会和组织局正式进行协商的条件下，中央委员会在它的 3 月 4 日《告全党书》中所提出的建议才能用得上"（赞成者六票，反对者三票）。为了说明其他三个投反对票的人的情绪，请看两位投反对票的同志所提出的另一项决议案："地方组织拥护中央委员会关于召开党的第三次代表大会的决定，它坚决建议中央委员会和组织局彼此进行协商。如果协商不成，地方组织就保留自由行动的权利。"

从这个报道中可以得出如下结论：(1)特维尔委员会承认，它曾和外层组织一起声明，同意参加多数派委员会常务局筹备的代表大会；(2)后来，特维尔委员会受了中央委员会关于召开第三次代表大会的新诺言的影响，撤回了自己表示同意的意见；外层组织没有跟着委员会走，它没有拒绝参加常务局已在召集的代表大会；(3)中央委员会关于召开第三次代表大会的新诺言是在至今未曾公布的、我们所不知道的"1905 年 3 月 4 日告全党书"中提出来的。

为了正确评价我们著名的中央委员会的行为，我们要提醒同志们首先注意一下党章，其次是注意几个事实。根据党章，代表大会是由**总委员会**召开，而不是由中央委员会召开。因此，中央委员会许下的诺言是无法兑现的。中央委员会许诺要做的事情，根据党章的规定，它这个中央委员会是不能做到的。中央委员会是许诺或设想，而总委员会是处理问题。那些天真地听信中央委员会的诺言而又不太了解党章的党员都受了愚弄。至于总委员会是怎样"处理"的，事实可以说明。总委员会在 3 月 8 日（公历）的决定中声明（《火星报》第 89 号），它**"经大多数党的工作者的同意"**（可能其中也包括特维尔委员会吧?），**"认为在这样的时候召开党代表**

大会是不恰当的"。这难道还不清楚吗？从这里难道还看不出，总委员会又在无耻地欺骗党吗？因为它根本就没有得到"大多数党的工作者"的"同意"。

其次，3月10日（公历），即隔了一天，总委员会通过了另一决定（《火星报》第91号），它在决定中表示同意派两名代表参加由俄国多数派委员会常务局召开的代表大会，但却**只字不提是否同意召开代表大会**。

还有，总委员会不仅正式否认召开代表大会是"恰当"的，而且**伪造参加代表大会的组织的票数**，即增加所谓享有全权的委员会的数目，但拒绝向党报告，它在什么时候承认哪些新委员会是已被批准的。总委员会3月8日的决定（《前进报》第10号上曾对它作过评论①）中说，在1905年1月1日以前，波列斯克委员会、西北委员会、库班委员会和喀山委员会就被称做有权利能力的委员会了，然而后两个委员会根本没有得到中央委员会的批准，而前两个委员会则是从1905年4月1日起才成为享有全权的委员会的。

我们要问问那些不愿意只是列名而是想真正做个党的成员的党员们：难道他们允许玩弄这种把戏吗？总委员会伪造票数和表示反对代表大会，而中央委员会则利用人们的幼稚，许下关于召开代表大会的"诺言"！这些人不知道，按照党章规定，这些诺言是**不可能**具有正式意义的。我们早在2月28日（15日）《前进报》第8号上，曾就中央委员会"同意"召开代表大会的最初报道发表过意见，现在事实不是已经**完全**证实了这些意见吗？我们要指出：从那时起已过了一个月了，《火星报》从那时起也已出版了第88、89、

_____

① 见本卷第318—320页。——编者注

90、91、92 号（俄历 3 月 10 日出版），但对中央委员会"同意"召开代表大会这个"棘手"问题却**只字**不提！我们现在只好重复我们在《前进报》第 8 号上谈过的话：

> "我们刚刚收到一个报道，这个报道可以理解为中央委员会同意立即召开代表大会。虽然暂时无论如何还无法证实这个消息的可靠性，但我们仍然认为它可能是真实的。中央委员会好多月来一直反对召开代表大会，撤销组织，抵制和破坏拥护召开代表大会的地方委员会。但这个策略遭到了破产。现在，中央委员会遵循着自己的准则：'达到目的最重要，形式无所谓'，为了'达到目的'（**即为了禁止召开代表大会**），不惜成百次地在形式上声明，它拥护立即召开代表大会。我们希望，不论是常务局或地方委员会，都不要让党内的'施德洛夫斯基委员会'**163**的把戏欺骗了自己。"

附言：日内瓦，3 月 30 日（17 日）。我们不得不把中央委员会的鬼把戏写成日志。我们得到了一封中央委员会寄给多数派委员会常务局的信，该信如下：

> "中央委员会于 3 月 4 日决定向党的各地方委员会发出准备党的第三次代表大会的号召，它自己这方面决定采取措施尽可能在最短时间内召开代表大会。
>
> 鉴于**全党**代表大会的成功和它的尽快召开都取决于**现在**拥护召开代表大会的所有的同志和组织的最大限度的齐心协力的工作，中央委员会向所谓'多数派'委员会的组织局建议在这个问题上互相协商，并为尽快召开代表大会和使它最充分地代表**全**党而共同努力。
>
> **俄国社会民主工党中央委员会**
1905 年 3 月 6 日"

国内各委员会的耐心和轻信真是无以复加！中央委员会为什么不公布它的 3 月 4 日的告全党书呢？它为什么要说同常务局"协商"的假话呢？常务局毫无例外地邀请**所有的人**，邀请**全党**参加代表大会，它在一个多月以前就已公开地宣布了这一点，常务局早就答复了中央委员会，现在**根本不可能延期**。谁要不是光在口头上要求召开**全党代表大会**，那就请光临吧，如此而已。还有，既然根据党章规定，代表大会不是由中央委员会召开，而是由表示反对代表大会的总委员会召开，那常务局和中央委员会进行协商又会有什么意义呢？

我们希望，现在**大家**都能看清总委员会和中央委员会的两面派把戏。而常务局，我们相信，它决不会放弃按它已**确定的**并已**通知中央委员会的**日期召开代表大会的工作。

1905 年 3 月底作为《前进报》　　　　　译自《列宁全集》俄文第 5 版
第 13 号抽印本发表　　　　　　　　　第 9 卷第 362—366 页

第 二 步

(1905 年 3 月 23 日〔4 月 5 日〕)

我们在《前进报》第 11 号上曾对脱离党的党总委员会所迈出的第一步表示欢迎。[①] 我们曾经自问：总委员会是否有足够的智慧和诚意沿着新的道路迈出第二步呢？现在我们刚刚从俄国得到消息，说**中央委员会已经迈出了第二步**。下面就是可以立即公布的有关这个问题的文件。

(1)1905 年 3 月 4 日中央委员会告全党书

告 全 党 书

同志们！俄国革命已经开始了！革命的序幕已雄辩地证明，城市无产阶级是决定革命结局的最主要的力量。但是，要使革命的结局加速到来，使人民群众的革命斗争富有计划性，特别是尽可能地使革命的结果有利于无产阶级，这在很大程度上要取决于我们党的力量和它的组织的实际状况。历史要求我们党对俄国无产阶级，对我国全体人民，以及对全世界无产阶级担负政治上和道义上的责任。在目前这种状况下，我们党是不能担负起俄国社会民主党力所能及的和必须担负的责任的。中央委员会认为，在目前时期，用手头现有的文件阐明个别有名望的党员、有影响的小组和整个党的机关在党内活动中有几分是出于深刻的政治动机，有几分是出于知识分子的浅见，这既不合时宜又徒劳无益——总之，暂且撇开在严重瓦解党的活动中过错在谁和过错大小的问题，中央委员会由于意识到自己所肩负的责任的重大，特向全

---

① 见本卷第 332—337 页。——编者注

党声明如下：它决心尽自己的一切力量来保证党的必要的统一，防止党的完全分裂。革命的发展几乎每天都向社会民主党提出一系列的新问题。其中很多问题，我们的策略几乎都没有作出规定，因为我们的策略主要是为适应"和平"时期制定的。另外一些问题在党的过去的经验中根本找不出答案来，因为这些问题是由刚刚出现的新的情况提出来的。当然，党的文献是在提供帮助，但是从完备、统一和公认的可靠性方面来看，它的答复并不是常常都能使地方工作者感到满意。最近时期，在非正式的代表会议之后联合起来的、为数相当多的委员会，对根据党的第二次代表大会所通过的党章建立起来的中央机关，采取了不信任的政策；它们已建立了自己的机关报和自己的中央机关，现在它们正在筹备自己的代表大会。最后，今年夏天是党章所规定的召开第三次（例行）代表大会的时刻。根据上述情况，中央委员会认为**在最近的将来召开全党代表大会**是防止分裂的唯一的和最后的手段。

中央委员会确信，代表大会无论在研究当前的政治时局向党提出的最重大的任务方面，或是在达到党的真正牢固的统一方面，是否能进行有成效的工作，这将完全取决于出席代表大会的代表是否能全面而充分地代表所有较重要的和有影响的派别。中央委员会为了保证充分的代表性，决定根据党章的规定，广泛行使自己的权利，邀请有发言权的同志出席代表大会。鉴于使党受到损害的那些纠纷在某些地方已经造成了一些较重要的小组与委员会的直接决裂，而有些地方则造成了各委员会和各外层组织的严重对立，中央委员会建议下列组织派遣自己有发言权的代表出席代表大会：(1)今年3月1日以前脱离各委员会的一切小组，(2)各大工业中心的一切外层组织，在这些工业中心，在委员会的活动地区里至少有 20 000 名工人，而外层组织的半数以上的成员在选举出席代表大会的代表问题上会对地方委员会表示不信任。

附注：中央委员会建议，在这种情况下，只有参加一个分委员会组织并在委员会的领导与监督下积极地进行宣传、鼓动、组织、写作、出版和散发书刊等革命工作的同志，方可被认为是外层组织的成员。其次，根据党章规定，全党代表大会由党总委员会召开，因此，中央委员会除了要求党的各地方委员会赞同召开第三次代表大会（这是目前保证党的统一的唯一手段）外，还将通过自己在党总委员会中的代表支持自己关于立即召开代表大会的决定，并马上采取一系列的实际准备措施。此外，中央委员会声明，它愿尽自己的一切力量吸收为召开代表大会在一些委员会倡议下成立的"组织局"参加召开代表大会的工作,而组织局的准备工作将会加快和促进代表大会的召开。

附注:吸收所谓"多数派"委员会的"组织局"参加召开代表大会的准备工作的详细办法,应当通过相互协商制定。鉴于**立即**召开全党代表大会是防止分裂和建立党的真正统一的最后手段,而且只有这种统一才能够使我们获得必要的力量去完成摆在俄国社会民主党面前的伟大任务,中央委员会号召全体党员积极行动起来,**为立即召开的代表大会**作好准备。

俄国社会民主工党中央委员会

1905 年 3 月 4 日

(2)1905 年 3 月 6 日中央委员会给多数派委员会常务局的信。

中央委员会于 3 月 4 日决定向党的各地方委员会发出准备党的第三次代表大会的号召,它自己这方面决定采取措施尽可能在最短时间内召开代表大会。

鉴于**全党**代表大会的成功和它的尽快召开都取决于**现在**拥护召开代表大会的所有的同志和组织的最大限度的齐心协力的工作,中央委员会向所谓"多数派"委员会的组织局建议在这个问题上互相协商,并为尽快召开代表大会和使它最充分地代表**全**党而共同努力。

俄国社会民主工党中央委员会

1905 年 3 月 6 日

(3)1905 年 3 月 12 日中央委员会和多数派委员会常务局联合发出的告全党书。

告 全 党 书

中央委员会和多数派委员会常务局倡议召开党的第三次代表大会,特向一切党组织宣布,鉴于迫切需要立即召开党的第三次代表大会以确定党的总策略和实现党的组织上的统一,它们根据如下原则就共同组织代表大会达成了协议:

(1)代表大会的召开是以中央委员会和多数派委员会常务局的宣言中阐明的纲领为基础的,根据那些纲领制定出如下议事日程:

(A)代表大会的组成,(B)党的策略问题,(C)党的组织的问题:(a)各中央机关的组织,(b)各委员会的组织,(c)党的各个机关和它们的各个部门之间的相互关系,(D)报告,(E)选举。

(2)凡按第二次代表大会的党章的规定有权参加代表大会并享有表决权的党组织,均被邀请出席代表大会(即高加索四个委员会,莫斯科委员会,彼得堡委员会,特维尔委员会,图拉委员会,下诺夫哥罗德委员会,北方委员会,基辅委员会,敖德萨委员会,叶卡捷琳诺斯拉夫委员会,哈尔科夫委员会,顿河区委员会,沃罗涅日委员会,尼古拉耶夫委员会,萨拉托夫委员会,萨马拉委员会,西北委员会,波列斯克委员会,阿斯特拉罕委员会,同盟,顿涅茨联合会,克里木联合会,乌拉尔联合会和西伯利亚联合会[①]),所有其余享有发言权的组织也被邀请出席。

(3)承认多数派委员会常务局在这以前为召开党的第三次代表大会所进行的组织工作。

(4)关于召开代表大会的下一步工作,由多数派委员会常务局和中央委员会通过他们共同组成的组织委员会进行。

(5)中央委员会和多数派委员会常务局认为党总委员会在《火星报》第89号上公布的反对召开党的第三次代表大会的决定,不能成为停止代表大会的筹备工作的理由。

1905 年 3 月 12 日

中央委员会和多数派委员会常务局在同一天,即 1905 年 3 月 12 日签订的协定暂不公布。

＊　　　　　＊　　　　　＊

这样看来,我们可以庆祝道义上的完全胜利了！俄国国内战胜了国外派。党性战胜了小组习气。中央委员会在最后一分钟看到,多数派委员会常务局召开的代表大会是真正的党的代表大会,于是便参加了这个代表大会的工作。中央委员会在最后一分钟终

① 关于里加委员会,斯摩棱斯克委员会,库尔斯克委员会,奥廖尔-布良斯克委员会,喀山委员会,克列缅丘格委员会,伊丽莎白格勒委员会和库班委员会,见中央委员会和多数派委员会常务局的协定第 3 条。

于拿出应有的足够的勇气,放弃反党的政策并且起来反对国外总委员会。根据我们的党章,代表大会应由总委员会召开,而不是由中央委员会召开。因此,从法律上来说,中央委员会关于这个问题的任何声明和协定都是完全无效的。但是,当总委员会违反党章并规避向代表大会报告工作的时候,各委员会不仅可以甚至应当主动提出召开代表大会,而中央委员会承认了一些委员会选出的常务局,这就表明它不愿仿效脱离党的党总委员会的倒霉榜样。

我们现在不能对中央委员会和多数派委员会常务局的协议中的具体问题发表意见。当然,所有这些问题,以及代表大会的议事日程和代表大会的成分等等问题,只能由代表大会自己解决。因此,我们只能预祝代表大会成功,并号召全体同志立即积极行动起来,投身到全面准备代表大会的工作中去。最后我们还要重复一下我们在《前进报》第 11 号上说过的话:"……我们现在终于真正找到一条摆脱危机的比较直接而明确的道路。"①

载于 1905 年 3 月 23 日(4 月 5 日)　　　　译自《列宁全集》俄文第 5 版
《前进报》第 13 号　　　　　　　　　　　　第 9 卷第 367—371 页

---

① 参看本卷第 337 页。——编者注

欧洲资本和专制制度

(1905 年 3 月 23 日〔4 月 5 日〕)

社会民主党的报刊已经不止一次地指出,欧洲资本在拯救俄国的专制制度。没有外国的贷款,俄国的专制制度是不能支持住的。法国资产阶级从支持自己的军事同盟者中得到好处,特别是当贷款能如数偿还的时候。于是法国资产者就贷给专制政府**近百亿法郎**(大约 40 亿卢布)的小额款项。

但是……任何事物都不是永恒不变的!对日战争暴露了专制制度的全部腐败,最后甚至破坏了它在"友好的盟友"法国资产阶级心目中的信誉。第一,战争表明俄国的军事力量软弱;第二,接连不断的一次比一次惨重的失败,表明战争胜利无望,整个专制制度的政府体系必定彻底崩溃;第三,俄国革命运动的巨大发展,使欧洲资产阶级对于一场可能也燃及欧洲的爆发惊恐万分。易燃物在最近几十年来已经堆积如山。所有这些情况加在一起,就造成了拒绝继续贷款的局面。不久以前,专制政府曾打算仍旧向法国借款,但没有借成:这一方面是因为资本已经不信任专制制度;另一方面是因为资本害怕革命,想对专制制度施加压力,迫使它同日本签订和约,同俄国自由派资产阶级讲和。

欧洲资本正在投和平之机。不仅俄国的资产阶级,而且欧洲的资产阶级也都开始懂得战争和革命的联系,开始害怕节节胜利的反对沙皇制度的真正人民的运动。资产阶级希望保持以剥削为基础的社会的"社会制度"，使它免遭过分的震动，希望通过立宪君主制或似乎是立宪君主制的形式把俄国的君主制保持下来，因此，资产阶级为了反无产阶级和反革命的利益正在投和平之机。这一无可争辩的事实清楚地告诉我们，如果忽略了现代社会的阶级对抗，如果忽略了资产阶级在其各种言论（不管这些言论看起来是多么民主和人道）中都首先而且主要是维护它本阶级的利益、"社会和平"的利益，即镇压一切被压迫阶级并解除它们的武装的利益，那么，对甚至像战争与和平这样"简单"明白的问题，也不可能有正确的提法。因此，无产阶级对和平问题的提法，也正如对自由贸易、反教权主义等问题的提法一样，必然有别于而且也应当有别于资产阶级民主派。无产阶级现在正在反对战争而且将来也要坚持不懈地反对战争。但它一分钟也没有忘记，只有完全消灭社会划分为阶级的现象，才可能消灭战争。在保存阶级统治的情况下，不能单用民主主义的感伤主义的观点来评价战争；在剥削者的国家之间发生战争时，必须区别各该国的进步资产阶级和反动资产阶级的作用。俄国社会民主党必须把马克思主义的这些一般原理实际运用到对日战争上去。我们在探讨这一战争的意义的时候（《前进报》第2号，《旅顺口的陷落》一文）曾经指出，不仅我们的社会革命党人（他们曾经斥责盖得和海德门同情日本），而且还有新火星派，是如何陷入错误的、资产阶级民主主义的观点的。[1] 新火星派的错误表现在：第一，他们提出**"不管什么样的和平"**，第二，谈到不得"借日本资产阶级的胜利进行投机"。只有站在感伤主义立场上

---

① 参看本卷第139—140页。——编者注

提出政治问题的资产阶级民主主义者，才会发表这两种议论。现在，实际情况表明，"**不管什么样的和平**"已成为欧洲的交易所经纪人和俄国的反动分子的口号（美舍尔斯基公爵现在已经在《公民》[164]上明显地指出，为了拯救专制制度，必须有和平）。十分清楚，为了镇压革命而投和平之机，是反动分子的投机，与**进步的**资产阶级投日本资产阶级胜利之机是迥然不同的。新火星派笼统地反对"投机"的论调，正是一种感伤主义的论调，这种论调毫无阶级观点而且根本不考虑各种不同的力量。

揭露反动资产阶级新面目的事件十分引人注目，现在连《火星报》也开始认识到自己的错误了。《火星报》在第83号上曾因我们《前进报》第2号上的一篇文章而怒气冲冲地"反唇相讥"，而现在在第90号上，我们满意地读到（社论）："不能**仅仅**要求和平，因为在保存专制制度的情况下，和平将意味着国家的毁灭。"就是这样，不能仅仅要求和平，因为沙皇的和平并不比沙皇的战争好一些（有时还要坏一些），不能提出"不管什么样的和平"的口号，而只能要求和专制制度的覆灭同时到来的和平，由获得解放的人民、由自由的立宪会议缔结的和平，即不是以随便什么代价、而只能是以推翻专制制度的代价换取的和平。我们希望《火星报》在了解这一点以后还能了解到，它那些反对投日本资产阶级胜利之机的高尚的长篇议论是不恰当的。

但我们还是回过头来谈谈欧洲资本和它的政治"投机"吧。从下面这件颇有教益的事件中也可以看出沙皇俄国现在是如何害怕这种资本。英国保守派资产阶级的机关报《泰晤士报》曾刊登了一篇题为《俄国是否有支付能力？》的文章。文章详尽地论证了维特先生和科科夫佐夫先生之流玩弄财政诡计的"巧妙把戏"。这些人的经营总是亏本。他们想摆脱债务,结果总是愈陷愈深。同时,在一次借款与另一次借款之间这段时间,借来的款项是存入国库的,于是他们就扬扬得意地把"黄金储备"说成"闲置现金"。借来的黄金竟被到处宣扬,说这是俄国富裕和有支付能力的证明! 难怪英国一个商人把这种伎俩比之于有名的骗子安贝尔一家所玩弄的把戏,后者常常把借来或骗来的钱(甚至把似乎是存放钱的柜子)拿给人看,为的是签订新的借款条约!《泰晤士报》写道:"俄国政府之所以时常以债务人的身份出现在欧洲市场,并不是由于缺少资本,不是由于生产企业的需要或是由于有临时的和特别的开支,而几乎完全是由于国民收入的正常的赤字。而这就是说,在目前这种情况下,俄国正直接走向破产。它的国民收支的差额,在逐年加重它的负债。它欠外国人的债务超过了国民的资力,它没有偿还这些债务的实在的保证,它的黄金储备是安贝尔的大柜子,柜子里那轰动一时的数百万元钱是从受骗者那里借来的,这些钱是继续欺骗受骗者的工具。"

真是诡计多端,不是吗? 为自己选定受骗者,向他借钱。然后把这些钱当做富裕的证明拿给这个受骗者看,再从他那里取得新的借款!

同有名的骗子安贝尔一家进行对比是十分恰当的,它揭露了有名的"闲置现金"的丑恶的"实质"和用意,使有名望的保守派报纸的这篇文章引起轩然大波。财政大臣科科夫佐夫本人拍了一封电报给《泰晤士报》,这家报纸立刻刊登了(3 月 23 日〔10 日〕)这封电报。抱屈的科科夫佐夫在这封电报中邀请《泰晤士报》的编辑到彼得堡来亲自检查黄金储备的数额。该报编辑部谢绝了他的盛情邀请,理由很简单:得罪沙皇仆人的那篇文章丝毫也没有否认有黄金储备。所以要跟安贝尔一家对比，并不是说俄国没有它所提到的黄金储备，而是说这种储备实质上是别人的，是借来的，而且是没有任何保证的，这笔钱丝毫不能说明俄国的富裕，在继续借款时提及这笔钱是很可笑的！

科科夫佐夫先生不懂得这个俏皮而又恶毒的对比的**用意**，他的那封电报使他遭到全世界的嘲笑。检查银行中的黄金储备不是新闻记者的责任——《**泰晤士报**》这样回答财政大臣。的确，报纸的责任是揭露利用这些实际存在的、但是冒充为国家富裕的证据的"黄金储备"所玩弄的诡计的实质。这家报纸在它就这封可笑的电报所写的文章中教训这位俄国大臣说，问题不在于你们是否有这笔黄金储备。我们相信你们是有的。问题在于你们的资产和负债的情况如何？你们的债务的数额和债务的保证金额如何？或者简单地说，你们那里存放的储备是你们自己的还是借来的和必须归还的，还有，你们是不是无力偿还全部债务？于是英国的资产者一方面嘲笑这位不太聪明的大臣，同时又用各种方法向他详细解释这个并不怎么了不起的狡猾把戏，并且带着教训的口吻补充说：如果你们要找个人来检查你们的贷方和借方，那你们为什么不去找俄国人民的代表呢？人民的代表刚好希望现在去参加国民代表会议或你们那里所称的国民议会。他们一定不会拒绝**认真地**检查轰动一时的"黄金储备"，而且还会**认真地**检查专制制度的**整个**财务。他们一定能够详细而又十分内行地进行这样的检查。

《**泰晤士报**》在结尾时带着讥讽的口吻写道："也许，也许是认为代表会议将坚持认为自己有权进行这种检查，而这种想法也就迫使沙皇政府不敢召开这样的会议（至少是在这种会议拥有哪怕是任何实在的权力的情况下）吧？"

好尖刻的问题。这个问题更加尖刻、更加意味深长的地方，就在于提出这个问题的实际上并不是《**泰晤士报**》，而是整个**欧洲资产阶级**；他们提出这个问题不是为了玩弄论战的鬼把戏，而是通过提出这个问题直接表达他们不信任专制制度，不愿意贷款给它，而希望同俄国资产阶级的合法代表机关打交道。这不是提问题，而是警告。这不是嘲笑，而是**最后通牒**，是欧洲资本给俄国专制制度的最后通牒。如果说日本的同盟者——英国人，用讽刺的形式提出这种最后通牒，那么俄国的同盟者——法国人，就通过最保守的和最具有资产阶级性的《时报》[165]说出了同样的话，只不过是说得温和一些，把苦药丸包上一层糖衣，但实质上仍然是拒绝再给予贷款，并劝告专制制度同日本和俄国资产阶级自由派讲和。再请听听英国另一家同样有名望的杂志《经济学家》(《The Economist》)[166]的意见："现在法国终于开始认识到俄国财政的真相。我们已经多次指出，俄国早就在靠借贷过活，它的预算并不像它的历届财政大臣所愉快声明的那样，而是每年都有很大的赤字，虽然这些赤字是靠玩弄簿记上的诡计被狡猾地掩盖起来了；最后，轰动一时的'闲置现金'主要是借来的款项和一部分国家银行存款。"这家财政专刊就这样向俄国专制制度说出了痛苦的真相，但它又认为有必要加上一点资产阶级的安慰：它说，如果你们现在能够立刻媾和并向自由派作点让步，那么欧洲无疑会重新开始给你们成百万成百万的贷款的。

我们面前所发生的这一切，可以说是国际资产阶级借口使俄国摆脱革命和使沙皇专制制度免于彻底崩溃而进行的投机活动。投机者正在用拒绝贷款的方法对沙皇施加压力。他们施展了自己的力量——钱袋的力量。他们希望俄国能建立一种温和谨慎的资产阶级立宪的(或者似乎是立宪的)制度。他们在迅速发展的事件的影响下,日益紧密地结成一个不分民族的资产阶级反革命联盟——法国的交易所经纪人和英国的大亨、德国的资本家和俄国的商人。《解放》杂志正在按照这个最温和的资产阶级政党的精神进行活动。司徒卢威先生在《解放》杂志第67期上叙述了"民主党的纲领",甚至承认(长期地吗?)普遍、直接、平等和无记名投票的选举权(对武装人民却保持缄默!),并以这样一篇很有代表性的声明("为了显示自己了不起",声明用黑体字排出)来作为自己新的信条的结尾:"目前,立刻停战的要求应当超出俄国**任何进步**政党的纲领之外和置于**这一纲领之上**。实际上这就是说,**目前俄国的现存政府**,应当(在法国的调停之下)开始同日本政府进行和平谈判。"看来,资产阶级民主派和社会民主派对停战的要求的不同,在这里表现得再明显不过了。革命的无产阶级不是把这个要求置于"纲领之上",它不是向"现存政府"提出这个要求,而是向自由的、真正自主的人民立宪会议提出这个要求。革命的无产阶级并不利用分明是为了反革命和反无产阶级的利益而力争和平的法国资产阶级的调停来进行"投机"。

最后,实际上,现在同这个温和派资产阶级的国际集团讨价还价的是布里根先生,他巧妙地赢得了时间,把对手弄得精疲力竭,用明天就办的空话来哄骗对手,决不提供一点肯定的东西,让一切,让俄国所有的一切都照旧存在下去:从派遣军队对付罢工者,到逮捕不可靠的人和查封报刊,直到卑鄙地唆使农民反对知识分子和野蛮地毒打起义的农民。而自由派正在步入圈套,有的人已经开始相信布里根,而库兹明-卡拉瓦耶夫先生正在法学家协会中劝说自由派为了……为了……为了布里根先生的漂亮的眼睛[167]

而放弃普选权!

可以同温和的、保守的资产阶级的国际联盟相对抗的只有一种力量,这就是革命的无产阶级的国际联盟。就政治团结来说,这个联盟已经完全形成了。至于事情的实际方面和革命的发动,这全要看俄国的工人阶级以及它与千百万城乡贫民为民主而共同进行的决战的成就了。

载于1905年3月23日(4月5日)《前进报》第13号

译自《列宁全集》俄文第5版第9卷第372—379页

1789年式的革命还是
1848年式的革命？

(1905年3—4月)

俄国革命的一个重要问题就是：

一、它是**彻底**推翻沙皇政府，建立共和国，

二、还是只限于削减、限制沙皇的权力，实行君主立宪？

换句话说：我们注定要进行1789年式的革命还是1848年式的革命①？（我们说**式**，是为了消除这样一种荒唐的想法，即认为一去不复返的1789年和1848年的社会政治和国际形势可能再现。）

社会民主党人必然希望并**争取实现**第一种形式的革命，这未必会有人怀疑。

可是马尔丁诺夫对问题的提法完全是尾巴主义的，他希望革命尽量温和些。若是第二种形式，马尔丁诺夫们所害怕的无产阶级和农民夺取政权的"危险性"就完全消除了。在第二种场合下，对社会民主党来说，**甚至对革命也**不可避免要采取"反对派"的态度，马尔丁诺夫就是想甚至对革命也要采取反对派的态度。

试问，哪一种形式可能性最大？

---

① 注意：这里还可以加上"还是1871年式的革命"？应当把这个问题看做是许多非社会民主党人可能向我们提出的**反对意见**。

　　认为第一种形式可能性最大的人的看法是:(1)俄国下层阶级中积蓄的仇恨、革命性无疑比 1848 年的德国要多得多。在我国,转变更为**急剧**,我国的专制制度和政治自由之间不曾有过而且现在也没有**任何**中间阶梯(地方自治机关不算),我国的专制制度是纯粹亚洲式的。(2)在我国,不幸的战争更有可能造成**急剧的**崩溃,因为这个战争使沙皇政府彻底陷于困境。(3)在我国,国际局势更为有利,因为无产阶级的欧洲会使欧洲的君主们无法对俄国的君主制进行帮助。(4)在我国,觉悟的革命政党,它们的刊物和组织的发展要超过 1789 年、1848 年和 1871 年许多倍。(5)在我国,许多受沙皇制度压迫的民族,如波兰人、芬兰人等等,特别坚决地攻击专制制度。(6)在我国,农民遭到严重破产,贫困到不可想象的地步,他们已经完全一无所有。

　　当然,所有这些看法远不是绝对的。还可以提出另外一些与此完全相反的看法:(1)我国封建制度的残余很少。(2)政府较有经验和拥有较多的辨认革命的危险性的手段。(3)战争产生了一些和革命不相干的任务,阻碍了革命的直接爆发。战争证明俄国革命阶级是软弱的,没有战争它们就不能行动起来(参看卡尔·考茨基在《社会革命》一书中的观点)。(4)我国没有来自其他国家的革命推动力。(5)目的在于分割俄国的民族运动,能够使俄国大小资产阶级中许多人脱离我国的革命。(6)在我国,无产阶级和资产阶级的对抗要比 1789 年、1848 年、1871 年深刻得多,所以资产阶级就更害怕**无产阶级**革命并且宁愿投入反动派的怀抱。

　　当然,只有历史才能对所有这些肯定意见和否定意见作出估量。我们社会民主党的工作,就是把资产阶级革命尽量向前**推动**,同时任何时候也不要忘记我们的**主要**工作:把无产阶级独立组织起来。

马尔丁诺夫正是在这方面糊涂起来了。彻底的革命就是无产阶级和贫苦农民夺取政权。可是**这些阶级**一旦掌握政权，就**不能**不去进行**社会主义**革命。因此，夺取政权，起初是**民主**革命中的一个步骤，而迫于形势，它会违反参加者的意志（有时是意识）**转变为**社会主义革命。**在这种情况下失败是不可避免的**。既然实行社会主义革命的尝试必遭失败，那么我们（像马克思在 1871 年预见到巴黎起义必遭失败一样）就应当**劝告**无产阶级**不要起义**，要等待，要组织起来，后退是为了跳得更远。

马尔丁诺夫（和新《火星报》）的**思想**实际上就是这样，假如他能按照自己的思路想到底的话。

载于 1926 年《列宁文集》俄文版　　　　　　　译自《列宁全集》俄文第 5 版
第 5 卷　　　　　　　　　　　　　　　　　　　第 9 卷第 380—382 页

告 全 党 书

（1905 年 3 月底—4 月初）

同志们！你们都知道，最近一年半多以来，我们党经历着多么严重的危机。从党的第二次代表大会时起，由于一系列的不幸事件，我们党的国外中央机关，即中央机关报编辑部和总委员会，已落到党代表大会的少数派的支持者的手里。党的工作者的不满情绪日益增长，并且发展成了暗中的顽强斗争，这种斗争严重地阻碍了社会民主党的全部活动，破坏了无产阶级政党的威信。党的各地委员会看到秘密分裂的严重危害，遂要求召开第三次代表大会，认为这是按照党的原则摆脱危机的唯一出路。从 1904 年春天起，党内全部生活就是为召开代表大会而斗争。国外的党总委员会千方百计抗拒召开代表大会。中央委员会企图满足少数派关于增补的要求，希望通过这种办法恢复党内和平，但是这个愿望落空了。结果，和平不但没有恢复，斗争倒更尖锐了。

俄国工人运动和革命的发展中出现的伟大事件——1 月 9 日事件及其后果，造成了新的形势，这就要求党发挥更大的力量和干劲。绝大多数国内工作者日益迫切地感到必须召开党代表大会。由于国外总委员会的抗拒，许多国内委员会不得不选举一个特别常务局来召集党的代表大会。在这种情况下，中央委员会认为，自己的党的职责就是同多数派委员会常务局联合起来立即召开全党代表大会。

　　即使从狭窄的形式的观点看，也可以从下面的情况看出，召开代表大会是多么急需。党员从《火星报》第 89 号上得知，党总委员会认为除了各中央机关外，享有全权的组织有 33 个。由此可见，即使根据这个统计（相当多的党的工作者不同意这个统计，他们确定党组织的数目是 31 个），确定代表大会的召开也需要有 38 票（$33 \times 2 = 66$；$66 + 9 = 75$；$75 \div 2 = 37 \frac{1}{2}$）。

　　选出多数派委员会常务局的 13 个委员会，很早以前就已经表示赞成召开代表大会。同意这 13 个委员会的意见的有乌拉尔、图拉、沃罗涅日、萨马拉、西北、斯摩棱斯克、哈尔科夫、喀山等委员会，也就是说，有 8 个委员会。这 21 个委员会连同中央委员会的 4 票（中央委员会自己有两票，它在总委员会中的代表有两票），就是 $42 + 4 = 46$ 票。

载于 1931 年《列宁文集》俄文版
第 16 卷

译自《列宁全集》俄文第 5 版
第 9 卷第 383—384 页

附 录

《旅顺口的陷落》一文提纲[①]

（1904 年 12 月 21 日〔1905 年 1 月 3 日〕以后）

<u>旅顺口的投降（陷落）</u>

注意：犯罪性的无知

（《泰晤士报》）

｛对满洲的殖民
冒险政策。｝

H

军 事 意 义	日本人的主要目的。	军事破产的原因
沙皇的计划：给库罗帕特金派去 20 万人。给养？大炮？	舰队覆没。（3 亿卢布）**48 000 人被俘。**主要方面的胜利。库罗帕特金的危险增加 10 倍。收复旅顺口是不可能的	缺乏训练。官僚主义。盗窃等等。｝表面现象 官兵水平低 ｝海军人员

① 该文见本卷第 134—142 页。——编者注

参看: 《比利时独立报》

"战争是由人民来进行的。"

《泰晤士报》:对战略的犯罪性的无知。

世界政治意义。

幼稚的安慰:
库罗帕特金
轻松了!!

《法兰克福报》
参看《福斯报》
摘录[168]。

重心——太平洋。
亚洲战胜了欧洲。
国际市场的扩大等等。

旅顺口投降是沙皇制度投降的第一步[专制制度一蹶不振]。

战争及其革命意义:革命阶级的力量薄弱。

战争与对战争的感伤主义的责难。

阶级观点。

"投机"。
战争和阶级斗争。
战争的灾难。

a.军事意义。
b.军事破产的原因。
c.＝专制制度的破产。
d.世界历史意义。
e.对战争的评价。

a.直接的军事意义。
b.和 c.)作为政治制度破产的军事破产的意义。

进步力量击溃反动堡垒。

d.日本战争的世界历

f.专制制度的
破产。

补

（战争的继
续和起义。）

史意义。

e.用阶级观点评价
战争。

f.专制制度的破产
革命。

《福斯报》

摘引《福斯报》：从前
是为数极少的极端分
子,知识分子(到30岁
就安静下来了）,
而现在是城市在动荡
（"叛乱"和"谋杀"）

‖人民激愤日益扩展

＝延缓以便
加深。

西欧资产阶级报
刊的担心。

从前低估俄国革
命,现在甚至担
心自身难保。

(A)在战争进程中
的作用。

(B)军事破产的意
义及原因。

(C)进步的历史力
量击溃反动的
力量。

(D)军事破产和
革命。

对俄战争（"1848
年"）。

日本战争的世界
历史意义。

用阶级观点评价
战争。

向千百万人宣传
（与向几万人宣
传对比）。

破产更加彻底,更
加无疑。

载于1926年《列宁文集》俄文版
第5卷

译自《列宁全集》俄文第5版
第54卷第453—456页

《工人民主派和
资产阶级民主派》一文材料[169]

（1905 年 1 月 11 日〔24 日〕以前）

1
工人民主派和资产阶级民主派

1. 一个**理论上**（要发挥）和**策略上**的老问题 已经 出现在 前台 ……

2. 历史概况。旧《火星报》：“共同斗争”。

3. 代表大会的两个决议。对它们作简要评述。

4. 斯塔罗韦尔［亚·尼·波特列索夫］①的错误的发展。新《火星报》的立场。**第 77 号；第 79 号**；“计划”。

5. “新”立场的主要思想：地方自治机关和资产阶级民主派。一些人该挨“蝎子鞭”，另一些人发出民主派的“真正呼声”。

“第三种分子”——天真的奢望。{“石蕊试纸”：}

6. 吹捧知识分子，美化资产阶级民主派，言行不一。——这就

---

① 方括号内的文字是俄文版编者加的。——编者注

是斯塔罗韦尔立场的结局和可能的结果。

追求协议——事实上达成协议。

7. 立场的错误性：

(1)阶级分析是不完全的(参看第 77 号)

(2)不正确地强调知识分子(解放派和**社会革命党人**?)

补 2：吹捧知识分子："**运动神经**"

(3)不灵活性和不彻底性

附于 3 内：＝混乱＝

(4)事实上——"惊恐"等等。

8. 旧的立场：

如果(事实上)反对专制制度，就支持。

普选权——**共和制**

地方自治人士毫不中用。

石蕊试纸。

关于普选权的协议(交易)

追求**协议**

1. 运动神经

2. 民主派的真正呼声

3. 美化法国和意大利的资产阶级民主派

4. 惊恐

译自《列宁文集》俄文版第 5 卷
第 65—66 页

2

关于同自由派的协议

（1）顺便说一下，《火星报》与《前进报》之间的争论问题，在于是否需要达成**有条件的**或**无条件的**协议——《火星报》在给各党组织的第二封信里就是这样说的。

（2）为了弄清这一问题，我们要提示一下，双方都是容许达成协议的。**实际上**区别何在呢？

（3）按《火星报》的观点，**无条件的**协议就是把无产阶级的利益出卖给资产阶级。

可见（α）《火星报》指靠的是条件。

（β）《火星报》忘记了无产阶级**还要同资产阶级进行斗争**。

（4）按《火星报》的看法，资产阶级是**一种力量**（这是对的）。

╪　　不可能同地方自治人士达成协议（"蝎子鞭"）

（"他们不承认普选权"）。

要同极左的即激进的知识分子达成协议。

（5）**但是知识分子是软弱无力的**，资产阶级的行为并不取决于他们！！

这就是《火星报》的主要的糊涂思想。

（6）我们认为，协议是需要的。但是协议的实质不是口头上的**条件**，不是有关未来的交易，也不是**对资产阶级**的指望（我们不相信任何指望），——而是实际参加斗争（游行示威、起义、选举等等）。我们帮助他们，并不是因为**指望**他们履行条件，而是因为要利用有利时机以打击敌人（时机是有利的，因为连地方自治人士也起来反对敌人，反对沙皇制度了），是因为比起反动的专制制度来，我们宁愿选择进步的资产阶级。

（7）能不能说我们准备达成**无条件**的"协议"呢？

不能，因为我们的条件是要**实际参加**斗争。

新《火星报》的条件是**答应**支持普选权、支持工人（"＝站在社会民主派一边"）等等。

（8）当资产阶级民主派哪怕是为**微小的**进步而**斗争**的时候，我们总是支持他们的。

当资产阶级民主派**答应**争取相当**大的**进步的时候，《火星报》总是支持他们的。

这两种策略哪一种符合无产阶级的利益呢？

♯　引用第二封信。

载于1926年《列宁文集》俄文版
第5卷

译自《列宁全集》俄文第5版
第9卷第398—399页

3

社会民主派与自由派

0.题目——概略地介绍。　　　无政府主义-民粹派和社会民主派对待"资产阶级"自由的态度。

1.俄国的自由派运动。

（贵族的：十二月党人）。地方自治的。60年代及其后。　（摘自《曙光》杂志第61、62、63、**66**、73、**79**页的引文。）

地方自治运动的性质和社会民主党人（与旧式的革命者不同）对它的态度。

2.旧《火星报》的态度，

同经济派的争论。《怎么办?》第69—71、72页。《火星报》第8、16、18号。

3.尔·恩·斯·先生的自由派运动的新阶段。

《曙光》杂志的文章，从第88页起。《工人思想报》上尔·姆·的文章，第94—95、95—96页，注意第**98**—99页。

《解放》杂志。

《火星报》第23号和第26号。

4.党的代表大会。两个决议。

对两个决议，特别是对斯塔罗韦尔的决议的详细分析。

重心——口号、空话

> 第 78 号,"有效试剂"。
> "石蕊试纸"。

5.现在的地方自治运动。

特鲁别茨科伊。《解放》杂志第 58 期第 136 页。

　　斯塔霍维奇??

> 摘自《解放》杂志的引文

不是斗争的机关报,而是**交易**的机关报。

《解放》杂志第 59 期第 150 页＝**信念**,范例:"君主制下的自由"比革命更有利。

　　第 58 期第 129 页——"俄国知识分子的良心"[170]

　　同上——"同民主立宪主义妥协是君主制的存亡问题"。

　　第 58 期第 130 页——Nemo 关于"矛盾性"等等的评论。《**解放**》**杂志**("**镜子**")[171]。"自由民主"党。

　　编者的答复:**落后了**。

　　第 58 期第 136 页——给特鲁别茨科伊的信。

　　第 57 期,解放派的宣言:人民"**将过富裕的生活**",**第 120 页**。

　　第 60 期第 183 页——"能否说服尼古拉二世"。

　　第 56 期第 83 页:"极端的革命派丧失了与广大社会人士的紧密的精神联系……"

> 第 56 期　和　第 71 号　。

《新时报》:"反动派的杠杆"。

　　6.无产阶级对地方自治人士的支持。应该表现在哪里? 在中央、在核心达成协议,还是同政府斗争? **起义**。

7. 地方自治人士的新的"请求书"。分析。

被选进常务局的有：

希波夫

《**解放**》杂志第 7 期

葛伊甸

《**解放**》杂志第 11 期

罗将柯

《**火星报**》第 7 号。

《最新消息》第 200 期："诚实的经纪人"。[172]

8. 自由派的资产阶级式的安抚和工人的斗争。

译自《列宁文集》俄文版第 5 卷
第 67—69 页

《从民粹主义到马克思主义》一文材料①

(1905 年 1 月 11 日〔24 日〕以前)

1

从民粹主义到马克思主义：

[马克思主义在小资产阶级知识分子头脑中的反映。]

[被糟蹋了的马克思主义。]②

（1）理论＋和——它们的"良好关系"。

（2）工人阶级，被剥削者阶级，劳动者阶级？

（3）专制制度、富农、资产阶级、自由主义民主派。

（4）劳动农民＜"俄国农民……"＞③＋无产阶级＋知识分子。

（5）土地纲领。社会化。"平均使用的原则。"

（6）俄国革命——"财产上的变更……"不是资产阶级的？

（7）合作社（末尾第 5 条）。

（8）国有化。

---

① 该文见本卷第 175—181 页。——编者注

② 方括号内的文字是俄文版编者加的。——编者注

③ 手稿上"俄国农民"这个词列宁写在"劳动农民"一词的下面。——俄文版编者注

2

对社会革命党人纲领草案的意见

α 　　附于《(1)》内——俄国不只是与**先进**国家(波斯、中国等)"联系",不仅有文化的、社会的联系,而且还有**经济的**联系。联系的源
β 泉——交换。对我们的纲领作了巴尔霍恩式的修正[173]。

　　俄国的"**特点**"。这种不明不白的意见是什么意思? 难道在**最低**纲领中不容许谈特点吗?

　　二者必居其一:**或者**特点并不改变基本原则。那最低纲领中就应该谈特点。**或者**特点部分修改了基本的原则论点。那它们＝**民粹主义和资产阶级的批判**。

　　"积极面和消极面"的理论＋和——它们之间的(不良)"良好"关系(**特别是农业**)

问题的中心＝劳动农民‖

　　　　　　　{土地纲领
　　　　　　　{俄国的非资产阶级革命‖

总结＝小资产阶级激进知识分子的幻想

译自《列宁文集》俄文版第 16 卷
第 42—43 页

《最初的几点教训》一文提纲^①

(1905 年 2 月 1 日〔14 日〕以前)

1

提 纲 草 稿

((A))**历史的概述**。

——祖巴托夫主义。它的原因。它的结果。

——经济上的起因。合法团体的作用和运动的广泛扩展。

——总罢工和重要的经济要求。

——无产阶级的纪律性和组织性。

——政治要求,起初是温和的。信任沙皇和

——和平游行示威的计划。

——警察给的教训。

——屠杀与起义的开始。

——运动扩展到另外一些城市。莫斯科。南方、高加索、波兰。

——大致进程。

——街垒等等。

((B))**任务**:

---

① 该文见本卷第 231—235 页。——编者注

临时政府

——武装工人

——[破坏]①把军队吸引到自己这方面②来

——吸引农民

——捣毁警察局和专制制度的机关，以保证立宪会议的**自由**。

最好利用工人的胜利来进行广泛的鼓动

（a）为了巩固而武装工人

（b）农民。

译自《列宁文集》俄文版第 16 卷第 44 页

---

① 方括号内的文字是俄文版编者加的。——编者注

② 手稿上把"方面"误写成了"军队"。——俄文版编者注

2

提　纲

最初的几点教训

（1）几点结论。第一个浪潮退落了。第二个浪潮明天必然到来。从第一个浪潮中得出的几点结论。

（2）历史的回顾。

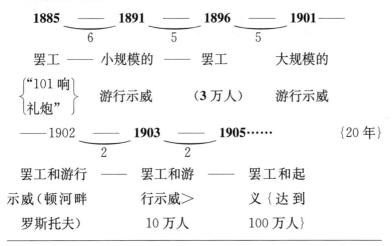

（3）量在转化为质。起义开始。武装人民，推翻政府。**彼得堡工人的传单**①。

（4）关于起义思想的历史。{引用《**怎么办?**》}反对**糊涂虫**。

① 见本卷第241—242页。——编者注

（5）组织工作的意义。"革命后方"。尾巴主义。预备班。

　　　祖巴托夫主义的实际情况——"让他们在温室的瓦盆里培植

　　　小麦"（《怎么办?》）[1]。

（6）祖巴托夫分子（和合法的活动家）使我们摆脱了**我们原先的很**

　　　大一部分工作

　　　　　过去社会民主党人几乎＝文化派

　　　　　过去社会民主党人几乎＝合法马克思主义者

　　　　　过去社会民主党人几乎＝经济罢工主义者

比较各次　　　　现在**大量的**工作是在我们**不知道**的情况下由广大

罢工　　　　的各个阶层的新助手来完成的。在革命的日子里，人

比较**各次**　　们在街头、在满洲学习对**事件**进行鼓动和宣传（不反对

游行示威　　学习）。

（7）组织工作的特殊意义。一个中央机关。代办员。**数百个**工人

　　　小组和其他小组＝扩大作战基地。

　　　　　　　　　　　　采取紧急措施

　　　　　　　　　‖　　以增加小组数量……　　‖

——　——它们的任务：互相团结

　　　　　　　　　　为总的口号进行鼓动

　　　　　　　　　　讨论各项民主改革

　　　　　　　　　　对起义的实际问题进行讨论，

　　　　　　　　　　起义的实际准备工作，日常工

---

[1]　参看本版全集第 6 卷第 110 页。——编者注

作中的经常**联系**，坚强的组织；

在共同工作中齐心协力的组织

＝为起义之日作好充分的准备。

<u>宣传鼓动工作</u>   对比   <u>组织工作</u>

愈来愈广泛地开展起来，   特别要提到

并且有些<u>不是由我们进行</u>   首位。

的，而是由我们的**新朋友**

{勇敢，再勇敢，永远勇敢[174]—————组织、再组织。}

群众的英勇行动＝革命。社会民主党也应当进行英勇的斗争。

(1)为什么社会民主党组织不是狭隘的组织？

(2)**因为**祖巴托夫组织是广泛的组织！

(3)我们需要社会民主党的广泛组织。

(1)为什么昨天没有下雨？

(2)因为我带了雨伞。

(3)而我们需要雨伞是在下雨的时候。

普列汉诺夫同志，请您稍微照管一下马尔丁诺夫和斯塔罗韦尔吧，一定要照管一下！他们文章写得很漂亮，没有说的，简直是漂亮得出奇，一派颓废主义风格。但是，**事情的道理**，他们并不总是谈得很清楚。

载于1926年《列宁文集》俄文版
第5卷

译自《列宁全集》俄文第5版
第9卷第400—402页

《我们是否应当组织革命?》一文提纲①

(1905 年 2 月 1 日和 8 日〔14 日和 21 日〕之间)

我们的特略皮奇金们。特略皮奇金们的
下场(惨败)②。糊涂人糊涂了。

1. 帕尔乌斯评论从日内瓦发号施令,评论"组织鼓动家"的思想。

2. 善良的帕尔乌斯。

3. 当时和现在……——正确!!!

4. 不是全部[想法]③思想。——可不是!!!

5. "组织革命"。"集中制的空想主义者"。

6. 组织,组织,再组织……——"组织-过程"!

7. "按照提出的口号发动起义"——而马尔丁诺夫呢??

8. 要组织的不是几十万人,而是"联系的酵母"————而职业革命家呢?

　　　　　　而第三次——第四次——第五次代表大会呢???**175**

9. "抛弃"好争论的人或瓦解组织分子?

---

① 该文见本卷第 246—255 页。——编者注
② 手稿上"惨败"这个词列宁写在"下场"一词的上面。——俄文版编者注
③ 本篇方括号内的文字是俄文版编者加的。——编者注

愚蠢的马尔丁诺夫派和被他们牵着鼻子走的懦弱的马尔托夫派。

"[十个]一百个实行组织-计划的人的作用大过一千个空谈组织-过程的人。"

译自《列宁文集》俄文版第 5 卷
第 82 页

《新的任务和新的力量》一文材料[①]

（1905 年 2 月）

1

《动员无产阶级的军队》一文笔记

（不晚于 1 月 24 日〔2 月 6 日〕）

（1）

{{革命就是战争}}

是否给第 6 号写一篇社论,题目是:**试验性动员。动员无产阶级的军队。**

（单位千）

无产阶级的团结……	圣彼得堡——	150	200
大量（**数十万!**）罢工者……	莫斯科——	30	50
运动迅速转入其他城市……	里加——		50
等等,等等	华沙——		100

[①] 该文见本卷第 277—288 页。——编者注

（1）圣彼得堡　　　　　　　基辅——

（2）莫斯科　　　　　　　　纳尔瓦——

（3）波罗的海沿岸{＞50万}　洛兹——　　　　100

（4）波兰　　　　　　　　　戈梅利——

（5）伏尔加河流域（萨拉托夫）萨拉托夫——

（6）南方（基辅）　　　　　利巴瓦——

　　　　　　　　　　　　　米塔瓦——

　　　　　　　　　　　　　科尔皮诺——

（1）罢工——数千人

（2）游行示威——数千人

（3）武装冲突（数团人）

（4）打死

（5）打伤

（2）

　　在关于动员无产阶级的力量一文（标题也许不合适，因为过于一般化，几乎是千篇一律，表达不出无产阶级运动向革命的转变）中指出下列几点很重要：

　　（1）1月9日的巨大鼓动作用使革命的基础大为扩大。可以把许多辅助工作、补充工作交给新涌现的力量，而真正的（有觉悟的）革命分子可以把更多的精力用在完成更为迫切的革命任务上面。

（2）扩大组织基础：为了起义，为了革命，应当而且能够建立起大量的辅助小组。

（3）**推翻**政府这一实际目的应该作为**最近的**目的、作为"明天的示威"来加以切实讨论和阐明。

载于 1931 年《列宁文集》俄文版
第 16 卷

译自《列宁全集》俄文第 5 版
第 9 卷第 403—404 页

2

《当务之急》一文提纲¹⁷⁶

（2 月 1 日〔14 日〕和 23 日〔3 月 8 日〕之间）

当务之急

1. 伟大事变的小结。革命的开始（第 4 号）¹⁷⁷——起义（第 5 号）——规定起义（第 6 号）。

2. 当务之急＝起义。它的条件：让火持续燃烧。易燃物？

3. "扩大革命基地"：在城市贫民和农民中进行鼓动（加邦作为一个进步典型的鼓动作用）。

4. 在这种时刻**组织工作**的作用特别加强：刊登在"党的生活"栏上的一个同志从俄国的来信¹⁷⁸。不要从"组织革命"和**实行**（和规定）起义的任务向后退，而**正是**要强调**这些**任务和**准备实现这些任务**。

5. **司徒卢威**在第 63 期上谈到"社会民主党的组织工作"。一派胡言。

反对《**怎么办?**》。"卸掉工作"的普遍意义。

6. 目前运动还在**急剧扩展**。一条条前所未有的渠道，无数的（数不尽的）同盟者，无数的同志、朋友和同情者。

7. "**战争时期**"。千百个小组，各种各样的任务十倍增长，人们

从事变中学习，在战争中学习，**领导**和**领导者组织**的特殊
意义……

载于 1926 年《列宁文集》俄文版　　　　译自《列宁全集》俄文第 5 版
第 5 卷　　　　　　　　　　　　　　　第 9 卷第 405 页

3

《当务之急》一文的修改提纲

（2 月 15 日〔28 日〕和 3 月 5 日〔18 日〕之间）

手稿第 12 页以后的大纲。

1. 扩展运动和解除革命者的一些半合法的工作。文化派。罢工主义者。｛合法马克思主义者。｝

2. 现在。刊登在第 8 号上的古谢夫的信。**民众**鼓动工作，街头，已经争得的自由。合法报刊论**普选权**。

3. 叫喊"工人的主动性"是极端荒谬的。**社会民主主义的主动性**。

4. 我们落后了吗？不，主要不在于此，而在于我们党对**阶级**和**一些阶级**的真实态度明显地表现出来了。**党**作为阶级的先锋队、教育者和组织者，其作用具有特殊的意义。到目前为止几乎只有**我们说过，现在有千百个其他的呼声**。这就更好！

5. "战争时期"。千百个小组＝为新的水流开辟了新的渠道。**革命工作的规模**。被广泛吸引过来的小组，加入党和**靠近党**。事变在教育人。不要对青年不放心。斗争在教育人。暴风雨时代的政治派别划分在教育人。**从右的方面**教育人。

> 例如：自由主义的资产阶级性质和《革命俄国报》。《前进报》第 3 号。

载于 1926 年《列宁文集》俄文版第 5 卷　　　译自《列宁全集》俄文第 5 版第 9 卷第 406 页

4

《新的任务和新的力量》一文的
笔记和提纲

（2 月 15 日〔28 日〕和 3 月 5 日〔18 日〕之间）

不用当务之急，而用《新的任务，新的力量》

文章还没考虑好，还不成熟。因此，没有把严谨明确的思想清楚地发挥出来。这是报纸文章的要点，轮廓，一篇谈话，是"一些想法和札记"，而不是一篇文章。

	一	蓬勃发展的运动。第 3、4、5 条。[179]	三个转折
4〔	二	组织任务和我们的力量。"摆脱工作"。	三个过渡
		对第 7 条中较严格规定的各项工作实	三个高潮
		行专业化(?)。	

合法化和司徒卢威　第 8—11 条

三　社会民主党人同文化派和罢工主义者区分开的总的过程
（13—14）。

准备工作和终结。

四　**党和阶级，**一般的主动性和**社会民主主义的**主动性，**组织**
3｜　领导和尾巴主义。

新的题目

1891—(1895)　α　从小组到经济鼓动。不是一下子发生的。保
　　　　　　　　　守思想。不习惯。新的任务。

1898—1901　β　从经济鼓动到政治鼓动和**公开的**政治游行
　　　　　　　　示威。

　　　　　　　　不是一下子发生的。新的任务。保守思想。
　　　　　　　　新的力量。

　　　1905　γ　从政治鼓动和游行示威到**领导革命**(专政)。
　　　　　　　　不是一下子发生的。尾巴主义。反组织活
　　　　　　　　动。马尔丁诺夫主义。

新的任务和新的力量

1. 几个过渡。三个高潮。

2. 它们的共同特征：(a)摆脱工作——集中精力去做社会民主党的
　　　　　　　　　　　各项工作。

　　　　　　　　　　(b)新的力量，新的规模

　　　　　　　　　　(c)尾巴主义，是一种事实，一种保守思想，也
　　　　　　　　　　是一种理论。

3. 尾巴主义目前的特征：马尔丁诺夫，"放任革命"，主动性，但不是
　　社会民主主义的主动性。党和阶级等等。

4. 摆脱工作。司徒卢威和合法性。(《解放》杂志第63期)

5.另一种摆脱工作的方式。扩大运动。新的学习。参加战斗。

6.新的组织规模和人才的缺乏。

载于1926年《列宁文集》俄文版　　　　　译自《列宁全集》俄文第5版
第5卷　　　　　　　　　　　　　　　　　第9卷第407—408页

5

《新的任务和新的力量》一文要点

（2月15日〔28日〕和3月5日〔18日〕之间）

1. 运动的新的高级阶段。（1）

2. 起义——任务。任务的某些方面。（1）

3. 火。到处在隐约地燃烧着。易燃物。（2）

4. 特别在有产者中间。下层也是如此。（3）

5. 半自觉的鼓动。农民——下一次。（4）

6. 力量成十倍地增长着。组织。不应后退。（5）

7. 运动已得到扩展。组织＝任务。马克思主义。（6）

8. **《解放》杂志**论一个工人的倾向。（7）

9. **《解放》杂志**论组织工作和社会民主党的**错党**。（8）

10. 《解放》杂志的错误——《怎么办?》（9—10—11）。

11. 摆脱工作。（11）

12. 通过扩展运动实现另一种"合法化"。（12）

13. 文化派。罢工主义者——社会民主党。（13）————附于2内

14. 准备工作,扫盲也是我们的工作。（14）

15. 需求增长（古谢夫）——自由派的竞争。（14）

16. 可见党应该**领导阶级**,**社会民主党**的主动性,**组织性**（15）

——————————————————————————— 补充3

17. 战争时期。把编制**扩大十倍**。**在战斗中教育**(16)

18. 在战斗中教育。——————(17)　　　　　　　　5

　　　　　　　　…………………(18)

19. **总结**:已经兴起的运动

　　　　另一种工作规模

　　　　另一种教育　　　　}(19)

　　　　另一种**组织**规模

20. 造成组织规模扩大的实际方法(20)(21)

21. 人才很多又很缺(21—22)　　　　　　　　6

1—2. 三次高潮

　3. 目前的高潮:组织任务

　4. 司徒卢威的错误

　5. 主要是新的教育

　6. 新的工作规模和组织规模

[7]① 摆脱工作

　　扩大干部人员

　　吸收新的力量

8. ┃一些人┃ 在斗争

8. ┃另一些人┃ 在搞议会活动

译自《列宁文集》俄文版第 16 卷第 61—62 页

———————

　① [7]是俄文版编者加的。——编者注

《无产阶级和农民》一文提纲[180]①

(1905 年 3 月 10 日〔23 日〕以前)

无产阶级和农民

《社会民主党和农民革命运动》

$$X+Y?$$ [181]

农民运动的开始。　　　　　　**详细地**论述我们的土地纲领及其意义。

社会民主党的态度。卡·考茨基。

(1)中立态度。

不准确,然而是一种很正确的思想。

(2)"革命"不能在剥夺面前止步。

哪些阶级能够成为这一"革命"的真正代表者呢? 无产阶级和贫苦农民。

可见,卡·考茨基也认为可能是无产阶级和下层农民的专政。这样的专政一般说来是我们最低纲领的条件。

新火星派分子在革命专政问题上的反动思想。

(α)无产阶级的起义。那就要成立临时政府和夺取

---

① 该文见本卷第 324—329 页。——编者注

政权!!

(β)执政的活动家死亡得过早。

（彼特鲁什卡[182]式的引语。）

(γ)无产阶级的"自发"专政。

(δ)"将来的反对党"。可见，是尾巴主义的、反对革命的反对派!!

(ε)回避了对加邦的直接回答。

代表大会关于支持农民革命运动的决议。阶级政党和阶级观点。

永远要推动革命的民主主义，但**不能**同它**合流**，要保持批判的态度，反对反动的民主主义。

阶级政党和阶级观点并不意味着尾巴主义，——我们的阶级是反对党——（马尔丁诺夫主义）。

——规定革命民主主义的任务和在预测各阶级的历史矛盾方面起主导作用等等。

载于1926年《列宁文集》俄文版　　　　　　译自《列宁全集》俄文第5版
第5卷　　　　　　　　　　　　　　　　　　第9卷第409—410页

注　释

1　《我们争取什么?》是《告全党书》(见本卷第 10—17 页)的初稿。

　　根据列宁的提议,1904 年 7 月 30 日—8 月 1 日(8 月 12—14 日)在日内瓦郊区召开了一次布尔什维克的会议。出席会议的有列宁、亚·亚·波格丹诺夫、弗·德·邦契-布鲁耶维奇、维·米·韦利奇金娜、谢·伊·古谢夫、彼·阿·克拉西科夫、娜·康·克鲁普斯卡娅、伊·克·拉拉扬茨、米·斯·奥里明斯基、马·尼·利亚多夫、潘·尼·勒柏辛斯基、奥·波·勒柏辛斯卡娅、莉·亚·福季耶娃等 19 人。会议的各项决定很快又得到另外 3 名布尔什维克——瓦·瓦·沃罗夫斯基、罗·萨·捷姆利亚奇卡和阿·瓦·卢那察尔斯基——的赞同。因此,由列宁起草并经这次会议通过的《告全党书》是以 22 名布尔什维克的名义发表的。这次会议也被人们称为 22 名布尔什维克会议。

　　《告全党书》是布尔什维克为争取召开俄国社会民主工党第三次代表大会而斗争的纲领。——1。

2　新《火星报》是指第 52 号以后的《火星报》。1903 年 10 月 19 日(11 月 1 日)列宁退出《火星报》编辑部以后,该报第 52 号由格·瓦·普列汉诺夫一人编辑。1903 年 11 月 13 日(26 日)普列汉诺夫把原来的编辑全部增补进编辑部以后,该报由普列汉诺夫、尔·马尔托夫、帕·波·阿克雪里罗得、维·伊·查苏利奇和亚·尼·波特列索夫编辑。1905 年 5 月该报第 100 号以后,普列汉诺夫退出了编辑部。1905 年 10 月,该报停刊,最后一号是第 112 号。关于《火星报》,见注 24。——1。

3　指 1904—1905 年日俄战争。——2。

4　党总委员会(1903—1905 年)是根据俄国社会民主工党第二次代表大

会通过的党章建立的党的最高机关。它的职责是：协调和统一中央委员会和中央机关报编辑部的活动，在这两个中央机关之一的全部成员出缺时恢复该机关，在同其他党的交往中代表党。党总委员会必须按照党章规定的期限召开党代表大会，并在拥有代表大会一半票数的党组织提出要求时提前召开党代表大会。党总委员会由5人组成，中央委员会和中央机关报编辑部各派2人，另一人由代表大会任命。党的第二次代表大会选举格·瓦·普列汉诺夫为党总委员会的第五名委员。列宁起初代表中央机关报编辑部参加党总委员会，在他退出《火星报》编辑部以后则代表中央委员会参加党总委员会。在普列汉诺夫转向机会主义和孟什维克篡夺了中央机关报编辑部以后，党总委员会就成了孟什维克同布尔什维克作斗争的工具。根据俄国社会民主工党第三次代表大会通过的党章，党总委员会被撤销。从第三次代表大会起，代表大会闭会期间党的唯一领导中心是中央委员会，中央机关报编辑部由中央委员会任命。

正文中所说的党总委员会隐藏自己的记录的策略，是指1904年6月5日(18日)党总委员会以4票多数通过决定，反对公布总委员会会议记录。——4。

5　根据列宁1904年8月2日(15日)给米·康·弗拉基米罗夫的信，当时已有彼得堡、特维尔、莫斯科、图拉、西伯利亚、高加索、叶卡捷琳诺斯拉夫、尼古拉耶夫、敖德萨、里加和阿斯特拉罕等11个委员会要求立即召开党的第三次代表大会(见本版全集第44卷第272号文献)。它们关于这个问题的决议，大部分刊登在1904年出版的尼·沙霍夫的《为召开代表大会而斗争》这本小册子中，见《俄国社会民主工党第三次代表大会。文件和材料汇编》1955年俄文版第41—244页。——5。

6　指俄国革命社会民主党人国外同盟。

俄国革命社会民主党人国外同盟是根据列宁的倡议由《火星报》和《曙光》杂志国外组织同"社会民主党人"革命组织于1901年10月在瑞士合并组成的。根据章程，同盟是《火星报》组织的国外部，其任务是协助《火星报》和《曙光》杂志的出版和传播，在国外宣传革命的社会民主党的思想,帮助俄国各社会民主党组织培养积极的活动家,向政治流亡者介绍俄国革命进程等。在1903年召开的俄国社会民主工党第二次代表大会上,同盟被承认为享有党的地方委员会权利的唯一国外组织。俄国社会民主工党第二次代表大会以后,孟什维克的势力在同盟内增强,他们于1903年10月召开同盟第二次代表大会,反对布尔什维克。列宁及其拥护者曾退出代表大会。孟什维克把持的同盟通过了同俄国社会民主工党党章相抵触的新章程。从此同盟就成为孟什维主义在国外的主要堡垒,直至1905年同盟撤销为止。——5。

7　指俄国社会民主工党彼得堡委员会1904年6月23日(7月6日)通过的关于党内状况的决议。这个决议揭露了党内的混乱状况和孟什维克《火星报》编辑部瓦解组织的活动,要求立即召开党的第三次代表大会,指出唯有它才能挽救党免于分裂,唯有它才是党的观点的真正忠实的表达者。决议说,在彼得堡委员会看来,所谓代表大会将是中央委员会安插的一伙私人这种说法是荒谬透顶的(见《俄国社会民主工党第三次代表大会。文件和材料汇编》1955年俄文版第85—86页)。该决议曾登载于尼·沙霍夫的小册子《为召开代表大会而斗争》。——6。

8　指党总委员会1904年6月5日(18日)通过的关于限制中央委员会给党的地方委员会增补委员的权力的决议。这个决议说,"党的委员会没有义务接纳中央委员会推荐的候选人为自己的成员"。——6。

9　参看列宁在《社会革命党人所复活的庸俗社会主义和民粹主义》一文中的论述:"社会革命党人'各抒己见',对自己的'纲领'作了解释,玩弄'实际'统一的假象。"(见本版全集第7卷第35页)
　　社会革命党人是俄国最大的小资产阶级政党社会革命党的成员。该党是1901年底—1902年初由南方社会革命党、社会革命党人联合会、老民意党人小组、社会主义土地同盟等民粹派团体联合而成的。成立时的领导人有马·安·纳坦松、叶·康·布列什柯-布列什柯夫斯卡娅、尼·谢·鲁萨诺夫、维·米·切尔诺夫、米·拉·郭茨、格·安·格尔舒尼等,正式机关报是《革命俄国报》(1901—1904年)和《俄国革命通报》杂志(1901—1905年)。社会革命党人的理论观点是民粹主义和修正主义思想的折中混合物。他们否认无产阶级和农民之间的阶级差别，抹杀农民内部的矛盾，否认无产阶级在资产阶级民主革命中的领导作用。在土地问题上，社会革命党人主张消灭土地私有制，按照平均使用原则将土地交村社支配，发展各种合作社。在策略方面，社会革命党人采用了社会民主党人进行群众性鼓动的方法，但主要斗争方法还是搞个人恐怖。为了进行恐怖活动，该党建立了事实上脱离该党中央的秘密战斗组织。

在1905—1907年俄国第一次革命中，社会革命党曾在农村开展焚烧地主庄园、夺取地主财产的所谓"土地恐怖"运动，并同其他政党一起参加武装起义和游击战，但也曾同资产阶级的解放社签订协议。在国家杜马中，该党动摇于社会民主党和立宪民主党之间。该党内部的不统一造成了1906年的分裂，其右翼和极左翼分别组成了人民社会党和最高纲领派社会革命党人联合会。在斯托雷平反动时期，社会革命党经历了思想上、组织上的严重危机。在第一次世界大战期间，社会革命党的大多数领导人采取了社会沙文主义的立场。1917年二月革命后，社会革命党中央实行妥协主义和阶级调和的政策，党的领导人亚·费·克伦斯基、尼·德·阿夫克森齐耶夫、切尔诺夫等参加了资产阶级临时政府。七月事变时期该党公开转向资产阶级方面。社会革命党中央的妥协政策造成党的分裂，左翼于1917年12月组成了一个独立政党——左派社会革命党。十月革命后，社会革命党人（右派和中派）公开进行反苏维埃的活动，在国内战争时期进行反对苏维埃政权的武装斗争，对共产党和苏维埃政权的领导人实行个人恐怖。内战结束后，他们在"没有共产党人参加的苏维埃"的口号下组织了一系列叛乱。1922年，社会革命党彻底瓦解。——6。

10　组织委员会是在1902年11月2—3日（15—16日）举行的普斯科夫会议上成立的，负责召集俄国社会民主工党第二次代表大会。1902年3月，经济派和崩得分子发起召开的俄国社会民主工党各委员会和组织的比亚韦斯托克代表会议曾选出由《火星报》的费·伊·唐恩、俄国社会民主工党南方各委员会和组织联合会的奥·阿·叶尔曼斯基、崩得中央委员会的 К.Я.波尔特诺伊组成的组织委员会。但是代表会议结束不久，它的两名委员就被捕了，因此这个组织委员会事实上并未着手工作。

1902年春天和夏天，列宁在给《火星报》国内组织的成员——彼得堡的伊·伊·拉德琴柯和萨马拉的弗·威·林格尼克的信中，提出了成立新的组织委员会的任务（见本版全集第44卷第133、135、142号文献）。列宁认为，火星派应在组织委员会中起主导作用，同时为保持同比亚韦斯托克代表会议的继承关系，在制止崩得代表企图影响俄国社会民主党事务的条件下，吸收崩得代表加入组织委员会也是必要的。1902年8月2日（15日），由列宁主持，在伦敦召开了一次火星派会议。参加会议的有弗·潘·克拉斯努哈、彼·阿·克拉西科夫和弗·亚·诺斯科夫。这次会议建立了俄国组织委员会的核心。会议决定邀请崩得和当时向《火星报》靠拢的南方工人社派代表参加组织委员会。同时给了组织委员会以增补新的委员的权利。

11月2—3日（15—16日），在普斯科夫举行了社会民主党各组织的代表会议，成立了由俄国社会民主工党彼得堡委员会的克拉斯努哈、《火星报》国内组织的拉德琴柯和南方工人社的叶·雅·列文组成的组织委员会。组织委员会还增补了《火星报》国内组织的克拉西科夫、林格尼克、潘·尼·勒柏辛斯基、格·马·克尔日诺夫斯基和俄国社会民主工党北方协会的亚·米·斯托帕尼为委员（拉德琴柯、克拉斯努哈和勒柏辛斯基于会议后次日被捕）。会议还通过了《关于"组织委员会"成立的通告》，该《通告》于1902年12月在俄国印成单页出版。

崩得没有派代表出席这次会议，在《火星报》发表《关于"组织委员会"成立的通告》后不久，崩得在自己的报纸《最新消息》上发表声明攻击组织委员会。列宁在《论崩得的声明》一文（见本版全集第7卷）中，尖锐地批判了崩得的立场。

1903年2月初，在奥廖尔举行了组织委员会的第2次会议。会议决定吸收《火星报》国内组织的罗·萨·哈尔贝施塔特和叶·米·亚历山德罗娃、南方工人社代表弗·尼·罗扎诺夫、崩得代表波尔特诺伊参加组织委员会，并批准火星派分子波·伊·戈尔德曼、A.Π.多利沃-多布罗沃尔斯基、罗·萨·捷姆利亚奇卡和崩得分子伊·李·艾森施塔特为组织委员会候补委员。会议制定并通过了代表大会章程草案和有权参加代表大会的组织的名单。代表大会章程草案分发给各地方委员会进行讨论。结果,在组织委员会列入有权参加代表大会组织名单的16个组织中,表决通过章程草案的全部条文的占三分之二以上;这样,代表大会的章程就得到了各地方组织的通过和批准。组织委员会根据这一章程进一步开展了党的第二次代表大会的筹备工作。

　　列宁在《进一步,退两步》一书中谈到组织委员会的工作时写道:"组委会**主要**是一个负责召集代表大会的委员会,是一个有意吸收各种色彩的代表(直到崩得为止)组成的委员会;而实际**建立**党的组织统一工作,则完全由《火星报》组织来担负。"(见本版全集第8卷第274页)。——11。

11　南方工人社是1900年秋初以《南方工人报》为中心在俄国南方形成的社会民主主义团体。《南方工人报》于1900年1月—1903年4月秘密出版,共出了12号。在不同时期加入南方工人社和参加《南方工人报》编辑部的有伊·克·拉拉扬茨、阿·维连斯基、奥·阿·科甘(叶尔曼斯基)、波·索·策伊特林、叶·雅·列文、叶·谢·列文娜、弗·尼·罗扎诺夫等。

　　南方工人社与经济派对立,认为进行政治斗争和推翻专制制度是无产阶级首要任务。它反对恐怖主义,主张开展群众性革命运动。但是,南方工人社过高估计自由资产阶级的作用,轻视农民运动,并且不同意列宁和火星派关于把革命的社会民主主义人联合在《火星报》周围并在集中制原则基础上建立一个马克思主义政党的计划,而提出通过建立各区域社会民主党人联合会的途径来恢复俄国社会民主工党的计划。1901年12月,南方工人社召开了南方俄国社会民主工党各委员会和组织的代表大会,成立了俄国社会民主工党南方各委员会和组织联合会,并以《南方工人报》为其机关报。这个尝试和南方工人社整个组织计划一样,是不切实际的。在1902年春大批组织被破坏后,联合会就瓦解了。1902年8月,南方工人社开始同《火星报》编辑部就恢复俄国社会民主统一的问题进行谈判。南方工人社发表了支持《火星报》的声明(载于1902年11月1日《火星报》第27号和1902年12月

《南方工人报》第10号），这对团结俄国社会民主党的力量具有很大意义。1902年11月，南方工人社的成员参加了筹备召开俄国社会民主工党第二次代表大会的组织委员会。但是南方工人社在这个时期仍有分离主义倾向，曾要求出版一种与《火星报》平行的全俄报纸。在党的第二次代表大会上，南方工人社的代表采取了中派立场。根据这次代表大会的决议，南方工人社被解散。——11。

12　经济派是19世纪末—20世纪初俄国社会民主党内的机会主义派别，是国际机会主义的俄国变种。其代表人物是康·米·塔赫塔廖夫、谢·尼·普罗柯波维奇、叶·德·库斯柯娃、波·尼·克里切夫斯基、亚·萨·皮凯尔（亚·马尔丁诺夫）、弗·彼·马赫诺韦茨（阿基莫夫）等，经济派的主要报刊是《工人思想报》（1897—1902年）和《工人事业》杂志（1899—1902年）。

　　经济派主张工人阶级只进行争取提高工资、改善劳动条件等等的经济斗争，认为政治斗争是自由派资产阶级的事情。他们否认工人阶级政党的领导作用，崇拜工人运动的自发性，否定向工人运动灌输社会主义意识的必要性，维护分散的和手工业的小组活动方式，反对建立集中的工人阶级政党。经济主义有诱使工人阶级离开革命道路而沦为资产阶级政治附庸的危险。

　　列宁对经济派进行了始终不渝的斗争。他在《俄国社会民主党人抗议书》（见本版全集第4卷）中尖锐地批判了经济派的纲领。列宁的《火星报》在同经济主义的斗争中发挥了重大作用。列宁的《怎么办？》（见本版全集第6卷）一书，从思想上彻底地粉碎了经济主义。

　　工人事业派是聚集在《工人事业》杂志周围的经济主义的拥护者。关于《工人事业》杂志，参看注29。——11。

13　指《七月宣言》。

　　《七月宣言》即俄国社会民主工党中央委员会中的调和派分子列·波·克拉辛、弗·亚·诺斯科夫和列·叶·加尔佩林背着两个中央委员——列宁（当时在瑞士）和罗·萨·捷姆利亚奇卡——于1904年7月非法通过的决定，即所谓中央委员会《七月宣言》。决定全文共26

条,其中 9 条作为《中央委员会的声明》发表于 1904 年 8 月 25 日(9 月 7 日)《火星报》第 72 号。在这个决定中,调和派承认了由格·瓦·普列汉诺夫增补的新《火星报》孟什维克编辑部,并给中央委员会另增补了三个调和派分子(阿·伊·柳比莫夫、列·雅·卡尔波夫和约·费·杜勃洛文斯基)。调和派反对召开党的第三次代表大会,解散了鼓动召开代表大会的中央委员会南方局。他们剥夺了列宁作为中央委员会国外代表的权利,并决定非经中央委员会的许可不得出版列宁的著作。《七月宣言》的通过,表明中央委员会中的调和派完全背离了俄国社会民主工党第二次代表大会的各项决议,公开转到了孟什维克方面。

列宁强烈抗议《七月宣言》。彼得堡、莫斯科、里加、巴库、梯弗利斯、伊梅列季亚-明格列利亚、尼古拉耶夫、敖德萨、叶卡捷琳诺斯拉夫等委员会都支持列宁,坚决谴责《七月宣言》。——18。

14 指 1904 年 3 月列·叶·加尔佩林、列·波·克拉辛、弗·亚·诺斯科夫这三个中央委员打算以中央委员会的名义发表的宣言。列宁将该宣言的内容转述如下:"**瓦连廷**同志和**尼基季奇**同志在他们 3 月间写的并征得**格列博夫**同志同意的宣言中,曾声明:(1)他们坚决反对根据少数派的要求进行增补;(2)他们同意《怎么办?》一书论述的组织观点;(3)他们,或者至少他们中的两人,不赞成某些党员著作家的机会主义立场。"(见本版全集第 8 卷第 432 页)。——21。

15 指 22 名布尔什维克会议通过的《告全党书》(见本卷第 10—17 页)。这个文件于 1904 年 8 月由俄国社会民主工党里加委员会印成单页。——23。

16 指中央委员会《七月宣言》(见注 13)。——23。

17 波拿巴主义原来是指法国大革命后拿破仑·波拿巴(拿破仑第一)于 1799 年在法国建立的军事专政和法国 1848 年革命失败后于 1851 年掌握政权的路易·波拿巴(拿破仑第三)的专政,后来则泛指依靠军阀和具有反动情绪的落后的农民阶层、在阶级力量均势不稳定的情况下在相互斗争的各阶级间随机应变的大资产阶级反革命专政。这里是指孟什维克以及调和派违背俄国社会民主工党第二次代表大会表达的党的意志篡夺党的中央机关的行为。——23。

18　指弗·邦契-布鲁耶维奇和尼·列宁社会民主党书刊出版社。

弗·邦契-布鲁耶维奇和尼·列宁社会民主党书刊出版社是在孟什维克《火星报》编辑部拒绝刊登捍卫党的第二次代表大会的各项决议和要求召开党的第三次代表大会的党组织和党员的声明之后,由布尔什维克于1904年夏末创办的。

弗·德·邦契-布鲁耶维奇在关于出版社的声明中写道:"值此创办社会民主党书刊、特别是捍卫第二次党代表大会多数派原则立场的书刊出版社之际,敬请一切同情者对这一创举给予物质方面和稿件方面的支持。"这一声明首次刊登在加廖尔卡和列兵的小册子《我们之间的争论》的封皮上,后来在出版社陆续出版的每种小册子的封皮上一律加以刊登。《我们之间的争论》起初曾送到党的印刷所,并在那里排了版。但是中央委员弗·亚·诺斯科夫不准党的印刷所承印邦契-布鲁耶维奇的出版物。在同诺斯科夫发生这一冲突之后,多数派的出版物改由与邦契-布鲁耶维奇订了合同的俄文合作印刷所承印。弗·邦契-布鲁耶维奇和尼·列宁出版社曾得到各地多数派党的委员会的协助。——24。

19　南方局(俄国社会民主工党中央委员会南方局)是在列宁的直接帮助下于1904年2月在敖德萨成立的,成员有瓦·瓦·沃罗夫斯基、伊·克·拉拉扬茨、K.O.列维茨基和普·伊·库利亚布科。南方局一成立就坚定地站在布尔什维克的立场上,同列宁保持直接的联系,成了团结俄国南方布尔什维克组织的中心。它向俄国社会民主工党各委员会解释第二次党代表大会后党内分歧的真正原因,使三个最大的委员会——敖德萨委员会、尼古拉耶夫委员会和叶卡捷琳诺斯拉夫委员会——统一起来,始终不渝地进行反对孟什维克和调和派的斗争,主张立即召开第三次党代表大会。1904年8月,南方局因鼓动召开代表大会而被调和派把持的中央委员会解散。1904年9月举行的南方布尔什维克各委员会代表会议恢复了南方局。南方局与北方局、高加索局一起构成了 1904 年 12 月成立的全俄多数派委员会常务局的核心。——30。

20 《进一步,退两步(尼·列宁给罗莎·卢森堡的答复)》是针对罗莎·卢森堡的《俄国社会民主党的组织问题》一文而写的。卢森堡应《火星报》之约而写的这篇文章,于 1904 年 7 月 13 日先刊登在德国社会民主党的理论刊物《新时代》杂志上,同年 7 月 23 日发表于《火星报》第 69 号。

列宁把答复寄给卡·考茨基,请他在《新时代》杂志上发表,但是考茨基拒绝刊登,把原稿退给了列宁。在 1905 年 2 月 8 日列宁给奥·倍倍尔的信的底稿中,有一段已被删去的话提到了这件事:"考茨基企图在《火星报》上贬低形式组织的价值。德国社会民主党的周刊在'组织——这只是过程,仅仅是一种倾向'这个机智而'辩证'的借口下,颂扬了瓦解组织与背信弃义的行为(罗莎·卢森堡在《新时代》杂志上)。这在我们队伍中引起了极大愤慨。列兵同志,多数派的一个很有影响的成员,坚持认为考茨基会刊登我的答复。我同他打赌说,情况将恰恰相反。我的'辩护词'写得简短扼要,而且仅限于纠正一些重要的失实之处,并用事实的陈述同对我们党的嘲笑相对照。考茨基拒登我的文章,用了一个出色的借口,说什么《新时代》杂志刊登对我们的攻击并非因为它们是针对我们的。但尽管确系针对我们的,它还是刊登了! 这简直是一种嘲笑! 总之,《新时代》杂志(而且不只是它)只愿把少数派的观点介绍给德国社会民主党。这在我们队伍中引起的愤慨大极了。"(见《列宁文集》俄文版第 5 卷第 172—175 页)

列宁的《进一步,退两步》手稿原件没有保存下来。保存下来的是一份德文抄写稿,抄写人不详。列宁在这份德文稿上作了一些小的修改。《列宁全集》俄文第 5 版第 9 卷以德俄文对照的形式收载了这个得到作者赞同的德文稿和它的俄译文。——35。

21 《新时代》杂志(《Die Neue Zeit》)是德国社会民主党的理论刊物,1883—1923 年在斯图加特出版。1890 年 10 月前为月刊,后改为周刊。1917 年 10 月以前编辑为卡·考茨基,以后为亨·库诺。1885—1895 年间,杂志发表过马克思和恩格斯的一些文章。恩格斯经常关心编辑部的工作,帮助它端正办刊方向。为杂志撰过稿的还有威·李卜克内西、保·拉法格、格·瓦·普列汉诺夫、罗·卢森堡、弗·梅林等国际工人运动活动家。《新时代》杂志在介绍马克思主义基本理论、宣传俄国1905—1907年革命等方面做了有益的工作。随着考茨基转到机会主义立场,1910年以后,《新时代》杂志成了中派分子的刊物。第一次世界大战期间,杂志持中派立场,实际上支持社会沙文主义者。——35。

22 布朗基主义是19世纪法国工人运动中的革命冒险主义的思潮,以路·奥·布朗基为代表。布朗基主义者不了解无产阶级的历史使命,忽视同群众的联系,主张用密谋手段推翻资产阶级政府,建立革命政权,实行少数人的专政。马克思和列宁高度评价布朗基主义者的革命精神,同时坚决批判他们的密谋策略。

　　巴黎公社失败以后,1872年秋天,在伦敦的布朗基派公社流亡者发表了题为《国际和革命》的小册子,宣布拥护《共产党宣言》这个科学共产主义的纲领。对此,恩格斯曾不止一次地予以肯定(参看《马克思恩格斯文集》第3卷第357—365页)。——36。

23 山岳派和吉伦特派是18世纪末法国资产阶级革命时期的两个政治派别。山岳派又称雅各宾派,是法国国民公会中的左翼民主主义集团,以其席位在会场的最高处而得名。该派代表中小资产阶级的利益,主张铲除专制制度和封建主义,其领袖是马·罗伯斯比尔、让·保·马拉、若·雅·丹东、安·路·圣茹斯特等。吉伦特派代表共和派的大工商业资产阶级和农业资产阶级的利益,主要是外省资产阶级的利益。该派许多领导人在立法议会和国民公会中代表吉伦特省,因此而得名。吉伦特派的领袖是雅·皮·布里索、皮·维·维尼奥、罗兰夫妇、让·安·孔多塞等。该派主张各省自治,成立联邦。吉伦特派动摇于革命和反革命之间,走同王党勾结的道路。列宁称革命的社会民主党人为山岳派,即无产阶级的雅各宾派,而把社会民主党内的机会主义派别称为社会民主党的吉伦特派。在俄国社会民主工党分裂为布尔什维克和孟什维克之后,列宁经常强调指出,孟什维克是工人运动中的吉伦特派。——38。

24 《火星报》(《Искра》)是第一个全俄马克思主义的秘密报纸,由列宁创办。创刊号于 1900 年 12 月在莱比锡出版,以后各号的出版地点是慕尼黑、伦敦(1902 年 7 月起)和日内瓦(1903 年春起)。参加《火星报》编辑部的有:列宁、格·瓦·普列汉诺夫、尔·马尔托夫、亚·尼·波特列索夫、帕·波·阿克雪里罗得和维·伊·查苏利奇。编辑部的秘书起初是因·格·斯米多维奇,1901 年 4 月起由娜·康·克鲁普斯卡娅担任。列宁实际上是《火星报》的主编和领导者。他在《火星报》上发表了许多文章,阐述有关党的建设和俄国无产阶级的阶级斗争的基本问题,并评论国际生活中的重大事件。

《火星报》在国外出版后,秘密运往俄国翻印和传播。《火星报》成了团结党的力量、聚集和培养党的干部的中心。在俄国许多城市成立了俄国社会民主工党列宁火星派的小组和委员会。1902 年 1 月在萨马拉举行了火星派代表大会,建立了《火星报》俄国组织常设局。

《火星报》在建立俄国马克思主义政党方面起了重大的作用。在列宁的倡议和亲自参加下,《火星报》编辑部制定了党纲草案,筹备了俄国社会民主工党第二次代表大会。这次代表大会宣布《火星报》为党的中央机关报。

根据俄国社会民主工党第二次代表大会的决议,《火星报》编辑部改由列宁、普列汉诺夫、马尔托夫三人组成。但是马尔托夫坚持保留原来的六人编辑部,拒绝参加新的编辑部,因此《火星报》第 46—51 号是由列宁和普列汉诺夫二人编辑的。后来普列汉诺夫转到了孟什维主义的立场上,要求把原来的编辑都吸收进编辑部,列宁不同意这样做,于1903 年 10 月 19 日(11 月 1 日)退出了编辑部。因此,从第 52 号起,《火星报》变成了孟什维克的机关报。人们将第 52 号以前的《火星报》称为旧《火星报》,而把孟什维克的《火星报》称为新《火星报》。——38。

25 小沙伊德格山和少女峰是瑞士境内的两座山,分别高 2 061 米和 4 158米。——38。

26 指俄国社会民主工党第一次代表大会。

俄国社会民主工党第一次代表大会于 1898 年 3 月 1—3 日(13—

15 日）在明斯克秘密举行。倡议召开这次代表大会的是列宁领导的彼得堡工人阶级解放斗争协会；早在 1895 年 12 月列宁就在狱中草拟了党纲草案，并提出了召开代表大会的主张。由于彼得堡等地的组织遭到警察破坏，这次代表大会的筹备工作主要由基辅的社会民主党组织担任。出席代表大会的有 6 个组织的 9 名代表：彼得堡、莫斯科、基辅和叶卡捷琳诺斯拉夫的工人阶级解放斗争协会的代表各 1 名，基辅《工人报》小组的代表 2 名，崩得的代表 3 名。大会通过了把各地斗争协会和崩得合并为统一的俄国社会民主工党的决议。在民族问题上，大会承认每个民族有自决权。大会选出了由彼得堡工人阶级解放斗争协会代表斯·伊·拉德琴柯、基辅《工人报》代表波·李·埃杰尔曼和崩得代表亚·约·克列梅尔三人组成的中央委员会。《工人报》被承认为党的正式机关报。国外俄国社会民主党人联合会被宣布为党的国外代表机关。

中央委员会在会后以大会名义发表了《俄国社会民主工党宣言》。《宣言》宣布了俄国社会民主工党的成立，把争取政治自由和推翻专制制度作为社会民主工党当前的主要任务，把政治斗争和工人运动的总任务结合了起来。宣言指出：俄国工人阶级应当而且一定能够担负起争取政治自由的事业。这是为了实现无产阶级的伟大使命即建立没有人剥削人的社会制度所必须走的第一步。俄国无产阶级将摆脱专制制度的桎梏，用更大的毅力去继续同资本主义和资产阶级作斗争，一直斗争到社会主义全胜为止（参看《苏联共产党代表大会、代表会议和中央全会决议汇编》1964 年人民出版社版第 1 分册第 4—6 页）。

这次大会没有制定出党纲和党章，也没有形成中央的统一领导，而且大会闭幕后不久大多数代表和中央委员遭逮捕，所以统一的党实际上没有建立起来。——40。

27　《工人报》（《Рабочая Газета》）是基辅社会民主党人小组的秘密报纸，波·李·埃杰尔曼、巴·卢·图恰普斯基、尼·阿·维格多尔契克等任编辑，在基辅出版。共出过两号：第 1 号于 1897 年 8 月出版；第 2 号于同年 12 月（报纸上印的日期是 11 月）出版。图恰普斯基曾受编辑部委派出国同劳动解放社建立联系，得到了格·瓦·普列汉诺夫等给报纸撰稿的许诺。《工人报》和彼得堡工人阶级解放斗争协会也有联系。《工人报》参与了1898年3月召开的俄国社会民主工党第一次代表大会的筹备工作,并被这次代表大会承认为党的正式机关报。代表大会以后不久,《工人报》的印刷所被警察破获和捣毁,已编好待发排的第3号没能出版。1899年该报试图复刊,没有成功。——40。

28　国外俄国社会民主党人联合会是根据劳动解放社的倡议,在全体会员承认劳动解放社纲领的条件下,于1894年在日内瓦成立的。联合会为俄国国内出版书刊,它的出版物全部由劳动解放社负责编辑。1896—1899年联合会出版了不定期刊物《工作者》文集和《〈工作者〉小报》。1898年3月,俄国社会民主工党第一次代表大会承认联合会是党的国外代表机关。1898年底,经济派在联合会里占了优势。1898年11月,在苏黎世召开的联合会第一次代表大会上,劳动解放社声明,除《工作者》文集以及列宁的《俄国社会民主党人的任务》和《新工厂法》两个小册子外,拒绝为联合会编辑出版物。联合会从1899年4月起出版《工人事业》杂志,由经济派分子担任编辑。1900年4月,在日内瓦举行的联合会第二次代表大会上,劳动解放社的成员以及与其观点一致的人正式退出联合会,成立了独立的"社会民主党人"革命组织。此后,联合会和《工人事业》杂志就成了经济主义在俄国社会民主党内的代表。1903年,根据俄国社会民主工党第二次代表大会的决议,联合会宣布解散。——40。

29　《工人思想报》(《Рабочая Мысль》)是俄国经济派的报纸,1897年10月—1902年12月先后在彼得堡、柏林、华沙和日内瓦等地出版,共出了16号。头几号由"独立工人小组"发行,从第5号起成为彼得堡工人阶级解放斗争协会的机关报。参加该报编辑部的有尼·尼·洛霍夫(奥尔欣)、康·米·塔赫塔廖夫、弗·巴·伊万申、阿·亚·雅库波娃等人。该报号召工人阶级为争取狭隘经济利益而斗争。它把经济斗争同政治斗争对立起来,认为政治斗争不在无产阶级任务之内,反对建立马克思主义的无产阶级政党,主张成立工联主义的合法组织。它贬低革命理论的意义,认为社会主义意识可以从自发运动中产生。列宁在

《俄国社会民主党中的倒退倾向》和《怎么办?》(见本版全集第4卷和第
6卷)等著作中批判了《工人思想报》的观点。

《工人事业》杂志(《Рабочее Дело》)是俄国经济派的不定期杂志,国
外俄国社会民主党人联合会的机关刊物,于1899年4月—1902年2月
在日内瓦出版,共出了12期(9册)。编辑部设在巴黎,担任编辑的有
波·尼·克里切夫斯基、帕·费·捷普洛夫、弗·巴·伊万申和亚·马
尔丁诺夫。该杂志支持所谓"批评自由"这一伯恩施坦主义口号,在俄
国社会民主党的策略和组织问题上持机会主义立场。聚集在《工人事
业》杂志周围的经济主义的拥护者形成工人事业派。工人事业派宣扬
无产阶级政治斗争应服从经济斗争的机会主义思想,崇拜工人运动的
自发性,否认党的领导作用。他们还反对列宁关于建立严格集中和秘
密的组织的思想,维护所谓"广泛民主"的原则。《工人事业》杂志支持
经济派报纸《工人思想报》,该杂志的编辑之一伊万申参加了这个报纸
的编辑工作。在俄国社会民主工党第二次代表大会上,工人事业派是
党内机会主义极右派的代表。列宁在《怎么办?》中批判了《工人事业》
杂志和工人事业派的观点(见本版全集第6卷)。——40。

30　伯恩施坦主义是德国社会民主党人爱·伯恩施坦的修正主义思想体
系,产生于19世纪末20世纪初。伯恩施坦的《社会主义的前提和社会
民主党的任务》(1899年)一书是对伯恩施坦主义的全面阐述。伯恩施
坦主义在哲学上否定辩证唯物主义和历史唯物主义,用庸俗进化论和
诡辩论代替革命的辩证法;在政治经济学上修改马克思主义的剩余价
值学说,竭力掩盖帝国主义的矛盾,否认资本主义制度的经济危机和政
治危机;在政治上鼓吹阶级合作和资本主义和平长入社会主义,传播改
良主义和机会主义思想,反对马克思主义的阶级斗争学说,特别是无产
阶级革命和无产阶级专政的学说。伯恩施坦主义得到德国社会民主党
右翼和第二国际其他一些政党的支持。在俄国,追随伯恩施坦主义的
有合法马克思主义者、经济派等。——40。

31　《解放》杂志(《Освобождение》)是俄国自由派资产阶级反对派的机关刊
物(双周刊),1902年6月18日(7月1日)—1905年10月5日(18日)

先后在斯图加特和巴黎出版,共出了 79 期。编辑是彼·伯·司徒卢威。该杂志反映资产阶级的立宪和民主要求,在资产阶级知识分子和地方自治人士中影响很大。1903 年至 1904 年 1 月,该杂志筹备成立了俄国资产阶级自由派的秘密组织解放社。解放派和立宪派地方自治人士一起构成了 1905 年 10 月成立的立宪民主党的核心。——41。

32 《曙光》杂志(《Заря》)是俄国马克思主义的科学政治刊物,由《火星报》编辑部编辑,1901—1902 年在斯图加特出版,共出了 4 期(第 2、3 期为合刊)。第 5 期已准备印刷,但没有出版。杂志宣传马克思主义,批判民粹主义和合法马克思主义、经济主义、伯恩施坦主义等机会主义思潮。——41。

33 崩得是立陶宛、波兰和俄罗斯犹太工人总联盟的简称,1897 年 9 月在维尔诺成立。参加这个组织的主要是俄国西部各省的犹太手工业者。崩得在成立初期曾进行社会主义宣传,后来在争取废除反犹太特别法律的斗争过程中滑到了民族主义立场上。在 1898 年俄国社会民主工党第一次代表大会上,崩得作为只在专门涉及犹太无产阶级问题上独立的"自治组织",加入了俄国社会民主工党。在 1903 年俄国社会民主工党第二次代表大会上,崩得分子要求承认崩得是犹太无产阶级的唯一代表。在代表大会否决了这个要求之后,崩得退出了党。根据 1906 年俄国社会民主工党第四次(统一)代表大会决议,崩得重新加入了党。从 1901 年起,崩得是俄国工人运动中民族主义和分离主义的代表。它在党内一贯支持机会主义派别(经济派、孟什维克和取消派),反对布尔什维克。第一次世界大战期间,崩得分子采取社会沙文主义立场。1917 年二月革命后,崩得支持资产阶级临时政府。1918—1920 年外国武装干涉和国内战争时期,崩得的领导人同反革命势力勾结在一起,而一般的崩得分子则开始转变,主张同苏维埃政权合作。1921 年 3 月崩得自行解散,部分成员加入俄国共产党(布)。——41。

34 彼得堡"工人组织"是经济派的组织,于 1900 年夏建立,1900 年秋同被承认是俄国社会民主工党彼得堡委员会的彼得堡工人阶级解放斗争协会合并。火星派在彼得堡党组织中取得胜利后,受经济派影响的一部分彼得堡社会民主党人于 1902 年秋从彼得堡委员会分离出去,重新建立了独立的"工人组织"。"工人组织"委员会对列宁的《火星报》及其建立马克思主义政党的组织计划持反对态度,鼓吹工人阶级的主动性是开展工人运动和取得斗争成功的最重要条件。1904 年初,在党的第二次代表大会以后,彼得堡"工人组织"加入全党的组织,不复独立存在。——41。

35 沃罗涅日委员会是在以弗·彼·阿基莫夫和莉·彼·马赫诺韦茨为首的经济派影响下的一个俄国社会民主党组织。该委员会对在 1902 年 11 月普斯科夫会议上成立的组织委员会持敌对立场,不承认它有召开党的第二次代表大会的权力。该委员会散发诽谤性信件,辱骂组织委员会,并把在建立组织委员会中起了主要作用的《火星报》称为"社会民主党的鹰犬",指责它实行分裂政策。由于这些原因,组织委员会认为不宜邀请该委员会参加代表大会。第二次代表大会批准了组织委员会的决定,指出:"鉴于沃罗涅日委员会不承认组织委员会以及召开代表大会的章程,俄国社会民主工党第二次代表大会认为组织委员会无疑有权不邀请该委员会参加代表大会。"关于这个委员会,参看本版全集第 8 卷第 408—410 页。——41。

36 指 1903 年 7 月 17 日(30 日)—8 月 10 日(23 日)召开的俄国社会民主工党第二次代表大会。7 月 24 日(8 月 6 日)前,代表大会在布鲁塞尔开了 13 次会议。后因比利时警察将一些代表驱逐出境,代表大会移至伦敦,继续开了 24 次会议。

代表大会是《火星报》筹备的。列宁为代表大会起草了一系列文件,并详细拟定了代表大会的议程和议事规程。出席代表大会的有 43 名有表决权的代表,他们代表着 26 个组织(劳动解放社、《火星报》组织、崩得国外委员会和中央委员会、俄国革命社会民主党人国外同盟、国外俄国社会民主党人联合会以及俄国社会民主党的 20 个地方委员会和联合会),共有 51 票表决权(有些代表有两票表决权)。出席代表大会的有发言权的代表共 14 名。代表大会的成分不一,其中有《火星报》的拥护者,也有《火星报》的反对者以及不坚定的动摇分子。

　　列入代表大会议程的问题共有20个:1.确定代表大会的性质。选举常务委员会。确定代表大会的议事规程和议程。组织委员会的报告和选举审查代表资格和决定代表大会组成的委员会。2.崩得在俄国社会民主工党内的地位。3.党纲。4.党的中央机关报。5.代表们的报告。6.党的组织(党章问题是在这项议程下讨论的)。7.区组织和民族组织。8.党的各独立团体。9.民族问题。10.经济斗争和工会运动。11.五一节的庆祝活动。12.1904年阿姆斯特丹国际社会党代表大会。13.游行示威和起义。14.恐怖手段。15.党的工作的内部问题:(1)宣传工作,(2)鼓动工作,(3)党的书刊工作,(4)农民中的工作,(5)军队中的工作,(6)学生中的工作,(7)教派信徒中的工作。16.俄国社会民主工党对社会革命党人的态度。17.俄国社会民主工党对俄国各自由主义派别的态度。18.选举党的中央委员会和中央机关报编辑部。19.选举党总委员会。20.代表大会的决议和记录的宣读程序,以及选出的负责人和机构开始行使自己职权的程序。有些问题没有来得及讨论。

　　列宁被选入代表大会常务委员会,主持了多次会议,几乎就所有问题发了言。他还是纲领委员会、章程委员会和代表资格审查委员会的委员。

　　代表大会要解决的最重要的问题是:批准党纲、党章以及选举党的中央领导机关。列宁及其拥护者在大会上同机会主义者展开了坚决的斗争。代表大会否决了机会主义分子要按照西欧各国社会民主党的纲领的精神来修改《火星报》编辑部制定的纲领草案的一切企图。大会先逐条讨论和通过党纲草案,然后由全体代表一致通过整个纲领(有1票弃权)。在讨论党章时,会上就建党的组织原则问题展开了尖锐的斗争。由于得到了反火星派和"泥潭派"(中派)的支持,尔·马尔托夫提出的为不坚定分子入党大开方便之门的党章第1条条文,以微弱的多数票为大会所通过。但是代表大会还是基本上批准了列宁制定的党章。

　　大会票数的划分起初是:火星派33票,"泥潭派"(中派)10票,反火星派8票(3名工人事业派分子和5名崩得分子)。在彻底的火星派(列宁派)和"温和的"火星派(马尔托夫派)之间发生分裂后,彻底的火星派暂时处于少数地位。但是,8月5日(18日),7名反火星派分子(2名工人事业派分子和5名崩得分子)因不同意代表大会的决议而退出了大会。在选举中央机关时,得到反火星派分子和"泥潭派"支持的马尔托夫派(共7人)成为少数派,共有20票(马尔托夫派9票,"泥潭派"10票,反火星派1票),而团结在列宁周围的20名彻底的火星派分子成为多数派,共有24票。列宁及其拥护者在选举中取得了胜利。代表大会选举列宁、马尔托夫和格·瓦·普列汉诺夫为中央机关报《火星报》编委,格·马·克尔日扎诺夫斯基、弗·威·林格尼克和弗·亚·诺斯科夫为中央委员会委员,普列汉诺夫为党总委员会委员。从此,列宁及其拥护者被称为布尔什维克(俄语多数派一词音译),而机会主义分子则被称为孟什维克(俄语少数派一词音译)。

　　俄国社会民主工党第二次代表大会具有重大的历史意义。列宁说:"布尔什维主义作为一种政治思潮,作为一个政党而存在,是从1903年开始的。"(见本版全集第39卷第4页)——41。

37　组委会事件和解散南方工人社的问题,是在1903年举行的俄国社会民主工党第二次代表大会第2次会议和第30次会议上先后发生的。列宁在《进一步,退两步(我们党内的危机)》一书的第3节《代表大会的开始。——组织委员会事件》和第4节《"南方工人"社的解散》(见本版全集第8卷)中对这两件事作了详尽的论述。——42。

38　反社会党人非常法(反社会党人法)即《反社会民主党企图危害治安法》,是德国俾斯麦政府从1878年10月21日起实行的镇压工人运动的反动法令。这个法令规定取缔德国社会民主党和一切进步工人组织,查封工人刊物,没收社会主义书报,并可不经法律手续把革命者逮捕和驱逐出境。在反社会党人非常法实施期间,有1 000多种书刊被查禁,300多个工人组织被解散,2 000多人被监禁和驱逐。在工人运动的压力下,反社会党人非常法于1890年10月1日被废除。——43。

39　1903年8月在俄国社会民主工党第二次代表大会上被选进中央委员会的是格·马·克尔日扎诺夫斯基、弗·威·林格尼克和弗·亚·诺斯科夫。1903年10月,罗·萨·捷姆利亚奇卡、列·波·克拉辛、玛·莫·埃森和费·瓦·古萨罗夫被增补为中央委员。同年11月,列宁和列·叶·加尔佩林被增补为中央委员。1904年7—9月间,中央委员会的成员发生了新的变化:拥护列宁的林格尼克和埃森被捕。调和派分子克日扎诺夫斯基和古萨罗夫辞职。中央委员会中剩下的调和派分子克拉辛、诺斯科夫和加尔佩林不顾列宁的抗议,把多数派的拥护者捷姆利亚奇卡非法地开除出中央委员会,而把三个新的调和派分子——阿·伊·柳比莫夫、列·雅·卡尔波夫和约·费·杜勃洛文斯基——增补为中央委员。由于这些变化,调和派在中央委员会占了多数。——45。

40 列宁指的是俄国社会民主工党中央委员会南方局因鼓动召开第三次党代表大会而于1904年8月被中央委员会解散一事。——45。

41 《〈农民与社会民主党〉一文的两个提纲》看来是列宁为撰写文章(或作报告)而拟的,但是尚未发现有关列宁写上述文章(或用这一题目作报告)的材料。——47。

42 指恩格斯在《法德农民问题》一文中对法国社会党的土地纲领的批判(见《马克思恩格斯文集》第4卷)。——48。

43 指德国社会民主党布雷斯劳代表大会。

　　德国社会民主党布雷斯劳代表大会于1895年10月6—12日举行,中心议题是讨论该党的土地纲领草案。这个草案是根据1894年法兰克福代表大会决议成立的土地委员会制定的。参加委员会的有机会主义分子爱·大卫、格·亨·福尔马尔等人以及威·李卜克内西和奥·倍倍尔。由于力求在国会选举中得到农民的支持,委员会在纲领草案中提出了一系列在资本主义社会范围内保持和巩固小农所有制的措施,这就使这个土地纲领草案同爱尔福特纲领相抵触,而表现出把无产阶级政党变为"全民党"的倾向。卡·考茨基、克·蔡特金等人严厉批判了这个土地纲领草案。代表大会以158票对63票否决了这个草案。——48。

44 《关于成立多数派委员会常务局的通知(草案)》寄给了俄国国内各多数
派委员会。1904年10月20日(11月2日)列宁和娜·康·克鲁普斯
卡娅给亚·亚·波格丹诺夫的信(见本版全集第44卷第299号文献)
中说到了这个文件。

《通知》草案本文于1940年找到,同年发表于《无产阶级革命》杂志
第2期。——50。

45 指俄国社会民主工党莫斯科委员会1904年10月印发的一份宣言《告
俄国社会民主工党党员书》。这份宣言以19名俄国社会民主工党党员
的名义,响应22名布尔什维克会议通过的《告全党书》,尖锐地批评了
在党的第二次代表大会后转向孟什维克的格·瓦·普列汉诺夫的立
场,称他为"政治上的变色龙",也批评了孟什维克《火星报》、党总委员
会以及调和派把持的中央委员会的立场,坚决主张召开党的第三次代
表大会。宣言的作者是当时被囚禁在莫斯科塔甘卡监狱中的一批布尔
什维克:弗·威·林格尼克、尼·埃·鲍曼、叶·德·斯塔索娃、波·
米·克努尼扬茨等。——50。

46 这段题词系引用俄国作家伊·安·克雷洛夫的寓言《隐士和熊》的头四
句,只把其中的"傻瓜"一词换成了"司徒卢威"。——55。

47 纳尔苏修斯是古希腊神话中的一个孤芳自赏的美少年。后来人们常用
纳尔苏修斯来比喻高傲自大的人。——56。

48 《工人事业》杂志第10期于1901年9月在俄国社会民主工党国外组织
统一代表大会前夕出版。这一期杂志,特别是其中的亚·马尔丁诺夫
的《揭露性的刊物和无产阶级的斗争》和波·尼·克里切夫斯基的《原
则、策略和斗争》两篇文章,加紧宣扬机会主义。列宁在《怎么办?》一书
(见本版全集第6卷)中曾加以批判。——58。

49 《地方自治运动和〈火星报〉的计划》这本小册子是列宁为分析和批判
孟什维克《火星报》编辑部1904年11月印发的给各党组织的信而写
的,由日内瓦弗·邦契-布鲁耶维奇和尼·列宁社会民主党书刊出版

社于1904年出版,共印了3 000册。小册子在俄国各地党组织中广泛流传。

　　为了回答列宁的这本小册子,孟什维克《火星报》编辑部给各党组织发了第二封信。由于第二封信只在孟什维克中间散发,于是,列宁就对已经印出并已在各个委员会中流传的这本小册子作了补充。补充的文字(即注明写于1904年12月22日的那两段话)用有色纸张单印出来,贴入布尔什维克出版社仓库里剩下的各份小册子。

　　列宁的这本小册子在团结布尔什维克的力量方面起了很大的作用。它使布尔什维克们得以更深刻地领会列宁的策略原则,从而在1905年1月9日(22日)的巨大事变面前不致惊慌失措。——59。

50　这两个关于对自由派的态度的决议,都被俄国社会民主工党第二次代表大会通过。列宁在《进一步,退两步》一书(见本版全集第8卷)和《工人民主派和资产阶级民主派》一文(见本卷第165—174页)中对这两个决议作了分析。——60。

51　乌格留姆-布尔切耶夫是俄国作家米·叶·萨尔蒂科夫-谢德林的讽刺作品《一个城市的历史》中的愚人城市长。他是一个野蛮无知、专横凶残的恶棍,一个阴森可怕、毫无理性的白痴。萨尔蒂科夫-谢德林用这个形象影射沙皇及其宠臣。——62。

52　指以《新时报》为中心形成的派别。

　　《新时报》(《Новое Время》)是俄国报纸,1868—1917年在彼得堡出版。出版人多次更换,政治方向也随之改变。1872—1873年采取进步自由主义的方针。1876—1912年由反动出版家阿·谢·苏沃林掌握,成为俄国最没有原则的报纸。1905年起是黑帮报纸。1917年二月革命后,完全支持资产阶级临时政府的反革命政策,攻击布尔什维克。1917年10月26日(11月8日)被查封。——63。

53　《法学》(《Право》)是俄国资产阶级自由派的周报,由弗·马·盖森和H.K.拉扎列夫斯基编辑,1898年11月8日—1917年10月10日在彼得堡出版。该报主要登载法学问题的学术文章。从1904年秋起,该报也用一些版面登载政论作品,实际上成了解放社的一个合法机关报。
——63。

54　德国民族自由党人是德国资产阶级政党民族自由党的成员。

德国民族自由党是 1866 年由分裂出来的进步党右翼组成的,起初
是普鲁士资产阶级的政党,1871 年起成为全德资产阶级的政党。民族
自由党是容克-资产阶级联盟的支柱之一。它的纲领规定实行公民平
等和资产阶级的民主自由。但是随着时间的推移,在德国工人运动加
强的情况下,该党不再为这些要求而斗争,仅满足于奥·俾斯麦的不彻
底的改革。它积极支持殖民扩张和军备竞赛以及镇压工人运动的政
策,在 1914—1918 年第一次世界大战期间力求实现德国垄断组织的掠
夺纲领。1918 年德国十一月革命后,该党不复存在。在它的基础上成
立了德国人民党。——69。

55　指 1902 年 11 月在顿河畔罗斯托夫发生的罢工。1902 年 11 月 2 日
(15 日),罗斯托夫市铁路工厂锅炉车间为抗议厂方克扣工资开始罢
工。11 月 4 日(17 日),俄国社会民主工党顿河区委员会发出传单,号
召全体铁路工厂工人参加罢工,并提出实行九小时工作制、提高工资、
取消罚款、开除最令人痛恨的工长等要求。11 月 6—7 日(19—20 日)
罢工扩展到全市,并发展成为政治罢工。工人们在市外的一个小山谷
里连续举行群众大会。11 月 11 日(24 日),警察和哥萨克袭击了集会
的罢工工人,死 6 人,伤 17 人。罢工工人群众大会仍继续开了两个星
期。罢工坚持到 11 月 26 日(12 月 9 日)被迫停止,同一天俄国社会民
主工党顿河区委员会印发了传单《告全俄公民》。这次罢工震动了全俄
国,在西欧各国也引起了反响。——73。

56　巴拉莱金是俄国作家米·叶·萨尔蒂科夫-谢德林的讽刺作品《温和谨
慎的人们》和《现代牧歌》中的人物,一个包揽词讼、颠倒黑白的律师,自
由主义空谈家、冒险家和撒谎家。巴拉莱金这个名字后来成为空谈、撒
谎、投机取巧、出卖原则的代名词。

列宁在这里说的孟什维克《火星报》"编辑部的巴拉莱金"是指列·
达·托洛茨基。"在旧《火星报》和新《火星报》之间隔着一条鸿沟"是托

洛茨基的纲领性小册子《我们的政治任务(策略问题和组织问题)》中的
话。——74。

57 指1904年下半年,随着彼·丹·斯维亚托波尔克-米尔斯基公爵在
维·康·普列韦遇刺后接任内务大臣,俄国地方自治人士明显地活跃
起来一事。当时俄国正在兴起立宪运动新浪潮。为了削弱这个运动和
通过地方自治机关把相当一部分自由派拉到专制制度一边来,新任内
务大臣对自由主义反对派作了一些次要的让步,如略微放宽书报检查
的尺度,实行局部的大赦,允许召开地方自治人士代表大会等等。内务
大臣还表示地方自治会议应该获得尽可能多的自由和权力。地方自治
人士在内务大臣的庇护下,于1904年秋召开了若干个代表大会,制定
了政治改革的纲领,提出要组织具有立法权的非常代议机关。但是,沙
皇政府的让步很快就结束了。1904年12月14日(27日)《政府通报》
发表了尼古拉二世12月12日(25日)给参议院的诏令,坚持"帝国根
本法律不可动摇",同时又发表了政府通告,规定地方自治机关不得涉
及它们无合法权利加以讨论的问题,警告它们必须遵守法律、维护秩序
和保持安宁,威胁要采取一切手段来禁止任何反政府性质的集会。地
方自治运动很快转入低潮。到1905年秋,随着立宪民主党和十月党的
成立,地方自治运动就不再是独立的政治派别了。——75。

58 指经济派刊物《〈工人事业〉杂志附刊》第6期(1901年4月)的社论《历
史性的转变》一文。当时俄国一系列城市发生了工人和大学生的群众
性游行示威,这篇社论便发出了立即向"专制堡垒"冲击的冒险主义叫
喊,号召群众加快革命步伐,马上组成突击队。——76。

59 《关于党内状况的报告提纲》是列宁写了《地方自治运动和〈火星报〉的
计划》这本小册子(见本卷第59—78页)以后不久拟定的。根据这个提
纲,列宁先后于1904年11月19日(12月2日)、11月23—24日(12月
6—7日)和11月25日(12月8日)在巴黎、苏黎世和伯尔尼的俄国政治
流亡者会议上作了报告。在《工人民主派和资产阶级民主派》一文(见本
卷第165—174页)中,列宁阐述和发展了这个报告的思想。列宁所作的
报告讨论记录,载于《列宁文集》俄文版第16卷第74—78页。——79。

60　指1904年11月29日(12月12日)在日内瓦召开的一次布尔什维克会议,这次会议的参加人员大致和22名布尔什维克会议相同。会议通过了出版党的多数派机关报《前进报》的决定,并初步确定了该报编辑部的成员。——83。

61　指多数派地方委员会分别召开的南方代表会议、高加索代表会议和北方代表会议。

南方区域代表会议(包括敖德萨、叶卡捷琳诺斯拉夫和尼古拉耶夫三个委员会)于1904年9月在敖德萨召开。会议支持22人告全党书,赞成召开党的第三次代表大会,建议成立筹备召开代表大会的组织委员会,并委托列宁确定组织委员会的组成。

高加索联合会委员会区域代表会议(包括巴库、巴统、梯弗利斯和伊梅列季亚-明格列利亚四个委员会)于1904年11月在梯弗利斯召开。会议表示不信任被孟什维克把持的党的中央机关,赞成立即召开党的第三次代表大会,并选出了一个为召开代表大会进行鼓动工作的地方常务局。高加索联合会委员会的代表很快被增补进了多数派委员会常务局。

北方区域代表会议(包括彼得堡、莫斯科、特维尔、里加、北方和下诺夫哥罗德六个委员会)于1904年12月在彼得堡附近的科尔皮诺召开。会议同样表示不信任党的中央机关,支持22人告全党书,坚决主张召开第三次代表大会。在这次会议上,最终完成了建立多数派委员会常务局的手续。常务局的成员是:列宁、亚·亚·波格丹诺夫、马·尼·利亚多夫、彼·彼·鲁勉采夫、罗·萨·捷姆利亚奇卡、马·马·李维诺夫和谢·伊·古谢夫。

根据列宁的建议,多数派委员会常务局的成员开始有系统地到各地方委员会和小组巡视。常务局得到绝大多数地方委员会的支持。到1905年3月,28个地方委员会中已有21个赞成召开党的代表大会。在列宁的领导下,在对孟什维克和调和派进行的激烈斗争中,多数派委员会常务局及其机关报《前进报》筹备并召开了俄国社会民主工党第三次代表大会。——84。

62　指费·伊·唐恩在1904年8月20日(9月2日)于日内瓦举行的俄国
社会民主工党党员大会上的发言。这个会议是孟什维克为支持所谓中
央委员会《七月宣言》而召开的。会上,当一位调和派分子指出中央机
关报(孟什维克的《火星报》)对各委员会采取了不能容许的论战手法
时,唐恩答道,"绝大多数委员会完全拒绝同编辑部保持同志式的来往,
这种状况不能不在该报关于委员会活动的文章的性质上有所反映。"

　　　布尔什维克拒绝参加这个会议,他们的代表宣读了关于会议无权
以多数派和少数派的共同名义通过决议的声明后,就退出了会场。
——84。

63　《前进报》(《Вперед》)是第一个布尔什维克报纸,俄国社会民主工党多
数派委员会常务局的机关报(周报),1904年12月22日(1905年1月
4日)—1905年5月5日(18日)在日内瓦出版,共出了18号。列宁
是该报的领导者,《前进报》这一名称也是他提出的。该报编辑部的成
员是列宁、瓦·瓦·沃罗夫斯基、米·斯·奥里明斯基和阿·瓦·卢那
察尔斯基。娜·康·克鲁普斯卡娅任编辑部秘书,负责全部通信工作。
列宁在《俄国社会民主工党分裂简况》一文中写道:"《前进报》的方针就
是旧《火星报》的方针。《前进报》为了捍卫旧《火星报》正在同新《火星
报》进行坚决的斗争。"(见本卷第217页)《前进报》发表过列宁的40多
篇文章,而评论1905年1月9日事件和俄国革命开始的第4、5两号报
纸几乎完全是列宁编写的。《前进报》创刊后,很快就博得了各地方党
委会的同情,被承认为它们的机关报。《前进报》在反对孟什维克、创建
新型政党、筹备召开俄国社会民主工党第三次代表大会方面起了卓越
作用。第三次代表大会决定委托中央委员会创办名为《无产者报》的新
的中央机关报,《前进报》因此停办。——85。

64　指多数派委员会常务局(参看注61)。——86。

65　本篇和下篇是列宁对一个宣传员学习小组的讲话提纲。

　　　这个宣传员学习小组是根据列宁的倡议,为培养在俄国国内工作
的人才,由布尔什维克日内瓦小组于1904年秋建立的。小组的学员多
数是党的基层工作人员——缺乏理论知识的工人和青年。小组的课程

采取作报告的方式进行。列宁是小组的主要领导者,他就党纲中的问题给小组讲课。由于俄国爆发革命和部分同志启程回国,课程很快就停止了。

列宁有关这个小组的其他文献,参看《列宁文稿》人民出版社版第11卷第553—557页。——89。

66　指1889年8月14日为伦敦码头工人开始罢工而在伦敦港召开的工人大会。这次码头工人罢工的要求是提高小时工资和每天雇佣时间不得少于4小时。参加罢工的有一万名工人,其中包括一些失业工人。罢工委员会的书记是马克思的女儿爱琳娜·马克思-艾威林。罢工者得到英国和一系列欧洲国家以及澳大利亚的工人的支持。罢工期间产生了第一个码头工人工会,它在英国各大港口设有分会。罢工持续了5个星期,以工人的要求得到了满足而结束。这次罢工推动了工联的发展,是英国工人运动史上的转折点。——90。

67　民意党是俄国土地和自由社分裂后产生的革命民粹派组织,于1879年8月建立。主要领导人是安·伊·热里雅鲍夫、亚·德·米哈伊洛夫、米·费·弗罗连柯、尼·亚·莫罗佐夫、维·尼·菲格涅尔、亚·亚·克维亚特科夫斯基、索·李·佩罗夫斯卡娅等。该党主张推翻专制制度,在其纲领中提出了广泛的民主改革的要求,如召开立宪会议,实现普选权,设置常设人民代表机关,实行言论、信仰、出版、集会等自由和广泛的村社自治,给人民以土地,给被压迫民族以自决权,用人民武装代替常备军等。但是民意党人把民主革命的任务和社会主义革命的任务混为一谈,认为在俄国可以超越资本主义,经过农民革命走向社会主义,并且认为俄国主要革命力量不是工人阶级而是农民。民意党人从积极的"英雄"和消极的"群氓"的错误理论出发,采取个人恐怖方式,把暗杀沙皇政府的个别代表人物作为推翻沙皇专制制度的主要手段。他们在1881年3月1日(13日)刺杀了沙皇亚历山大二世。由于理论上、策略上和斗争方法上的错误,在沙皇政府的严重摧残下,民意党在1881年以后就瓦解了。——92。

68　《关于成立组织委员会和召开俄国社会民主工党第三次(例行)代表大

会的通知》写于1904年12月,当时就寄给了多数派委员会常务局各位委员。列宁拟的这个草案是关于召开党的第三次代表大会的正式通知的基础。正式通知由多数派委员会常务局签署,发表于1905年2月28日《前进报》第8号。——93。

69　《法兰克福报》(《Frankfurter Zeitung》)是德国交易所经纪人的报纸(日报),1856—1943年在美因河畔法兰克福出版。——96。

70　指列宁、弗·威·林格尼克、玛·莫·埃森和罗·萨·捷姆利亚奇卡四人。——101。

71　阿姆斯特丹代表大会是指1904年8月14—20日在阿姆斯特丹举行的第二国际第六次代表大会。出席这次大会的有各国社会党代表476人。大会谴责当时正在进行的日俄战争,指出它从双方来说都是掠夺性的战争。大会讨论了社会党策略的国际准则、党的统一、总罢工、殖民政策等问题。大会通过了茹·盖得提出的谴责修正主义和米勒兰主义的决议。但是,大会通过的关于每一国家的社会党人必须统一的重要决议中,没有包含承认革命的马克思主义是统一的原则基础和防止革命派受制于机会主义派的必要条件等内容;大会关于殖民主义问题的决议没有谈到争取民族自决的斗争,而建议社会党人努力使殖民地人民获得符合他们发展程度的自由和独立;在关于群众罢工的决议案中把群众罢工而不是把武装斗争看做"极端手段"。

　　列宁未能亲自出席这次代表大会,他委托马·尼·利亚多夫和彼·阿·克拉西科夫代表党内多数派。以格·瓦·普列汉诺夫为首的孟什维克否认布尔什维主义是具有独立代表权的派别,激烈反对布尔什维克出席代表大会。在列宁向代表大会执行局申诉后,卡·考茨基、奥·倍倍尔、罗·卢森堡和维·阿德勒都主张把布尔什维克包括在俄国社会民主工党代表团内,孟什维克才不得不把利亚多夫和克拉西科夫列为俄国代表团的成员。俄国社会民主工党向代表大会的报告是委托费·伊·唐恩和弗·亚·格列博夫两人起草的,当时商定在报告中不提党内分歧。但唐恩违背了这个条件,他起草的报告充满隐晦的论战,全篇浸透了少数派的观点。布尔什维克因此另外起草一个报告,分发给大会代表。这个报告由马·利金(即利亚多夫)签署,标题是《说明俄国社会民主工党党内危机的资料》。报告曾经列宁校阅,其中很大一部分是列宁写的。——101。

72 1904年7月15日,社会革命党人叶·谢·萨宗诺夫根据该党战斗组织的判决,刺死了沙皇政府内务大臣维·康·冯·普列韦。普列韦生前执行极端残酷的镇压政策,引起人们的强烈不满。——108。

73 解放派是俄国自由派资产阶级反对派,因其主要代表资产阶级知识分子和地方自治自由派人士于1902年6月创办《解放》杂志而得名。解放派以《解放》杂志为基础,于1904年1月在彼得堡成立解放社,领导人是伊·伊·彼特龙凯维奇和尼·费·安年斯基。解放社的纲领包括实行立宪君主制和普选制,保护"劳动群众利益"和承认各民族的自决权。1905年革命开始后,它又要求将一部分土地强制转让并分给少地农民、实行八小时工作制,并主张参加布里根杜马选举。1905年10月立宪民主党成立以后,解放社停止活动。解放社的左翼没有加入立宪民主党,另外组成了伯恩施坦主义的无题派。——112。

74 《我们的生活报》(《Наша Жизнь》)是俄国自由派的报纸(日报),多数撰稿人属于解放社的左翼。1904年11月6日(19日)—1906年7月11日(24日)断断续续地在彼得堡出版。——112。

75 指地方自治局主席和其他地方自治人士代表大会。这次代表大会原定于1904年11月6日在彼得堡召开。向自由派讨好的内务大臣彼·丹·斯维亚托波尔克-米尔斯基公爵赞成召开这次代表大会,甚至竭力设法取得沙皇的许可。但是,在代表大会开幕前五天代表们已经陆续到达的时候,沙皇政府忽然宣布它建议代表大会推迟一年召开。斯维亚托波尔克-米尔斯基向自由派示意,如果地方自治人士"在私人住宅里举行茶话会",他将命令警察局"睁一只眼闭一只眼"。代表大会在这种非正式的允许下于1904年11月6—9日举行。因此列宁讽刺地称之为"秘密的"代表大会。——113。

76 指 1903 年俄国南部发生的一些群众性的政治罢工和示威,它们席卷了外高加索(巴库、梯弗利斯、巴统、奇阿图拉、外高加索铁路)和乌克兰(敖德萨、基辅、叶卡捷琳诺斯拉夫、尼古拉耶夫等)。参加这些罢工的有 20 多万工人。罢工是在俄国社会民主工党各委员会的领导下进行的。——115。

77 在伦敦,与威斯敏斯特教堂比邻的是英国议会大厦。——120。

78 《是结束的时候了》一文是列宁和瓦·瓦·沃罗夫斯基合写的,文章的开头,包括彼得堡委员会的一个工人委员的通讯,由沃罗夫斯基执笔;在这以后,自"彼得堡少数派从渺小的小组利益出发……"这句话起,由列宁执笔。该文原用沃罗夫斯基拟的标题:《为什么彼得堡的游行示威没有成功?》。在《前进报》发表时改用了现在的标题。——123。

79 《前进报》后来只发表了北方代表会议的决议(见 1905 年 1 月 1 日(14 日)该报第 2 号"党的生活"栏)。南方代表会议的决议和高加索代表会议的决议于 1930 年首次发表于《列宁文集》俄文版第 15 卷第 217—219、249—253 页。——128。

80 这是列宁为《前进报》彼得堡通讯员的一封来信所加的按语的初稿和定稿。彼得堡通讯员来信没有保存下来。看来编辑部原打算在《前进报》第 4 号或第 5 号发表这封信,但是由于发生了 1905 年 1 月 9 日事件,报纸腾不出篇幅来。以后则因已经过时而未予发表。——129。

81 这是列宁为创建俄国社会民主工党图书馆发起人小组起草的声明。

俄国社会民主工党图书馆是 1904 年 1 月初在旅居日内瓦的布尔什维克的一次非正式会议上发起创立的。参加发起人小组的有弗·德·邦契-布鲁耶维奇、潘·尼·勒柏辛斯基、瓦·瓦·沃罗夫斯基、米·斯·奥里明斯基、马·尼·利亚多夫等。列宁十分赞同这一倡议,认为这一事业非常有益,并且表示他和娜·康·克鲁普斯卡娅也将把自己藏书的一部分捐献出来。为了征集图书,发起人小组于 1904 年 1 月 28 日向国外各俄侨组织发了一份题为《告全体书》的特别呼吁书,同时

向俄国和外国的各社会主义组织和政党广泛发信。不久,图书馆就收
到了各方面寄来的书籍、报纸、杂志和其他文献。到 1904 年 9 月,图书
馆已有藏书 3 700 多册,并且收集到了几乎所有以前的不合法出版物
和大量档案材料。多数派委员会常务局刚一成立,发起人小组就提出
将图书馆的财产移交给它,图书馆归它领导。列宁支持这个建议。多
数派委员会常务局会议根据列宁的提议批准原发起人小组成员组成俄
国社会民主工党图书馆管理委员会。该会曾向党的第三次代表大会提
出工作报告。这个图书馆存在到 1917 年俄国二月革命,前后共 13 年。
——131。

82　《〈他们是如何为自己辩护的?〉一文提纲要点》大约写于 1905 年 1 月。
为了回答列宁的小册子《地方自治运动和〈火星报〉的计划》,《火星报》
编辑部给各党组织发出了第二封信,格·瓦·普列汉诺夫也写了《论
我们对待自由派资产阶级反沙皇制度斗争的策略》这本只供党员阅
读的"秘密"小册子。《提纲要点》看来是为写批判它们的文章而拟
的,但是文章没有写成。列宁的这个想法,可参看本卷第 173 页脚注。
——132。

83　格·瓦·普列汉诺夫在他的小册子《论我们对待自由派资产阶级反沙
皇制度斗争的策略》中把列宁的《怎么办?》(见本版全集第 6 卷)和《地
方自治运动和〈火星报〉的计划》(见本卷第 59—78 页)这两部著作对立
起来,说什么"旧"列宁同"新"列宁在对待地方自治派的自由主义运动
的态度方面存在着矛盾。——133。

84　指坦波夫省地方自治会议主席彼得罗沃-索洛沃沃的行为。1904 年 12 月
14 日和 15 日,他曾请警察保护他们的会议,以防"公众"破坏。格·
瓦·普列汉诺夫在《论我们对待自由派资产阶级反沙皇制度斗争的策
略》这本小册子中就此写道:"顺便说说关于惊慌失措的问题。不久前
的坦波夫事件,大概能使某些反对专制制度的人产生这样一种念头:
《莫斯科新闻》以**反对**立宪主义的全民起义来吓唬自由派是对的。"(见
《普列汉诺夫全集》俄文版第 13 卷第 178 页)。——133。

85　本卷《附录》中收载了《旅顺口的陷落》一文的提纲。这篇文章的其他准备材料——外国和俄国报刊摘录——载于《列宁文稿》人民出版社版第11卷第632页。——134。

86　指《比利时独立报》。上文引自该报1905年1月4日社论《旅顺口》。

　　　《比利时独立报》(《L'Indépendance Belge》)是比利时资产阶级自由派的机关报(日报)。1831年在布鲁塞尔创刊,1940年停刊。——134。

87　我们死后哪怕洪水滔天! 这句话据说出自法国国王路易十五。路易十五在位时横征暴敛,榨取全国钱财来维持宫廷奢侈生活,根本不顾人民死活,曾说他这一辈子已经足够,死后管它洪水滔天。——138。

88　《泰晤士报》(《The Times》)是英国最有影响的资产阶级报纸(日报),1785年1月1日在伦敦创刊。原名《环球纪事日报》,1788年1月改称《泰晤士报》。——138。

89　《革命俄国报》(《Революционная Россия»)是俄国社会革命党人的秘密报纸,由社会革命党人联合会于1900年底在俄国出版,创办人为安·亚·阿尔古诺夫。1902年1月—1905年12月,作为社会革命党的正式机关报在日内瓦出版,编辑为米·拉·郭茨和维·米·切尔诺夫。——139。

90　指《福斯报》。此处摘自该报1905年1月4日社论《旅顺口》。

　　　《福斯报》(《Vossische Zeitung»)是德国温和自由派报纸,1704—1934年在柏林出版。——141。

91　指1904年12月15日(28日)莫斯科省贵族代表П.Н.特鲁别茨科伊公爵给内务大臣彼·丹·斯维亚托波尔克-米尔斯基的信。这封信刊登于1904年12月18日(31日)《解放》杂志第62期。特鲁别茨科伊在分析社会运动的情况时写道:"目前发生的事件不是暴乱,而是革命;与此同时,俄国人民正被卷入这场革命……"——141。

92 指关于出版《前进报》的声明。该声明由在日内瓦的弗·邦契-布鲁耶维奇和尼·列宁社会民主党书刊出版社于1904年12月印成单页。声明对俄国政治形势作了估计,向无产阶级及其先进的组织核心俄国社会民主工党提出了任务,并扼要地描述了党正经受的危机和分裂。——150。

93 指多数派委员会常务局(参看注61)。——151。

94 这封信是列宁对叶·德·斯塔索娃所提询问的答复。

1904年6月,俄国社会民主工党中央委员会北方局的许多积极工作者,包括尼·埃·鲍曼、斯塔索娃、弗·威·林格尼克、波·米·克努尼扬茨等人,被捕并被关押到莫斯科塔甘卡监狱。同年6月7日(20日),沙皇政府颁布了《关于国事犯罪诉讼程序的若干修改和国事犯罪适用新刑法条例的法令》。根据这项法令,对一系列政治罪要进行法庭审判,并对政治犯运用刑法条款,而不再施行罚款、驱逐等不经法庭的行政处罚办法。于是塔甘卡监狱中的政治犯就遇到了如何对待预审和在法庭上采取什么策略这个新的问题。大家决定,在预审中仍然采取先前那种拒绝招供的策略。至于社会民主党人在法庭上该怎么办,这个问题还没有解决。1904年12月18日,斯塔索娃被保释出狱。同志们遂委托她火速同列宁取得联系,请列宁解答这个使大家焦急不安的问题。——153。

95 舍米亚卡式的做法意为不公正的审判,出典于17世纪俄国的一个讽刺作品《舍米亚卡判案的故事》。法官舍米亚卡误以为被告会给他贿赂,便作出了偏袒被告的荒谬判决。——155。

96 索巴开维奇是俄国作家尼·瓦·果戈理的小说《死魂灵》中的一个地主。他粗暴蛮横,厚颜无耻,嗜财如命,是愚蠢贪婪的农奴主的典型。——155。

97 《前进报》第3号于1905年1月11日(24日)出版。——156。

98 俄国工厂工人协会(圣彼得堡俄罗斯工厂工人大会)是格·阿·加邦神

父根据沙皇保安机关的授意在彼得堡建立的祖巴托夫式的组织。协会的章程于1904年1月15日（28日）由沙皇政府内务部批准，协会于1904年4月11日（24日）正式成立。协会的真正目的是在工人中间煽动君主主义、沙文主义和宗教偏见。该协会在彼得堡有11个分会，参加的工人在1万名以上。1905年1月9日事件后被解散。——158。

99　祖巴托夫分子是指祖巴托夫政策的拥护者。

祖巴托夫政策是20世纪初沙皇政府在工人问题上采取的一种政策，因其倡议者莫斯科保安处处长、宪兵上校谢·瓦·祖巴托夫而得名。祖巴托夫政策是在俄国工人运动从经济斗争向政治斗争转变、社会民主党的影响不断扩大的情况下提出来的，主要内容是建立亲政府的合法工人组织，以诱使工人脱离反对专制制度的政治斗争。祖巴托夫分子力图把工人运动引入纯粹经济要求的轨道，并向工人灌输政府准备满足这些要求的想法。祖巴托夫在制定和实行这一政策时利用了伯恩施坦主义、合法马克思主义和经济主义的思想。

1901年5月，保安处在莫斯科建立了第一个祖巴托夫组织——机械工人互助协会。同年夏季，祖巴托夫代理人（原为崩得成员）在明斯克和维尔诺建立了犹太独立工党。在1901—1903年间，彼得堡、基辅、哈尔科夫、叶卡捷琳诺斯拉夫、尼古拉耶夫、彼尔姆、敖德萨等地都建立了祖巴托夫组织。这些组织开会讨论过必须争取提高工人工资和缩短工作日等问题，甚至还提出过让工人购买企业的建议。革命报刊因此称祖巴托夫政策为"警察社会主义"。

革命社会民主党人揭露祖巴托夫政策的反动性，同时也利用合法工人组织来吸引工人阶级的广大阶层参加反对专制制度的斗争。在革命社会民主党人宣传鼓动的影响下，祖巴托夫组织发起的多次罢工都转变成了反政府的政治行动，1903年爆发的南俄总罢工特别明显地表明了这一点。沙皇政府于是摒弃了祖巴托夫建议的同革命运动斗争的方法，而祖巴托夫政策也为工厂主所反对。1903年夏，祖巴托夫组织被全部撤销。——158。

100　彼得堡工人给沙皇的请愿书曾印成传单并转载于1905年1月18日

(31 日)《前进报》第 4 号。——159。

101　赎金指俄国 1861 年改革后农民为赎取份地每年交纳的款项。按照改革
的法令,农民的宅地可以随时赎取,而份地则须经地主与农民自愿协议
或地主单方面要求始可赎取。份地的赎价是将每年代役租按 6％的年
利率加以资本化得出的,例如,每年代役租为 6 卢布,赎价就是 100 卢
布。所以农民所赎取的在名义上是土地,实际上也包括人身自由在内,
赎价远远超过了份地的实际价格。在赎取份地时,农民先付赎价的
20％—25％(如果地主单方面要求赎地,则农民不付这笔费用),其余
75％—80％由政府以债券形式付给地主,然后由农民在 49 年内加利息
分年偿还政府。因此赎金实际上成了前地主农民交纳的一种沉重的直
接税。由于农民赎取份地的最后限期为 1883 年,赎金的交纳要到
1932 年才最后结束。在 1905—1907 年俄国第一次革命中,沙皇政府
慑于农民运动的威力,从 1907 年 1 月起废除了赎金。——160。

102　《旗帜报》(《The Standard》)是英国保守派的报纸(日报),1827 年 5 月
27 日—1916 年 3 月 16 日在伦敦出版。——160。

103　民权党人指俄国民权党的成员。
　　　民权党是俄国民主主义知识分子的秘密团体,1893 年夏成立。参
加创建的有前民意党人奥·瓦·阿普捷克曼、安·伊·波格丹诺维奇、
亚·瓦·格杰奥诺夫斯基、马·安·纳坦松、尼·谢·丘特切夫等。民
权党的宗旨是联合一切反对沙皇制度的力量为实现政治改革而斗争。
该党发表过两个纲领性文件:《宣言》和《迫切的问题》。1894 年春,民
权党的组织被沙皇政府破坏。大多数民权党人后来加入了社会革命
党。——162。

104　《俄国革命》这篇短文是列宁在得到彼得堡 1905 年 1 月 9 日事件的消
息后于 1 月 10 日(23 日)在日内瓦写的。这时,《前进报》第 3 号已经拼
版待印。列宁为了对这次事件及时作出反应,就撤掉了该号"信箱"栏
的材料,而以大号铅字在第 4 版刊登了这篇短文。——164。

105 合法马克思主义即司徒卢威主义,是19世纪90年代出现在俄国自由派知识分子中的一种思想政治流派,主要代表人物是彼·伯·司徒卢威。合法马克思主义利用马克思经济学说中能为资产阶级所接受的个别论点为俄国资本主义的发展作论证。在批判小生产的维护者民粹派的同时,司徒卢威赞美资本主义,号召人们"承认自己的不文明并向资本主义学习",而抹杀资本主义的阶级矛盾。合法马克思主义者起初是社会民主党的暂时同路人,后来彻底转向资产阶级自由主义。到1900年《火星报》出版时,合法马克思主义作为思想流派已不再存在。——166。

106 据《列宁全集》俄文第5版编者注,列宁的手稿中此处删去了如下的字样:"(正如土林还在1894年称司徒卢威的《评述》一书那样)"。列宁指的是他自己的《民粹主义的经济内容及其在司徒卢威先生的书中受到的批评》一文(见本版全集第1卷)。——166。

107 蝎子鞭是一种末梢系有状如蝎子毒钩的金属物的鞭子,出自圣经《旧约全书·列王记(上)》第12章。——169。

108 奥维狄乌斯变化一词是由古罗马诗人奥维狄乌斯的长篇叙事诗《变形记》里所描写的种种奇幻莫测的变化而来的,多用以指人们的思想、主张或事物面貌的变化多端,令人不可捉摸。——172。

109 《唯心主义问题》是谢·尼·布尔加柯夫、叶·尼·特鲁别茨科伊等人的一本哲学论文集,由帕·伊·诺夫哥罗德采夫编辑,1902年在莫斯科出版。——172。

110 《新路》杂志(《Новый Путь》)是俄国颓废派的所谓"宗教哲学协会"的机关刊物(月刊),1903—1904年在彼得堡出版。"宗教哲学协会"的参加者有象征派分子和寻神派分子德·谢·梅列日科夫斯基、季·尼·吉皮乌斯等人。——172。

111 达尔杜弗是法国剧作家让·巴·莫里哀的喜剧《达尔杜弗或者骗子》里的主角,是一个集贪婪、伪善、奸诈、狠毒于一身的伪君子的典型。——182。

112　巴士底狱原为巴黎的一座城堡,建于1370—1382年,15世纪起成为法国的国家监狱,16世纪起主要用来囚禁政治犯,因而成了法国封建专制制度的象征。1789年7月14日,巴黎起义人民攻陷了巴士底狱,法国资产阶级革命由此开始。1790年,巴士底狱被拆毁。从1880年起,7月14日成为法国的国庆节。——187。

113　本组文献的确切写作时间未能查明,大致为1905年1月10日和18日(23日和31日)之间;其中,《〈彼得堡作战计划〉一文的补充》写于1905年1月18日(31日)以后,初次刊载于1926年《列宁文集》俄文版第5卷;《街垒战》一文原来是为《前进报》第4号写的,但当时未能发表,初次刊载于1924年《〈前进报〉和〈无产者报〉。1905年的最初布尔什维克报纸》一书第1分册《附录》。——189。

114　指布尔什维克谢·伊·古谢夫从彼得堡寄来的通讯。这篇通讯刊载于1905年1月18日(31日)《前进报》第4号,标题是《彼得堡社会民主党人的来信》。——192。

115　指德国社会民主党中央机关报《前进报》。
　　《前进报》(《Vorwärts》)是德国社会民主党的中央机关报(日报),1876年10月在莱比锡创刊,编辑是威·李卜克内西和威·哈森克莱维尔。1878年10月反社会党人非常法颁布后被查禁。1890年10月反社会党人非常法废除后,德国社会民主党哈雷代表大会决定把1884年在柏林创办的《柏林人民报》改名为《前进报》(全称是《前进。柏林人民报》),从1891年1月起作为中央机关报在柏林出版,由李卜克内西任主编。恩格斯曾为《前进报》撰稿,同机会主义的各种表现进行斗争。1895年恩格斯逝世以后,《前进报》逐渐转入党的右翼手中。它支持过俄国的经济派和孟什维克。第一次世界大战期间持社会沙文主义立场。俄国十月革命以后,进行反对苏维埃的宣传。1933年停刊。——197。

116　这条脚注在手稿上已被划掉,《前进报》没有登出。1934年出版的《列宁文集》俄文版第26卷首次刊载了这条注释。——199。

117　《俄罗斯日报》(《Русская Газета》)是俄国通俗报纸,1904—1906年在彼得堡出版。——202。

118　《政府通报》(《Правительственный Вестник》)是沙皇政府内务部的机关报(日报),1869年1月1日(13日)—1917年2月26日(3月11日)在彼得堡出版,它的前身是《北方邮报》。通报登载政府命令和公告、大臣会议和国务会议开会的综合报道、国内外消息、各种文章和书评等。1917年二月革命后,《政府通报》为《临时政府通报》所代替。——204。

119　《圣彼得堡市政府消息报》(《Ведомости С.-Петербургского Градона-чальства》)是1839年创刊的《圣彼得堡市警察局消息报》的续刊,出版到1917年。——204。

120　指1904年11月孟什维克《火星报》编辑部《给各党组织的信》。列宁对它的批判,见本卷第59—78页。——210。

121　《俄国社会民主工党分裂简况》由俄国社会民主工党伯尔尼(瑞士)协助小组于1905年2月2日(15日)印成单页,并加了以下附言:"俄国社会民主工党伯尔尼'前进'协助小组认为了解分裂简况,特别对国内同志来说,是极端重要的,因此将这封信印出,敬请国外的同志们把它转寄回俄国。"

　　在这个文件的手稿上有如下的亲笔署名:《前进报》编辑部——尼·列宁、普·奥尔洛夫斯基、阿·沃伊诺夫、列兵、加廖尔卡和俄国多数派委员会常务局驻国外全权代表斯捷潘诺夫。关于德国社会民主党执行委员会试图通过奥·倍倍尔以仲裁方式解决分裂问题一事,见1905年2月8日列宁给倍倍尔的信(本版全集第45卷第7号文献)。——212。

122　指社会党国际局。

　　社会党国际局是第二国际的常设执行和通讯机关,根据1900年9月巴黎代表大会的决议成立,设在布鲁塞尔。社会党国际局由各国社会党代表组成。执行主席是埃·王德威尔得,书记是卡·胡斯曼。

俄国社会民主党人参加社会党国际局的代表是格·瓦·普列汉诺夫和波·尼·克里切夫斯基。从 1905 年 10 月起，列宁代表俄国社会民主工党参加社会党国际局。1914 年 6 月，根据列宁的建议，马·马·李维诺夫被任命为社会党国际局俄国代表。社会党国际局在第一次世界大战开始后实际上不再存在。——213。

123　指少数派的秘密反党组织，该组织是在党的第二次代表大会后不久建立的。1903 年 9 月中旬举行了 17 名孟什维克的秘密会议，成立了由尔·马尔托夫、费·伊·唐恩、亚·尼·波特列索夫、帕·波·阿克雪里罗得和列·达·托洛茨基组成的少数派常务局。会议通过的由托洛茨基和马尔托夫起草的决议，提出了孟什维克派别活动的纲领，拟定了孟什维克篡夺党的中央机关和各地方党组织领导权的组织步骤。在篡夺了《火星报》之后，孟什维克在中央机关报内建立了秘密的中央会计处，设置了自己的书刊运输机构。他们在把俄国革命社会民主党人国外同盟变成自己的基地的同时，又建立了自己的流动代办员网，用来破坏国内党的工作，篡夺地方委员会或建立同多数派地方委员会平行的少数派地方组织，像在彼得堡、敖德萨、叶卡捷琳诺斯拉夫所干的那样。少数派的秘密组织存在到 1904 年秋天。——215。

124　《每日电讯》(《The Daily Telegraph》)是英国报纸(日报)，1855 年在伦敦创刊，起初是自由派的报纸，从 19 世纪 80 年代起成为保守派的报纸。1937 年同《晨邮报》合并成为《每日电讯和晨邮报》。——219。

125　《现代报》(《Наши Дни》)是俄国自由派的报纸(日报)，1904 年 12 月 18 日(31 日)—1905 年 2 月 5 日(18 日)在彼得堡出版。1905 年 12 月 7 日(20 日)曾复刊，只出了两号。——220。

126　皮洛士式的胜利意为得不偿失的胜利。皮洛士是古希腊伊庇鲁斯国王，公元前 280 年入意大利同罗马作战，两次获捷，但损失惨重。他曾说："如果再取得这样一次胜利，那谁也不能跟我回到伊庇鲁斯去了。"——224。

127 《最新消息》(《Последние Известия》)是崩得国外委员会的公报,1901—
1906 年先后在伦敦和日内瓦出版,共出了 256 号。——225。

128 指对 1885 年莫罗佐夫罢工参加者的审判。这次审判于 1886 年 5 月在
弗拉基米尔进行。审判暴露了工人们所受的骇人听闻的剥削和压迫。
被告对法庭提出的 101 个指控他们犯有罪行的问题一一加以批驳。反
动政论家米·尼·卡特柯夫为此在《莫斯科新闻》上写道:"昨天,从平
安无事的古城弗拉基米尔传来了 101 响礼炮声,庆祝在俄罗斯出现的
工人问题。"——232。

129 1891 年 4 月 15 日(27 日)在彼得堡举行了为先进工人所熟悉的著名政
论家、社会活动家、哲学家尼·瓦·舍尔古诺夫的葬礼。这次葬礼变成
了反政府的游行示威。工人们携带的花圈上写着:"献给自由和兄弟团
结的指路人"。在葬礼上有人提出举行五一节集会的建议,得到了工人
们的响应。届期有 70—80 名工人参加了这个在俄国首次秘密举行的
五一节集会。集会上的政治演说词后来在工人中广为传播,起了巨大
的宣传作用。——232。

130 指 1903 年 7 月在基辅发生的群众性政治罢工。同年 9 月 1 日《火星
报》第 47 号刊登了报道这次罢工的长篇通讯,题为《基辅的总罢工》。
——233。

131 "策略-过程"论是一种崇拜自发性的机会主义理论,它宣称策略是"党
的任务随着党的发展而增长的过程"。列宁在《怎么办?》一书(见本版
全集第 6 卷)中批判了这种理论。——236。

132 基法·莫基耶维奇是俄国作家尼·瓦·果戈理的小说《死魂灵》中的人
物。他终日"钻研"空洞无聊、荒诞不经的"理论"问题。——240。

133 伊万努什卡是俄罗斯民间故事《十足的傻瓜》里的主人公,他经常说些
不合时宜的话,因此而挨揍。一次,他看到农民在脱粒,叫喊道:"你们
脱三天,只能脱三粒!"为此他挨了一顿打。傻瓜回家向母亲哭诉,母亲
告诉他:"你应该说,但愿你们打也打不完,运也运不完,拉也拉不完!"

第二天,傻瓜看到人家送葬,就叫喊道:"但愿你们运也运不完,拉也拉不完!"结果又挨了一顿打。——244。

134 《世界政策问题小报》(《Aus der Weltpolitik》)是德国的一家周报,由亚·李·帕尔乌斯于1898—1905年在慕尼黑出版。——246。

135 特略皮奇金是俄国作家尼·瓦·果戈理的喜剧《钦差大臣》中一个未登场的人物。他靠写低级庸俗的新闻和小文章赚钱,为了追求噱头和耸人听闻可以不顾一切。特略皮奇金这个名字后来成了庸俗文人的代名词。——248。

136 后背一词出自圣经中摩西见耶和华只能看到后背的传说(《旧约全书·出埃及记》第33章)。此处是借用这个典故来形容机会主义者的尾巴主义特征。——252。

137 指1905年2月21日《前进报》第7号"党的生活"栏刊登的短评《破坏地方委员会的行为》和明斯克、敖德萨两地的社会民主党小组的决议。——254。

138 指尔·马尔托夫和维·伊·查苏利奇就维尔纳省省长维·威·冯·瓦尔对被捕的游行示威者鞭笞一事合写的短评,载于1902年6月1日(14日)《火星报》第21号"我们的社会生活"栏。短评对工人希·Д.勒克尔特(勒库赫)于1902年5月5日(18日)行刺冯·瓦尔表示赞成。马尔托夫和查苏利奇这种向个人恐怖方面的动摇,列宁和格·瓦·普列汉诺夫曾表示强烈反对。——258。

139 指孟什维克《火星报》编辑部签署的第16号传单,标题是《致工人群众》。传单公然维护社会革命党的个人恐怖策略。——258。

140 指莫斯科总督谢尔盖·亚历山德罗维奇·罗曼诺夫大公(尼古拉二世的叔父和亚历山大三世的弟弟)于1905年2月4日(17日)在莫斯科克里姆林宫被恐怖分子、社会革命党人伊·普·卡利亚耶夫暗杀的事件。这一个人恐怖行动在外国报刊上引起了巨大的反响。——260。

141 这是列宁为《前进报》发表由多数派委员会常务局签署的《关于召开党的第三次代表大会的通知》而写的编辑部按语。在按语的手稿上有列宁嘱咐印刷所排字工人的话:"务请同志们尽可能在星期日上午排出这个按语,并于当天下午送来校样。"——265。

142 《前进报》第8号"党的生活"栏刊登了俄国社会民主工党莫斯科委员会的决议,以及主张立即召开党的第三次代表大会的莫斯科委员会和北方委员会组织工作人员会议的决议。——265。

143 指奥·倍倍尔1905年2月3日给列宁的信。倍倍尔代表德国社会民主党执行委员会在信中建议组织一个由他担任主席的仲裁法庭,以求停止俄国社会民主党的党内斗争。列宁在同年2月8日的回信中声称自己无权解决这个问题,只能将倍倍尔的建议转告党的代表大会(见本版全集第45卷第7号文献)。多数派委员会常务局在同年3月10日(23日)《前进报》第11号发表的给倍倍尔的复信中也拒绝了他的建议,并强调指出,俄国社会民主党党内斗争的实质不带**个人性质**,或者至少不带**集团性质**,而是**政治思想**的冲突。因此,有权解决这个问题的,只能是党代表大会,而不是仲裁法庭(见《俄国社会民主工党第三次代表大会。文件和材料汇编》1955年俄文版第64—66页)。在俄国社会民主工党第三次代表大会上没有作关于倍倍尔的信的专门报告,然而在讨论中发言的代表都反对倍倍尔的建议,赞同多数派委员会常务局上述复信中所阐述的观点(见《俄国社会民主工党第三次代表大会。会议记录》1959年俄文版第49、51—52、57、58、312页)。多数派委员会常务局对倍倍尔建议的答复也得到各地方组织的拥护。——266。

144 这个调查表中列举的主要问题,列宁在《关于召开党的第三次代表大会》一文(见本卷第265—267页)中已经提出来了。——272。

145 这是列宁于1905年3月5日在布尔什维克日内瓦俱乐部组织组会议上就筹备俄国社会民主工党第三次代表大会问题所作的三次发言的记录。第一次发言是在亚·马·埃森(斯捷潘诺夫)作了关于主要在非无产阶级居民阶层(学生、士兵、农民)中进行工作的报告之后;第二次是在罗伯特(谁叫这个名字未能查明)发言之后;第三次是与奥丽珈(索·瑙·拉维奇)提议请列宁参加调查表的拟定工作有关。列宁所说的"我是编制过一份调查表,但它过于一般化了",指的是他拟定的供党的第三次代表大会使用的调查表(见本卷第272—273页)。

布尔什维克日内瓦俱乐部于1905年1月13日在俄国社会民主工党国外协助小组代表会议上成立,下设四个研究党的生活问题的组:组织组、宣传组、鼓动组和技术组。——274。

146 《新的任务和新的力量》一文是经过几次反复写成的。1905年1月25日(2月7日)以前,列宁就打算写这样一篇文章,并想以《动员无产阶级的军队》为题,把它写成《前进报》第6号的社论,还为此作了笔记(见本卷第386—388页),但这篇社论没有写成。《前进报》第6号和第7号出版后,列宁又决定以《当务之急》为题来写这篇文章,并拟出了提纲(见本卷第389—390页)。但列宁对已经写出的这篇文章的手稿仍不满意。最后,列宁把《当务之急》改写成了《新的任务和新的力量》。本卷《附录》中收载的《〈新的任务和新的力量〉一文材料》,反映了撰写过程中列宁的考虑和想法。——277。

147 分给兔子一块熊耳朵意为给自我吹嘘者以奖赏,出典于俄国作家伊·安·克雷洛夫的寓言《兔子打猎》。寓言说,一群野兽正在分它们猎获的一只熊,没有参加猎熊的一只兔子却伸出前足来撕熊的耳朵,并且说是它把熊从树林里赶到空地上,野兽们才得以把熊逮住杀死的。野兽们感到兔子的话虽系吹牛,却十分有趣,于是分给它一块熊耳朵。——291。

148 这是列宁为1905年3月5日(18日)在日内瓦给俄国政治流亡者作关于巴黎公社的报告而拟的提纲。——308。

149 这句话引自恩格斯为马克思的《法兰西内战》1891年德文第3版写的导言。恩格斯在导言中分析1848年六月起义后的法国形势时写道:"如果说无产阶级还不能管理法国,那么资产阶级已经再也不能管理法国了。"(见《马克思恩格斯文集》第3卷第102页)——308。

150　国际工人协会(第一国际)是无产阶级第一个国际性的革命联合组织，1864年9月28日在伦敦成立。马克思参与了国际工人协会的创建，是它的实际领袖，恩格斯参加了它后期的领导工作。在马克思和恩格斯的指导下，国际工人协会领导各国工人的经济斗争和政治斗争，积极支持被压迫民族的解放运动，坚决揭露和批判蒲鲁东主义、巴枯宁主义、拉萨尔主义、工联主义等错误思潮，促进了各国工人的国际团结。国际工人协会在1872年海牙代表大会以后实际上已停止活动，1876年7月15日正式宣布解散。国际工人协会的历史意义在于它"奠定了工人国际组织的基础，使工人作好向资本进行革命进攻的准备"(见本版全集第36卷第290页)。——308。

151　公社战士牺牲的数字引自1896年在巴黎出版的普·奥·利沙加勒的《1871年公社史》一书。——311。

152　这份提纲从内容看接近于列宁《关于起义的战斗协议》一文(见本卷第256—264页)，但其写作时间要晚于该文，因为其中具体提出了该文尚未涉及的战斗委员会问题。——312。

153　本文是列宁为1905年3月10日(23日)《前进报》第11号刊登的古·保·克吕泽烈的回忆录《巷战》写的前言。该报为回忆录加的标题是《论巷战(公社的一个将军的意见)》。回忆录的译者是弗·弗·菲拉托夫，译文经列宁校阅过(参看《列宁文稿》人民出版社版第11卷第823—833页)。——330。

154　《艺术报》即《大众艺术报》(«L'Art pour tous»)是法国报纸，1861—1914年在巴黎出版。——331。

155　《公社报》(«La Commune»)是法国资产阶级激进派报纸(日报)，1880年9月21日—11月4日在巴黎出版，主编为费利克斯·皮阿。古·保·克吕泽烈曾于1880年11月1日在该报发表文章。

　　《马赛曲报》(«La Marseillaise»)是法国资产阶级激进派报纸，1880年11月6日—12月31日继被查封的《公社报》在巴黎出版。——331。

156　指从 1881 年起由乔·邦·克列孟梭领导的法国资产阶级共和主义者
激进派。该派主要代表中小资产阶级的利益。——331。

157　你们叩门，门就会开这句话出自圣经《新约全书·马太福音》第 7 章，意
为只要孜孜以求，定能如愿以偿。——332。

158　这篇短评是列宁为 1905 年 3 月 10 日（23 日）《前进报》第 11 号发表的
瓦·瓦·沃罗夫斯基的《蛊惑宣传的产物》一文加的附注。沃罗夫斯基
的文章批评了 1904 年 8 月 7 日和 14 日《火星报》第 70 号和第 71 号刊
载的格·瓦·普列汉诺夫的《工人阶级和社会民主主义知识分子》一
文。关于俄国社会民主工党纲领的制定经过，参看《关于俄国社会民主
工党纲领的文献》（本版全集第 6 卷）。——338。

159　割地是指俄国 1861 年改革中农民失去的土地。按照改革的法令，如果
地主农民占有的份地超过当地规定的最高标准，或者在保留现有农民
份地的情况下地主占有的土地少于该田庄全部可耕地的 1/3（草原地
区为 1/2），就从 1861 年 2 月 19 日以前地主农民享有的份地中割去多
出的部分。份地也可以通过农民与地主间的特别协议而缩减。割地通
常是最肥沃和收益最大的地块，或农民最不可缺少的地段（割草场、牧
场等），这就迫使农民在受盘剥的条件下向地主租用割地。改革时，对
皇族农民和国家农民也实行了割地，但割去的部分要小得多。要求归
还割地是农民斗争的口号之一，1903 年俄国社会民主工党第二次代表
大会曾把它列入党纲。1905 年俄国社会民主工党第三次代表大会提
出了没收全部地主土地，以代替这一要求。——340。

160　指俄国社会民主工党第二次代表大会通过的党纲的下述条文："俄国社
会民主工党力求达到自己最近的目的，支持任何反对俄国现存社会政
治制度的反政府运动和革命运动，同时坚决摒弃所有那些会使警察-官
吏对劳动阶级的监护稍微扩大或巩固的改良方案。"（见本版全集第 7 卷
第 430 页）——341。

161　指马克思和恩格斯在他们 1846 年 5 月写的《反克利盖的通告》中对

海·克利盖用共产主义词句粉饰美国的土地运动一事所作的批评(参看《马克思恩格斯全集》第 1 版第 4 卷第 9—12 页)。此处列宁把马克思和恩格斯写这个通告的时间误为 1848 年。这个错误,列宁在《马克思论美国的"平分土地"》一文(见本版全集第 10 卷)中已特地指出。——343。

162 指恩格斯在《美国工人运动。〈英国工人阶级状况〉美国版序言》中对亨利·乔治的观点的批判(参看《马克思恩格斯文集》第 4 卷第 319—321 页)。亨利·乔治只把人民群众土地的被剥夺看做是人们分裂为富人和穷人的主要原因,因而提出土地国有作为免于贫困的激进手段。列宁称亨利·乔治为资产阶级的土地国有论者。——343。

163 施德洛夫斯基委员会是根据沙皇 1905 年 1 月 29 日(2 月 11 日)的诏令成立的一个特别委员会,其任务是针对 1 月 9 日"流血星期日"以后展开的罢工运动,"迅即查清圣彼得堡市及其郊区工人不满的原因并提出杜绝此种情况的措施"。委员会主席是参议员兼国务会议成员尼·弗·施德洛夫斯基。参加委员会的除政府官员和官办工厂厂长外,还应通过二级选举产生的工人代表。布尔什维克就工人代表的选举展开了大规模的解释工作,揭露沙皇政府成立这个委员会的真正目的是引诱工人离开革命斗争。当第一级选举产生的复选人向政府提出关于言论、出版、集会自由等要求时,施德洛夫斯基于 1905 年 2 月 18 日(3 月 3 日)声称这些要求不能满足。于是,多数复选人拒绝参加选举代表的第二级选举,并号召彼得堡工人用罢工来支持他们。1905 年 2 月 20 日(3 月 5 日),委员会还没有开始工作就被沙皇政府解散了。

　　列宁在正文里所说的党内的"施德洛夫斯基委员会"的把戏,是指孟什维克把持的中央委员会口头上主张而实际上反对召开第三次代表大会这种两面派行为。——347。

164 《公民》(《Гражданин》)是俄国文学政治刊物,1872—1914 年在彼得堡出版,创办人是弗·彼·美舍尔斯基公爵。作家费·米·陀思妥耶夫斯基于 1873—1874 年担任过它的编辑。原为每周出版一次或两次,1887 年后改为每日出版。19 世纪 80 年代起是靠沙皇政府供给经费的极端君主派刊物,发行份数不多,但对政府官员有影响。——356。

165　《时报》(《Le Temps》)是法国资产阶级报纸(日报),1861—1942 年在巴黎出版。——359。

166　《经济学家》杂志(《The Economist》)是英国的政治和经济问题刊物(周刊),1843 年由詹·威尔逊在伦敦创办,大工业资产阶级的喉舌。——359。

167　这里是套用法国作家让·巴·莫里哀的独幕喜剧《可笑的女才子》中的台词。喜剧描写两位青年因不会使用沙龙语言而遭到巴黎两位小姐的冷落,就设计报复,让他们的多少懂点交际语言的仆人冒名前去追求这两位小姐,果然博得了她们的欢心。最后他们到场说出真相,羞辱这两位小姐说:“那是我们的听差…… 你们如果愿意爱他们,那就为了漂亮的眼睛而爱他们吧。”(第 16 场)——360。

168　列宁指他所作的 1905 年 1 月 4 日《福斯报》社论《旅顺口》的摘录(参看《列宁文稿》人民出版社版第 11 卷第 636 页)。——368。

169　这份材料包括的三个文献,是列宁为写《工人民主派和资产阶级民主派》一文(见本卷第 165—174 页)而拟的大纲、提纲和要点。其中第二个文献《关于同自由派的协议》的内容在上述文章的第 3、4、5 段中得到了充分发挥。——370。

170　这里摘引的是《解放》杂志第 58 期第 129 页署名“编者”的社论中的一句话:“俄国知识分子的良心永远不会容忍政治特权。”——375。

171　摘自《解放》杂志第 58 期第 130 页 Nemo《论当前问题》一文中的一句话:“《解放》杂志不是罗盘,而只是一面镜子。”——375。

172　这条说的是 1904 年 11 月 6—9 日(19—22 日)在彼得堡举行的地方自治人士代表大会。列宁把这个代表大会的决定称做“新的‘请求书’”。为了分析代表大会选出的常务局,列宁在方框内记下了载有涉及该局个别成员材料的报刊期数。——376。

173 巴尔霍恩式的修正意思是说经过修正,反而把东西改坏了,源出16世纪德国吕贝克的出版商约翰·巴尔霍恩出版一种识字课本的"修正版"时把原书改坏了的故事(参看本版全集第6卷第65页)。——378。

174 勇敢,再勇敢,永远勇敢(或勇敢,勇敢,再勇敢)是法国资产阶级革命时期的著名活动家若·雅·丹东的名言。恩格斯在《德国的革命和反革命》的《起义》一节中曾引用了这句话,并称丹东为"迄今为止人们所知道的最伟大的革命策略家"(见《马克思恩格斯文集》第2卷第446页)。——383。

175 指1905年1月18日(31日)《火星报》第84号登载的《革命的开始》一文借当时彼得堡的革命形势攻击布尔什维克,说什么,让"主张建立'秘密'组织的空想家们……试在'职业革命家'的第三次、第四次、第五次代表大会的组织章程里去寻找用阶级意识和政治独立性来鼓舞群众洪流的魔法吧"。——384。

176 《当务之急》一文手稿的前四页,据《列宁全集》俄文第5版编者注,被列宁用铅笔划掉了,在这几页的背面写着《新的任务和新的力量》一文的开头部分。在手稿的第4页上有列宁的铅笔批注:"紧接第7页"。而第7页上就是《新的任务和新的力量》一文的后续部分,手稿的第5页和第6页没有保存下来。看来,列宁在把《当务之急》一文改写为《新的任务和新的力量》一文时,用新写在原稿前四页背面的文字代替划掉的文字,删去了原稿第5页和第6页。文章结尾部分是列宁根据自己拟的对原稿第12页以后部分的修改提纲(见本卷第391页)改写的。《当务之急》一文手稿的前四页载于《列宁文稿》人民出版社版第11卷第794—795页。——389。

177 指《俄国革命的开始》一文,原载1905年1月18日(31日)《前进报》第4号(见本卷第185—188页)。——389。

178 指谢·伊·古谢夫的信,即载于1905年2月15日(28日)《前进报》第8号"党的生活"栏的一篇彼得堡通讯。这篇通讯说,党的组织者的工

作落后于革命事变,社会民主党组织对本应完成的工作连十分之一也
没能完成。通讯的作者问道,现在究竟应当怎样进行群众性的鼓动工
作,才不致让工人运动的领导权从社会民主党手中丢掉而落入自由派
手中。《〈当务之急〉一文的修改提纲》第 4 点也是针对这封信而写的
(见本卷第 391 页)。——389。

179　列宁在这里和下面所标的条次是指他重阅《当务之急》一文时所拟的
《新的任务和新的力量》一文要点中的条次(见本卷第 395—396 页)。
——392。

180　这个提纲后半部分中的论点,在《社会民主党和临时革命政府》一文(见
本版全集第 10 卷)里作了发挥。——397。

181　**X＋Y** 是指 1903 年日内瓦出版的彼·巴·马斯洛夫的小册子《论土地
纲领》(署名"伊克斯",即 X)和 1904 年 11 月 5 日《火星报》第 77 号刊
载的列·叶·加尔佩林的文章《论社会革命党人的土地纲领》(署名"伊
格列克",即 Y)。——397。

182　彼特鲁什卡是俄国作家尼·瓦·果戈理的小说《死魂灵》中的主角乞乞
科夫的跟丁。他爱看书,但不想了解书的内容,只对字母总会拼出字来
感兴趣。——398。

人 名 索 引

A

阿尔先耶夫，康斯坦丁·康斯坦丁诺维奇（Арсеньев，Константин Константинович 1837—1919）——俄国自由派政论家和社会活动家，律师。在地方自治机关担任过几年选任职务。1866 年起为《欧洲通报》杂志撰稿，1909 年起任该杂志责任编辑。1906—1907 年为民主改革党领导人之一。布罗克豪斯和叶弗龙《百科词典》和新版《百科词典》总编辑。写有法律问题和文学史方面的著作。——219、220。

阿基莫夫（**马赫诺韦茨**），弗拉基米尔·彼得罗维奇（Акимов（Махновец），Владимир Петрович 1872—1921）——俄国社会民主党人，经济派代表人物。19 世纪 90 年代中期加入彼得堡民意社，1897 年被捕，1898 年流放叶尼塞斯克省，同年 9 月逃往国外，成为国外俄国社会民主党人联合会领导人之一；为经济主义思想辩护，反对劳动解放社，后又反对《火星报》。1903 年代表联合会出席俄国社会民主工党第二次代表大会，是反火星派分子，会后成为孟什维克极右翼代表。1905—1907 年革命期间支持主张建立"全俄工人阶级组织"（社会民主党仅是该组织中的一种思想派别）的取消主义思想。作为有发言权的代表参加了俄国社会民主工党第四次（统一）代表大会的工作，维护孟什维克的机会主义策略，呼吁同立宪民主党人联合。斯托雷平反动时期脱党。——3、41、42、45、56—58、143、290、336。

阿克雪里罗得，帕维尔·波里索维奇（Аксельрод，Павел Борисович 1850—1928）——俄国孟什维克领袖之一。19 世纪 70 年代是民粹派分子。1883 年参与创建劳动解放社。1900 年起是《火星报》和《曙光》杂志编辑部成员。这一时期在宣传马克思主义的同时，也在一系列著作中把资产阶级民主制和西欧社会民主党议会活动理想化。1903 年在俄国社会民主工党第二次代表大会上是《火星报》编辑部有发言权的代表,属火星派少数派,会后是孟什维主义的思想家。1905 年提出召开广泛的工人代表大会的取消主义观点。1906 年在党的第四次(统一)代表大会上代表孟什维克作了关于国家杜马问题的报告,宣扬无产阶级同资产阶级实行政治合作的机会主义思想。斯托雷平反动时期和新的革命高涨年代是取消派的思想领袖,参加孟什维克取消派《社会民主党人呼声报》编辑部。1912 年加入"八月联盟"。第一次世界大战期间表面上是中派,实际持社会沙文主义立场;曾参加齐美尔瓦尔德代表会议和昆塔尔代表会议,属于右翼。1917 年二月革命后任彼得格勒苏维埃执行委员会委员,支持资产阶级临时政府。十月革命后侨居国外,反对苏维埃政权,鼓吹武装干涉苏维埃俄国。——38、43、58、68、70、71、143、147——148、149、214、237、249、268、333、334。

阿列克谢耶夫,叶夫根尼·伊万诺维奇(Алексеев, Евгений Иванович 1843—1918)——沙俄海军上将(1903)。1899 年 8 月起任关东总督兼驻军司令和太平洋海军司令,参与镇压义和团起义。1903 年 7 月 30 日出任沙俄驻远东总督。代表尼古拉二世周围的金融投机家和政治冒险家的利益,积极策动 1904—1905 年的日俄战争。交战初期任远东俄国陆海军总司令;因军事上昏庸无能,其职务由阿·尼·库罗帕特金将军接替。此后在政治上不再起重要作用。——138。

埃森,玛丽亚·莫伊谢耶夫娜(兹韦列夫)(Эссен, Мария Моисеевна (Зверев) 1872—1956)——俄国社会民主党人,火星派分子。1892 年参加革命运动,在敖德萨和叶卡捷琳诺斯拉夫等地从事革命工作,是基辅工人阶级解放斗争协会会员。1899 年被捕,后流放雅库特州,1902 年逃往国外,但很快回国。1903 年俄国社会民主工党第二次代表大会后是布尔什维克,任彼得堡委员会委员,同年底被增补进党中央委员会。1904 年 2 月被派往国外报道俄国局势,同年夏回国时在边境被捕,一年后流放阿斯特拉罕省,于流放途中逃脱。1905 年和 1906 年先后任党的彼得堡委员会和莫斯科委员会委员。斯托雷平反动时期脱离党的活动。1917 年二月革命后为梯弗利斯工人代表苏维埃委员,参加孟什维克国际主义派。1920 年重新加入俄共(布)。1921—1925 年在格鲁吉亚做党的工作。1925 年到莫斯科,先后在国家出版社、党史委员会和列宁研究院等单位任职。——18、19、

20、100。

埃森,亚历山大·马格努索维奇(斯捷潘诺夫)(Эссен,Александр Магнусович
(Степанов)1880—1930)——1899年参加俄国社会民主主义运动,1902年
加入俄国社会民主工党,党的第二次代表大会后是布尔什维克。曾在叶卡
捷琳诺斯拉夫、彼得堡、敖德萨、莫斯科及国外做党的工作,屡遭沙皇政府
迫害。积极参加俄国社会民主工党第三次代表大会的筹备工作,是代表大
会有发言权的代表。1907年脱党。1918年起是孟什维克国际主义者,
1920年加入俄共(布)。1922年编辑《高加索工人》杂志。1923—1925年
任梯弗利斯工学院院长,1925—1929年任俄罗斯联邦国家计划委员会副
主席。1929年起在交通人民委员部工作。——212、274。

安贝尔(Humbert)——法国一个有一定社会地位的家族。父亲古斯塔夫·
安贝尔(Gustave Humbert 1822—1894)是法学家和政治家,1871年当选
为议员,1882年任司法部长,1890年任审计法院院长。儿子弗雷德里克·
安贝尔(Frédéric Humbert)1885年当选议员。妻子泰莉莎·安贝尔
(Thérése Humbert 生于1854年)自称是美国某富豪的一大笔遗产的继承
人。而该富豪的两个侄子则提出另一份遗嘱,说这笔遗产应由几人平分。
为了解决继承权问题,双方打了20年官司。在此期间,安贝尔一家以这笔
遗产为担保大量举债,过着豪华奢侈的生活。这个骗局于1902年被揭穿:
所谓美国某富豪并无其人,而据说存放着这笔遗产(大量附刊证券)的安贝
尔家的一口保险箱,里面装的其实全是废报纸。——357、358。

奥尔洛夫斯基——见沃罗夫斯基,瓦茨拉夫·瓦茨拉沃维奇。

奥哈根,胡贝特(Auhagen,Hubert)——德国经济学家,《农业年鉴》撰稿人,
《农业中的大生产和小生产》(1896)的作者。——47、48。

奥雷尔·德·帕拉丹,路易·让·巴蒂斯特·德(Aurelle de Paladines,Louis-
Jean-Baptiste d' 1804—1877)——法国将军,保皇党人。1871年为国民议
会议员,国民自卫军司令,镇压巴黎公社的刽子手。——309。

奥里明斯基(亚历山德罗夫),米哈伊尔·斯捷潘诺维奇(加廖尔卡)(Оль-
минский(Александров),Михаил Степанович(Галерка)1863—1933)——
俄国革命运动活动家,政论家,文学批评家和文学史学家。19世纪80年
代初参加革命运动,曾为民意党人。1898年加入俄国社会民主工党。

1903 年起为布尔什维克。1904 年起先后任布尔什维克的《前进报》和《无产者报》编委。1905—1907 年为布尔什维克的《新生活报》、《浪潮报》、《我们的思想》杂志、《生活通报》杂志等撰稿，领导党的前进出版社编辑部。斯托雷平反动时期在巴库做党的工作。1911—1914 年积极参加布尔什维克的《明星报》、《真理报》和《启蒙》杂志的工作。1915—1917 年先后在萨拉托夫、莫斯科和彼得格勒做党的工作。1917 年二月革命后进入俄国社会民主工党（布）中央委员会俄国局，积极参加十月革命。十月革命后历任《真理报》编委、俄共（布）中央党史委员会领导人、老布尔什维克协会主席、《无产阶级革命》杂志编辑、列宁研究院院委会委员等职。——46、78、85、216。

奥丽珈——见拉维奇，索菲娅·瑙莫夫娜。

奥西波夫——见捷姆利亚奇卡，罗莎丽亚·萨莫伊洛夫娜。

B

邦契-布鲁耶维奇，弗拉基米尔·德米特里耶维奇（Бонч-Бруевич, Владимир Дмитриевич 1873—1955）——19 世纪 80 年代末参加俄国革命运动，1896 年侨居瑞士。在国外参加劳动解放社的活动，为《火星报》撰稿。俄国社会民主工党第二次代表大会后是布尔什维克。1903—1905 年在日内瓦领导俄国社会民主工党中央委员会发行部，组织出版布尔什维克的书刊（邦契-布鲁耶维奇和列宁出版社）。以后几年积极参加布尔什维克报刊和党的出版社的组织工作，屡遭沙皇政府迫害。对俄国的宗教社会运动、尤其是宗教分化运动作过研究，写过一些有关宗教分化运动史的著作；1904 年曾为教派信徒出版社会民主主义的小报《黎明报》。1917 年二月革命后任彼得格勒苏维埃执行委员会委员、《彼得格勒苏维埃消息报》编委（至 1917 年 5 月）、布尔什维克《工人和士兵报》编辑。积极参加彼得格勒十月武装起义。十月革命后任人民委员会办公厅主任（至 1920 年 10 月）、生活和知识出版社总编辑。1921 年起从事科学研究和著述活动。1933 年起任国家文学博物馆馆长。1945—1955 年任苏联科学院宗教和无神论历史博物馆馆长。写有回忆列宁的文章。——24、46、53、54、100。

鲍古查尔斯基——见雅柯夫列夫，瓦西里·雅柯夫列维奇。

鲍曼,尼古拉·埃内斯托维奇(Бауман, Николай Эрнестович 1873 — 1905)——19 世纪 90 年代前半期在俄国喀山开始革命活动,1896 年积极参加彼得堡工人阶级解放斗争协会的工作。1897 年被捕,后流放维亚特卡省。1899 年10 月流亡瑞士,加入国外俄国社会民主党人联合会,积极参加反对经济主义的斗争。1900 年在创办《火星报》的工作中成为列宁的亲密助手。1901—1902 年作为《火星报》代办员在莫斯科工作,成为俄国社会民主工党莫斯科委员会委员。1902 年 2 月被捕,同年 8 月越狱逃往国外。在俄国社会民主工党第二次代表大会上是莫斯科委员会的代表,属火星派多数派。1903 年 12 月回到莫斯科,领导莫斯科党的布尔什维克组织,同时主持党中央委员会北方局,在自己的住宅创办了秘密印刷所。1904 年 6 月再次被捕,1905 年 10 月获释。1905 年 10 月 18 日参加莫斯科委员会组织的示威游行时被黑帮分子杀害。鲍曼的葬礼成了一次大规模的政治示威。——156。

倍倍尔,奥古斯特(Bebel, August 1840 — 1913)——德国工人运动和国际工人运动活动家,德国社会民主党和第二国际的创建人和领袖之一,马克思和恩格斯的朋友和战友;旋工出身。19 世纪 60 年代前半期开始参加政治活动,1867 年当选为德国工人协会联合会主席,1868 年该联合会加入第一国际。1869 年与威·李卜克内西共同创建了德国社会民主工党(爱森纳赫派),该党于 1875 年与拉萨尔派合并为德国社会主义工人党,后又改名为德国社会民主党。多次当选国会议员,利用国会讲坛揭露帝国政府反动的内外政策。1870—1871 年普法战争期间持国际主义立场,在国会中投票反对军事拨款,支持巴黎公社,为此曾被捕和被控叛国,断断续续在狱中度过近六年时间。在反社会党人非常法施行时期,领导了党的地下活动和议会活动。90 年代和 20 世纪初同党内的改良主义和修正主义进行斗争,反对伯恩施坦及其拥护者对马克思主义理论的歪曲和庸俗化。是出色的政论家和演说家,对德国和欧洲工人运动的发展有很大影响。马克思和恩格斯高度评价了他的活动。——155、266、332。

彼·——见克拉西科夫,彼得·阿纳尼耶维奇。

彼舍霍诺夫,阿列克谢·瓦西里耶维奇(Пешехонов, Алексей Васильевич 1867 — 1933)——俄国社会活动家和政论家。19 世纪 90 年代为自由主义民粹派分子。《俄国财富》杂志撰稿人,1904年起为该杂志编委;曾为自由派资产阶级的《解放》杂志和社会革命党的《革命俄国报》撰稿。1903—1905年为解放社成员。小资产阶级政党"人民社会党"的组织者(1906)和领袖之一,该党同劳动派合并后(1917年6月),参加劳动人民社会党中央委员会。1917年二月革命后任彼得格勒工兵代表苏维埃执行委员会委员,同年5—8月任临时政府粮食部长,后任预备议会副主席。十月革命后反对苏维埃政权,参加了反革命组织"俄罗斯复兴会"。1922年被驱逐出境,成为白俄流亡分子。——219。

俾斯麦,奥托·爱德华·莱奥波德(Bismarck, Otto Eduard Leopold 1815—1898)——普鲁士和德国国务活动家和外交家。普鲁士容克的代表。曾任驻彼得堡大使(1859—1862)和驻巴黎大使(1862),普鲁士首相(1862—1872、1873—1890),北德意志联邦首相(1867—1871)和德意志帝国首相(1871—1890)。1870年发动普法战争,1871年支持法国资产阶级镇压巴黎公社。主张在普鲁士领导下"自上而下"统一德国。曾采取一系列内政措施,捍卫容克和大资产阶级的联盟。1878年颁布反社会党人非常法。由于内外政策遭受挫折,于1890年3月去职。——69、308、310。

别尔嘉耶夫,尼古拉·亚历山德罗维奇(Бердяев, Николай Александрович 1874—1948)——俄国宗教哲学家。学生时代参加社会民主主义运动。19世纪90年代末曾协助基辅的工人阶级解放斗争协会,因协会案于1900年被逐往沃洛格达省。早期倾向合法马克思主义,试图将马克思主义同新康德主义结合起来;后转向宗教哲学。1905年加入立宪民主党。斯托雷平反动时期是宗教哲学流派"寻神说"的代表人物之一。曾参与编撰《路标》文集。十月革命后创建"自由精神文化学院"。1921年因涉嫌"战术中心"案而被捕,后被驱逐出境。著有《自由哲学》、《创造的意义》、《俄罗斯的命运》、《新中世纪》、《论人的奴役与自由》、《俄罗斯思想》等。——40、172。

波波夫——见罗扎诺夫,弗拉基米尔·尼古拉耶维奇。

波波夫(**布里特曼**),阿纳托利·弗拉基米罗维奇(卡扎科夫)(Попов(Бритман), Анатолий Владимирович(Kazakow)死于1914年)——俄国社会民主党人,俄国社会民主工党第二次代表大会后是布尔什维克,党的伯尔尼协助小组给国外多数派拥护者的呼吁书(1905)的起草人之一。1905—

1907年积极参加彼得堡和喀琅施塔得军事组织的活动。多次被捕,1908年流放服苦役,不久从流放地逃跑。后侨居国外,加入党的巴黎支部和国外组织委员会。第一次世界大战爆发后作为志愿兵参加法军,1914年11月死于前线。——151。

波格丹诺夫(马林诺夫斯基),亚历山大·亚历山德罗维奇**(拉赫美托夫;列兵)**（Богданов（Малиновский）,Александр Александрович（Рахметов,Рядовой）1873—1928）——俄国社会民主党人,哲学家,社会学家,经济学家;职业是医生。19世纪90年代参加社会民主主义小组。1903年成为布尔什维克。在党的第三、第四和第五次代表大会上被选入中央委员会。曾参加布尔什维克机关报《前进报》和《无产者报》编辑部,是布尔什维克《新生活报》的编辑。在对待布尔什维克参加第三届国家杜马的问题上持抵制派立场。1908年是反对布尔什维克在合法组织里工作的最高纲领派的领袖。斯托雷平反动时期和新的革命高涨年代背离布尔什维主义,领导召回派,是"前进"集团的领袖。在哲学上宣扬经验一元论。1909年6月因进行派别活动被开除出党。第一次世界大战期间持国际主义立场。十月革命后是共产主义科学院院士,在莫斯科大学讲授经济学。1918年是无产阶级文化派的思想家。1921年起从事老年医学和血液学的研究。1926年起任由他创建的输血研究所所长。主要著作有《经济学简明教程》(1897)、《经验一元论》(第1—3卷,1904—1906)、《生动经验的哲学》(1913)、《关于社会意识的科学》(1914)、《普遍的组织起来的科学(组织形态学)》(1913—1922)。——85,147、216,225—230。

波特列索夫,亚历山大·尼古拉耶维奇**(斯塔罗韦尔)**（Потресов,Александр Николаевич（Старовер）1869—1934）——俄国孟什维克领袖之一。19世纪90年代初参加马克思主义小组。1896年加入彼得堡工人阶级解放斗争协会,后被捕,1898年流放维亚特卡省。1900年出国,参与创办《火星报》和《曙光》杂志。在俄国社会民主工党第二次代表大会上是《火星报》编辑部有发言权的代表,属火星派少数派,会后是孟什维克刊物的主要撰稿人和领导人。斯托雷平反动时期和新的革命高涨年代是取消派思想家,在《复兴》杂志和《我们的曙光》杂志中起领导作用。第一次世界大战期间是社会沙文主义者。1917年在反布尔什维克的资产阶级《日报》中起领导作用。十月革命后侨居国外,为克伦斯基的《白日》周刊撰稿,攻击苏维埃政权。——58、60、67、68、71、80、132、133、167—170、172—174、214、294、298、299、370、371、374、383。

博德里亚尔,昂利·约瑟夫·莱昂(Baudrillart, Henri Joseph Léon 1821—1892)——法国经济学家,政治经济学教授。曾任《经济学家杂志》主编。写有许多经济学问题的著作,其中最著名的一部是《法国的农业人口》(共三册,1880、1885—1893)。该书企图证明小农经济比大经济优越,被资产阶级辩护士利用来反对马克思主义。——49。

布尔加柯夫,谢尔盖·尼古拉耶维奇(Булгаков, Сергей Николаевич 1871—1944)——俄国经济学家、哲学家和神学家。19世纪90年代是合法马克思主义者,后来成了"马克思的批评家"。修正马克思关于土地问题的学说,企图证明小农经济稳固并优于资本主义大经济,用土地肥力递减规律来解释人民群众的贫困化;还试图把马克思主义同康德的批判认识论结合起来。后来转向宗教哲学和基督教。1901—1906年和1906—1918年先后在基辅大学和莫斯科大学任政治经济学教授。1905—1907年革命失败后追随立宪民主党,为《路标》文集撰稿。1918年起是正教司祭。1923年侨居国外。1925年起在巴黎的俄国神学院任教授。主要著作有《论资本主义生产条件下的市场》(1897)、《资本主义和农业》(1900)、《经济哲学》(1912)等。——40、48、172。

布亨贝格尔,阿道夫(Buchenberger, Adolf 1848—1904)——德国经济学家和国务活动家。1893年起任巴登公国财政大臣和巴登公国驻德意志联邦会议的代表。写有《农业与农业政策》(1892—1893)一书及其他著作。曾在巴登领导广泛的农业调查并亲自写了调查报告。——47、49。

布朗基,路易·奥古斯特(Blanqui, Louis-Auguste 1805—1881)——法国革命家,空想共产主义的代表人物。曾参加巴黎1830—1870年间的各次起义和革命,组织并领导四季社以及其他秘密革命团体。在从事革命活动的50多年间,有30余年是在狱中度过的。1871年巴黎公社时期被反动派囚禁在凡尔赛,缺席当选为公社委员。憎恨资本主义制度,但不懂得组织工人革命政党和依靠广大群众的重要意义,认为只靠少数人密谋,组织暴动,即可推翻旧社会,建立新社会。——309。

布劳恩——见斯捷潘诺夫，谢尔盖·伊万诺维奇。

布里根，亚历山大·格里戈里耶维奇（Булыгин, Александр Григорьевич 1851—
　　1919）——俄国国务活动家，大地主。1900年以前先后任法院侦查员和一
　　些省的省长。1900—1904年任莫斯科总督助理，积极支持祖巴托夫保安
　　处的活动。1905年1月20日就任内务大臣。同年2月起奉沙皇之命主持
　　起草关于召开咨议性国家杜马的法案，以期平息国内日益增长的革命热
　　潮。但布里根杜马在革命的冲击下未能召开。布里根于沙皇颁布十月十
　　七日宣言后辞职，虽仍留任国务会议成员，实际上已退出政治舞台。
　　——360。

布鲁凯尔——见马赫诺韦茨，莉迪娅·彼得罗夫娜。

C

查苏利奇，维拉·伊万诺夫娜（Засулич, Вера Ивановна 1849—1919）——俄
　　国民粹主义运动和社会民主主义运动活动家。1868年在彼得堡参加革命
　　小组。1878年1月24日开枪打伤下令鞭打在押革命学生的彼得堡市长
　　费·费·特列波夫。1879年加入土地平分社。1880年侨居国外，逐步同
　　民粹主义决裂，转到马克思主义立场。1883年参与创建劳动解放社。
　　80—90年代翻译了马克思的《哲学的贫困》和恩格斯的《社会主义从空想
　　到科学的发展》，写了《国际工人协会史纲要》等著作；为劳动解放社的出版
　　物以及《新言论》和《科学评论》等杂志撰稿，发表过一系列文艺批评文章。
　　1900年起是《火星报》和《曙光》杂志编辑部成员。在俄国社会民主工党第
　　二次代表大会上是《火星报》编辑部有发言权的代表，属火星派少数派，会
　　后成为孟什维克领袖之一，参加孟什维克的《火星报》编辑部。1905年回
　　国。斯托雷平反动时期和新的革命高涨年代是取消派分子。第一次世界
　　大战期间是社会沙文主义者。1917年是孟什维克统一派分子。对十月革
　　命持否定态度。——58、214、258。

D

大卫，爱德华（David, Eduard 1863—1930）——德国社会民主党右翼领袖之
　　一，经济学家；德国机会主义者的主要刊物《社会主义月刊》创办人之一。

1893 年加入社会民主党。公开修正马克思主义关于土地问题的学说,否认资本主义经济规律在农业中的作用。1903 年出版《社会主义和农业》一书,宣扬小农经济稳固,维护所谓土地肥力递减规律。1903—1918 年和1920—1930 年为国会议员,社会民主党国会党团领袖之一。第一次世界大战期间是社会沙文主义者;在《世界大战中的社会民主党》(1915)一书中为德国社会民主党右翼在第一次世界大战中的机会主义立场辩护。1919年 2 月任魏玛共和国国民议会第一任议长。1919—1920 年任内务部长,1922—1927 年任中央政府驻黑森的代表。——47、48、177。

丹尼尔逊,尼古拉·弗兰策维奇(尼古·——逊)(Даниельсон, Николай Францевич (Ник. —он)1844—1918)——俄国经济学家,政论家,自由主义民粹派理论家。他的政治活动反映了民粹派从对沙皇制度进行革命斗争转向与之妥协的演变。19 世纪 60—70 年代与革命的青年平民知识分子小组有联系。接替格·亚·洛帕廷译完了马克思的《资本论》第 1 卷(1872 年初版),以后又译出第 2 卷 (1885)和第 3 卷(1896)。在翻译该书期间同马克思和恩格斯有过书信往来。但不了解马克思主义的实质,认为马克思主义理论不适用于俄国,资本主义在俄国没有发展前途;主张保存村社土地所有制,维护小农经济和手工业经济。1893 年出版了《我国改革后的社会经济概况》一书,论证了自由主义民粹派的经济观点。列宁尖锐地批判了他的经济思想。——177。

狄龙,埃米利(Dillon, Emily)——英国报纸《每日电讯》的记者。——219。

杜邦,欧仁(Dupont, Eugène 1831—1881)——法国革命家,国际工人运动活动家;职业是乐器匠。1848 年参加巴黎无产阶级六月起义,后流亡伦敦。1864—1872 年任第一国际总委员会委员,1865—1871 年任法国通讯书记。几乎参加了第一国际的历次代表会议和代表大会,是洛桑代表大会(1867)主席和布鲁塞尔代表大会(1868)副主席。在国际中支持马克思的路线,反对蒲鲁东主义、巴枯宁主义和工联主义。1870 年 7 月为寻找工作由伦敦迁居曼彻斯特,在当地的国际会员中积极开展工作。他的活动得到马克思和恩格斯的肯定。1874 年移居美国。——309。

杜冈-巴拉诺夫斯基,米哈伊尔·伊万诺维奇(Туган-Барановский, Михаил Иванович 1865—1919)——俄国经济学家和历史学家。1895—1899 年任

彼得堡大学政治经济学讲师,1913年起任彼得堡工学院教授。19世纪90
年代是合法马克思主义的代表人物。曾为《新言论》杂志和《开端》杂志等
撰稿,积极参加同自由主义民粹派的论战。20世纪初起公开维护资本主
义,修正马克思主义的基本原理,成了"马克思的批评家"。1905—1907年
革命期间加入立宪民主党。十月革命后成为乌克兰反革命势力的骨干分
子,1917—1918年任乌克兰中央拉达财政部长。主要著作有《现代英国的
工业危机及其原因和对人民生活的影响》(1894)、《俄国工厂今昔》(第1
卷,1898)等。——40。

E

恩格斯,弗里德里希(Engels,Friedrich 1820—1895)——科学共产主义创始
　　人之一,世界无产阶级的领袖和导师,马克思的亲密战友。——48、343。

尔·恩·斯·——见司徒卢威,彼得·伯恩哈多维奇。

尔·姆·(P.M.)——《我国的实际情况》一文的作者。该文毫不掩饰地宣扬
　　经济派的机会主义观点。——374。

F

法卢,弗雷德里克·阿尔弗勒德·皮埃尔(Falloux,Frédéric-Alfred-Pierre 1811—
　　1886)——法国政治活动家和著作家,正统主义者和教权主义者。1848年
　　是解散国家工场的策划者和镇压巴黎六月起义的鼓吹者。第二共和国时
　　期是制宪议会和立法议会议员,1848—1849年任教育和宗教部长。
　　——309。

费舍——见哈尔贝施塔特,罗莎丽亚·萨姆索诺夫娜。

佛敏——见克罗赫马尔,维克多·尼古拉耶维奇。

弗拉基米尔——见罗曼诺夫,弗拉基米尔·亚历山德罗维奇。

弗兰克尔,莱奥(Frankel,Leo 1844—1896)——匈牙利工人运动和国际工人
　　运动活动家;职业是首饰匠。19世纪60年代到德国谋生,后到巴黎,成为
　　法国德意志工人联合会领导人之一。1871年3月当选为巴黎公社委员,
　　任公社执行委员会委员,领导劳动、工业和交换委员会。公社失败后流亡
　　伦敦,被选入第一国际总委员会,曾担任奥匈帝国和捷克通讯书记五年。

支持马克思和恩格斯反对巴枯宁派的斗争。1876年在维也纳被捕,被送交匈牙利政府,同年3月获释,后参加匈牙利第一个社会主义工人政党——匈牙利全国工人党的创建工作。1889年起住在巴黎,为法国和德国的社会主义报刊撰稿;积极参加第二国际的创建工作,曾任第二国际成立大会(1889)副主席。——310。

G

盖得,茹尔(**巴西尔,马蒂厄**)(Guesde, Jules (Basile, Mathieu) 1845—1922)——法国工人运动和国际工人运动活动家,法国工人党创建人之一,第二国际的组织者和领袖之一。19世纪60年代是资产阶级共和主义者。拥护1871年的巴黎公社。公社失败后流亡瑞士和意大利,一度追随无政府主义者。1876年回国。在马克思和恩格斯影响下逐步转向马克思主义。1877年11月创办《平等报》,宣传社会主义思想,为1879年法国工人党的建立作了思想准备。1880年和拉法格一起在马克思和恩格斯指导下起草了法国工人党纲领。1880—1901年领导法国工人党,同无政府主义者和可能派进行坚决斗争。1889年积极参加创建第二国际的活动。1893年当选为众议员。1899年反对米勒兰参加资产阶级内阁。1901年与其拥护者建立了法兰西社会党,该党于1905年同改良主义的法国社会党合并,盖得为统一的法国社会党领袖之一。20世纪初逐渐转向中派立场。第一次世界大战一开始即采取社会沙文主义立场,参加了法国资产阶级政府。1920年法国社会党分裂后,支持少数派立场,反对加入共产国际。——139、355。

盖森,约瑟夫·弗拉基米罗维奇(Гессен,Иосиф Владимирович 1866—1943)——俄国资产阶级政论家,法学家,立宪民主党创建人和领袖之一,该党中央委员。先后参与编辑立宪民主机关报《人民自由报》和《言语报》。第二届国家杜马代表,杜马司法委员会主席。十月革命后反对苏维埃政权,外国武装干涉和国内战争时期竭力支持反革命首领尤登尼奇,后为白俄流亡分子。1920年起在柏林出版白卫报纸《舵轮报》,1921年起出版《俄国革命文库》。写过不少攻击布尔什维克的政论文章。——219。

高尔基,马克西姆(**彼什科夫,阿列克谢·马克西莫维奇**)(Горький,Максим (Пешков,Алексей Максимович) 1868—1936)——苏联作家和社会活动

家,社会主义现实主义文学的奠基人,苏联文学的创始人。出身于木工家庭,当过学徒、装卸工、面包师等。1892年开始发表作品。1901年起因参加革命工作屡遭沙皇政府迫害。1905年夏加入俄国社会民主工党,同年11月第一次与列宁会面,思想上受到很大影响。1906年发表反映俄国无产阶级革命斗争的长篇小说《母亲》,被认为是第一部社会主义现实主义作品。1906—1913年旅居意大利,一度接受造神说。第一次世界大战爆发后坚决谴责帝国主义战争,揭露战争的掠夺性,但也曾向资产阶级爱国主义方面动摇。十月革命后,积极参加社会主义文化建设工作。1934年发起成立苏联作家协会,担任协会主席,直到逝世。——220。

哥尔茨,泰奥多尔·亚历山大(Goltz, Theodor Alexander 1836—1905)——德国农业经济学家,先后任柯尼斯堡农学院和耶拿农学院院长。写有许多农业问题的著作,维护大土地占有者的利益。主要著作有《农业制度和农业政策讲授》(1899)、《德国农业历史》(1902—1903)等。——47、49。

哥尔斯基——见绍特曼,亚历山大·瓦西里耶维奇。

格里彭贝格,奥斯卡尔·卡济米罗维奇(Гриппенберг, Оскар Казимирович 1838—1915)——沙俄将军,1904—1905年日俄战争期间在远东指挥满洲第2集团军。俄军在沈旦堡战败后,被解除军职。——231。

格列博夫——见诺斯科夫,弗拉基米尔·亚历山德罗维奇。

格罗伊利希,海尔曼(Greulich, Hermann 1842—1925)——瑞士社会民主党创建人之一,该党右翼领袖,第二国际改良派领袖之一。原为德国装订工人,1865年侨居苏黎世。1867年起为国际瑞士支部委员。1869—1880年在苏黎世编辑《哨兵报》。1887—1925年任瑞士工人联合会书记。曾任瑞士社会民主党执行委员会委员。1902年起为联邦议会议员,1919年和1922年任瑞士国民院议长。第一次世界大战期间是社会沙文主义者,反对齐美尔瓦尔德左派。后来反对瑞士社会民主党左翼加入共产国际。——212、213—218。

葛伊甸,Н.Ф.(Гейден, Н.Ф.)——俄国伯爵。——376。

古萨罗夫,费多尔·瓦西里耶维奇(米特罗范诺夫)(Гусаров, Федор Васильевич (Митрофанов)1875—1920)——俄国社会民主党人,火星派分子,俄国社会民主工党第二次代表大会后是布尔什维克;专业是军医。1903年在维尔诺工作,同年秋被增补进党中央委员会,在中央委员会工作到 1904 年年中。1906 年第一届国家杜马解散和喀琅施塔得起义期间是军事组织驻彼得堡委员会的代表。1906 年 7 月 20 日被捕,1907 年被判处服苦役四年,后改为流放西伯利亚。1917 年二月革命后在克拉斯诺亚尔斯克、伊尔库茨克和鄂木斯克做党和苏维埃的工作。——18。

古谢夫,谢尔盖·伊万诺维奇(**德拉布金,雅柯夫·达维多维奇**;哈里顿)(Гусев, Сергей Иванович (Драбкин, Яков Давидович, Харитон) 1874 — 1933)——1896 年在俄国彼得堡工人阶级解放斗争协会开始革命活动。1899 年起住在顿河畔罗斯托夫,积极参加俄国社会民主工党顿河区委员会的工作,是 1902 年罗斯托夫罢工和 1903 年三月示威游行的领导人之一。1903 年在俄国社会民主工党第二次代表大会上是顿河区委员会的代表,属火星派多数派。会后到俄国南方一些城市传达大会情况。1904 年 8 月参加在日内瓦举行的 22 个布尔什维克的会议。1904 年 12 月—1905 年 5 月任多数派委员会常务局书记和党的彼得堡委员会书记,后为敖德萨布尔什维克组织的领导人之一。1906 年起任党的莫斯科委员会委员,是党的第四次(统一)代表大会莫斯科组织的代表。当年被捕,流放托博尔斯克,1909 年从流放地逃走。斯托雷平反动时期反对取消派和召回派。屡遭沙皇政府迫害。十月革命期间领导彼得格勒军事革命委员会秘书处。1918—1920 年在红军中做政治工作,历任第 5 和第 2 集团军革命军事委员会委员,东方面军、东南方面军、高加索方面军和南方面军革命军事委员会委员,共和国革命军事委员会野战司令部政委等职。1921—1923 年任工农红军政治部主任、共和国革命军事委员会委员。1923 年起任党中央监察委员会书记和苏联工农检查人民委员部部务委员。1925—1926 年任党中央报刊部部长。1929—1933 年任共产国际执行委员会主席团委员。写有《统一的经济计划和统一的经济机构》(1920)、《经济建设的当前问题(关于俄共中央的提纲)》(1920)等小册子以及一些关于党史、军事、社会主义建设和国际工人运动方面的著作。——225—230、391、395。

H

哈尔贝施塔特,罗莎丽亚·萨姆索诺夫娜(费舍)(Гальберштадт, Розалия

Самсоновна（Фишер）1877—1940)——1896 年在日内瓦加入普列汉诺夫领导的社会民主主义小组。回到俄国后,在敖德萨、哈尔科夫等地的社会民主党组织中工作,加入《火星报》组织。1903 年 2 月被选入筹备召开俄国社会民主工党第二次代表大会的组织委员会,作为组织委员会有发言权的代表出席了代表大会。在会上属火星派少数派,会后成为孟什维克骨干分子,1905 年 12 月代表孟什维克进入统一的中央委员会。斯托雷平反动时期和新的革命高涨年代持取消派立场。第一次世界大战期间持护国主义立场。1917 年二月革命后脱离政治活动。——182。

哈格德,亨利·赖德(Haggard,Henry Rider 1856—1925)——英国短篇小说家,农场主。《英国农村。1901 年和 1902 年进行的农业和社会调查报告》(1902)一书的作者。——49。

哈里顿——见古谢夫,谢尔盖·伊万诺维奇。

海德门,亨利·迈尔斯(Hyndman,Henry Mayers 1842—1921)——英国社会党人。1881 年创建民主联盟(1884 年改组为社会民主联盟),担任领导职务,直至 1892 年。曾同法国可能派一起夺取 1889 年巴黎国际工人代表大会的领导权,但未能得逞。1900—1910 年是社会党国际局成员。1911 年参与创建英国社会党,领导该党机会主义派。第一次世界大战期间是社会沙文主义者。1916 年英国社会党代表大会谴责他的社会沙文主义立场后,退出社会党。敌视俄国十月革命,赞成武装干涉苏维埃俄国。——139、355。

赫茨,弗里德里希·奥托(Hertz,Friedrich Otto 生于 1878 年)——奥地利经济学家,社会民主党人。在《土地问题及其同社会主义的关系。附爱德华·伯恩施坦的序言》(1899)一书中修正马克思主义关于土地问题的学说,企图证明小农经济稳固并具有对抗大经济竞争的能力。此书的俄译本被谢·尼·布尔加柯夫、维·米·切尔诺夫等人用来反对马克思主义。——177。

黑希特,莫里茨(Hecht,Moritz)——德国经济学家和统计学家,论述农民经济的专著《巴登哈尔特山区的三个村庄》(1895)一书的作者,书中试图证明小农经济在资本主义制度下具有稳固性。——48。

胡巴赫(Hubach)——《关于下黑森农村地产债务的统计》(1894)一文的作

者。——49。

胡施克,莱奥(Huschke,Leo)——德国经济学家,《根据中图林根的典型调查作出的关于大中小农户农业生产纯收入的统计》(1902)一书的作者。——49。

J

加邦,格奥尔吉·阿波罗诺维奇(Гапон,Георгий Аполлонович 1870—1906)——俄国神父,沙皇保安机关奸细。1902 年起和莫斯科保安处处长祖巴托夫有了联系。1903 年在警察司授意下在彼得堡工人中成立了一个祖巴托夫式的组织——圣彼得堡俄国工厂工人大会。1905 年 1 月 9 日挑动彼得堡工人列队前往冬宫,向沙皇请愿,结果工人惨遭屠杀,他本人躲藏起来,逃往国外。同年秋回国,接受保安处任务,企图潜入社会革命党的战斗组织。阴谋败露后被工人战斗队员绞死。—— 186、191 — 192、197 — 199、204、205、219、234、247、261 — 262、263、389、398。

加尔佩林,列夫·叶菲莫维奇(科尼亚金;瓦连廷;У)(Гальперин,Лев Ефимович(Конягин,Валентин,У)1872 — 1951)——俄国社会民主党人。1898 年参加革命运动。1901 年春作为《火星报》代办员被派往巴库,从事创建俄国社会民主工党巴库委员会和地下印刷所以及从国外运进和在国内散发秘密书刊的工作。1902 年初在基辅参加游行示威时被捕,同年 8 月越狱逃往国外,继续进行向国内运送党的书刊的组织工作。俄国社会民主工党第二次代表大会后是布尔什维克,曾代表中央机关报编辑部参加党总委员会,后被增补进中央委员会。对孟什维克采取调和主义态度,反对召开党的第三次代表大会。1905 年 2 月再次被捕。1906 年起不再积极参加政治活动。1917 年二月革命后加入孟什维克国际主义派,参加了国务会议。1918 年起从事经济工作。—— 18 — 19、98 — 102、397。

加里波第,朱泽培(Garibaldi,Giuseppe 1807—1882)——意大利民族英雄,意大利统一时期民族解放运动的著名军事家,资产阶级民主派领袖之一。1834 年参加热那亚海军起义,起义失败后逃往国外。1836 — 1848 年流亡南美,参加了当地人民争取独立和解放的斗争。1848 年回国投身革命,是1849 年罗马共和国保卫战的领导人之一。1848 — 1849 年、1859 年和 1866

年领导志愿军,参加对抗奥地利的解放战争。1860年组织千人志愿军,解放了波旁王朝统治下的西西里后,实际上统一了意大利。1862年和1867年两度进攻教皇统治下的罗马,但均告失败。1870—1871年普法战争期间,他和两个儿子一起参加法军同入侵法国的普军作战。拥护第一国际,积极协助建立第一国际意大利支部。支持巴黎公社,曾缺席当选为国民自卫军中央委员会委员。——330。

加廖尔卡——见奥里明斯基,米哈伊尔·斯捷潘诺维奇。

加奈泽尔,叶夫根尼·阿道福维奇(Ганейзер,Евгений Адольфович 生于1861年)——俄国自由派资产阶级小说家和政论家,1904年起为社会革命党《祖国之子报》编辑部成员,1906年是民主改革党《国家报》编辑部成员。——220。

捷姆利亚奇卡(**扎尔金德**),罗莎丽亚·萨莫伊洛夫娜(奥西波夫;N)(Зем-лячка(Залкинд),Розалия Самойловна(Осипов,N)1876—1947)——1893年参加俄国革命运动,1896年在基辅的社会民主主义组织中工作,后进入俄国社会民主工党基辅委员会。1901年起为《火星报》代办员,在敖德萨和叶卡捷琳诺斯拉夫开展工作。在俄国社会民主工党第二次代表大会上是敖德萨委员会的代表,属火星派多数派。会后代表布尔什维克被增补进党中央委员会,积极参加同孟什维克的斗争。1904年8月参加了在日内瓦举行的22个布尔什维克的会议,被选入多数派委员会常务局。曾任彼得堡党组织书记,代表该组织出席党的第三次代表大会。1905—1907年革命期间任党的莫斯科委员会书记。屡遭沙皇政府迫害。1909年任巴库布尔什维克组织书记,后侨居国外。1915年起在莫斯科做党的领导工作,积极参加莫斯科十月武装起义。1918—1921年在几个集团军担任政治部主任,后从事党政领导工作。1924年起为党中央监察委员会委员。1926—1933年是工农检查人民委员部和交通人民委员部领导人之一。1934年起为苏维埃监察委员会委员,后任苏维埃监察委员会副主席和主席。1939年起为党中央委员。1939—1943年任苏联人民委员会副主席。晚年任联共(布)中央党的监察委员会副主席。1937年起为苏联最高苏维埃代表。——18—19、25—26、27、31、98、100、101。

绝对者——见斯塔索娃,叶列娜·德米特里耶夫娜。

K

卡拉法季，德米特里·巴甫洛维奇（马霍夫）（Калафати，Дмитрий Павлович（Махов）1871—1940）——俄国社会民主党人。1891 年起先后在莫斯科和尼古拉耶夫参加社会民主主义小组的工作。1897 年参加南俄工人协会的活动，1901 年进入俄国社会民主工党尼古拉耶夫委员会。1902 年被捕，后流放沃洛格达省，不久逃往国外。在俄国社会民主工党第二次代表大会上是尼古拉耶夫委员会的代表，持中派立场，会后成为孟什维克。1905 年负责孟什维克《火星报》出版社的技术财务工作。1906 年回国，主持社会民主党的新世界出版社的工作。1913 年起脱离政治活动。十月革命后做会计和经济工作。——336。

卡列耶夫，尼古拉·伊万诺维奇（Кареев，Николай Иванович 1850—1931）——俄国历史学家。1879 年起先后任华沙大学和彼得堡大学教授。在方法论上是典型的唯心主义折中主义者，在政治上属于改革后一代的自由派，主张立宪，拥护社会改革。70 年代写的《18 世纪最后 25 年法国农民和农民问题》(1879) 得到马克思的好评。90 年代起反对马克思主义，把它等同于"经济唯物主义"。1905 年加入立宪民主党，当选为第一届国家杜马代表。其他主要著作有《法国农民史纲要》(1881)、《历史哲学基本问题》(三卷本，1883—1890)、《西欧近代史》教程(七卷本，1892—1917)、《法国革命史学家》(三卷本，1924—1925)。1910 年当选为彼得堡科学院通讯院士，1929 年起为苏联科学院名誉院士。——219。

卡特柯夫，米哈伊尔·尼基福罗维奇（Катков，Михаил Никифорович 1818—1887）——俄国地主，政论家。开始政治活动时是温和的贵族自由派的拥护者。1851—1855 年编辑《莫斯科新闻》，1856—1887 年出版《俄罗斯通报》杂志。60 年代初转入反动营垒，1863—1887 年编辑和出版《莫斯科新闻》，该报从 1863 年起成了君主派反动势力的喉舌。自称是"专制制度的忠实警犬"，他的名字已成为最无耻的反动势力的通称。——232。

卡扎科夫——见波波夫，阿纳托利·弗拉基米罗维奇。

考茨基，卡尔（Kautsky，Karl 1854—1938）——德国社会民主党和第二国际的领袖和主要理论家之一。1875 年加入奥地利社会民主党，1877 年加入德国社会民主党。1881年与马克思和恩格斯相识后,在他们的影响下逐渐转向马克思主义。从19世纪80年代到20世纪初写过一些宣传和解释马克思主义的著作:《卡尔·马克思的经济学说》(1887)、《土地问题》(1899)等。但在这个时期已表现出向机会主义方面摇摆,在批判伯恩施坦时作了很多让步。1883—1917年任德国社会民主党理论刊物《新时代》杂志主编。曾参与起草1891年德国社会民主党纲领(爱尔福特纲领)。1910年以后逐渐转到机会主义立场,成为中派领袖。第一次世界大战前夕提出超帝国主义论,大战期间打着中派旗号支持帝国主义战争。1917年参与建立德国独立社会民主党,1922年拥护该党右翼与德国社会民主党合并。1918年后发表《无产阶级专政》等书,攻击俄国十月革命,反对无产阶级专政。——43、48、325—326、363、397。

科科夫佐夫,弗拉基米尔·尼古拉耶维奇(Коковцов,Владимир Николаевич 1853—1943)——俄国国务活动家,伯爵。1904—1914年(略有间断)任财政大臣,1911—1914年兼任大臣会议主席。第一次世界大战期间是大银行家。十月革命后为白俄流亡分子。——356、357、358。

科尼亚金——见加尔佩林,列夫·叶菲莫维奇。

克德林,E.И.(Кедрин,E.И.生于1851年)——俄国律师,1905—1906年自由派资产阶级运动的积极参加者,立宪民主党人。第一届国家杜马代表。——219、220。

克尔日扎诺夫斯基,格列勃·马克西米利安诺维奇(特拉温斯基)(Кржижа-новский,Глеб Максимилианович(Травинский)1872—1959)——1893年参加俄国革命运动,协助列宁组织彼得堡工人阶级解放斗争协会。1895年12月被捕,1897年流放西伯利亚(米努辛斯克专区捷辛斯克村),为期三年。1901年流放期满后住在萨马拉,领导当地的火星派中心。1902年秋参加筹备召开俄国社会民主工党第二次代表大会的组织委员会。1903年在俄国社会民主工党第二次代表大会上缺席当选为中央委员。积极参加1905—1907年革命。在布尔什维克的出版机关做了大量工作。1917年二月革命后任莫斯科苏维埃委员,参加布尔什维克党团。十月革命后致力于恢复和发展莫斯科的动力事业。1919年底起任最高国民经济委员会电机工业总管理局局长。1920年被任命为俄罗斯国家电气化委员会主席。1921—1930 年任国家计划委员会主席。1930—1936 年历任最高国民经济委员会动力总管理局局长、苏联中央执行委员会高等技术教育委员会主席和俄罗斯联邦副教育人民委员。在党的第十三至第十七次代表大会上当选为中央委员。1929 年当选为苏联科学院院士,1929—1939 年任苏联科学院副院长。1930 年创建苏联科学院动力研究所,担任所长直至逝世。写有许多动力学方面的著作。——18—19、26。

克拉夫基,卡尔(Klawki, Karl)——德国经济学家,《论农业小生产的竞争能力》(1899)的作者。——47、48。

克拉西科夫,彼得・阿纳尼耶维奇(彼・)(Красиков, Петр Ананьевич(П.) 1870—1939)——1892 年在俄国彼得堡开始革命活动。1893 年被捕,次年流放西伯利亚,在流放地结识了列宁。1900 年到普斯科夫,成为《火星报》代办员。1902 年被选入筹备召开俄国社会民主工党第二次代表大会的组织委员会。在代表大会上是基辅委员会的代表,属火星派多数派,同列宁、普列汉诺夫一起进入大会常务委员会。会后积极参加同孟什维克的斗争。1904 年 8 月参加了在日内瓦举行的 22 个布尔什维克的会议;是布尔什维克出席第二国际阿姆斯特丹代表大会的代表。1905—1907 年革命期间任彼得堡工人代表苏维埃执行委员会委员。屡遭沙皇政府迫害。1917 年二月革命后任彼得格勒工兵代表苏维埃执行委员会委员。十月革命后任彼得格勒军事革命委员会所属肃反侦查委员会主席、司法人民委员部部务委员。1921 年起任小人民委员会委员、副司法人民委员。1924 年起任苏联最高法院检察长。1933—1938 年任苏联最高法院副院长。多次当选全俄中央执行委员会和苏联中央执行委员会委员。——99、100。

克拉辛,列昂尼德・波里索维奇(洛沙季;尼基季奇)(Красин, Леонид Борисович(Лошадь, Никитич)1870—1926)——1890 年参加俄国社会民主主义运动,是布鲁斯涅夫小组成员。1895 年被捕,流放伊尔库茨克三年。流放期满后进入哈尔科夫工艺学院学习,1900 年毕业。1900—1904 年在巴库当工程师,与弗・扎・克茨霍韦利一起建立《火星报》秘密印刷所。俄国社会民主工党第二次代表大会后加入布尔什维克党,被增补进中央委员会;在中央委员会里一度对孟什维克采取调和主义态度,帮助把三名孟什维克代表增补进中央委员会,但不久即同孟什维克决裂。俄国社会民主工党第三次代表大会的参加者,在会上当选为中央委员。1905年是布尔什维克第一份合法报纸《新生活报》的创办人之一。1905—1907年革命期间参加得彼得堡工人代表苏维埃,领导党中央战斗技术组。在党的第四次(统一)代表大会上代表布尔什维克作了关于武装起义问题的报告,并再次当选为中央委员,在第五次(伦敦)代表大会上当选为候补中央委员。1908年侨居国外。一度参加反布尔什维克的"前进"集团,后脱离政治活动,在国内外当工程师。十月革命后是红军供给工作的组织者之一,任红军供给非常委员会主席、最高国民经济委员会主席团委员、工商业人民委员、交通人民委员。1919年起从事外交工作。1920年起任对外贸易人民委员,1920—1923年兼任驻英国全权代表和商务代表,参加了热那亚国际会议和海牙国际会议。1924年任驻法国全权代表,1925年起任驻英国全权代表。在党的第十三次和第十四次代表大会上当选为中央委员。——18—19、98—102、344。

克里切夫斯基,波里斯·尼古拉耶维奇(Кричевский, Борис Николаевич 1866—1919)——俄国社会民主党人,政论家,经济派领袖之一。19世纪80年代末参加社会民主主义小组的工作。90年代初侨居国外,加入劳动解放社,参加该社的出版工作。90年代末是国外俄国社会民主党人联合会的领导人之一。1899年任该会机关刊物《工人事业》杂志的编辑,在杂志上宣扬伯恩施坦主义观点。1903年俄国社会民主工党第二次代表大会后不久脱离政治活动。——41、258、290、336。

克利盖,海尔曼(Kriege, Hermann 1820—1850)——德国新闻工作者,正义者同盟盟员,小资产阶级的所谓"真正的社会主义"的代表人物。1845年前往纽约,在那里领导德国"真正的社会主义者"集团。曾出版《人民代言者报》,在该报上鼓吹魏特林的基督教的"伦理宗教"共产主义。在土地问题上,反对土地私有制,宣传土地平均使用制。马克思和恩格斯在《反克利盖的通告》以及列宁在《马克思论美国的"土地平分"》等著作中对他的观点作了评述。——343。

克吕泽烈,古斯塔夫·保尔(Cluseret, Gustave-Paul 1823—1900)——法国军事家和政治活动家,巴黎公社将领。1848年参与镇压巴黎工人的六月起义。1855—1856年参加克里木战争。1860年作为志愿兵加入加里波第的军队,为争取意大利的解放而战。1861—1865 年美国内战时期参加北方部队作战,获将军军衔和美国国籍。1866—1867 年参加爱尔兰芬尼运动。后返回法国,加入第一国际。1871 年 4 月任巴黎公社军代表(部长),并当选为巴黎公社委员,参与领导巴黎公社保卫战。1888 年起多次当选众议员。著有《军队和民主》(1869)、《克吕泽烈将军回忆录》(三卷本,1887—1888)。《回忆录》中关于巷战一章的俄译文发表在 1905 年 3 月 10 日(23 日)布尔什维克的《前进报》上,并附有列宁的序言。——330—331。

克罗赫马尔,维克多·尼古拉耶维奇(佛敏)(Крохмаль, Виктор Николаевич (Фомин)1873—1933)——俄国社会民主党人,孟什维克。19 世纪 90 年代中期参加基辅社会民主主义小组,1898 年被逐往乌法,在当地社会民主主义小组中起了积极作用。1901 年起是《火星报》代办员,在基辅工作。1902 年被捕,同年 8 月越狱逃往国外,加入俄国革命社会民主党人国外同盟。在俄国社会民主工党第二次代表大会上是乌法委员会的代表,属火星派少数派。1904 年底代表孟什维克被增补进党中央委员会,在党的第四次(统一)代表大会上代表孟什维克被选入中央委员会。1917 年二月革命后编辑孟什维克的《工人报》。十月革命后在列宁格勒的一些机关中工作。——182。

克努尼扬茨,波格丹·米尔扎江诺维奇(鲁边)(Кнунянц, Богдан Мирзаджанович (Рубен)1878—1911)——俄国社会民主党人,布尔什维克。1897 年参加彼得堡工人阶级解放斗争协会。1901 年被逐往巴库,不久成为俄国社会民主工党巴库委员会和高加索联合会委员会委员。1902 年参与创建亚美尼亚社会民主党人联合会及其秘密机关报《无产阶级报》。在俄国社会民主工党第二次代表大会上是巴库委员会的代表,属火星派多数派,会后作为中央代办员在高加索和莫斯科工作。在彼得堡参加 1905—1907 年革命。1905 年 9 月被增补进党的彼得堡委员会并代表布尔什维克参加彼得堡第一届工人代表苏维埃执行委员会。1905 年 12 月被捕,被判处终身流放西伯利亚。1907 年从流放地逃往国外,参加了第二国际斯图加特代表大会和在赫尔辛福斯举行的俄国社会民主工党第四次代表会议(第三次全俄代表会议)的工作。1907 年底起在巴库工作。1910 年 9 月被捕,死于巴库监狱。——156。

库尔茨——见林格尼克，弗里德里希·威廉莫维奇。

库罗帕特金，阿列克谢·尼古拉耶维奇（Куропаткин，Алексей Николаевич
　1848—1925）——沙俄将军，1898—1904 年任陆军大臣。1904—1905 年
　日俄战争期间，先后任满洲陆军总司令和俄国远东武装力量总司令，1905
　年 3 月被免职。1906 年起为国务会议成员。第一次世界大战期间，1916
　年任北方面军司令，1916—1917 年任土耳其斯坦总督兼部队司令，曾指挥
　镇压中亚起义。十月革命后住在普斯科夫省自己的庄园里，并在当地中学
　和他创办的农业学校任教。——116、136、137、231、367、368。

库兹明-卡拉瓦耶夫，弗拉基米尔·德米特里耶维奇（Кузьмин-Караваев，Вла-
　димир Дмитриевич 1859—1927）——俄国军法官，将军，立宪民主党右翼
　领袖之一。第一届和第二届国家杜马代表。在镇压 1905—1907 年革命中
　起了重要作用。第一次世界大战期间是地方自治运动活动家和军事工业
　委员会委员。十月革命后极力反对苏维埃政权。外国武装干涉和国内战
　争时期是白卫分子，尤登尼奇的政治会议成员。1920 年起为白俄流亡分
　子。——360。

L

拉赫美托夫——见波格丹诺夫，亚历山大·亚历山德罗维奇。

拉维奇，索菲娅·瑙莫夫娜（奥丽珈）（Равич，София Наумовна（Ольга）1879—
　1957）——俄国社会民主党人。1903 年加入俄国社会民主工党，曾在哈尔
　科夫、彼得堡和国外做党的工作。1917 年二月革命后任党的彼得堡委员
　会委员。十月革命后从事党和苏维埃的工作。1918 年持"左派共产主义
　者"立场，反对签订布列斯特和约。在联共（布）第十四次代表大会上追随
　"新反对派"，后加入"托季联盟"。1927 年作为托洛茨基反对派骨干分子
　被开除出党，1928 年恢复党籍，1935 年被再次开除出党。——275。

老大爷——见李维诺夫，马克西姆·马克西莫维奇。

勒克尔特（**勒库赫**），希尔施·Д.（Леккерт（Лекух），Герш Д. 1879—1902）——
　崩得分子；制鞋工人。1902 年因刺杀鞭笞 5 月游行被捕者的维尔纳省省
　长维·威·瓦尔被处死刑。——258。

勒库特，爱德华（Lecouteux，Edouard 1819—1893）——法国经济学家，凡尔

赛农学院教授,法国大地主协会创建人和秘书,《实践农业杂志》主编。写有农业经济学方面的著作,反对工业脱离农业,宣传向大规模的使用机器的资本主义农业生产进化。——49。

雷德泽夫斯基,К.Н.(Рыдзевский,К.Н.生于1852年)——沙俄将军,扼杀俄国第一次革命的刽子手之一。1904—1905年任副内务大臣、独立宪兵团团长,曾率领讨伐队镇压维捷布斯克、莫吉廖夫和明斯克等省的革命运动。1905年起为参议员。——219、221。

李伯尔(**戈尔德曼**),米哈伊尔·伊萨科维奇 (Либер(Гольдман),Михаил Исаакович 1880—1937)——崩得和孟什维克领袖之一。1898年起为社会民主党人,1902年起为崩得中央委员。1903年率领崩得代表团出席俄国社会民主工党第二次代表大会,在会上采取极右的反火星派立场,会后成为孟什维克。1907年在党的第五次(伦敦)代表大会上代表崩得被选入中央委员会,是崩得驻中央委员会国外局的代表。斯托雷平反动时期是取消派分子,1912年是“八月联盟”的骨干分子,第一次世界大战期间是社会沙文主义者。1917年二月革命后任彼得格勒工兵代表苏维埃执行委员会委员和第一届中央执行委员会主席团委员,采取孟什维克立场,支持资产阶级联合内阁,敌视十月革命。后脱离政治活动,从事经济工作。——237。

李维诺夫,马克西姆·马克西莫维奇(老大爷)(Литвинов,Максим Максимович (Папаша)1876—1951)——1898年加入俄国社会民主工党,在切尔尼戈夫省克林齐市工人小组中进行社会民主主义宣传。1900年任党的基辅委员会委员。1901年被捕,在狱中参加火星派。1902年8月越狱逃往国外。作为《火星报》代办员,曾担任向国内运送《火星报》的工作。是俄国革命社会民主党人国外同盟的领导成员,出席了同盟第二次代表大会。1903年俄国社会民主工党第二次代表大会后是布尔什维克,任党的里加委员会、西北委员会委员和多数派委员会常务局成员;代表里加组织出席了党的第三次代表大会。1905年参加了布尔什维克第一份合法报纸《新生活报》的出版工作。1907年是出席国际社会党斯图加特代表大会的俄国社会民主工党代表团的秘书。1907年底侨居伦敦。1908年起任布尔什维克伦敦小组书记。1914年6月起为俄国社会民主工党中央委员会驻社会党国际局的代表。1915年2月受列宁委托在协约国社会党伦敦代表会议上发表谴责帝国主义战争的声明。十月革命后在外交部门担任负责工作。1918—
1921年任外交人民委员部部务委员,1921年起任副外交人民委员。1922
年是出席热那亚国际会议的苏俄代表团团员和海牙国际会议的苏俄代表
团团长。1930—1939年任外交人民委员,1941—1943年任副外交人民委
员兼驻美国大使。从美国回国后至1946年任副外交人民委员。在党的第
十七次和第十八次代表大会上当选为中央委员。曾任苏联中央执行委员
会委员、第一届和第二届苏联最高苏维埃代表。——226。

利金——见利亚多夫,马尔丁·尼古拉耶维奇。

利亚多夫(**曼德尔施塔姆**),马尔丁·尼古拉耶维奇(利金)(Лядов(Ман-
дельштам),Мартын Николаевич(Лидин)1872—1947)——1891年参加
俄国民粹派小组。1893年参与创建莫斯科工人协会。1895年被捕,1897
年流放上扬斯克,为期五年。从流放地返回后在萨拉托夫工作。在俄国社
会民主工党第二次代表大会上是萨拉托夫委员会的代表,属火星派多数
派;会后是党中央代办员。1904年8月参加了在日内瓦举行的22个布尔
什维克的会议,被选入多数派委员会常务局。是布尔什维克出席第二国际
阿姆斯特丹代表大会的代表和俄国社会民主工党第三次代表大会有发言
权的代表。积极参加1905—1907年革命,为党的莫斯科委员会委员。斯
托雷平反动时期是召回派分子,卡普里党校(意大利)的讲课人,加入"前
进"集团(1911年退出)。1917年二月革命后任巴库工兵代表苏维埃副主
席,持孟什维克立场。1920年重新加入俄共(布),在最高国民经济委员会
工作。1923年起先后任斯维尔德洛夫共产主义大学校长,科学机构、博物
馆及艺术科学部门总管理局局长,十月革命档案馆馆长,列宁研究院和党
史委员会学术委员会委员等职。写有党史方面的著作。——100。

梁赞诺夫(**戈尔登达赫**),达维德·波里索维奇(Рязанов(Гольдендах),Давид
Борисович 1870—1938)——1889年参加俄国革命运动。曾在敖德萨和基
什尼奥夫开展工作。1900年出国,是著作家团体斗争社的组织者之一;该
社反对《火星报》制定的党纲和列宁的建党组织原则。俄国社会民主工党
第二次代表大会反对斗争社参加大会的工作,并否决了邀请梁赞诺夫作为
该社代表出席大会的建议。代表大会后是孟什维克。1905—1907年在国
家杜马社会民主党党团和工会工作。后再次出国,为《新时代》杂志撰稿。

1909 年在"前进"集团的卡普里党校(意大利)担任讲课人,1911 年在隆瑞莫党校(法国)讲授工会运动课。曾受德国社会民主党委托从事出版《马克思恩格斯全集》和第一国际史的工作。第一次世界大战期间是中派分子,为孟什维克的《呼声报》和《我们的言论报》撰稿。1917 年二月革命后参加区联派,在俄国社会民主工党(布)第六次代表大会上随区联派集体加入布尔什维克党。十月革命后从事工会工作。1918 年初因反对签订布列斯特和约一度退党。1920—1921 年工会问题争论期间持错误立场,被解除工会职务。1921 年参与创建马克思恩格斯研究院,担任院长直到 1931 年。1931 年 2 月因同孟什维克国外总部有联系被开除出党。——144、326、336。

列兵——见波格丹诺夫,亚历山大·亚历山德罗维奇。

列宁,弗拉基米尔·伊里奇(**乌里扬诺夫,弗拉基米尔·伊里奇**;列宁,尼·)(Ленин,Владимир Ильич(Ульянов,Владимир Ильич,Ленин,Н.)1870—1924)——18—19、20—22、25—32、35、36、37、38、39、40、41、43、44、46、54、67、68、79、85、86—88、98—102、106、119、120、126、132、133、145—146、149、150—152、153—157、159、166、168、169、170、173、176、182、201、210、212、213—218、225—230、235、239、246、254、259、266、268、270—271、274、275、317、318、319、333、334、338。

列文,叶弗列姆·雅柯夫列维奇(叶戈罗夫)(Левин,Ефрем Яковлевич(Егоров)生于 1873 年)——俄国社会民主党人,南方工人社领导人之一。19 世纪 90 年代参加哈尔科夫社会民主主义小组,1900 年 10 月因俄国社会民主工党哈尔科夫委员会案被捕,次年被逐往波尔塔瓦。曾参加《南方工人报》编辑部,是筹备召开俄国社会民主工党第二次代表大会的组织委员会委员。在代表大会上是南方工人社的代表,持中派立场,会后成为孟什维克。1903 年 9 月再次被捕,后脱离政治活动。——336。

林格尼克,弗里德里希·威廉莫维奇(库尔茨;瓦西里耶夫)(Ленгник,Фридрих Вильгельмович(Курц,Васильев)1873—1936)——1893 年参加俄国社会民主主义运动,1896 年因彼得堡工人阶级解放斗争协会案被捕,1898 年流放东西伯利亚,为期三年。流放归来后加入《火星报》组织,是筹备召开俄国社会民主工党第二次代表大会的组织委员会委员,在代表大会上被缺席选入党中央委员会和党总委员会。1903—1904 年在国外积极参加反对孟什维克的斗争。1903 年 10 月出席俄国革命社会民主党人国外同盟第二次代表大会,当孟什维克拒绝通过党中央提出的同盟章程时,他代表中央委员会宣布,此后的会议都是非法的,并同其他布尔什维克一起退出会场。1904 年 2 月回国,是党中央委员会北方局成员,不久因北方局案被捕。1905—1907 年革命后在俄国南方、莫斯科和彼得堡做党的工作。在彼得格勒参加十月革命。十月革命后在教育人民委员部、最高国民经济委员会、对外贸易人民委员部、工农检查人民委员部工作。1926—1930 年为党中央监察委员会主席团委员。晚年从事科研和教学工作。全苏老布尔什维克协会副主席。——18、79、100、156、333、334。

卢那察尔斯基,阿纳托利·瓦西里耶维奇(沃伊诺夫)(Луначарский, Анатолий Васильевич (Воинов) 1875—1933)——19 世纪 90 年代初参加俄国社会民主主义运动。俄国社会民主工党第二次代表大会后是布尔什维克。曾先后参加布尔什维克的《前进报》、《无产者报》和《新生活报》编辑部。代表《前进报》编辑部出席了党的第三次代表大会,受列宁委托,在会上作了关于武装起义问题的报告。党的第四次(统一)代表大会和第五次(伦敦)代表大会的参加者,布尔什维克出席第二国际斯图加特代表大会(1907)和哥本哈根代表大会(1910)的代表。斯托雷平反动时期脱离布尔什维克,参加"前进"集团;在哲学上宣扬造神说和马赫主义。第一次世界大战期间持国际主义立场。1917 年二月革命后参加区联派,在俄国社会民主工党(布)第六次代表大会上随区联派集体加入布尔什维克党。十月革命后到 1929 年任教育人民委员,以后任苏联中央执行委员会学术委员会主席。1930 年起为苏联科学院院士。在艺术和文学方面著述很多。——216。

卢森堡,罗莎(Luxemburg, Rosa 1871—1919)——德国、波兰和国际工人运动活动家,德国社会民主党和第二国际左翼领袖和理论家之一,德国共产党创建人之一。生于波兰。19 世纪 80 年代后半期开始革命活动,1893 年参与创建和领导波兰王国社会民主党,为党的领袖之一。1898 年移居德国,积极参加德国社会民主党的活动,反对伯恩施坦主义和米勒兰主义。曾参加俄国第一次革命(在华沙)。1907 年参加俄国社会民主工党第五次(伦敦)代表大会,在会上支持布尔什维克。在斯托雷平反动时期和新的革命高涨年代对取消派采取调和主义态度,1912 年波兰王国和立陶宛社会民主党分裂后,曾谴责最接近布尔什维克的所谓分裂派。第一次世界大战期间持国际主义立场,是建立国际派(后改称斯巴达克派和斯巴达克联盟)的发起人之一。参加领导了德国 1918 年十一月革命,同年底参与领导德国共产党成立大会,作了党纲报告。1919 年 1 月柏林工人斗争被镇压后,于 15 日被捕,当天惨遭杀害。主要著作有《社会改良还是革命》(1899)、《俄国社会民主党的组织问题》(1904)、《资本积累》(1913)等。——35、36、37、38、39、40、41、42、45、149、240、248。

鲁边——见克努尼扬茨,波格丹·米尔扎江诺维奇。

罗基尼,罗贝尔(Rocquigny,Robert 生于 1845 年)——法国经济学家。写有农业保险和合作社问题的著作。在《农业辛迪加及其活动》(1900)一书中宣传建立农业合作社,认为这是联合工人和资产阶级的手段。1903 年列宁在巴黎作学术报告时,曾利用该书的提要和摘录。——47、49。

罗将柯,米哈伊尔·弗拉基米罗维奇(Родзянко,Михаил Владимирович 1859—1924)——俄国大地主,十月党领袖之一,君主派分子。20 世纪初曾任叶卡捷琳诺斯拉夫省地方自治局主席。1911—1917 年先后任第三届和第四届国家杜马主席,支持沙皇政府的反动政策。1917 年二月革命期间力图保持君主制度,组织并领导了国家杜马临时委员会,后参与策划科尔尼洛夫叛乱。十月革命后投靠科尔尼洛夫和邓尼金,企图联合一切反革命势力颠覆苏维埃政权。1920 年起为白俄流亡分子。——376。

罗兰,玛农·让娜(Roland,Manon Jeanne 1754—1793)——18 世纪末法国资产阶级女革命活动家,吉伦特派,被革命法庭判处斩刑。著有回忆录。——288。

罗曼诺夫,弗拉基米尔·亚历山德罗维奇(弗拉基米尔)(Романов,Владимир Александрович(Владимир)1847—1909)——俄国最后一个皇帝沙皇尼古拉二世的叔父,大公。1884—1905 年任近卫军总司令和彼得堡军区总司令;奉沙皇之命担任了 1905 年 1 月 9 日枪杀彼得堡工人的总指挥。——185、191、193、194、195、196、199。

罗曼诺夫,谢尔盖·亚历山德罗维奇(谢尔盖)(Романов,Сергей Александрович(Сергей)1857—1905)——俄国最后一个皇帝尼古拉二世的叔父,大公。

1891年起任莫斯科总督,1896年起兼任莫斯科军区司令。被社会革命党人伊·普·卡利亚耶夫刺死。——260。

罗日杰斯特文斯基(**罗热斯特文斯基**),季诺维·彼得罗维奇(Рождественский(Рожественский),Зиновий Петрович 1848 — 1909)——沙俄海军中将。1903年任海军总参谋部参谋长。1904—1905年日俄战争期间指挥太平洋第2分舰队,该舰队奉沙皇政府之命东航增援被日军围困的旅顺口。在1905年5月14—15日(27—28日)的对马海战中,充分暴露出他在军事上的昏庸无能,致使分舰队被击溃,本人受伤被俘。1906年退役。——136。

罗扎诺夫,弗拉基米尔·尼古拉耶维奇(波波夫)(Розанов,Владимир Николаевич (Попов)1876—1939)——俄国社会民主党人,孟什维克。19世纪90年代中期在莫斯科参加社会民主主义运动,1899年被逐往斯摩棱斯克。1900年加入南方工人社。是筹备召开俄国社会民主工党第二次代表大会的组织委员会委员,并代表南方工人社出席了代表大会。会上持中派立场,会后成为孟什维克骨干分子。1904年底被增补进调和主义的党中央委员会,1905年2月被捕。1905年5月在孟什维克代表会议上被选入孟什维克领导中心——组织委员会,在党的第四次(统一)代表大会上代表孟什维克被选入中央委员会。1908年侨居国外。第一次世界大战期间持国际主义立场。1917年二月革命后是彼得格勒工兵代表苏维埃孟什维克党团成员,护国派分子。敌视十月革命,积极参加反革命组织的活动,因"战术中心"案被判刑。大赦后脱离政治活动,在卫生部门工作。——182、268、269、319、320。

洛普欣,阿列克谢·亚历山德罗维奇(Лопухин,Алексей Александрович 1864—1928)——俄国警察司司长(1902—1905)。1904年底在给大臣委员会的报告书中指出,警察无力对付俄国的革命运动。次年,报告书由前进出版社印成小册子出版,并附有列宁的序言。因帮助揭露奸细叶·菲·阿捷夫,1909年被判处流放西伯利亚。1911年得到赦免并恢复权利。1913年起任莫斯科商业银行副行长。——314—316。

洛沙季——见克拉辛,列昂尼德·波里索维奇。

M

马尔丁诺夫，亚历山大（**皮凯尔，亚历山大·萨莫伊洛维奇**）（Мартынов, Алек-
сандр（Пиккер, Александр Самойлович）1865—1935）——俄国经济派领袖
之一，孟什维克著名活动家，后为共产党员。19 世纪 80 年代初参加民意
党人小组，1886 年被捕，流放东西伯利亚十年；流放期间成为社会民主党
人。1900 年侨居国外，参加经济派的《工人事业》杂志编辑部，反对列宁的
《火星报》。在俄国社会民主工党第二次代表大会上是国外俄国社会民主
党人联合会的代表，反火星派分子，会后成为孟什维克。1907 年作为叶卡
捷琳诺斯拉夫组织的代表参加了党的第五次（伦敦）代表大会的工作，在代
表大会上当选为中央委员。斯托雷平反动时期和新的革命高涨年代是取
消派分子，参加取消派的机关报《社会民主党人呼声报》编辑部。第一次世
界大战期间持中派立场。1917 年二月革命后为孟什维克国际主义者。十
月革命后脱离孟什维克。1918—1922 年在乌克兰当教员。1923 年加入
俄共（布），在马克思恩格斯研究院工作。1924 年起任《共产国际》杂志编
委。——41、42、57、58、69、73、120、121、209、235、237、239、240、241、243、
248、253、268、289—290、338、362、364、383、384、398。

马尔托夫，尔·（**策杰尔包姆，尤利·奥西波维奇**）（Мартов, Л.（Цедербаум,
Юлий Осипович）1873—1923）——俄国孟什维克领袖之一。1895 年参与
组织彼得堡工人阶级解放斗争协会。1896 年被捕并流放图鲁汉斯克三
年。1900 年参与创办《火星报》，为该报编辑部成员。在俄国社会民主工
党第二次代表大会上是《火星报》组织的代表，领导机会主义少数派，反对
列宁的建党原则；从那时起成为孟什维克中央机关的领导成员和孟什维克
报刊的编辑。曾参加党的第五次（伦敦）代表大会的工作。斯托雷平反动
时期和新的革命高涨年代是取消派分子，编辑《社会民主党人呼声报》，参
与组织"八月联盟"。第一次世界大战期间是中派分子，参加齐美尔瓦尔德
代表会议和昆塔尔代表会议。曾参加孟什维克组织委员会国外书记处，为
书记处编辑机关刊物。1917 年二月革命后领导孟什维克国际主义派。十
月革命后反对镇压反革命和解散立宪会议。1919 年当选为全俄中央执行
委员会委员，1919—1920 年为莫斯科苏维埃代表。1920 年 9 月侨居德国。

参与组织第二半国际，在柏林创办和编辑孟什维克杂志《社会主义通报》。
——7、27、43、58、68、147、172、214、237、248、258、268——269、271、333、
334、385。

马赫诺韦茨，莉迪娅·彼得罗夫娜（布鲁凯尔）（Махновец，Лидия Петровна
　　（Брукэр）1876—1965）——19世纪90年代末参加俄国社会民主主义运
　　动，经济派代表人物。曾在俄国社会民主工党沃罗涅日委员会里起领导作
　　用，该委员会在俄国社会民主工党第二次代表大会筹备期间反对《火星报》
　　的立场。在代表大会上是彼得堡工人组织的代表，反火星派分子。1905
　　年在沃罗涅日社会民主党组织中工作，后脱离政治活动。——30、42、
　　57、336。

马霍夫——见卡拉法季，德米特里·巴甫洛维奇。

马卡久布，马尔克·绍洛维奇（帕宁）（Макадзюб，Марк Саулович（Панин）生
　　于1876年）——俄国社会民主党人，孟什维克。1901—1903年在俄国南
　　部社会民主党组织中工作。在俄国社会民主工党第二次代表大会上是克
　　里木联合会的代表，属火星派少数派。1905年5月参加了在日内瓦召开
　　的孟什维克代表会议，被选入孟什维克领导中心——组织委员会。支持阿
　　克雪里罗得关于召开广泛的工人代表大会的取消主义观点。斯托雷平反
　　动时期和新的革命高涨年代是取消派分子，为孟什维克取消派的《我们的
　　曙光》杂志撰稿。1917年二月革命后任彼得格勒工兵代表苏维埃执行委
　　员会委员。十月革命后脱离政治活动。1921年起在苏联驻国外的木材出
　　口机关工作。1931年起侨居国外。——145。

马克思，卡尔（Marx，Karl 1818—1883）——科学共产主义的创始人，世界无
　　产阶级的领袖和导师。——38、39、40、45、48、309、343、364。

马利宁，尼古拉·伊万诺维奇（沙霍夫；沙霍夫，尼·）（Малинин，Николай
　　Иванович（Шахов，Шахов，Н.）1877—1939）——俄国社会民主党人。
　　1897年在大学学习时参加革命运动，俄国社会民主工党第二次代表大会
　　后加入布尔什克。1904年在日内瓦撰写并发表了小册子《为召开代表
　　大会而斗争》，书中收集了有关党的第二次代表大会后党内斗争的文献。
　　列宁就召开党的第三次代表大会问题同孟什维克争论时，曾多次引用这本
　　小册子。1904年秋受党的委派在彼得堡委员会工作。是第四届国家杜马

的复选代表。第一次世界大战期间脱党,1919 年初重新入党。同年夏作
为志愿兵参加红军,在第 9 集团军政治部工作。复员后从事宣传鼓动工
作。——33—34、319、333、334。

马斯洛夫,彼得·巴甫洛维奇(伊克斯;X)(Маслов, Петр Павлович（Икс, X）
　　1867—1946)——俄国经济学家,社会民主党人。写有一些土地问题著
　　作,修正马克思主义政治经济学原理。曾为《生活》、《开端》和《科学评论》
　　等杂志撰稿。俄国社会民主工党第二次代表大会后是孟什维克;曾提出孟
　　什维克的土地地方公有化纲领。在俄国社会民主工党第四次(统一)代表
　　大会上代表孟什维克作了关于土地问题的报告,被选入中央机关报编辑
　　部。斯托雷平反动时期和新的革命高涨年代是取消派分子。第一次世界
　　大战期间是社会沙文主义者。十月革命后脱离政治活动,从事教学和科研
　　工作,研究社会主义政治经济学问题。1929 年起为苏联科学院院士。
　　——326、397。

梅耶尔松,Д.Л.（Меерсон, Д.Л. 1880—1958)——俄国社会民主党人,布尔什
　　维克。曾在敖德萨党组织中工作,是学生联合会会员,参加《大学生报》的
　　出版工作。1903 年 9 月在该报第 2—3 号上刊载了列宁的《革命青年的任
　　务》一文。1905—1907 年革命后脱离党的活动,从事医务工作。1923 年
　　起任敖德萨医学院教授。——151。

美舍尔斯基,弗拉基米尔·彼得罗维奇（Мещерский, Владимир Петрович 1839—
　　1914)——俄国政论家,公爵。曾在警察局和内务部供职。1860 年起为
　　《俄罗斯通报》杂志和《莫斯科新闻》撰稿。1872—1914 年出版黑帮刊物
　　《公民》,1903 年创办反动杂志《慈善》和《友好的话》,得到沙皇政府大量资
　　助。在这些报刊上,不仅反对政府向工人作任何让步,而且反对政府向自
　　由派资产阶级作任何让步。——356。

米特罗范诺夫——见古萨罗夫,费多尔·瓦西里耶维奇。

米雅柯金,韦涅季克特·亚历山德罗维奇（Мякотин, Венедикт Александрович
　　1867—1937)——俄国人民社会党领袖之一,历史学家和政论家。1893 年
　　为《俄国财富》杂志撰稿人,1904 年起为杂志编委。1905—1906 年是资产
　　阶级知识分子组织"协会联合会"的领导人之一。敌视十月革命,反对苏维
　　埃政权。1918 年是反革命组织"俄罗斯复兴会"的创建人之一,同年流亡

国外。——219。

莫罗佐夫，季莫费·萨维奇（Морозов，Тимофей Саввич 1823—1889）——俄
国工厂主，莫罗佐夫家族的代表人物之一，萨瓦·莫罗佐夫父子公司尼科
利斯科耶纺织厂的厂主和董事长。该厂设在弗拉基米尔省波克罗夫县尼
科利斯科耶镇。——90、232。

N

拿破仑第三（**波拿巴，路易**）（Napoléon III（Bonaparte，Louis）1808—1873）——
法国皇帝（1852—1870），拿破仑第一的侄子。法国1848年革命失败后被
选为法兰西共和国总统。1851年12月2日发动政变，1852年12月称帝。
在位期间，对外屡次发动侵略战争，包括同英国一起发动侵略中国的第二
次鸦片战争。对内实行警察恐怖统治，强化官僚制度，同时以虚假的承诺、
小恩小惠和微小的改革愚弄工人。1870年9月2日在普法战争色当战役
中被俘，9月4日巴黎革命时被废黜。——308。

尼古·一逊——见丹尼尔逊，尼古拉·弗兰策维奇。

尼古拉二世（**罗曼诺夫**）（Николай II（Романов）1868—1918）——俄国最后一
个皇帝，亚历山大三世的儿子。1894年即位，1917年二月革命时被推翻。
1918年7月17日根据乌拉尔州工兵代表苏维埃的决定在叶卡捷琳堡被
枪决。——107、108、204、211、221、222、320、375。

尼基季奇——见克拉辛，列昂尼德·波里索维奇。

尼基京，伊万·康斯坦丁诺维奇（斯捷潘诺夫）（Никитин，Иван Константинович
（Степанов）1877—1944）——俄国社会民主党人，布尔什维克；职业是旋工。
1897年参加革命运动，曾在基辅领导马克思主义工人小组。1901年被捕
并流放卡卢加。在俄国社会民主工党第二次代表大会上是基辅委员会的
代表，属火星派多数派。从代表大会返回后再次被捕。在基辅参加
1905—1907年革命，后脱离政治活动。十月革命后在莫斯科索科利尼基
车辆修配厂工作。1925年加入俄共（布）。——144。

涅米罗维奇-丹琴科，瓦西里·伊万诺维奇（Немирович-Данченко，Василий
Иванович 1849—1936）——俄国资产阶级自由派小说家和军事记者。
1904—1905年日俄战争期间在满洲当记者，为资产阶级温和自由派的《俄

罗斯言论报》撰稿。写有许多军事和政治题材的特写、通讯、小说和回忆
录。1921 年起侨居国外。——137。

诺夫哥罗德采夫,帕维尔·伊万诺维奇(Новгородцев, Павел Иванович 1866—
1924)——俄国法学家和哲学家,立宪民主党人。1896—1913 年在莫斯科
大学讲授法哲学史。俄国唯心主义者的纲领性文集《唯心主义问题》
(1902)的编者。第一届国家杜马代表。十月革命后移居国外,为白俄流亡
分子的《俄国思想》杂志撰稿。——172。

诺斯科夫,弗拉基米尔·亚历山德罗维奇(格列博夫)(Носков, Владимир
Александрович (Глебов)1878—1913)——俄国社会民主党人。19 世纪 90
年代参加革命运动。1898 年因彼得堡工人阶级解放斗争协会案被捕,先
后流放雅罗斯拉夫尔和沃罗涅日。1900 年是俄国社会民主工党北方协会
组织者之一。1902 年侨居国外,同年 4 月参加《火星报》编辑部的苏黎世
会议,会上讨论了党纲草案。1902—1903 年负责向国内运送社会民主党
秘密出版物的组织工作,参与筹备俄国社会民主工党第二次代表大会。在
会上是有发言权的代表,属火星派多数派;是党章起草委员会主席,当选为
中央委员。会后对孟什维克采取调和主义态度,反对召开党的第三次代表
大会。1905 年被捕。斯托雷平反动时期脱离政治活动。——18—19、20、
25—32、98—102、103—104、183、335。

P

帕尔乌斯(格尔方德,亚历山大·李沃维奇)(Парвус (Гельфанд, Александр
Львович)1869—1924)——生于俄国,19 世纪 80 年代移居国外。90 年代
末起在德国社会民主党内工作,属该党左翼;曾任《萨克森工人报》编辑。
写有一些世界经济问题的著作。20 世纪初参加俄国社会民主工党的工
作,为《火星报》撰稿。俄国社会民主工党第二次代表大会后支持孟什维克
的组织路线。1905 年回到俄国,曾担任彼得堡工人代表苏维埃执行委员
会委员,为孟什维克的《开端报》撰稿;同托洛茨基一起提出"不断革命论",
主张参加布里根杜马,坚持同立宪民主党人搞交易。斯托雷平反动时期脱
离俄国社会民主工党,后移居德国。第一次世界大战期间是社会沙文主义
者和德国帝国主义的代理人。1915 年起在柏林出版《钟声》杂志。1918 年

脱离政治活动。——246—249、251、254、255、384。

帕宁——见马卡久布，马尔克·绍洛维奇。

普列汉诺夫，格奥尔吉·瓦连廷诺维奇（Плеханов, Георгий Валентинович 1856—1918）——俄国早期的马克思主义理论家，后来成为孟什维克和第二国际机会主义领袖之一。19世纪70年代参加民粹主义运动，是土地和自由社成员及土地平分社领导人之一。1880年侨居瑞士，逐步同民粹主义决裂。1883年在日内瓦创建俄国第一个马克思主义团体——劳动解放社。翻译和介绍了马克思和恩格斯的许多著作，对马克思主义在俄国的传播起了重要作用；写过不少优秀的马克思主义著作，批判民粹主义、合法马克思主义、经济主义、伯恩施坦主义、马赫主义。20世纪初是《火星报》和《曙光》杂志编辑部成员。曾参与制定俄国社会民主工党纲领草案和参加党的第二次代表大会的筹备工作。在代表大会上是劳动解放社的代表，属火星派多数派，参加了大会常务委员会，会后逐渐转向孟什维克。1905—1907年革命时期反对列宁的民主革命的策略，后来在孟什维克和布尔什维克之间摇摆。在俄国社会民主工党第四次（统一）代表大会上作了关于土地问题的报告，维护马斯洛夫的孟什维克方案；在国家杜马问题上坚持极右立场，呼吁支持立宪民主党人的杜马。斯托雷平反动时期和新的革命高涨年代反对取消主义，领导孟什维克护党派。第一次世界大战期间持社会沙文主义立场。1917年二月革命后支持资产阶级临时政府。对十月革命持否定态度，但拒绝支持反革命。最重要的理论著作有《社会主义与政治斗争》（1883）、《我们的意见分歧》（1885）、《论一元论历史观之发展》（1895）、《唯物主义史论丛》（1896）、《论个人在历史上的作用》（1898）、《没有地址的信》（1899—1900），等等。——6、27、28、40、43、44、56、57、58、60、68、79、85、125、132、133、167、173、213、214、215、217、259、268、289、290、291、292、294、295、296、302、319、333、334、335、336、338、383。

普列韦，维亚切斯拉夫·康斯坦丁诺维奇（Плеве, Вячеслав Константинович 1846—1904）——俄国国务活动家。1881年起任警察司司长，1884—1894年任枢密官和副内务大臣。1902年4月任内务大臣兼宪兵团名誉团长。掌权期间，残酷地镇压了波尔塔瓦省和哈尔科夫省的农民运动，破坏了许多地方自治机关；鼓动在俄国边疆地区推行反动的俄罗斯化政策。为了诱使群众脱离反对专制制度的斗争,促进了日俄战争的爆发;出于同一目的,多次策划蹂躏犹太人的暴行,鼓励祖巴托夫政策。1904 年 7 月 15 日(28 日)被社会革命党人刺死。——108、258。

普罗柯波维奇,谢尔盖·尼古拉耶维奇(Прокопович, Сергей Николаевич 1871—1955)——俄国经济学家和政论家。曾参加国外俄国社会民主党人联合会,是经济派的著名代表人物,伯恩施坦主义在俄国最早的传播者之一。1904 年加入资产阶级自由派的解放社,为该社骨干分子。1905 年为立宪民主党中央委员。1906 年参与出版半立宪民主党、半孟什维克的《无题》周刊,为左派立宪民主党人的《同志报》积极撰稿。1917 年 8 月任临时政府工商业部长,9—10 月任粮食部长。1921 年在全俄赈济饥民委员会工作,同反革命地下活动有联系。1922 年被驱逐出境。——220。

Q

乔治,亨利(George, Henry 1839—1897)——美国经济学家和社会活动家。19 世纪 70 年代起致力于土地改革运动。认为人民贫困的根本原因是人民被剥夺了土地;否认劳动和资本之间的对抗,认为资本产生利润是自然规律;主张由资产阶级国家实行全部土地国有化,然后把土地租给个人。主要著作有《进步和贫困》(1879)、《土地问题》(1881)等。——343。

切列万宁,涅·(利普金,费多尔·安德列耶维奇)(Череванин, Н.(Липкин, Федор Андреевич)1868—1938)——俄国政论家,"马克思的批评家",后为孟什维克领袖之一,取消派分子。俄国社会民主工党第四次(统一)代表大会和第五次(伦敦)代表大会的参加者,取消派报刊撰稿人,16 个孟什维克关于取消党的"公开信"的起草人之一。1912 年反布尔什维克的八月代表会议后是孟什维克领导中心——组委会成员。第一次世界大战期间是社会沙文主义者。1917 年是孟什维克中央机关报《工人报》编辑之一和孟什维克中央委员会委员。敌视十月革命。——145。

R

饶勒斯,让(Jaurès, Jean 1859—1914)——法国社会主义运动和国际社会主义运动活动家,法国社会党领袖,历史学家和哲学家。1885 年起多次当选议员。原属资产阶级共和派,90年代初开始转向社会主义。1898年同亚·米勒兰等人组成法国独立社会党人联盟。1899年竭力为米勒兰参加资产阶级政府的行为辩护。1901年起为社会党国际局成员。1902年与可能派、阿列曼派等组成改良主义的法国社会党。1903年当选为议会副议长。1904年创办《人道报》,主编该报直到逝世。1905年法国社会党同盖得领导的法兰西社会党合并后,成为统一的法国社会党的主要领导人。在理论和实践问题上往往持改良主义立场,但始终不渝地捍卫民主主义,反对殖民主义和军国主义。由于呼吁反对临近的帝国主义战争,于1914年7月31日被法国沙文主义者刺杀。写有法国大革命史等方面的著作。——140。

S

沙霍夫;沙霍夫,尼·——见马利宁,尼古拉·伊万诺维奇。

绍特曼,亚历山大·瓦西里耶维奇(哥尔斯基)(Шотман, Александр Васильевич (Горский)1880—1937)——1899年加入俄国社会民主工党,布尔什维克;旋工。1899—1902年是彼得堡工人阶级解放斗争协会会员,参加了1901年"奥布霍夫防卫战",任维堡区党的组织员。在俄国社会民主工党第二次代表大会上是彼得堡委员会的代表,属火星派多数派;会后在科斯特罗马和伊万诺沃-沃兹涅先斯克工作,任党的北方委员会委员。在彼得堡和敖德萨参加1905—1907年革命。1911—1912年任芬兰社会民主党赫尔辛福斯委员会委员。在1913年有党的工作者参加的俄国社会民主工党中央委员会波罗宁会议上被增补为中央委员和中央委员会俄国局成员,同年11月被捕并流放西伯利亚。在托木斯克参加1917年二月革命。1917年6月起任党的彼得堡郊区委员会委员;7月起是党中央委员会和列宁之间的联络员,8月受党中央委托,安排列宁从拉兹利夫转移到芬兰。积极参加十月革命,十月革命后历任最高国民经济委员会主席团委员、西伯利亚国民经济委员会主席、卡累利阿苏维埃社会主义自治共和国中央执行委员会主席等职。1926—1937年在最高国民经济委员会和全俄中央执行委员会主席团工作。1924—1934年为党中央监察委员会委员。——144。

舍尔古诺夫,尼古拉·瓦西里耶维奇(Шелгунов, Николай Васильевич 1824—

1891)——俄国革命民主主义者,政论家和唯物主义哲学家,别林斯基、赫尔岑和车尔尼雪夫斯基的追随者。从 19 世纪 60 年代起就是俄国革命运动的著名活动家。1861 年在《同时代人》杂志上发表《英国和法国的工人无产者》一文,为在俄国通俗介绍恩格斯的《英国工人阶级状况》一书作了初次尝试。1861 年在《致青年一代》(与米·拉·米哈伊洛夫共同起草)和《告士兵书》的传单中,猛烈抨击农民改革,号召进行农民革命。早在 80 年代,在马克思主义的影响下就已经认识到,向新的社会制度过渡是同无产阶级的革命斗争联系在一起的。因从事革命活动多次被捕和流放。在工人和其他革命阶层中极有声望。1891 年 4 月 15 日(27 日)他的葬礼成了一次反政府的示威。——232。

施尼特尼科夫,Н.Н.(Шнитников, Н.Н.生于 1861 年)——俄国彼得堡市杜马和地方自治会议议员,人民社会党人。1905—1906 年是资产阶级知识分子组织"协会联合会"的领导人之一。——219、220。

施泰纳(Штейнер(Steiner))——俄国社会民主工党叶卡捷琳诺斯拉夫委员会委员。——152。

施图姆普费,埃米尔(Stumpfe, Emil 生于 1866 年)——德国国家产业局高级官员,写有《论中小土地占有者与大土地占有者的竞争能力》(1896)一文和其他一些著作。在著作中试图证明小经济能够同大经济竞争。——48。

施韦泽,约翰·巴蒂斯特(Schweitzer, Johann Baptist 1833—1875)——德国工人运动活动家,拉萨尔派代表人物之一;职业是律师。政治活动初期是自由主义者,在拉萨尔的影响下参加工人运动。1864—1871 年任全德工人联合会机关报《社会民主党人报》编辑,1867 年起任联合会主席。执行拉萨尔主义的机会主义路线,支持俾斯麦所奉行的在普鲁士领导下"自上而下"统一德国的政策。在联合会内实行个人独裁,引起会员不满,1871年被迫辞去主席职务。1872 年因同普鲁士当局的勾结被揭露而被开除出全德工人联合会。——45。

司徒卢威,彼得·伯恩哈多维奇(尔·恩·斯·)(Струве, Петр Бернгардович (P.H.C.)1870—1944)——俄国经济学家,哲学家,政论家,合法马克思主义主要代表人物,立宪民主党领袖之一。19 世纪 90 年代编辑合法马克思主义者的《新言论》杂志和《开端》杂志。1896 年参加第二国际第四次代表大会。1898年参加起草《俄国社会民主工党宣言》。在1894年发表的第一部著作《俄国经济发展问题的评述》中，在批判民粹主义的同时，对马克思的经济学说和哲学学说提出"补充"和"批评"。20世纪初同马克思主义和社会民主主义彻底决裂，转到自由派营垒。1902年起编辑自由派资产阶级刊物《解放》杂志，1903年起是解放社的领袖之一。1905年起是立宪民主党中央委员，领导该党右翼。1907年当选为第二届国家杜马代表。第一次世界大战爆发后鼓吹俄国的帝国主义侵略扩张政策。十月革命后敌视苏维埃政权，是邓尼金和弗兰格尔反革命政府成员，后逃往国外。——40—41、55、56、58、60、68、69、172、289、290、297、298、360、374、389、392、393、396。

斯蒂芬斯，约瑟夫·雷纳(Stephens, Joseph Rayner 1805—1879)——英国牧师，1837—1839年积极参加宪章运动，倾向运动中的革命派。1839年被捕和判刑，审讯时放弃了自己原来的观点。后反对宪章派。——197。

斯捷潘诺夫——见埃森，亚历山大·马格努索维奇。

斯捷潘诺夫——见尼基京，伊万·康斯坦丁诺维奇。

斯捷潘诺夫，谢尔盖·伊万诺维奇(布劳恩)(Степанов, Сергей Иванович (Браун)1876—1935)——1895年参加俄国社会民主主义运动，当时在图拉枪械制造厂当车工。1902—1905年为俄国社会民主工党图拉委员会委员，代表该委员会出席党的第二次代表大会，属火星派多数派。曾在图拉、彼得堡、莫斯科等地做党的工作，多次被捕和流放。1917年在图拉参加十月革命。十月革命后领导图拉工厂的国有化工作，1919年被任命为图拉弹药厂厂长。1925年起任图拉省执行委员会主席。1930年起在莫斯科任州执行委员会副主席、州监察委员会党组书记。1933—1935年任莫斯科州法院院长。1924—1925年为党中央监察委员会委员，1925—1934年为党中央检查委员会委员。全俄中央执行委员会和苏联中央执行委员会委员。——144。

斯捷普尼亚克，谢·(克拉夫钦斯基，谢尔盖·米哈伊洛维奇)(Степняк, С. (Кравчинский, Сергей Михайлович)1851—1895)——俄国作家和政论家，革命民粹派代表人物。1872年加入民粹主义的柴可夫斯基派小组，参加了"到民间去"的运动，后被捕，1873年流亡国外。1878年回国，积极参加

土地和自由社的活动,刺杀了宪兵团名誉团长尼·弗·梅津佐夫,不久潜
逃国外。1891年在伦敦创办自由俄国出版基金会。著有特写集《地下的
俄罗斯》(1882)以及一些小说、剧本等。在作品中把民粹派分子—恐怖主
义分子的形象理想化。——167。

斯捷奇金,谢尔盖·雅柯夫列维奇(斯特罗耶夫,Н.)(Стечкин, Сергей Яковлевич
(Строев, Н.)1864—1913)——俄国政论家,倾向孟什维克—社会革命党。
1904—1905年为《圣彼得堡新闻》、《俄罗斯日报》、《生活通报》及彼得堡其
他一些定期报刊撰稿。1906年出版《工人钟声》周刊,鼓吹建立超党派的
工人阶级组织。——202。

斯塔霍维奇,米哈伊尔·亚历山德罗维奇(Стахович, Михаил Александрович
1861—1923)——俄国地主,温和自由派分子。1895—1907年是奥廖尔省
贵族代表,在地方自治运动中起过显著作用。曾加入立宪民主党,后来是
十月党的组织者之一。第一届和第二届国家杜马代表,国务会议成员。
1917年二月革命后被任命为芬兰总督,后任临时政府驻国外代表。
——375。

斯塔罗韦尔——见波特列索夫,亚历山大·尼古拉耶维奇。

斯塔索娃,叶列娜·德米特里耶夫娜(绝对者)(Стасова, Елена Дмитриевна
(Абсолют)1873—1966)——俄国革命运动活动家。1898年加入俄国社会
民主工党,1901年起为《火星报》代办员,曾在彼得堡、莫斯科做党的工作,
1904—1906年任党中央委员会北方局、彼得堡委员会和中央委员会俄国
局书记。1907—1912年为党中央驻梯弗利斯的代表。1912年在党的第
六次(布拉格)全国代表会议上当选为候补中央委员。多次被捕入狱,曾流
放西伯利亚。1917年在党的第六次代表大会上当选为候补中央委员,
1918—1920年为中央委员。1917年2月—1920年3月任党中央书记。
1920—1921年先后在彼得格勒和巴库担任党的负责工作。1921—1926
年在共产国际工作,后任苏联国际支援革命战士协会中央委员会主席、联
共(布)中央监察委员会委员、国际监察委员会委员等职。1938—1946年
任《国际主义文学》杂志编辑。1946年起从事社会活动和写作。——
153—157。

斯特罗耶夫,Н.——见斯捷奇金,谢尔盖·雅柯夫列维奇。

斯维亚托波尔克-米尔斯基,彼得·丹尼洛维奇(Святополк-Мирский, Петр
　　Данилович 1857 — 1914)——俄国国务活动家,公爵,中将,十月党人。
　　1895—1904年先后在奔萨、叶卡捷琳诺斯拉夫、维尔纳等省担任省长和总
　　督。1904年8月起任内务大臣。为了缓和国内日益增长的革命危机,讨
　　好自由派,实行看风使舵的政策,宣称开始了一个政府对社会的"信任时
　　期",表现为放松对书报的检查,实行部分特赦,允许召开地方自治人士代
　　表大会等等。这一政策未能制止1905—1907年革命的爆发。1905年1
　　月被迫辞职。——75、108、219。
苏雄,奥古斯特(Souchon, Auguste 1786 — 1857)——法国法学家和经济学
　　家。曾在里昂和巴黎大学的法学系任教,写有农业经济学方面的著作。列
　　宁在他的《农民所有制。农业经济概论》一书上作了摘录和标记,准备
　　1903年2月底在巴黎讲学时引用。——48。

T

唐恩(古尔维奇),费多尔·伊里奇 (Дан(Гурвич), Федор Ильич 1871 —
　　1947)——俄国孟什维克领袖之一;职业是医生。1894年参加社会民主主
　　义运动,加入彼得堡工人阶级解放斗争协会。1896年8月被捕,监禁两年
　　左右,1898年流放维亚特卡省,为期三年。1901年夏逃往国外,加入《火星
　　报》柏林协助小组。1902年作为《火星报》代办员参加了俄国社会民主工
　　党第二次代表大会的筹备会议,会后再次被捕,流放东西伯利亚。1903年
　　9月逃往国外,成为孟什维克。俄国社会民主工党第四次(统一)代表大会
　　和第五次(伦敦)代表大会及一系列代表会议的参加者。斯托雷平反动时
　　期和新的革命高涨年代在国外领导取消派,编辑取消派的《社会民主党人
　　呼声报》。第一次世界大战期间是社会沙文主义者。1917年二月革命后
　　任彼得格勒苏维埃执行委员会委员和第一届中央执行委员会主席团委员,
　　支持资产阶级临时政府。十月革命后反对苏维埃政权,1922年被驱逐出
　　境,在柏林领导孟什维克进行反革命活动。1923年参与组织社会主义工
　　人国际。同年被取消苏联国籍。——30、69、84、101、319。
特拉温斯基——见克尔日扎诺夫斯基,格列勃·马克西米利安诺维奇。
特列波夫,德米特里·费多罗维奇(Трепов, Дмитрий Федорович 1855 — 1906)——

沙俄少将(1900)。毕业于贵族子弟军官学校,曾在禁卫军供职。1896—
1905年任莫斯科警察总监,支持祖巴托夫的"警察社会主义"思想。1905
年1月11日起任彼得堡总督,4月起任副内务大臣兼独立宪兵团司令,10
月起先后任彼得戈夫宫和冬宫警卫长。1905年10月全国政治大罢工期
间发布了臭名昭著的"不放空枪,不惜子弹"的命令,是武装镇压1905—
1907年革命的策划者。——219、220、309。

特鲁别茨科伊,叶夫根尼·尼古拉耶维奇(Трубецкой, Евгений Николаевич
1863—1920)——俄国资产阶级自由派思想家,宗教哲学家,公爵。曾先
后任基辅大学和莫斯科大学法哲学教授,为俄国唯心主义者的纲领性文集
《唯心主义问题》(1902)和《俄罗斯新闻》等出版物撰稿。1906年以前是立
宪民主党人,1906年是君主立宪派政党"和平革新党"的组织者之一。在
沙皇政府镇压1905—1907年革命和建立斯托雷平体制的过程中起过重
要作用。第一次世界大战期间主张将战争进行到"最后胜利"。十月革命
后反对苏维埃政权,是邓尼金的骨干分子。写有一些宗教神秘主义的哲学
著作。——63、64、77、375。

特鲁别茨科伊,П. Н. (Трубецкой, П. Н. 1858—1911)——俄国公爵,1893—
1906年为莫斯科省贵族代表。1904年曾以莫斯科省地方自治会议主席的
身份向内务大臣彼·丹·斯维亚托波尔克-米尔斯基递交了给沙皇的信和
宪政祝词,表示莫斯科地方自治人士愿在镇压国内革命运动方面为沙皇政
府效劳。1906年起为国务会议成员,在国务会议中领导中派集团。
——141。

特罗胥,路易·茹尔(Trochu, Louis-Jules 1815—1896)——法国将军和政治
活动家,波拿巴主义者。1870年8月被任命为巴黎城防司令,9月就任国
防政府首脑,执行民族投降政策。1871年1月巴黎投降前夕辞职。
1871—1872年为国民议会议员。1872年起脱离政治活动。——
308、310。

梯也尔,阿道夫(Thiers, Adolphe 1797—1877)——法国国务活动家,历史学
家。早年当过律师和新闻记者。19世纪20年代末作为自由资产阶级反
对派活动家开始政治活动。七月王朝时期历任参事院院长、内务大臣、外
交大臣和首相,残酷镇压1834年里昂工人起义。第二共和国时期是秩序

党领袖之一,制宪议会和立法议会议员。1870年9月4日第二帝国垮台后,成为资产阶级国防政府实际领导人之一,1871年2月就任第三共和国政府首脑。上台后与普鲁士签订了丧权辱国的和约,又策划解除巴黎国民自卫军的武装,从而激起了3月18日起义。内战爆发后逃往凡尔赛,勾结普鲁士军队血腥镇压巴黎公社。1871—1873年任第三共和国总统。作为历史学家,他的观点倾向于复辟王朝时期的资产阶级历史编纂学派。马克思在《法兰西内战》一书中对他在法国历史上的作用作了详尽的评述。——308、309、310。

托洛茨基(**勃朗施坦**),列夫·达维多维奇(Троцкий(Бронштейн),Лев Давидович 1879—1940)——1897年参加俄国社会民主主义运动。在俄国社会民主工党第二次代表大会上是西伯利亚联合会的代表,属火星派少数派。1905年同亚·帕尔乌斯一起提出和鼓吹"不断革命论"。斯托雷平反动时期和新的革命高涨年代,打着"非派别性"的幌子,实际上采取取消派立场。1912年组织"八月联盟"。第一次世界大战期间持中派立场。1917年二月革命后参加区联派,在党的第六次代表大会上随区联派集体加入布尔什维克党,当选为中央委员。参加十月武装起义的领导工作。十月革命后任外交人民委员,1918年初反对签订布列斯特和约,同年3月改任共和国革命军事委员会主席、陆海军人民委员等职。参与组建红军。1919年起为党中央政治局委员。1920年起历任共产国际执行委员会候补委员、委员。1920—1921年挑起关于工会问题的争论。1923年起进行派别活动。1925年初被解除革命军事委员会主席和陆海军人民委员职务。1926年与季诺维也夫结成"托季联盟"。1927年被开除出党,1929年被驱逐出境,1932年被取消苏联国籍。在国外组织第四国际。死于墨西哥。——30、58、60、145、147、169、172、215、268、289。

W

瓦·沃·——见沃龙佐夫,瓦西里·巴甫洛维奇。

瓦格纳,阿道夫(Wagner,Adolph 1835—1917)——德国经济学家和政治活动家,政治经济学和财政学教授,新历史学派和讲坛社会主义的代表人物。在其导师洛贝尔图斯和历史学派的影响下,强调经济生活受法律条件(如私有权制度)支配,要求加强国家在经济方面的作用。1872 年参与创建社会政治协会。曾与俾斯麦积极合作,是基督教社会党领袖之一。主要著作有《一般的或理论的国民经济学》(1879)、《政治经济学原理》(1892—1894)等。——155。

瓦朗坦,路易·厄内斯特(Valentin,Louis-Ernest)——法国将军,波拿巴主义者,1871 年 3 月 18 日起义前夕任巴黎警察局局长。——309。

瓦连廷——见加尔佩林,列夫·叶菲莫维奇。

瓦西里契柯夫,谢尔盖·伊拉里昂诺维奇(Васильчиков,Сергей Илларионович 生于 1849 年)——沙俄将军。1902—1906 年任近卫军司令,是沙皇政府 1905 年 1 月 9 日血腥镇压彼得堡工人的策划者和执行人之一。——196、309。

瓦西里耶夫——见林格尼克,弗里德里希·威廉莫维奇。

韦伊,乔治(Weill,George 生于 1865 年)——法国历史学家,教授。写有《法国社会运动史(1852 — 1902)》等著作。其作品以选材精确、材料丰富著称。——309、310。

维特,谢尔盖·尤利耶维奇(Витте,Сергей Юльевич 1849—1915)——俄国国务活动家。1892 年 2—8 月任交通大臣,1892—1903 年任财政大臣,1903 年 8 月起任大臣委员会主席,1905 年 10 月—1906 年 4 月任大臣会议主席。在财政、关税政策、铁路建设、工厂立法和鼓励外国投资等方面采取了一系列措施,促进了俄国资本主义的发展。同时力图通过对自由派资产阶级稍作让步和对人民群众进行镇压的手段来维护沙皇专制制度。1905—1907 年革命期间派军队对西伯利亚、波罗的海沿岸地区、波兰以及莫斯科的武装起义进行了镇压。——60、219、356。

沃龙佐夫,瓦西里·巴甫洛维奇(瓦·沃·)(Воронцов,Василий Павлович (В.В.)1847—1918)——俄国经济学家,社会学家,政论家,自由主义民粹派思想家。曾为《俄国财富》、《欧洲通报》等杂志撰稿。认为俄国没有发展资本主义的条件,俄国工业的形成是政府保护政策的结果;把农民村社理想化,力图找到一种维护小资产者不受资本主义发展之害的手段。19 世纪 90 年代发表文章反对俄国马克思主义者,鼓吹同沙皇政府和解。主要著作有《俄国资本主义的命运》(1882)、《俄国手工工业概述》(1886)、《农民

经济中的进步潮流》(1892)、《我们的方针》(1893)、《理论经济学概论》
(1895)。——165、177、180。

沃罗夫斯基,瓦茨拉夫·瓦茨拉沃维奇(奥尔洛夫斯基)(Воровский, Вацлав
Вацлавович(Орловский)1871—1923)——1890 年在大学生小组中开始革
命活动,1894—1897 年是莫斯科工人协会领导人之一。1902 年侨居国
外,成为列宁《火星报》撰稿人。俄国社会民主工党第二次代表大会后是布
尔什维克。1904 年初受列宁委派,在敖德萨建立俄国社会民主工党中央
委员会南方局;8 月底出国,赞同 22 个布尔什维克的宣言。1905 年同列
宁、米·斯·奥里明斯基、阿·瓦·卢那察尔斯基一起参加《前进报》和《无
产者报》编辑部,是俄国社会民主工党第三次代表大会代表。1905 年底起
在彼得堡的布尔什维克组织和布尔什维克的《新生活报》编辑部工作。
1906 年是党的第四次(统一)代表大会代表。1907—1912 年领导敖德萨
的布尔什维克组织。因积极从事革命活动被捕和流放。1915 年去斯德哥
尔摩,1917 年根据列宁提议进入党中央委员会国外局。十月革命后从事
外交工作:1917—1919 年任俄罗斯联邦驻斯堪的纳维亚国家的全权代表,
1921—1923 年任驻意大利全权代表。曾出席热那亚国际会议和洛桑国际
会议。在洛桑被白卫分子杀害。——83、85、126、182、216、318。

沃伊诺夫——见卢那察尔斯基,阿纳托利·瓦西里耶维奇。

X

希波夫,德米特里·尼古拉耶维奇(Шипов, Дмитрий Николаевич 1851—
1920)——俄国大地主,地方自治运动活动家,温和自由派分子。1893—
1904 年任莫斯科省地方自治局主席。1904 年 11 月是地方自治人士非正
式会议主席。1905 年 11 月是十月党的组织者之一,该党中央委员会主
席。1906 年退出十月党,成为和平革新党领袖之一;同年被选为国务会议
成员。1911 年脱离政治活动。敌视十月革命。1918 年是白卫组织"民族
中心"的领导人。——376。

希日尼亚科夫,瓦西里·瓦西里耶维奇(Хижняков, Василий Васильевич 1871—
1949)——俄国自由派资产阶级政治活动家,人民社会党党员。1903—
1905 年是解放社的创建人之一和该社成员。1905—1907 年革命期间追

随孟什维克知识分子的所谓"超党"派,为《我们的生活报》和《无题》周刊撰稿。1903—1910 年任自由经济学会秘书。1917 年任临时政府内务部副部长。十月革命后在苏维埃合作社系统工作,并从事写作。——220。

谢尔盖——见罗曼诺夫,谢尔盖·亚历山德罗维奇。

谢美夫斯基,瓦西里·伊万诺维奇(Семевский, Василий Иванович 1849—1916)——俄国历史学家,俄国历史编纂学中民粹派的代表人物。1882—1886 年任彼得堡大学讲师。1905 年任施吕瑟尔堡被释囚徒救援委员会主席和政治流放者救援委员会委员。1906 年加入人民社会党。曾为《祖国纪事》、《俄国财富》及其他一些民粹派的和自由派资产阶级的杂志撰稿。主要著作有《叶卡捷琳娜二世统治时代的农民》(1881—1901)、《18 世纪和19 世纪前半叶俄国农民问题》(1888)、《西伯利亚金矿工人》(1898)、《十二月党人的政治社会思想》(1909)。——219。

Y

雅柯夫列夫(鲍古查尔斯基),瓦西里·雅柯夫列维奇(Яковлев (Богучарский), Василий Яковлевич 1861—1915)——俄国革命运动史学家。早年同情民意党人,19 世纪 90 年代倾向合法马克思主义,后来成为自由派资产阶级的积极活动家。1902—1905 年积极参加自由派资产阶级的《解放》杂志的工作。1905 年退出该杂志,参与出版半立宪民主党、半孟什维克的《无题》周刊和《同志报》。1906—1907 年在弗·李·布尔采夫的参与下出版《往事》杂志。杂志刊登了一些俄国革命运动方面的资料,1908 年被查封。因《往事》杂志案,1909 年被驱逐出境,1913 年回国。1914—1915 年任自由经济学会的学术秘书。写有许多有关 19 世纪俄国革命运动史方面的著作,编辑出版了大量有价值的资料,其中篇幅最大的是官方资料汇编《19世纪的俄国国事罪》(1906)。——220。

叶戈罗夫——见列文,叶弗列姆·雅柯夫列维奇。

"一工人"("Рабочий")——1904 年在日内瓦出版的小册子《我们组织内的工人和知识分子》的作者。列宁详细地分析了这本小册子,揭露了孟什维克在工人中进行的蛊惑宣传。——143—149、249、268、281。

伊克斯——见马斯洛夫,彼得·巴甫洛维奇。

伊万钦-皮萨列夫，亚历山大·伊万诺维奇（Иванчин-Писарев，Александр
　　Иванович 1849—1916）——俄国新闻工作者。19 世纪 70 年代参与创建
　　莫斯科的柴可夫斯基派小组，参加"到民间去"运动，是土地和自由社成员
　　和民意党党员。1881 年被捕，流放西伯利亚直至 1889 年。90 年代由民意
　　党转向自由主义民粹派。1893—1913 年任《俄国财富》杂志编委，1912—
　　1914 年是民粹主义的《箴言》杂志编辑之一。《"到民间去"回忆录》（1914）
　　的作者。——219。

Z

兹韦列夫——见埃森，玛丽亚·莫伊谢耶夫娜。

祖巴托夫，谢尔盖·瓦西里耶维奇（Зубатов，Сергей Васильевич 1864—1917）——
　　沙俄宪兵上校，"警察社会主义"（祖巴托夫主义）的炮制者和鼓吹者。
　　1896—1902 年任莫斯科保安处处长，组织政治侦查网，建立密探别动队，
　　破坏革命组织。1902 年 10 月到彼得堡就任警察司特别局局长。1901—
　　1903 年组织警方办的工会——莫斯科机械工人互助协会和圣彼得堡俄国
　　工厂工人大会等，诱使工人脱离革命斗争。由于他的离间政策的破产和反
　　内务大臣的内讧，于 1903 年被解职和流放，后脱离政治活动。1917 年二
　　月革命初期自杀。——198、243、282。

————

N——见捷姆利亚奇卡，罗莎丽亚·萨莫伊洛夫娜。

Nemo——《论当前问题》（发表于《解放》杂志第 58 期）一文的作者。——375。

X——见马斯洛夫，彼得·巴甫洛维奇。

Y——见加尔佩林，列夫·叶菲莫维奇。

文 献 索 引

阿基莫夫——见马赫诺韦茨,弗·彼·。

阿克雪里罗得,帕·波·《俄国社会民主党的统一及其任务》(Аксельрод, П. Б. Объединение Российской социал-демократии и ее задачи. Итоги ликвидации кустарничества. — «Искра», [Женева], 1903, №55, 15 декабря, стр. 2 — 5; 1904, №57, 15 января, стр. 2 — 4)——38、147、148、240 — 241。

——《给工人同志们的信》(Письмо к товарищам-рабочим. (Вместо предисловия). — В кн.: Рабочий. Рабочие и интеллигенты в наших организациях. С предисл. П. Аксельрода. Изд. РСДРП. Женева, тип. партии, 1904, стр. 3 — 16. (РСДРП))——143、147、148 — 149、249、268。

——《关于我们的组织分歧的根源和意义问题》(К вопросу об источнике и значении наших организационных разногласий. (Из переписки с Каутским). — «Искра», [Женева], 1904, №68, 25 июня, стр. 2 — 3)——147。

奥尔洛夫斯基——见沃罗夫斯基,瓦·瓦·。

[奥里明斯基,米·斯·]加廖尔卡《打倒波拿巴主义!》([Ольминский, М. С.] Галерка. Долой бонапартизм! Женева, кооп. тип., 1904. 23, 1 стр. (РСДРП))——46。

——《踏上新的道路》(На новый путь. [Изд. В. Бонч-Бруевича]. Женева, кооп. тип., 1904. 54 стр. (РСДРП))——78。

[奥里明斯基,米·斯·]加廖尔卡和[波格丹诺夫,亚·亚·]列兵《我们之间的争论》([Ольминский, М. С.] Галерка и [Богданов, А. А.] Рядовой. Наши недоразумения. Изд. авторов. Женева, кооп. тип., 1904. 91, 1 стр. (РСДРП))——38、147。

奥西波夫——见捷姆利亚奇卡,罗·萨·。

倍倍尔,奥·[《给弗·伊·列宁的信》](1905年1月21日(2月3日))

（Бебель, А.［Письмо В. И. Ленину］. 21 января（з февраля）1905 г. Рукопись）——266。

波波夫——见罗扎诺夫, 弗·尼·。

［波格丹诺夫, 亚·亚·］列兵《罗莎·卢森堡反对卡尔·马克思》（［Богданов, А. А.］Рядовой. Роза Люксембург против Карла Маркса.—В кн.：［Ольминский, М. С.］Галерка и［Богданов, А. А.］Рядовой. Наши недоразумения. Изд. авторов. Женева, кооп. тип., 1904, стр. 46 — 59. （РСДРП））——37、38、147。

［波特列索夫, 亚·尼·］斯塔罗韦尔《关于对自由派的态度的决议案》——见《关于对自由派的态度》（斯塔罗维尔的）。

［波特列索夫, 亚·尼·］斯塔罗韦尔《我们的厄运》（［Потресов, А. Н.］Старовер. Наши злоключения. I. О либерализме и гегемонии.—«Искра»,［Женева］, 1904, №78, 20 ноября, стр. 2 — 6）——168、169、171 — 173、370 — 372。

恩格斯, 弗·《法德农民问题》（Engels, F. Die Bauernfrage in Frankreich und Deutschland.—In：«Die Neue Zeit», Stuttgart, 1894 — 1895, Jg. XIII, Bd. I, N 10, S. 292 — 306）——48。

——《［卡·马克思〈法兰西内战〉一书］导言》（Einleitung［zur Arbeit：«Der Bürgerkrieg in Frankreich» von K. Marx].—In：Marx, K. Der Bürgerkrieg in Frankreich. Adresse des Generalrats der Internationalen Arbeiterassoziation. 3-te deutsche Aufl. verm. durch die beiden Adressen des Generalrats über den deutsch-französischen Krieg und durch eine Einleitung von F. Engels. Berlin, verl. der Expedition des «Vorwärts», 1891, S. 3 — 14）——308 — 309。

——《1844 年的英国工人阶级状况》（The condition of the working class in England in 1844. With appendix written 1886, and pref. 1887. Transl. by K. Wischnewetzky. New York, Lovell, 1887. VI, 200, XI p.）——343。

——《［〈1844 年的英国工人阶级状况〉］序言》（Preface［to：The condition of the working class in England in 1844].—In：Engels, F. The condition of the working class in England in 1844. With appendix written 1886, and pref. 1887. Transl. by K. Wischnewetzky. New York, Lovell, 1887, p. I—VI）——343。

尔·恩·斯·——见司徒卢威, 彼·伯·。

尔·姆·《我国的实际情况》（Р. М. Наша действительность—«Отдельное

(1904 年 7 月 19 日（8 月 1 日）)(〔Землячка, Р. С.〕Письмо В. И. Ленину и Н. К. Крупской. 19 июля（1 августа）1904 г. Рукопись)——25—26。

〔卡特柯夫，米·尼·〕莫斯科，5 月 28 日。(〔Катков, М. Н.〕Москва, 28 мая.——«Московские Ведомости», 1886, №146, 29 мая, стр. 2)——232、381。

考茨基，卡·《农民和俄国革命》(Kautsky, K. Die Bauern und die Revolution in Rußland.——«Die Neue Zeit», Stuttgart, 1904—1905, Jg. 23, Bd. 1, N 21, S. 670—677)——325、397。

〔考茨基，卡·〕《考茨基论我们党内的意见分歧》(〔Каутский, К.〕Каутский о наших партийных разногласиях.——«Искра», 〔Женева〕, 1904, №66, 15 мая, стр. 2—4)——43。

——《社会革命》(Социальная революция. I. Социальная реформа и социальная революция. II. На другой день после социальной революции. Пер. с нем. Н. Карпова. Под ред. Н. Ленина. Изд. Лиги русской революционной социал-демократии. Женева, тип. Лиги, 1903. 204, 4 стр. (РСДРП))——48、363。

克雷洛夫，伊·安·《兔子打猎》(Крылов, И. А. Заяц на ловле)——291。

——《隐士和熊》(Пустынник и Медведь)——55。

克里切夫斯基，波·尼·《原则、策略和斗争》(Кричевский, Б. Н. Принципы, тактика и борьба.——«Рабочее Дело», Женева, 1901, №10, сентябрь, стр. 1—36)——236、258。

克吕泽烈，古·《军队和民主》(Cluseret, G. Armée et démocratie. Paris, Lacroix et Verboeckhoven, 1869. 245 p.)——330—331。

——《克吕泽烈将军回忆录》(Mémoires du général Cluseret. T. I—III. Paris, Lévy, 1887—1888. 3 v.)——330—331。

——《论巷战》(La guerre des rues.——In: 〔Cluseret, G.〕Mémoires du général Cluseret. T. II. Paris, Lévy, 1887, p. 273—289)——330—331。

利沙加勒《1871 年公社史》(Lissagaray. Histoire de la Commune de 1871. Paris, Dentu, 〔1896〕. 576 p.)——311。

〔梁赞诺夫，达·波·〕《破灭了的幻想》(论我们党内危机的根源问题)(〔Рязанов, Д. Б.〕Разбитые иллюзии. К вопросу о причинах кризиса в нашей партии. Изд. автора. Женева, 1904. 116 стр. (РСДРП). Перед загл. авт.: Н. Рязанов)——144。

列兵——见波格丹诺夫，亚·亚·。

〔列宁，弗·伊·〕《彼得堡作战计划》(〔Ленин, В. И.〕План петербургского сражения.——«Вперед», Женева, 1905, №4, 31（18）января, стр. 4, в отд.:

在编辑部《火星报》。[Почему я вышел из редакции«Искры»?]Женева，тип. партии，декабрь 1903. 8 стр. После загл. авт.：Н. Ленин）—— 27、182、246。

—[《给中央委员的信》(1904 年 5 月 13 日 (26 日))]》([Письмо членам ЦК. 13(26)мая 1904 г.—В кн.：Шахов，Н.[Малинин，Н.И.]Борьба за съезд. (Собрание документов).Женева，кооп. тип. ，1904，стр. 86—89.(РСДРП)) —— 19、20、25。

—《工人政党和农民》(Рабочая партия и крестьянство.—«Искра»，[Мюнхен]，1901，№3，апрель，стр. 1—2)——324。

—《关于成立组织委员会和召开俄国社会民主工党第三次(例行)代表大会的通知》(Извещение об образовании Организационного комитета и о созыве III очередного съезда Российской социал-демократической рабочей партии.Позднее 11(24)декабря 1904 г.Рукопись)——225。

—[《关于恢复党内和平的措施的决议草案(1904 年 1 月 15 日 (28 日)在俄国社会民主工党总委员会会议上提出)》]》([Проект резолюции о мерах по восстановлению мира в партии，внесенный 15(28)января 1904 г. на заседании Совета РСДРП].—В кн.：Шахов，Н.[Малинин，Н.И.]Борьба за съезд.(Собрание документов).Женева，кооп. тип. ，1904，стр. 81—83.(РСДРП))——27、28、79、333—334。

—[《关于召开党的第三次代表大会》]》([О созыве III партийного съезда].—«Вперед»，Женева，1905，№8，28(15)февраля，стр. 1)——270。

—《关于中央机关与党决裂的声明和文件》(Заявление и документы о разрыве центральных учреждений с партией.№13.Изд-во«Вперед».Женева，кооп. тип. ，1905.13 стр. (РСДРП). Перед загл. авт.：Н. Ленин)—— 149、182、212、268、320、334。

—《加邦神父》(Поп Гапон.—«Вперед»，Женева，1905，№4，31(18)января，стр. 2，в отд.：Революционные дни)——244。

—《进一步，退两步(我们党内的危机)》(Шаг вперед，два шага назад.(Кризис в нашей партии).Женева，тип. партии，1904. VIII，172 стр. (РСДРП). Перед загл. авт.：Н. Ленин)——35、36、37、38、39、42、44—45。

—[《进一步，退两步》一书]《序言》(Предисловие[к книге«Шаг вперед，два шага назад»].—В кн.：[Ленин，В. И.]Шаг вперед，два шага назад. (Кризис в нашей партии).Женева，тип. партии，1904，стр. III—VIII. (РСДРП). Перед загл. авт.：Н. Ленин)——38。

—《就我们的组织任务给一位同志的信》(Письмо к товарищу о наших организационных задачах. Изд. ЦК РСДРП. Женева, тип. партии, 1904. 31 стр. (РСДРП). После загл. авт.: Н. Ленин)——145—147、163。

—《两种策略》(Две тактики. —«Вперед», Женева, 1905, №6, 14 (1) февраля, стр. 1)——247、389。

—《旅顺口的陷落》(Падение Порт-Артура. —«Вперед», Женева, 1905, №2, 14(1) января, стр. 1)——355。

—《民粹主义的经济内容及其在司徒卢威先生的书中受到的批评》(Экономическое содержание народничества и критика его в книге г. Струве. (По поводу книги П. Струве: Критические заметки к вопросу об экономическом развитии России. Спб., 1894 г.) —В кн.: Материалы к характеристике нашего хозяйственного развития. Сб. статей. Спб., тип. Сойкина, 1895, стр. 1—144, в ч. II. Подпись: К. Тулин)——166。

—《内政评论》(Внутреннее обозрение. —«Заря», Stuttgart, 1901, №2—3, декабрь, стр. 361—403. Подпись: Т. Х.)——169—170。

—[《三个中央委员的声明》(1904年5月13日(26日))]([Заявление трех членов ЦК. 13 (26) мая 1904 г.]—В кн.: Шахов, Н. [Малинин, Н. И.] Борьба за съезд. (Собрание документов). Женева, кооп. тип., 1904, стр. 85—86. (РСДРП))——19、20、25、31、100。

—《是结束的时候了》(Пора кончить. —«Вперед», Женева, 1905, №1, 4 января (22 декабря), стр. 4, в отд.: Из партии)——150、183、218。

—《他们想骗谁?》(Кого они хотят обмануть? —«Вперед», Женева, 1905, №10, 15 (2) марта, стр. 6, в отд.: Из партии)——332、346。

—《我们是否应当组织革命?》(Должны ли мы организовать революцию? —«Вперед», Женева, 1905, №7, 21 (8) февраля, стр. 1—2)——321。

—《我为什么退出了〈火星报〉编辑部?》—见列宁，弗·伊·《给〈火星报〉编辑部的信》。

—《183个大学生被送去当兵》(Отдача в солдаты 183-х студентов. —«Искра», [Мюнхен], 1901, №2, февраль, стр. 6)——166。

—《一封给地方自治人士的信》(Письмо к земцам. —«Искра», [Мюнхен], 1902, №18, 10 марта, стр. 2—4, в отд.: Фельетон)——166、374。

—《一个热心效劳的自由派》(Услужливый либерал. [Изд-во соц.-дем. партийной литературы В. Бонч-Бруевича и Н. Ленина]. [Женева, кооп. тип., 1904]. 4 стр. (РСДРП). Перед загл. авт. не указан)——289。

—《寓言喂不了夜莺》(Соловья баснями не кормят. — «Вперед», Женева, 1905, №2, 14(1)января, стр. 2—3)——281.

—《在俄国社会民主工党第二次代表大会上提出的党章草案》(Проект устава партии, внесенный на II съезд РСДРП)——36、214、271.

—[《在讨论党章时的第一次发言(1903年8月2日(15日)在俄国社会民主工党第二次代表大会上)》]([Первая речь при обсуждении устава партии 2(15) августа 1903 г. на II съезде РСДРП].—В кн.: Второй очередной съезд Росс. соц.-дем. рабочей партии. Полный текст протоколов. Изд. ЦК. Женева. тип. партии, [1904], стр. 240. (РСДРП))——43.

—[《在讨论党章时的第二次发言(1903年8月2日(15日)在俄国社会民主工党第二次代表大会上)》]([Вторая речь при обсуждении устава партии 2(15) августа 1903 г. на II съезде РСДРП].—В кн.: Второй очередной съезд Росс. соц-дем. рабочей партии. Подный текст протоколов. Изд. ЦК. Женева, тип. партии, [1904], стр. 250—252. (РСДРП))——43.

—[《在讨论关于对自由派的态度的决议案时的发言(1903年8月10日(23日)在俄国社会民主工党第二次代表大会上)》]([Выступление при обсуждении резолюции об отношении к либералам 10(23)августа 1903 г. на II съезде РСДРП].—Там же, стр. 358)——68.

—《怎么办?(我们运动中的迫切问题)》(Что делать? Наболевшие вопросы нашего движения. Stuttgart, Dietz, 1902. VII, 144 стр. Перед загл. авт.: Н. Ленин)——159、200—201、235、236—237、238—239、243、244、247、282、283、338、382、389、395.

—《政治斗争和政治手腕》(Политическая борьба и политиканство.—«Искра», [Лондон], 1902, №26, 15 октября, стр. 1)——167、370、374.

—《政治鼓动和"阶级观点"》(Политическая агитация и «классовая точка зрения».—«Искра», [Мюнхен], 1902, №16, 1 февраля, стр. 1)——166、374.

—[《致格列博夫(弗·亚·诺斯科夫)》(1904年8月29日(9月11日))]([Письмо Глебову(В.А.Носкову). 29 августа(11 сентября)1904 г.].—В кн.: Шахов, Н. [Малинин, Н.И.] Борьба за съезд. (Собрание документов). Женева, кооп. тип., 1904, стр. 94—99. (РСДРП))——102.

—《致五个中央委员》(1904年8月5日(18日))(Пяти членам Центрального комитета. 5(18)августа 1904 г. Рукопись)——20、25、101.

—[《中央委员会代表的不同意见(1904年1月17日(30日)在俄国社会民

主工党总委员会会议上提出)》]([Особое мнение представителей ЦК, внесенное 17(30)января 1904 г. на заседании Совета РСДРП].—В кн.: Шахов, Н. [Малинин, Н. И.] Борьба за съезд. (Собрание документов). Женева, кооп. тип., 1904, стр. 84—85. (РСДРП))——79、334。

—《专制制度和无产阶级》(Самодержавие и пролетариат.—«Вперед», Женева, 1905, №1, 4 января(22 декабря), стр. 1)——244。

[林格尼克,弗·威·]瓦西里耶夫[《给弗·伊·列宁的信》](1904 年 5 月 10 日(23 日))]([Ленгник, Ф. В.] Васильев. [Письмо В. И. Ленину. 10(23) мая 1904 г.]. Рукопись)——18。

—[《给弗·伊·列宁的信》](1904 年 5 月 12 日(25 日))]([Письмо В. И. Ленину. 12(25) мая 1904 г.]. Рукопись)——18。

[柳比莫夫,阿·伊·《一位中央代办员给格列博夫[弗·亚·诺斯科夫]同志的信》](1904 年 9 月 4 日(17 日))]([Любимов, А. И. Письмо агента ЦК к тов. Глебову [В. А. Носкову]. 4 (17) сентября 1904 г.]. Рукопись)——183、320。

[卢那察尔斯基,阿·瓦·]《坚定的方针》([Луначарский, А. В.] Твердый курс.—«Вперед», Женева, 1905, №5, 7 февраля (25 января), стр. 1)——234、389。

卢森堡,罗·《俄国社会民主党的组织问题》(载于《新时代》杂志第 22 年卷 (1904)第 2 册第 42 期和第 43 期)(Luxemburg, R. Organisationsfragen der russischen Sozialdemokratie.—«Die Neue Zeit», Stuttgart, 1904, Jg. XXII, Bd. II, N 42, S. 484—492; N 43, S. 529—535)——35—37、38—40、41、42、45、149。

—《俄国社会民主党的组织问题》(载于 1904 年 7 月 10 日《火星报》第 69 号) (Люксембург, Р. Организационные вопросы русской социал-демократии.—«Искра», [Женева], 1904, №69, 10 июля, стр. 2—7)——149、237、240、248。

罗兰,玛·《罗兰女士在囚禁期间撰写的回忆录》(Roland, M. Mémoires de madame Roland écrits durant sa captivité. Nouvelle édition par M. P. Faugère. T. 1—2. Paris, 1864. 2 v.)——288。

罗斯托韦茨,C.《是时候了!》(给同志们的信)(Ростовец, С. Пора! (Письмо к товарищам).—Отдельное приложение к №№73—74 «Искры», [Женева, 1904, №73, 1 сентября; №74, 20 сентября], стр. 6—7)——57。

[罗扎诺夫,弗·尼·]《给编辑部的信》([Розанов, В. Н.] Письмо в редакцию.—«Искра»,［Женева］,1905,№86,3 февраля.Отдельное приложение к №86«Искры»,стр.6.Подпись:Попов)——268、320。

—［《给〈火星报〉编辑部的信》(1904 年底)］(［Письмо в редакцию«Искры»,Конец 1904 г.］—В кн.:［Ленин,В.И.］Ленин,Н.Заявление и документы о разрыве центральных учреждений с партией.№13.Изд-во «Вперед». Женева,кооп.тип.,1905,стр.12.(РСДРП))——149、268。

［洛普欣,阿·亚·］《警察司司长洛普欣的报告书》(［Лопухин,А.А.］Докладная записка директора департамента полиции Лопухина,рассмотренная в Комитете министров··· января 1905 г. С предисл. Н. Ленина. Изд-во «Вперед».Женева,кооп.тип.,1905.V,13 стр.(РСДРП))——314—316。

马尔丁诺夫,亚·《揭露性的刊物和无产阶级的斗争》(Мартынов, А.Обличительная литература и пролетарская борьба.(«Искра»,№№1—5).—«Рабочее Дело»,Женева,1901,№10,сентябрь,стр.37—64)——58、59、120—122。

—《两种专政》(Две диктатуры. Изд. РСДРП. Женева,тип. партии,1905.68 стр.(РСДРП))——209、239—241、242、248、268、289、362、364。

［马尔托夫,尔·］《当务之急(是小团体还是党?)》(［Мартов,Л.］На очереди. (Кружок или партия?).—«Искра»,［Женева］,1904,№56,1 января,стр. 2—3)——147。

—［《党章草案》］(［Проект устава партии］.—В кн.:［Ленин.В.И.］Шаг вперед,два шага назад.(Кризис в нашей партии).Женева,тип. партии, 1904,стр.31—34.(РСДРП).Перед загл.авт.:Н.Ленин)——43、271。

—《民主派的觉醒和我们的任务》(Пробуждение демократии и наши задачи.— «Искра»,［Женева］,1904,№58,25 января,стр.1—2)——147。

—《我们的代表大会》(Наш съезд.—«Искра»,［Женева］,1903,№53,25 ноября,стр.1—2)——147。

—《我们能这样去准备吗?》(Так ли мы готовимся? —«Искра»,［Женева］, 1904,№62,15 марта,стр.1—2)——133、199、235、240、241、248—249。

—《1 月 9 日》(Девятое января.—«Искра»,［Женева］,1905,№85,27 января, стр.1—2)——248、249、250—251、252—254、268、321。

—《在正确的道路上》(На верном пути.—«Искра»,［Женева］,1905,№83,7 января,стр.1)——356。

—《争取自由的斗争与阶级斗争》(Борьба за свободу и классовая борьба.— «Искра»,［Женева］,1904,№76,20 октября,стр.1—3)——147。

［马尔托夫,尔·和查苏利奇,维·《论谋杀冯·瓦尔》］（［Мартов,Л.и Засу-
　　лич,В.О покушении на фон Валя］.—«Искра»,［Лондон］,1902,№21,1
　　июня,стр.4—5,в отд.:Из нашей общественной жизни）——258。

［马赫诺韦茨,弗·彼·］阿基莫夫《关于俄国社会民主工党第二次代表大会
　　的工作问题》（［Махновец,В.П.］Акимов.К вопросу о работах второго
　　съезда российской социал-демократической рабочей партии.Женева,1904.
　　77 стр.(РСДРП))——289。

［马卡久布,马·绍·］《论我们党的任务问题》（［Макадзюб,М.С.］К вопросу о
　　наших партийных задачах.Об организации.—«Искра»,［Женева］,1904,
　　№57,15 января. Приложение к №57 «Исрры»,стр.1 — 2. Подпись:
　　Практик)——37。

—《手工业习气和党的组织》（Кустарничество и партийная организация. Изд.
　　РСДРП.Женева,тип. партии,1904.35 стр. Перед загл. авт.:М. Панин)
　　——145。

马克思,卡·《法兰西内战》（Marx,K. Der Bürgerkrieg in Frankreich. Adresse
　　des Generalrats der Internationalen Arbeiterassoziation. 3-te deutsche
　　Aufl. verm. durch die beiden Adressen des Generalrats über den deutsch-
　　französischen Krieg und durch eine Einleitung von F. Engels. Berlin,verl.
　　der Expedition des«Vorwärts»,1891.72 S.)——308、309、310—311。

—《资本论》（Das Kapital. Kritik der politischen Ökonomie. Bd. I—III. Ham-
　　burg,Meißner,1867—1894.4 Bd.)——165。

马克思,卡·和恩格斯,弗·《反克利盖的通告》——见马克思,卡·和恩格
　　斯,弗·《革出教门的诏书》。

［马克思,卡·和恩格斯,弗·］《革出教门的诏书》（［Marx,K. u. Engels,F.］
　　Eine Bannbulle.—«Der Volks-Tribun»,New-York,1846,N 23,6.Juni,S.
　　3—4;N 24,13.Juni,S.4)——343。

—《共产党宣言》（Manifest der Kommunistischen Partei. London,«Bildungs-Ge-
　　sellschaft für Arbeiter»,1848.30 S.)——165、176。

［马斯洛夫,彼·巴·］伊克斯《论土地纲领》（［Маслов,П.П.］Икс.Об аграрной
　　программе.—В кн.:［Маслов, П. П.］Икс. Об аграрной программе.
　　［Ленин,В.И.］Ленин,Н.Ответ на критику нашего проекта программы.
　　Изд. Лиги русск. рев.с.-д.Женева,1903,стр.1—25.(РСДРП))——397。

—《论土地纲领》（Об аграрной программе.［Ленин,В.И.］Ленин,Н.Ответ на
　　критику нашего проекта программы. Изд. Лиги русск. рев. с.-д. Женева,

1903.42 стр.（РСДРП））——397。

［美舍尔斯基，弗·彼·］《日志》（［Мещерский，В.П.］Дневники.—«Гражданин»，
Спб.，1905，№1—2，6 января.стр.29—32）——356。

莫里哀，让·巴·《达尔杜弗或者骗子》（Мольер，Ж.Б.Тартюф，или Обман-
щик）——182。

［涅哥列夫-约尔丹斯基，尼·伊·］《站在十字路口的民主派》（［Негорев-
Иорданский，Н.И.］Демократы на распутье.—«Искра»，［Женева］，1904，
№77，5 ноября，стр.1）——168、170、173。

［诺斯科夫，弗·亚·］格列博夫《给弗·伊·列宁的信》（1904 年 6 月 11 日
（24 日））（［Носков，В.А.］Глебов.Письмо В.И.Ленину.11（24）июня 1904
г.Рукопись）——100。

——《给弗·伊·列宁的信》（1904 年 8 月 18 日（31 日））（Письмо В.И.
Ленину.18（31）августа 1904 г.Рукопись）——25、100。

——《给弗·伊·列宁的信》（1904 年 8 月 20 日（9 月 2 日））（Письмо В.И.
Ленину.20 августа（2 сентября）1904 г.Рукопись）——26。

——《给弗·伊·列宁的信》（1904 年 8 月 21 日（9 月 3 日））（Письмо В.И.
Ленину.21 августа（3 сентября）1904 г.Рукопись）——26。

——《中央委员格列博夫给尼·列宁的信》（1904 年 8 月 27 日（9 月 9 日））
（Письмо члена ЦК Глебова Н.Ленину.27 августа（9 сентября）1904 г.—
В кн.：Шахов，Н.［Малинин，Н.И.］Борьба за съезд.（Собрание
документов).Женева，кооп.тип.，1904，стр.94.（РСДРП））——25、26—
27、29—30、31。

帕尔乌斯《结局的开始？》（Parvus.Der Anfang vom Ende? —«Aus der Welt-
politik»，München，1903，N 48，30.November，S.1—10）——246、384。

——《总结与展望》（Парвус.Итоги и перспективы.—«Искра»，［Женева］，1905，
№85，27 января，стр.2—4）——246—247、248、249、251、254—255、384。

帕宁，马·——见马卡久布，马·绍·。

［普列汉诺夫，格·瓦·］《白色恐怖》（［Плеханов，Г.В.］Белый террор.—«Искра»，
［Женева］，1903，№48，15 сентября，стр.1）——258—259。

——《不该这么办》（Чего не делать.—«Искра»，［Женева］，1903，№52，7
ноября，стр.1—2）——44、56、79、125、215、295、302。

——《对自由派态度的决议》——见《关于对自由派的态度》（普列汉诺夫的）。

——《分进，合击》（Врозь идти，вместе бить.—«Искра»，［Женева］，1905，№87，10
февраля，стр.1—2）——268。

—《社会民主党分裂的文献》(Литература социал-демократического раскола. —«Освобождение», Париж, 1904, №57, 15 (2) октября, стр. [2, обл.], в отд. : Библиографический листок «Освобождения») —— 55 — 56、58、289—290。

—《时代的迫切任务》(Насущная задача времени.—«Освобождение», Париж, 1905, №63, 20 (7) января, стр. 221 — 222. Подпись: П.С.) —— 281—282、382、389、392、393。

—《[谢・尤・维特〈专制制度和地方自治机关〉一书]序言》(Предисловие [к книге С.Ю. Витте«Самодержавие и земство».—В кн. : [Витте, С.Ю.] Самодержавие и земство. Конфиденциальная записка министра финансов статс-секретаря С. Ю. Витте (1899 г.). С предисл. и примеч. Р. Н. С. Печ. «Зарей». Stuttgart, Dietz, 1901, стр. V—XLIV. Подпись: Р.Н.С.) —— 60。

斯塔罗韦尔——见波特列索夫, 亚・尼・。

[斯托雷平, 亚・阿・]《札记》([Столыпин, А. А.] Заметки.—«Новое Время», Спб., 1904, №10285, 18 (31) октября, стр. 3. Подпись: Ст-н, А.) —— 64、67。

[唐恩, 费・伊・]《昂贵的代价》([Дан, Ф. И.] Дорогая цена.—«Искра», [Женева], 1904, №69, 10 июля, стр. 1) —— 140、355—356。

—《俄国社会民主工党代表团向阿姆斯特丹国际社会党代表大会的报告》(Доклад делегации Российской соц.-дем. рабочей партии Амстердамскому международному социалистическому конгрессу (14 — 20 августа 1904 г.). Изд. РСДРП. Женева, тип. партии, 1904. 108 стр. (РСДРП)) —— 101。

—《反对战争》(«Против войны».—«Искра», [Женева], 1904, №76, 20 октября, стр. 1) —— 140、355 — 356。

—《革命的开始》(Начало революции. Суббота, 8 января 1905 г.—«Искра», [Женева], 1905, №84, 18 января, стр. 1—2) —— 243、382、383、384。

—《现在怎么样呢?》(Что же теперь? —«Искра», [Женева], 1905, №90, 3 марта, стр. 1) —— 356。

特鲁别茨科伊・叶・尼・《战争和官僚制度》(Трубецкой, Е. Н. Война и бюрократия.—«Право», Спб., 1904, №39, 26 сентября, стлб, 1871 — 1875) —— 63。

特鲁别茨科伊, П. Н. [《给内务大臣斯维亚托波尔克-米尔斯基的信》(1904 年 12 月 15 日 (28 日))] (Трубецкой, П. Н. [Письмо министру внутренних дел Святополку-Мирскому. 15 (28) декабря 1904 г.].—«Освобождение»,

Париж, 1904, №62, 31(18) декабря, стр. 215—216)——141。

屠格涅夫, 伊·谢·《父与子》(Тургенев, И.С. Отцы и дети)——172。

[托洛茨基, 列·达·]托洛茨基, Н.《我们的政治任务》(策略问题和组织问题)
([Троцкий, Л. Д.] Троцкий, Н. Наши политические задачи. (Тактические и организационные вопросы). Изд. РСДРП. Женева, тип. партии, 1904. XI, 107 стр. (РСДРП))—— 56、58、60、74、140、145、147、211、215、268、289—290、296、303。

瓦西里耶夫——见林格尼克, 弗·威·。

韦伊, 乔·《法国社会运动史(1852—1902)》(Weill, G. Histoire du mouvement social en France. 1852—1902. Paris, Alcan, 1904. 494 p.)——309、310。

[维特, 谢·尤·]《专制制度和地方自治机关》([Витте, С. Ю.] Самодержавие и земство. Конфиденциальная записка министра финансов статссекретаря С. Ю. Витте (1899 г.). С предисл. и примеч. Р. Н. С. Печ. «Зарей». Stuttgart, Dietz, 1901. XLIV, 212 стр.)——60。

沃尔弗, L《俄国是否有支付能力?》(Wolf, L. Is Russia solvent? —«The Times», London, 1905, N 37, 652, March 11, p. 10)——356—357。

[沃龙佐夫, 瓦·巴·]瓦·沃《俄国资本主义的命运》([Воронцов, В. П.] В. В. Судьбы капитализма в России. Спб., 1882. 312 стр.)——177。

[沃罗夫斯基, 瓦·瓦·]奥尔洛夫斯基《反党的总委员会》([Воровский, В. В.] Орловский. Совет против партии. №11. Изд-во соц.-дем. партийной литературы В. Бонч-Бруевича и Н. Ленина. Женева, кооп. тип., 1904. 47 стр. (РСДРП))—— 5、12、36—37、50、83、99、105、126、182、215、216、318、319。

——《蛊惑宣传的产物》(Плоды демагогии. —«Вперед», Женева, 1905, №11, 23(10) марта, стр. 1—3)——338。

—工人《我们组织内的工人和知识分子》(Рабочий. Рабочие и интеллигенты в наших организациях. С предисл. П. Аксельрода. Изд. РСДРП. Женева, тип. партии, 1904. 56 стр. (РСДРП))—— 143—147、148—149、249、268、281。

伊斯特鲁宾, П.《关于目前情况的来信》(Иструбин, П. Письма о современных делах. Интеллигенция и народ. —«Наша Жизнь», Спб., 1904, №28, 3(16) декабря, стр. 1—2)——112。

Д.К.О.《大学生运动和反对派的任务》(Д. К. О. Студенческое движение и
　　задачи оппозиции—«Освобождение», 1904, №56, 7(20) сентября, стр. 97)
　　——375。

K.C.《斯维亚托波尔克公爵与地方自治人士代表大会的命运》(К. С. Князь
　　Святополк и судьба земского съезда—«Освобождение», 1904, 10(23) ноября,
　　стр. 183)——375。

N.N.N.《当前任务》(N. N. N. Ближайшая задача—«Освобождение», 1904,
　　№59, 28 октября.)——375。

Nemo《论当前问题》(Nemo. К очередным вопросам—«Освобождение», №58,
　　стр. 130.)——375。

X——见马斯洛夫，彼·巴·。

Y——见加尔佩林，列·叶·。

*　　　*　　　*

《敖德萨组织员的决议》(Резолюция одесских организаторов.—«Вперед»,
　　Женева, 1905, №7, 21(8) февраля, стр. 4, в отд.: Из партии)——254—255。

《罢工的烈火在蔓延》(Der Streik greift um sich.—«Vorwärts», Berlin, 1905,
　　N 19, 22. Januar, S. 1. Unter dem Gesamttitel: Die Streik-Revolution in
　　Rußland)——159。

《比利时独立报》(布鲁塞尔)(«L'Indépendance Belge», Bruxelles, 1905, 4
　　janvier)——134、135、368。

彼得堡(Петербург.—«Искра», [Женева], 1905, №83, 7 января, стр. 4—5, в
　　отд.: Хроника рабочего движения и письма с фабрик и заводов)——182。

《彼得堡工人[1905年]1月9日给沙皇的请愿书》[传单](Петиция петер-
　　бургских рабочих царю 9-го января [1905 г.]. [Листовка]. Изд. соц.-дем.
　　группы меньшинства. [Спб., январь 1905]. 2 стр. Гектограф)——159—
　　160、193、194、204、219、262。

[《彼得堡工人组织的决议》("圣彼得堡工人阶级解放斗争协会")]([Резо-
　　люция Петербургской Рабочей организации («Спб. союза борьбы за
　　освобождение рабочего класса»)].—В кн.: Шахов, Н. [Малинин Н. И.]
　　Борьба за съезд. (Собрание документов). Женева, кооп. тип., 1904, стр.
　　46—48. (РСДРП))——45。

彼得堡，1 月 21 日。(Petersburg, 21. Januar.—«Vossische Zeitung», Berlin,
　　1905, N 36, 21. Januar, S. 1)——159。

《彼·亚·葛伊甸伯爵给内务大臣的信》(Письмо гр. П. А. Гейдена министру внутр. дел—«Освобождение», 1902, №11, 1 декабря(18 ноября))——376。

《编辑部的话》(От редакции.—«Вперед», Женева, 1905, №8, 28(15)февраля, стр. 4)——346—347。

《大众艺术报》(巴黎)(«L'Art pour tous», Paris)——330。

[《党总委员会的决定(1904 年 6 月 5 日(18 日))》]([Решение Совета партии от 5(18)июня 1904 г.].—«Искра», [Женева], 1904, №68, 25 июня, стр. 7—8, в отд. : Из партии)——6、15。

《党总委员会的决定(1905 年 3 月 10 日)》——见《致"多数派委员会常务局" 召开的代表大会代表》。

[《党总委员会关于不发表它的会议记录的决定》(1904 年 6 月 5 日(18 日))] ([Решение Совета партии о неопубликовании протоколов его заседаний. 5 (18)июня 1904 г.].Рукопись)——27。

[《党总委员会关于弗·邦契-布鲁耶维奇和尼·列宁的出版社的说明》] ([Разъяснение Совета партии об издательстве В. Бонч-Бруевича и Н. Ленина].—«Искра», [Женева], 1904, №73, 1 сентября, стр. 8, в отд. : Из партии)——46、53、84。

《德国社会民主党布雷斯劳代表大会会议记录》(1895 年 10 月 6 — 12 日) (Protokoll über die Verhandlungen des Parteitages der Sozialdemokratischen Partei Deutschlands. Abgehalten zu Breslau vom 6. bis 12. Oktober 1895. Berlin, verl. der Expedition des «Vorwärts», 1895. 221 S.)——48。

《德国社会民主党的组织》(1900 年美因茨代表大会通过的决议)(Organisation der Sozialdemokratischen Partei Deutschlands, beschlossen auf dem Parteitag zu Mainz 1900.—In: Protokoll über die Verhandlungen des Parteitages der Sozialdemokratischen Partei Deutschlands. Abgehalten zu Lübeck vom 22. bis 28. September 1901. Berlin, «Vorwärts», 1901, S. 6 — 8)——291。

《德国社会民主党纲领(1891 年爱尔福特代表大会通过)》(Programm der Sozialdemokratischen Partei Deutschlands, beschlossen auf dem Parteitag zu Erfurt 1891.—In: Protokoll über die Verhandlungen des Parteitages der Sozialdemokratischen Partei Deutschlands. Abgehalten zu Breslau vom 6. bis 12. Oktober 1895. Berlin, verl. der Expedition des «Vorwärts», 1895, S. 3 — 5)——48。

《德国社会民主党吕贝克代表大会会议记录》(1901 年 9 月 22 — 28 日)(Protokoll über die Verhandlungen des Parteitages der Sozialdemokratischen Partei Deutschlands. Abgehalten zu Lübeck vom 22. bis 28. September 1901.Berlin,«Vorwärts»,1901.319 S.)——291。

《地方自治人士代表大会决议》[1904年11月6—8日](Резолюции земского съезда.[6 — 8 ноября 1904 г.].—«Листок «Освобождения»»,Париж, 1904,№18,20 ноября(3 декабря),стр.1—2)——113。

《多数派日内瓦小组[关于22名党员的决议]的决议》(Резолюция Женевской группы большинства[по поводу резолюции 22-х членов партии].—В кн.: Шахов,Н.[Малинин,Н.И.]Борьба за съезд.(Собрание документов). Женева,кооп. тип.,1904,стр.103—104.(РСДРП))——50、84、126。

《俄国财政大臣的来电》(Telegram from the Russian minister of finance.— «The Times»,London,1905,N 37,662,March 23,p.8.Under the general title:Russia's gold reserve)——357—358。

《俄国的财政困难》(Russia's financial troubles.—«The Economist»,London, 1905,N 3,212,March 18.Vol.LXIII,p.438—439)——358—359。

《俄国的改革运动》(The Russian reform movement.St.Petersburg,Dec.17.— «The Times»,London,1904,N 37,582,December 20,p.5)——113。

《俄国的劳工风潮》(The Russian labour troubles.—«The Times»,London,N 37,610,January 21,p.5)——159。

《俄国革命社会民主党人国外同盟第二次(例行)代表大会记录》(Протоколы 2-го очередного съезда Заграничной лиги русской революционной соц.-демократии. Под ред. И. Лесенко и Ф. Дана. Изд. Заграничной лиги русской революц. социал-демократии.[Женева, 1903]. VIII, 136 стр.(РСДРП)) ——44、148。

《俄国工人致沙皇》(Die russischen Arbeiter an den Zaren.—«Vossische Zeitung»,Berlin,1905,N 36,21.Januar,S.1)——160。

《俄国社会民主工党阿斯特拉罕委员会[关于对〈火星报〉编辑部改组的态度]的决议》(Резолюция Астраханского комитета РСДРП[об отношении к перемене редакции «Искры».—«Искра»,[Женева],1904,№62,15 марта. Приложение к №62«Искры»,стр.1)——45、215。

《[俄国社会民主工党]敖德萨委员会决议》(Резолюция Одесского комитета [РСДРП].—«Искра»,[Женева],1904,№64,18 апреля. Приложение к №64«Искры»,стр.1—2)——5、12、45、99、126、216、319。

《[俄国社会民主工党]敖德萨委员会决议[对中央委员会宣言的答复和关于

22 名党员的决议]》(Резолюция Одесского комитета[РСДРП, принятая в ответ на декларацию ЦК и по поводу резолюции 22-х членов партии].—В кн.: Шахов, Н.[Малинин, Н.И.]Борьба за съезд.(Собрание документов). Женева, кооп. тип., 1904, стр.104 — 106.(РСДРП))——50、53。

[《俄国社会民主工党奥廖尔委员会关于承认俄国社会民主工党第二次代表大会决议合法性的决议》]([Резолюция Орловского комитета РСДРП, признающая законность постановлений II съезда РСДРП].—В кн.: Шахов, Н.[Малинин, Н. И.]Борьба за съезд.(Собрание документов). Женева, кооп. тип., 1904, стр.7 — 8.(РСДРП))——44、215。

《俄国社会民主工党巴库委员会[关于对〈火星报〉编辑部改组的态度]的决议》(Резолюция Бакинского комитета РСДРП[об отношении к перемене редакции «Искры»].—«Искра», [Женева], 1904, №60, 25 февраля, стр. 8, в отд.: Из партии)——45、215。

《[俄国社会民主工党]巴统委员会[关于对〈火星报〉编辑部改组的态度]的决议(古里亚农业工人委员会赞同)》(Резолюция Батумского комитета [РСДРП], одобренная также Гурийским комитетом сельских рабочих [об отношении к перемене редакции «Искры»].—«Искра», [Женева], 1904, №62, 15 марта. Приложение к №62«Искры», стр.1)——45、215。

《[俄国社会民主工党]北方委员会代表会议决议》(Резолюции конференции северных комитетов[РСДРП].—«Вперед», Женева, 1905, №2, 14 (1) января, стр.4, в отд.: Из партии)——128、212、216、319、366。

[《俄国社会民主工党北方委员会关于承认俄国社会民主工党第二次代表大会决议合法性的决议》]([Резолюция Северного комитета РСДРП, признающая законность постановлений II съезда РСДРП].—В кн.: Шахов, Н.[Малинин, Н. И.]Борьба за съезд.(Собрание документов). Женева, кооп. тип., 1904, стр.7.(РСДРП))——37、44、215。

《[俄国社会民主工党]北方委员会[关于召开党的第三次代表大会]的决议》(Резолюция Северного комитета [РСДРП о созыве III съезда партии].—«Вперед», Женева, 1905, №8, 28 (15) февраля, стр.4, в отд.: Из партии)——265、319。

[《俄国社会民主工党彼得堡委员会关于承认俄国社会民主工党第二次代表大会决议合法性的决议》]([Резолюция Петербургского комитета РСДРП, признающая законность постановлений II съезда РСДРП].—В кн.: Шахов, Н.[Малинин, Н.И.]Борьба за съезд.(Собрание документов).

Женева, кооп. тип. , 1904, стр. 6. (РСДРП)) ——37、44、215。

《[俄国社会民主工党]彼得堡委员会决议》(Резолюция Петербургского комитета [РСДРП]. —Отдельное приложение к № № 73 — 74 « Искры». [Женева, 1904, № 73, 1 сентября; № 74, 20 сентября], стр. 3) ——5、6、12、31、99、126、216、319。

《[俄国社会民主工党]彼得堡委员会决议[对中央委员会宣言的答复和关于22名党员的决议]》(Резолюция Петербургского комитета [РСДРП, принятая в ответ на декларацию ЦК и по поводу резолюции 22-х членов партии]. —В кн. : Шахов, Н. [Малинин, Н. И.] Борьба за съезд. (Собрание документов). Женева, кооп. тип. , 1904, стр. 107. (РСДРП)) ——50、53。

《[俄国社会民主工党第一次]代表大会的决定》(Решения [I] съезда [РСДРП]. —В листовке: Манифест Российской социал-демократической рабочей партии. Б. м. , тип. партии, [1898], стр. 2) ——213。

《俄国社会民主工党第二次代表大会通过的主要决议》(Главнейшие резолюции, принятые на Втором съезде Российской соц.-дем. рабочей партии. —В кн. : Второй очередной съезд Росс. соц.-дем. рабочей партии. Полный текст протоколов. Изд. ЦК. Женева, тип. партии, [1904], стр. 12—18. (РСДРП)) ——214。

《俄国社会民主工党第二次(例行)代表大会》(Второй очередной съезд Росс. соц.-дем. рабочей партии. Полный текст протоколов. Изд. ЦК. Женева, тип. партии, [1904]. 397, II стр. (РСДРП)) ——7、8、16、26、30、36、37、38、39、41、42、43、45、48、57、60、67 — 68、69、71、80、102、132、133、145、155、167—168、174、175、179、203、214、216、218、237、257、265 — 266、271、272、273、291、292、294、298、299、325、326、334、338、339、340、341、342、343、345、346、348、353。

《俄国社会民主工党顿河区委员会决议[关于必须对中央机关报编辑部进行增补]》(Резолюция Донского комитета РСДРП [о необходимости кооптации в редакцию ЦО —В кн. : Шахов, Н. [Малинин, Н. И.] Борьба за съезд (Собрание документов). Женева, кооп. тип. , 1904, стр. 8. (РСДРП)) ——44、215。

《俄国社会民主工党纲领(党的第二次代表大会通过)》(Программа Российской соц.-дем. рабочей партии, принятая на Втором съезде партии. —В кн. : Второй очередной съезд Росс. соц.-дем. рабочей партии. Полный текст протоколов. Изд. ЦК. Женева, тип. партии, [1904], стр. 1 — 6. (РСДРП))

〔РСДРП〕.—《Искра》,〔Женева〕,1904,№68,25 июня. Приложение к
№68《Искры》,стр.4)——5、12、45、99、126、216、319。

[《俄国社会民主工党莫斯科委员会关于承认俄国社会民主工党第二次代表
大会决议合法性的决议》](〔Резолюция Московского комитета РСДРП,
признающая законность постановлений II съезда РСДРП〕.—В кн.:
Шахов,Н.〔Малинин,Н.И.〕Борьба за съезд.(Собрание документов).
Женева,кооп.тип.,1904,стр.6.(РСДРП))——37、44、126、215。

《〔俄国社会民主工党〕莫斯科委员会〔关于召开党的第三次代表大会〕的决
议》(Резолюция Московского комитета 〔РСДРП о созыве III съезда
партии〕.—《Вперед》,Женева,1905,№8,28(15)февраля,стр.4,в отд.:Из
партии)——265、319、346。

《〔俄国社会民主工党〕莫斯科委员会决议(对由中央代办员个人作出说明的
中央委员会宣言的答复和关于 22 名党员的决议)》(Резолюция Мос-
ковского комитета 〔РСДРП〕,принятая в ответ на декларацию ЦК,
лично мотивированную агентом его,и по поводу резолюции 22-х членов
партии.—В кн.:Шахов,Н.〔Малинин,Н.И.〕Борьба за съезд.(Собрание
документов).Женева,кооп.тип.,1904,стр.102 — 103.(РСДРП))——
50、53。

《俄国社会民主工党尼古拉耶夫委员会〔关于对〈火星报〉编辑部改组的态度〕
的决议》(Резолюция Николаевского комитета РСДРП〔об отношении к
перемене редакции 《Искры》〕.—《Искра》,〔Женева〕,1904,№62,15
марта.Приложение к №62《Искры》,стр.1)——44、45、215。

《〔俄国社会民主工党〕尼古拉耶夫委员会〔关于召开党的第三次代表大会〕的
决议》(Резолюция Николаевского комитета 〔РСДРП о созыве III съезда
партии〕.—В кн.:〔Воровский,В.В.〕Орловский.Совет против партии.
№11.Изд-во соц.-дем. партийной литературы В. Бонч-Бруевича и Н.
Ленина.Женева,кооп.тип.,1904,стр.40.(РСДРП))——5、12、37、50、
99、126、216、319。

[《俄国社会民主工党萨拉托夫委员会关于承认俄国社会民主工党第二次
代表大会决议合法性的决议》](〔Резолюция Саратовского комитета
РСДРП,признающая законность постановлений II съезда РСДРП〕.—В
кн.:Шахов,Н.〔Малинин,Н.И.〕Борьба за съезд.(Собрание документов).
Женева,кооп.тип.,1904,стр.5.(РСДРП))——44、215、217。

《〔俄国社会民主工党〕萨马拉委员会〔关于召开党的第三次代表大会〕的决

议》(Резолюция Самарского комитета ［РСДРП о созыве III съезда партии].—«Вперед», Женева, 1905, №14, 12 апреля (30 марта), стр. 6, в отд. : Из партии)——366。

《[俄国社会民主工党]斯摩棱斯克委员会[关于召开党的第三次代表大会]的决议》(Резолюция Смоленского комитета ［РСДРП о созыве III съезда партии].—«Вперед», Женева, 1905, №14, 12 апреля (30 марта), стр. 6, в отд. : Из партии)——366。

《[俄国社会民主工党]特维尔委员会的来信》(Письмо Тверского комитета ［РСДРП].—«Искра», ［Женева］, 1904, №60, 25 февраля, стр. 8, в отд. : Из партии)——44、45。

[《俄国社会民主工党特维尔委员会关于承认俄国社会民主工党第二次代表大会决议合法性的决议》](［Резолюция Тверского комитета РСДРП, признающая законность постановлений II съезда РСДРП].—В кн.: Шахов, Н. ［Малинин, Н. И.］ Борьба за съезд. (Собрание документов). Женева, кооп. тип., 1904, стр. 6. (РСДРП))——37、44、215。

《[俄国社会民主工党]特维尔委员会决议》(Резолюция Тверского комитета ［РСДРП].—«Искра», ［Женева］, 1904, №66, 15 мая, стр. 10, в отд. : Из партии)——5、12、45、99、126、216、319。

[《俄国社会民主工党图拉委员会关于承认俄国社会民主工党第二次代表大会决议合法性的决议》](［Резолюция Тульского комитета РСДРП, признающая законность постановлений II съезда РСДРП]—В кн.: Шахов, Н. ［Малинин, Н. И.］ Борьба за съезд. (Собрание документов). Женева, кооп. тип., 1904, стр. 8. (РСДРП))——44、215、217、319。

[《俄国社会民主工党图拉委员会关于立即召开党的第三次代表大会的决议》](［Резолюция Тульского комитета РСДРП о немедленном созыве III съезда партии].—Там же, стр. 61)——5、12、99、126、216。

[《俄国社会民主工党沃罗涅日委员会对新〈火星报〉的方针表示满意的决议》](［Резолюция Воронежского комитета РСДРП, выражающая удовлетворение по поводу направления новой «Искры».—Там же, стр. 46—48.)——45、57。

《[俄国社会民主工党]沃罗涅日委员会[关于召开党的第三次代表大会]的决议》(Резолюция Воронежского комитета ［РСДРП о созыве III съезда партии].—«Вперед», Женева, 1905, №3, 24 (11) января, стр. 4, в отд. : Из партии)——216、366。

[《俄国社会民主工党沃罗涅日委员会决议》]([Резолюция Воронежского комитета РСДРП].—«Искра»,[Женева],1904,№61,5 марта,стр.10,в отд.:Из партии)——57。

《[俄国社会民主工党]乌拉尔委员会[关于召开党的第三次代表大会]的决议》(Резолюция Уральского комитета[РСДРП о созыве III съезда партии].—«Вперед»,Женева,1905,№11,23(10)марта,стр.6,в отд.:Из партии)——366。

[《俄国社会民主工党下诺夫哥罗德委员会关于承认俄国社会民主工党第二次代表大会决议合法性的决议》]([Резолюция Нижегородского комитета РСДРП,признающая законность постановлений II съезда РСДРП].—В кн.:Шахов,Н.[Малинин,Н.И.]Борьба за съезд.(Собрание документов).Женева,кооп.тип.,1904,стр.5.(РСДРП))——37、44、215。

《俄国社会民主工党宣言》(Манифест Российской социал-демократической рабочей партии.[Листовка].Б.м.,тип.партии,[1898].2 стр.)——213。

[《俄国社会民主工党叶卡捷琳诺斯拉夫委员会关于承认俄国社会民主工党第二次代表大会决议合法性的决议》]([Резолюция Екатеринославского комитета РСДРП,признающая законность постановлений II съезда РСДРП]—В кн.:Шахов,Н.[Малинин,Н.И.]Борьба за съезд.(Собрание документов).Женева,кооп.тип.,1904,стр.6.(РСДРП))——44、215。

《俄国社会民主工党叶卡捷琳诺斯拉夫委员会[关于对〈火星报〉编辑部改组的态度]的决议》(Резолюция Екатеринославского комитета РСДРП[об отношении к перемене редакции «Искры»].—Там же,стр.19)——45、215。

[《俄国社会民主工党叶卡捷琳诺斯拉夫委员会关于中央委员会声明的决议》]([Резолюция Екатеринославского комитета РСДРП по поводу заявления Центрального Комитета].—там же,стр.107—111.)——50、53、319。

《[俄国社会民主工党]叶卡捷琳诺斯拉夫委员会决议(1904年2月27日)》(Резолюция Екатеринославского комитета[РСДРП]от 27 февраля 1904 г.—«Искра»,[Женева],1904,№64,18 апреля.Приложение к №64 «Искры»,стр.2,в отд.:Из партии)——5、12、99、126、216。

《俄国社会民主工党中央委员会给多数派委员会常务局的信》(1905年3月6日)(Письмо ЦК РСДРП к Бюро Комитетов Большинства.6 марта 1905

—1905,17.Februar.——250。

《法学》(圣彼得堡)(《Право》,Спб.,1904,№39,26 сентября,стлб. 1871 —1875)——63。

《福斯报》(柏林)(《Vossische Zeitung》,Berlin,1905,4.Januar,S.1)——141—142、368、369。

—1905,N 36,21.Januar,S.1.——159、160。

[《高加索联合会关于承认俄国社会民主工党第二次代表大会决议合法性的决议》]([Резолюция Кавказского Союза, признающая законность постановлений II съезда РСДРП].—В кн.:Шахов,Н.[Малинин,Н.И.]Борьба за съезд.(Собрание документов).Женева,кооп.тип.,1904,стр.6—7.(РСДРП))——44、215。

《高加索联合会委员会决议》(Резолюция Кавказского Союзного комитета.—«Искра»,[Женева],1904,№64,18 апреля.Приложение к №64«Искры», стр.2,в отд.:Из партии)——5、12、37、99、126、216、319。

《告俄国社会民主工党党员书》(19 人的传单)(Обращение к членам РСДРП.(Листок 19-ти).Изд.Моск.комитета РСДРП.М.,октябрь 1904)——50、84、319。

《告全党书》[俄国社会民主工党中央委员会告全党书(1905 年 3 月 4 日)](К партии.[Воззвание ЦК РСДРП. 4 марта 1905 г.].Рукопись)—— 344、345、347。

《革命俄国报》[库奥卡拉—托木斯克—日内瓦](《Революционная Россия», [Куоккала—Томск—Женева])——175。

—[Женева],1904,№46,5 мая,стр.1 — 3,11 — 12.—— 139、176 — 181、342、355。

—1905,№58,20 января,стр.2—4.——256、258、260、261、262。

《〈革命俄国报〉编辑部拟定的社会革命党纲领草案》(Проект программы партии социалистов-революционеров, выработанный редакцией « Революционной России».—«Революционная Россия»,[Женева],1904,№46,5 мая,стр. 1—3)——176—181、342。

《革命前夜》(理论和策略问题不定期评论)(Канун революции. Непериодическое обозрение вопросов теории и тактики. Под ред. Л. Надеждина. №1. [Женева],1901,132 стр.(Изд.гр.«Свобода»))——76。

《给各党组织的信》[第一封信][传单](Письмо к партийным организациям. [Письмо 1-е].[Листовка].Б.м.,[ноябрь 1904].4 стр.(Только для членов

〔《关于把孟什维克增补进中央委员会的决议(1904年2月15日(28日)党总委员会通过)》〕(〔Резолюция о кооптации в ЦК меньшевиков, принятая в Совете партии 15(28) февраля 1904 г. — В кн.: Шахов, Н.〔Малинин, Н. И.〕Борьба за съезд. (Собрание документов). Женева, кооп. тип., 1904, стр. 83. (РСДРП)) ——334。

《关于承认〈火星报〉为中央机关报的决议》——见《关于党的中央机关报》。

〔《关于出版 Н. 托洛茨基的小册子〈我们的政治任务〉的报道》〕(〔Сообщение об издании брошюры Н. Троцкого «Наши политические задачи». — «Искра», 〔Женева〕, 1904, №72, 25 августа, стр. 10, в отд.: Из партии) ——58、289—290。

〔《关于出版亚·马尔丁诺夫的小册子〈两种专政〉的报道》〕(〔Сообщение об издании брошюры А. Мартынова «Две диктатуры». — «Искра», 〔Женева〕, 1905, №84, 18 января, стр. 6, в отд.: Из партии) ——239、289、364。

《关于党的中央机关报》〔俄国社会民主工党第二次代表大会通过的主要决议〕(О Центральном Органе партии. 〔Главнейшие резолюции, принятые на Втором съезде РСДРП〕. — В кн.: Второй очередной съезд Росс. соц.-дем. рабочей партии. Полный текст протоколов. Изд. ЦК. Женева, тип. партии, 〔1904〕стр. 12, 146—147. (РСДРП)) ——38、214、217。

《关于对自由派的态度》(普列汉诺夫的)〔俄国社会民主工党第二次代表大会通过的主要决议〕(Об отношении к либералам (Плеханова). 〔Главнейшие резолюции, принятые на втором съезде РСДРП〕. — Там же, стр. 14, 357—358) ——60、167、175、370、374。

《关于对自由派的态度》(斯塔罗韦尔的)〔俄国社会民主工党第二次代表大会通过的主要决议〕(Об отношении к либералам (Старовера). 〔Главнейшие резолюции, принятые на втором съезде РСДРП〕. — Там же, стр. 13—14, 357) ——60、67—68、71、80、132、133、167、168、173—174、175、294、298、299、370、374。

《关于俄国社会民主工党党员1904年9月2日在日内瓦召开的会议的简要报告》(Краткий отчет о собрании членов Российской соц.-дем. рабочей партии 2-го сентября 1904 г. в Женеве. Изд. партийного клуба в Женеве. 〔Женева〕, 1904.12 стр.) ——84、217—218、319。

《〔关于"南方工人"社的〕决议〔1903年8月6日(19日)俄国社会民主工党第二次代表大会通过〕》(Резолюция〔о группе «Южный рабочий», принятая II съездом РСДРП 6(19) августа 1903 г. — В кн.: Второй очередной съезд Росс. соц.-дем. Рабочей партии. Полный текст протоколов. Изд. ЦК. Женева, тип. партии, [1904], стр. 313. (РСДРП)) —— 30—31、42。

《关于普鲁士农业一般情况的调查》(Ermittelungen über die allgemeine Lage der Landwirtschaft in Preußen. Aufgenommen im Jahre 1888—89. I und II T.—In: «Landwirtschaftliche Jahrbücher», 18. Bd., 3. Ergänzungsband; 19. Bd., 4. Ergänzungsband. Berlin, 1890—1891) —— 49。

《关于社会革命党人》[俄国社会民主工党第二次代表大会通过的主要决议] (О социалистах-революционерах. [Главнейшие резолюции, принятые на Втором съезде РСДРП]. —В кн.: Второй очередной съезд Росс. соц.-дем. рабочей партии. Полный текст протоколов. Изд. ЦК. Женева, тип. партии, [1904], стр. 14—15, 358—359. (РСДРП)) —— 175、257。

《关于维护国家秩序和社会治安措施的条例》(Положение о мерах к охранению государственного порядка и общественного спокойствия. 14 августа [1881 г.]. —В кн.: Полное собрание законов Российской империи. Собрание 3. Т. I. Спб., 1885, ст. 350, стр. 261—266) —— 314、315。

[《关于亚·马尔丁诺夫的小册子〈两种专政〉的出版》]([О выходе в свет брошюры А. Мартынова «Две диктатуры»]. —«Освобождение», Париж, 1905, №66, 25 (12) февраля, стр. [2, обл.], в отд.: Библиографический листок «Освобождения») —— 289。

[《关于1905年1月9—10日(22—23日)事件的政府通报》]([Правительственное сообщение о событиях 9—10(22—23) января 1905 г.]. —«Правительственный Вестник», Спб., 1905, №7, 11 января, стр. 1) —— 206。

《关于召开党的第三次代表大会的通知》(Извещение о созыве третьего партийного съезда. —«Вперед», Женева, 1905, №8, 28(15) февраля, стр. 1) —— 275。

《关于"组织委员会"成立的通告》(Извещение об образовании «Организационного комитета». [Листовка]. Б. м., тип. Орган. комитета, декабрь 1902. 1 стр. (РСДРП)) —— 216。

《黑森大公国农业调查》(Die landwirtschaftliche Enquête im Großherzogtum Hessen. Veranstaltet vom Großherzogtums Ministerium des Innern und der Justiz in den Jahren 1884, 1885 und 1886. Bd. I—II) —— 49。

《火星报》(旧的、列宁的)[莱比锡—慕尼黑—伦敦—日内瓦](«Искра» (старая, ленинская), [Лейпциг—Мюнхен—Лондон—Женева]) —— 3、9、11、12、28、38、41、42、43、45、56、58、59、60、74、79、86、87、88、143、146、149、166、167、213、214、215、217、218、235、236、247、249、258、259、297、

303、370、374。

《火星报》(新的、孟什维克的)[日内瓦](《Искра》(новая、меньшевистская)、[Женева])——1—2、3、4、5、6、7、9、11、12、13、15、18、19、21、23、25、26、28、29、31、33、36、44、45、46、53、56、57、58、59、60、61、64、65、66、70、71、72、73、74、75、78、80、83、84、85、86、101、120、121、122、125、140、143、144、145、146、147、148、150、167、168、169、170、171、173、182、199、210、211、215、217、218、226、227、228、233、235、237、240、241、242、244、246、247、248、249、250、251、252、253、266、281、289、291、294、296、303、370。

《火星报》[慕尼黑](《Искра》、[Мюнхен]、1901、№2、февраль、стр.1、6)——166、290。

—1901、№3、апрель、стр.1—2.——324。

—1901、№7、август.——376。

—1901、№8、10 сентября、стр.2.——166。

—1902、№16、1 февраля、стр.1.——166。

—1902、№18、10 марта、стр.2—4.——166。

—1902、№21、1 июня、стр.1—2、4—5.——241、258。

—1902、№23、1 августа、стр.2.——374。

—[Лондон]、1902、№26、15 октября、стр.1.——167、374。

—[Женева]、1903、№46、15 августа.8 стр.——85、215、233。

—1903、№47、1 сентября.10 стр.——85、215、233。

—1903、№48、15 сентября.8 стр.——85、215。

—1903、№49、1 октября.8 стр.——85、215。

—1903、№50、15 октября.8 стр.——85、215。

—1903、№51、22 октября.8 стр.——85、215。

—1903、№52、7 ноября、стр.1—2.——44、56、79、125、215。

—1903、№53、25 ноября.8 стр.——147。

—№№53—85、25 ноября 1903—27 января 1905.——248。

—1903、№55、15 декабря.10 стр.——38、79、147、148、240。

—1904、№56、1 января.8 стр.——147。

—1904、№57、15 января.8 стр.——38、79、147、240。

—1904、№57、15 января.Приложение к №57《Искры》、стр.1—2.——38。

—1904、№58、25 января.8 стр.——147。

—1904、№60、25 февраля.8 стр.——44、45、215。

—1904、№61、5 марта.10 стр.——57。

——268、319—320。

—1905，№87，10 февраля.стр.1—2，4.——261—262、263、268。

—1905，№88，17 февраля.6 стр.——346—347。

—1905，№89，24 февраля.8 стр.——318、319、332、345—346、347、366。

—1905，№90，3 марта.8 стр.——347、356。

—1905，№91，6 марта.4 стр.——332—333、335—337、346、347、349。

—1905，№92，10 марта.8 стр.——347。

—1905，№96，5 апреля，стр.6.——366。

[《火星报》编辑部对帕尔乌斯《总结与展望》一文的注解]（[Примечание редакции «Искры» к статье Парвуса«Итоги и перспективы»].—«Искра»，[Женева]，1905，№85，27 января，стр.2）——247—248。

[《火星报》编辑部为 C.罗斯托韦茨《是时候了！（给同志们的信）》一文加的附注]（[Примечание редакции «Искры» к статье С. Ростовца «Пора! （Письмо к товарищам）»].—Отдельное приложение к №№73 — 74 «Искры»，[Женева，1904，№73，1 сентября；№74，20 сентября]，стр. 6）——57。

基辅（Киев.—«Искра»，[Женева]，1903，№46，15 августа，стр. 7，в отд.：Хроника рабочего движения и письма с фабрик и заводов）——233。

《基辅的总罢工》（Всеобщая стачка в Киеве.（От нашего корреспондента).—«Искра»，[Женева]，1903，№47，1 сентября，стр. 6 — 7，в отд.：Хроника рабочего движения и письма с фабрик и заводов）——233。

《既没有上帝也没有老板》（巴黎）（«Ni Dieu ni maître»，Paris，1880，novembre）——309。

《解放派关于战争和宪法的宣言》（Освобожденская прокламация о войне и конституции—«Освобождение»，1904，№57，октябрь，стр. 119 — 120）——375。

《解放》杂志（斯图加特—巴黎）（«Освобождение»，Штутгарт—Париж）——40、59、60、68、166、170、175、282、283、289、360、374、395。

—1902，№7，1 октября（18 сентября）.——376。

—1902，№11，1 декабря（18 ноября）.——376。

—Штутгарт，1903，№13（37），2（15）декабря，стр.217—218.——289。

—1904，№56，7（20）сентября，стр.97.——375。

—Париж，1904，№57，15（2）октября，стр.[2，обл.]119—120.——55—56、58、289—290、375。

—1904, №58, 14(27)октября. —— 375。

—1904, №59, 10 ноября(28 октября). —— 375。

—1904, №60, 10(23)ноября, 183 стр. —— 375。

—1904, №62, 31(18)декабря, стр. 215—216. —— 141。

—1905, №63, 20(7)января, стр. 221—222. —— 281、282、283、382、389、392、393。

—1905, №66, 25(12)февраля, стр.[2, обл.]. —— 289。

—1905, №67, 18(5)марта, стр. 278—279. —— 360。

《〈解放〉杂志专页》(巴黎)(«Листок«Освобождения»», Париж, 1904, №18, 20 ноября(3 декабря), стр. 1—2)—— 113。

《经济学家》杂志(伦敦)(«The Economist», London, 1905, N 3, 212, March 18. Vol. LXIII, p. 438—439)—— 359。

《卡马尼奥拉》(Карманьола)—— 317。

《矿业工人联合会决议[关于必须对中央机关报编辑部进行增补]》(Резолюция Союза горнозаводских рабочих[о необходимости кооптации в редакцию ЦО]. — В кн.: Шахов, Н.[Малинин, Н. И.] Борьба за съезд.(Собрание документов). Женева, кооп. тип., 1904, стр. 9.(РСДРП))—— 44、215。

[《里加社会民主党小组关于承认俄国社会民主工党第二次代表大会决议合法性的决议》]([Резолюция социал-демократической группы в Риге, признающая законность постановлений II съезда РСДРП].—там же, стр. 7.)—— 44、215。

《里加委员会给中央委员会日内瓦全权代表的答复[关于运送多数派的书刊]》(Ответ Рижского комитета женевскому уполномоченному ЦК[о доставке литературы большинства]. 2 ноября 1904 г. Рукопись)—— 84。

《历史性的转变》(Исторический поворот.—«Листок «Рабочего Дела»», [Женева], 1901, №6, апрель, стр. 1—6. Подпись: Редакция «Рабочего Дела»)—— 76。

《两次地方自治人士代表大会》(Два земских съезда—«Искра», 1902, №23, 1 августа, стр. 2. в отд: Из нашей общественной жизни)—— 374。

《两个代表大会》(Два съезда. III-й очередной съезд Союза и «объединительный» съезд. Изд. Союза русских социал-демократов. Женева, тип. Союза, 1901. 34 стр.(РСДРП))—— 166。

《旅顺口》(载于1905年1月4日柏林《福斯报》)(Port-Arthur.—«Vossische Zeitung», Berlin, 1905, 4. Januar, S. 1)—— 141、142。

《旅顺口》(载于1905年1月4日布鲁塞尔《比利时独立报》)(Port-Arthur.—

《L'Indépendance Belge》，Bruxelles，1905，4 janvier）——134、135。

《马赛曲报》（巴黎）（«La Marseillaise»，Paris）——331。

《每日电讯》（伦敦—曼彻斯特）（«The Daily Telegraph»，London—Manchester）——219。

［《孟什维克关于停止党内分立状态的声明》］（［Заявление меньшинства о прекращении обособленного существования в партии].—«Искра»，［Женева］，1905，№83，7 января，стр. 5 — 6，в отд.：Из партии）——182、183、214、216、336。

《明斯克小组决议》（Резолюция минской группы.—«Вперед»，Женева，1905，№7，21（8）февраля，стр. 4，в отд.：Из партии）——254—255。

《莫斯科新闻》（«Московские Ведомости»，1886，№146，29 мая，стр. 2）——232、381。

《目前党的各个流派和革命社会民主党的任务》（Современные партийные течения и задачи революционной соц.-демократии.（Письмо［Екатеринославского комитета］ко всем организациям РСДРП).—В кн.：Шахов，Н.［Малинин，Н. И.］Борьба за съезд.（Собрание документов). Женева，кооп. тип.，1904，стр. 63 — 69.（РСДРП)）——4、12、31、99、126、216、319。

《拿起武器》（К оружию.—«Революционная Россия»，［Женева］，1905，№58，20 января，стр. 2—4）——256、258、260、261、262。

《南方各委员会——敖德萨委员会、尼古拉耶夫委员会和叶卡捷琳诺斯拉夫委员会以及俄国社会民主工党中央委员会南方局代表会议决议》［1904年9月底］（Резолюции конференции южных комитетов—Одесского，Николаевского и Екатеринославского и Южного бюро ЦК РСДРП.［Конец сентября 1904 г.]. Рукопись）——128、212、216、319、366。

《南方工人报》［叶卡捷琳诺斯拉夫等地］（«Южный Рабочий»，［Екатеринослав и др.])——30。

《农业年鉴》（«Landwirtschaftliche Jahrbücher»，18. Bd.，3. Ergänzungsband，Berlin，1890. XIX，648 S.）——49。

　—19. Bd.，4. Ergänzungsband，Berlin，1891. 579 S.——49。

《破坏地方委员会的行为》（Дезорганизация местных комитетов.—«Вперед»，Женева，1905，№7，21（8）февраля，стр. 4，в отд.：Из партии）——254—255。

《旗帜报》（伦敦）（«The Standard»，London）——160。

《前进报》（柏林）（«Vorwärts»，Berlin，1905，N 19，22. Januar，S. 1）——159。

всего народа в законодательстве].—«Искра», [Женева], 1904, №77, 5 ноября, стр. 1, в ст.: [Негорев-Иорданский, Н. И.] Демократы на распутье)——173。

《[三个中央委员就必须向仲裁法庭控告 N 同志一事发表的]声明》(Заявление[трех членов ЦК о необходимости третейского суда над тов. N].—«Искра», [Женева], 1904, №77, 5 ноября, стр. 8, в отд.: Из партии) ——98。

《沙皇接见过的工人》(Workmen received by the tsar. His majesty's speech. A rebuke and a promise. St. Petersburg, Feb. 1.—«The Times», London, 1905, N 37, 620, February 2, p. 3. Under the general title: Colonial and foreign intelligence. The Russian outbreak)——221—222。

《社会主义运动》杂志(巴黎)(«Le Mouvement Socialiste», T. 1, Paris, 1904, N 134, 15 mars, p. 332—337)——139、355。

《谁必定胜利?》[传单](Кто должен победить? [Листовка]. Изд. Елизаветградской организации РСДРП. Б. м., тип. Крестьянского союза, октябрь[1904]. 4. стр. (РСДРП). Подпись: Редакция«Искры»)——140、211、355、356。

《时报》(巴黎)(«Le Temps», Paris)——359。

《世界政策问题小报》(慕尼黑)(«Aus der Weltpolitik», München, 1903, N 48, 30. November, S. 1—10)——246、384。

《曙光》杂志(斯图加特)(«Заря», Stuttgart)——41、374。
　—1901, №2—3, декабрь, стр. 60—100, 361—403.——60、169—170。

《说明我国经济发展状况的资料》(Материалы к характеристике нашего хозяйственного развития. Сб. статей. Спб., тип. Сойкина, 1895. 232, 259, III стр.)——166。

《48 000 名被俘者》(48,000 prisoners.—In: «The Times», London, 1905, N 37, 597, January 6, p. 3. Under the general title: Colonial and foreign intelligence. Port Aurthur)——136。

《索尔莫沃工厂组织员会议决议》(Резолюция собрания организаторов Сормовского завода.—«Искра», [Женева], 1904, №70, 25 июля. Приложение к №70«Искры», стр. 3)——44、45。

《泰晤士报》(伦敦)(«The Times», London)——138、357、358、359、367、368。
　—1904, N 37, 582, December 20, p. 5.——113。
　—1905, N 37, 597, January 6, p. 3.——136。
　—1905, N 37, 610, January 21, p. 5.——159、160。

　　—1905,N 37,615,January 27,p.3.——224。

　　—1905,N 37,620,February 2,p.3.——221。

　　—1905,N 37,652,March 11,p.10.——356—357。

　　—1905,N 37,662,March 23,p.8.——357、358。

《唯心主义问题》文集(Проблемы идеализма. Сборник статей. Под ред. П. И.
　　Новгородцева. М.,[б. г.].IX,521 стр.)——172。

《为地方自治人士代表大会而进行的鼓动。地方自治人士制定的宪法草案》
　　(Агитация по поводу земского съезда. Проект конституции, выработанный земцами—«Последняя известия», 1904, №200, 9 (16) ноября)
　　——376。

《我们的生活报》(圣彼得堡)(«Наша Жизнь», Спб.)——220。

　　—1904, №28, 3 (16) декабря, стр.1—2.——112。

[《沃罗涅日社会民主党"斗争基金会"关于承认俄国社会民主工党第二次代表大
　　会决议合法性的决议》]([Резолюция Воронежской социал-демократической
　　«Кассы Борьбы», признающая законность постановлений II съезда
　　РСДРП].—В кн.: Шахов, Н. [Малинин, Н. И.] Борьба за съезд.
　　(Собрание документов). Женева, кооп. тип., 1904, стр. 5. (РСДРП))——
　　44、215。

《乌法委员会、中乌拉尔委员会和彼尔姆委员会代表对中央机关报的信的答
　　复》(Ответ на письмо ЦО представителей Уфимского, Средне-Уральского
　　и Пермского комитетов.—«Искра», [Женева], 1904, №63, 1 апреля.
　　Приложение к №63 «Искры», стр.1—2)——44、45、215、217。

《无产阶级的示威》(Пролетарские демонстрации.—«Искра», [Женева], 1904,
　　№79, 1 декабря, стр. 5—6, в отд.: Из нашей общественной жизни)——
　　117—120、121、122。

[《西伯利亚联合会表明自己对〈火星报〉编辑部改组的态度的来信》]([Письмо
　　Сибирского союза, выражающее отношение к перемене состава редакции
　　«Искры».—В кн.: Шахов, Н. [Малинин, Н. И.] Борьба за съезд.
　　(Собрание документов). Женева, кооп. тип., 1904, стр.22—28. (РСДРП))
　　——44、45、215。

《西伯利亚联合会的声明》[1904 年 5 月](Заявление Сибирского союза. [Май
　　1904 г.].—«Искра», [Женева], 1904, №70, 25 июля. Приложение к №70
　　«Искры», стр.3, в отд.: Из партии)——5、126、216、217、319。

《现代报》(圣彼得堡)(«Наши Дни», Спб.)——220。

《新时报》(圣彼得堡)(《Новое Время》,Спб.)——231、375。

　—1904,№10285,18(31)октября,стр.3.——64、67。

《新时代》杂志(斯图加特)(《Die Neue Zeit》,Stuttgart,1894—1895,Jg.XIII,
　　Bd.I,N 10,S.292—306)——48。

　—1904,Jg.XXII,Bd.II,N 42,S.484—492.——35—37、38—40、41、42、
　　45、149。

　—1904,Jg.XXII,Bd.II,N 43,S.529—535.——35—37、38—40、41、42、
　　45、149。

　—1904—1905,Jg.23,Bd.1,N 21,S.670—677.——325、397。

《一个见证人的报告》(Bericht eines Augenzeugen.—«Vorwärts», Berlin,
　　1905,N 22,26.Januar,S.2.Unter dem Gesamttitel:Vom Schauplatz der
　　Revolution)——197。

《意大利的立法选举》(Законодательные выборы в Италии.—«Искра»,[Женева],
　　1904,№78,20 ноября,стр.7,в отд.:Иностранное обозрение)——173。

《意义重大的转折》(Знаменательный поворот.—«Освобождение»,Штутгарт,
　　1903,№13(37),2(15)декабря,стр.217—218.Подпись:Независимый)
　　——289。

《在皇宫广场》(一个目击者的来信)(На Дворцовой площади.Письмо очевидца.—
　　«Вперед»,Женева,1905,№4,31(18)января,стр.4)——194、195、198。

《镇压策略》(The policy of repression.—«The Times»,London,1905,N 37,
　　615,January 27,p.3)——224。

《政府通报》(圣彼得堡)(《Правительственный Вестник»,Спб.,1904,№283,
　　14(27)декабря,стр.1)——107—108、114。

　—1905,№7,11 января,стр.1.——206。

　—1905,№8,12 января,стр.1.——219。

《致"多数派委员会常务局"召开的代表大会代表》[党总委员会的决定(1905
　　年3月10日)](К членам съезда,созываемого«Бюро Комитетов Боль-
　　шинства».[Постановление Совета партии от 10 марта 1905 г.]—
　　«Искра»,[Женева],1905,№91,6 марта,стр.3,в отд.:Из партии)——
　　332—333、335—337、346、349。

《致工人群众》[传单](Рабочему народу.[Листовка].№16.Б.м.,[1904].2 стр.
　　(РСДРП).Подпись:Редакция«Искры»)——258。

《中央委员会的声明》[俄国社会民主工党中央委员会七月宣言(1904年)]
　　(载于尼·沙霍夫[马利宁,尼·伊·]《为召开代表大会而斗争》一书)

年　表

（1904 年 7 月—1905 年 3 月）

1904 年

1904 年 7 月—1905 年 3 月

列宁侨居日内瓦，领导布尔什维克的社会民主党书刊出版社的工作和《前进报》编辑部的工作，为召开党的第三次代表大会（摆脱党内危机的唯一办法）同孟什维克作坚决的斗争。

7 月底

写《告全党书》初稿，题为《我们争取什么？》。

就出席第二国际阿姆斯特丹代表大会的代表问题给社会党国际局发出电报和信。

在洛桑会见从俄国来的帕·格·达乌盖，并同他就拉脱维亚社会民主党的活动和国内党的工作问题进行交谈。同意达乌盖为德国《新时代》杂志写的论述俄国社会民主工党党内分歧的信。

领导在日内瓦附近举行的 22 个布尔什维克会议。会议通过列宁起草的《告全党书》。《告全党书》当即被寄往俄国各委员会，成为布尔什维克为召开党的第三次代表大会（摆脱党内危机的唯一办法）而斗争的纲领。

7 月底—8 月

派玛·莫·埃森赴巴黎，找亚·亚·波格丹诺夫、阿·瓦·卢那察尔斯基和米·斯·奥里明斯基商谈他们来日内瓦会见列宁的时间。

同娜·康·克鲁普斯卡娅居住在离布雷湖（洛桑附近）不远的一个偏僻农村。他们同米·斯·奥里明斯基、亚·亚·波格丹诺夫、佩尔武申一起确定在国外出版自己的机关报，在俄国开展召开党的第三次代表大会的鼓动工作。组织布尔什维克的写作力量(瓦·瓦·沃罗夫斯基、阿·瓦·卢那察尔斯基、亚·亚·波格丹诺夫、米·斯·奥里明斯基)。

7月

编写日内瓦图书馆的英文、法文和德文书目;对格奥尔格·韦格讷的《战时中国纪行。1900年—1901年》(1902年柏林版)一书提出意见,认为这本书尽是废话。

8月以前

从爱德华·勒库特《农业教程》(1879年巴黎版)和《高生产率的农业》(1892年巴黎版)两书作摘录和笔记;打算把这个材料用在《农民与社会民主党》这一著作中。

8月1日(14日)

俄国社会民主工党敖德萨委员会授权列宁代表敖德萨组织出席阿姆斯特丹国际社会党代表大会。

8月2日(15日)

在给米·康·弗拉基米罗夫的回信中告知党内的严重情况,揭露孟什维克的分裂和瓦解活动及调和派的立场,号召为召开党的第三次代表大会而斗争。

8月5日(18日)

通过中央委员会柏林代办员奥·阿·皮亚特尼茨基收到中央委员会《七月宣言》的不全的文本。这项宣言是调和派中央委员在列宁和罗·萨·捷姆利亚奇卡这两个中央委员根本不知道的情况下非法通过的。根据这项宣言,委派调和派分子弗·亚·诺斯科夫代替列宁担任中央委员会国外代表,而让列宁仅仅负责中央委员会的出版工作,而且不经中央委员会全体委员批准列宁就无权刊印任何东西。

在收到罗·萨·捷姆利亚奇卡说明她未退出中央委员会的来信后,致函俄国社会民主工党中央委员会的五个委员,坚决抗议调和派中央委员通过的《七月宣言》,并揭露他们通过这项宣言的非法行径。

向拥护党的第二次代表大会多数派的俄国社会民主工党各中央委员会代办员和多数派委员会成员发出通告信,告知关于中央委员会内部出现的冲突和中央委员会的情况,并把中央委员会中的调和派的行径提交全党评审。请他们让党内的所有积极分子都能读到这封通告信和随信寄去的有关中央委员会内部冲突的文件。

8月5日和18日（18日和31日）之间

致函党发行部主任弗·德·邦契-布鲁耶维奇，建议采取一切措施加速出版布尔什维克书刊和发表关于布尔什维克筹建弗·邦契-布鲁耶维奇和尼·列宁出版社的声明，催促邦契-布鲁耶维奇同日内瓦俄文合作印刷所订立出版布尔什维克书刊的合同。

8月11日（24日）

致函俄国社会民主工党中央机关报《火星报》编辑部，对编辑部企图发表中央委员会调和派通过的《七月宣言》提出抗议，并要求在刊登该宣言时，必须在《火星报》上发表列宁1904年8月5日（18日）反对这一宣言的抗议书。

8月12日—13日（25日—26日）

收到新《火星报》编辑部的来信，信中拒绝刊登他对中央委员会《七月宣言》的抗议书。

8月15日（28日）

写信给在彼得堡近郊的母亲，说收到了岳母伊·瓦·克鲁普斯卡娅和妹妹玛·伊·乌里扬诺娃从俄国寄来的信；感谢妹妹为翻译的事操心；询问姐姐和妹妹出狱后的健康情况。

不早于8月15日（28日）

致函俄国国内多数派委员会委员和所有积极支持多数派的人，说孟什维克勾结调和派准备篡夺中央委员会，同时请他们立即为布尔什维克国外的出版社征集稿件和款项，寄到国外来。

8月上半月

在列宁领导下准备的布尔什维克向第二国际阿姆斯特丹国际社会党代表大会提出的报告用德文出版，题目是《俄国社会民主工党党内危机的说明材料》。这一报告在代表大会闭幕前一天发给了代表大会代表。

8月17日（30日）

收到弗·亚·诺斯科夫的来信，信中附有中央委员会《七月宣言》未发表的部分，信中还建议对宣言中确定增补进入中央委员会的三名新委员进行表决。列宁复信说,在没有收到对他 8 月 5 日(18 日)抗议书的答复以前,拒绝参加对所提出的中央委员会候选人的表决。

8 月 17 日或 18 日(30 日或 31 日)

领导中央委员会国外代办员反对弗·亚·诺斯科夫企图实现《七月宣言》中涉及中央委员会国外部活动的某些条文。

以中央委员会国外代办员的名义致函弗·亚·诺斯科夫,要求立即把有关中央委员会七月会议成员的确切材料和各个与会者的书面声明寄给他。在信中还说,在中央委员会决议的合法性未经证实以前,将不考虑诺斯科夫的一切声明。

8 月 18 日(31 日)以前

列宁写的《告全党书》在俄国社会民主工党里加委员会的印刷所印成单页出版。

8 月 18 日(31 日)以后

收到马·马·李维诺夫关于在俄国出版 22 个布尔什维克会议的呼吁书的通知和俄国社会民主工党里加委员会同意这个宣言书的决议。

8 月 19 日(9 月 1 日)以前

领导筹建布尔什维克的社会民主党书刊出版社的工作。

8 月 19 日(9 月 1 日)

致函在日内瓦的马·尼·利亚多夫,说把罗·萨·捷姆利亚奇卡和格·马·克尔日扎诺夫斯基从中央委员会除名是非法的。

弗·邦契-布鲁耶维奇和尼·列宁的社会民主党书刊出版社在日内瓦开始工作。

8 月 20 日(9 月 2 日)以前

编辑加工米·斯·奥里明斯基的文章《没有党的机关报和没有机关报的党》,这篇文章收入亚·亚·波格丹诺夫和米·斯·奥里明斯基的总标题为《我们之间的争论》的文集。

8 月 20 日(9 月 2 日)

分别致函弗·亚·诺斯科夫和尔·马尔托夫,坚决要求审查中央委员会成员和《七月宣言》的合法性,认为在这个要求未得到满足以前,列宁本人和诺斯科夫都无权在党总委员会里代表中央委员会。

8月20日或21日（9月2日或3日）

致函党的印刷所的排字工人们,要求他们把亚·亚·波格丹诺夫和米·斯·奥里明斯基的小册子《我们之间的争论》交还给米·斯·奥里明斯基。

8月23日（9月5日）

收到弗·亚·诺斯科夫就列宁本人对中央委员会《七月宣言》提出的抗议所作的补充答复。诺斯科夫在信中声明,他对列宁认为他无权在党总委员会里代表中央委员会的意见不予考虑。

8月23日和31日（9月5日和13日）之间

致函党的印刷所经理伊·谢·维连斯基和党员排字工人,要求把亚·亚·波格丹诺夫和米·斯·奥里明斯基的小册子《我们之间的争论》交还给该书的作者。

8月25日（9月7日）

致函党总委员会书记尔·马尔托夫,反对把中央委员会的内部冲突搬到党总委员会去审理。

8月25日（9月7日）以后

起草在布尔什维克日内瓦小组会议上的发言提纲和关于对《七月宣言》和对新中央委员会的态度的决议。

8月29日（9月11日）

致函弗·亚·诺斯科夫,对中央委员会成员及通过《七月宣言》的那次会议的合法性提出异议;拒绝关于参加新《火星报》编辑部的建议。列宁在说明自己拒绝的理由时,认为召开党代表大会是摆脱现状的唯一出路;揭露在中央委员会里占多数的调和派的背叛行径;抗议把三个调和派新委员增补进中央委员会;表示要同诺斯科夫断绝私人关系。

8月31日（9月13日）

致函弗·德·邦契-布鲁耶维奇,建议在亚·亚·波格丹诺夫和米·斯·奥里明斯基的小册子《我们之间的争论》上贴入一张刊印关于新出版社的声明的附页,并说他本人将于1904年9月2日（15日）返回日内瓦。

8月底

就罗·卢森堡发表在德文杂志《新时代》（1904年第42、43期）和1904

年 7 月 10 日《火星报》第 69 号上的《俄国社会民主党的组织问题》一文
写札记。

9 月 2 日（15 日）

在夏季休息之后返回日内瓦。

9 月 2 日（15 日）以后

和娜·康·克鲁普斯卡娅从日内瓦近郊迁到离市中心较近的地方，住在
卡鲁日街 91 号。

写《进一步，退两步（尼·列宁给罗莎·卢森堡的答复）》，评罗莎·
卢森堡的文章《俄国社会民主党的组织问题》。

修改自己的《进一步，退两步》一文的德文手稿。

9 月 7 日（20 日）以前

为尼·沙霍夫（马利宁）的小册子《为召开代表大会而斗争》作序，并对小
册子手稿作文字上的修改。

9 月 7 日（20 日）

娜·康·克鲁普斯卡娅以列宁的名义致函在尼古拉耶夫的马·莱博维
奇（叶夫谢伊［马柳特金］），谈关于中央委员会中的调和派向多数派进
攻、关于对全党隐瞒了的中央委员会《七月宣言》的条文、关于中央委员
会和少数派将要举行代表会议、关于成立布尔什维克独立的出版社等问
题，还说 20 个俄国委员会中有 12 个赞成召开代表大会。

9 月 8 日（21 日）

致函维·巴·诺根，请他把赞成召开党的第三次代表大会的俄国社会民
主工党下诺夫哥罗德委员会的决议寄来。

9 月 10 日（23 日）以前

收到莫斯科塔甘卡监狱中的弗·威·林格尼克等布尔什维克的来信，信
中说，他们决心继续为反对孟什维克和中央委员会中的调和派而斗争。

9 月 10 日（23 日）

娜·康·克鲁普斯卡娅根据列宁的委托，致函狱中的叶·德·斯塔索
娃、弗·威·林格尼克和其他同志，告知布尔什维克已成立了自己的出
版社，并请他们通过吸收新的力量参加写作工作来支持出版社。

9 月 13 日（26 日）

娜·康·克鲁普斯卡娅以列宁的名义致函在彼得堡的妹妹玛·伊·乌

里扬诺娃,说没有收到彼得堡委员会关于同意22个布尔什维克的呼吁书的决议。

9月16日(29日)

复函在巴黎的加·达·莱特伊仁,说同意他的政治立场,并建议恢复他们以往的良好关系。

9月20日(10月3日)以前

对米·斯·奥里明斯基的小册子《踏上新的道路》的手稿进行编辑加工。

9月22日(10月5日)以后

致函多数派各委员会,建议他们立即正式要求中央委员会把新创办的弗·德·邦契-布鲁耶维奇和尼·列宁出版社出版的一切书刊按时发给各委员会;号召他们对总委员会直接取代代表大会的做法提出抗议,并说布尔什维克出版社即将出版一本详细分析总委员会的决议的小册子。

致函在萨拉托夫的玛·彼·哥卢别娃,请她经常来信报告萨拉托夫组织的情况。

起草给俄国社会民主工党敖德萨委员会的信,谈到寄去22个布尔什维克会议对成立召开党的第三次代表大会的组织委员会的问题的答复,请他们告知是否同意这一答复,是否有修改意见,同时请他们寄来尼古拉耶夫委员会关于第三次代表大会问题的决议。

致函南方委员会代表会议参加者和俄国社会民主工党中央南方局,建议把筹备召开党的第三次代表大会的组织委员会称为多数派委员会常务局,并以22个布尔什维克会议参加者的名义推荐组成常务局的候选人。

9月27日(10月10日)

致函卡·考茨基,说给他寄去自己的《进一步,退两步(尼·列宁给罗莎·卢森堡的答复)》一文,供《新时代》杂志发表。

9月底

主持国外布尔什维克(22个布尔什维克会议的参加者)的会议。会议确定了布尔什维克新的机关报《前进报》的编委和俄国国内实际的中央机关——多数派委员会常务局的成员。

不早于9月

起草《农民与社会民主党》一文(或报告)的两个提纲,为此他引用了自己在1903年2月—3月所作的关于土地问题的摘录和笔记。

编写有关土地问题的法文书目和学习德语口语的书目。

10月1日(14日)

娜·康·克鲁普斯卡娅受列宁的委托,致函俄国社会民主工党基辅委员会委员弗·维·瓦卡尔,请他同意列宁把他写的一篇谈地方报纸的文章从《火星报》编辑部取回,以便在弗·邦契-布鲁耶维奇和尼·列宁的布尔什维克出版社刊印。

10月2日(15日)以后

写《一个热心效劳的自由派》一文,评彼·伯·司徒卢威对少数派的看法。

不早于10月9日(22日)

编写有关海运发展的法文、德文和英文书籍的目录,以及关于日本的新书目录。

10月13日(26日)

致函卡·考茨基,询问《新时代》杂志编辑部是否采用列宁寄去的文章《进一步,退两步(尼·列宁给罗莎·卢森堡的答复)》。

10月14日(27日)以后

收到卡·考茨基的来信,信中拒绝在《新时代》杂志上发表列宁为答复罗·卢森堡的《俄国社会民主党的组织问题》一文而写的文章。

10月15日(28日)

复函在乌拉尔的伊·伊·拉德琴柯,请他把俄国社会民主工党乌拉尔委员会关于代表大会的决议寄来;向他说明党内的状况,各委员会对召开党的第三次代表大会的态度,党的中央机关为反对召开代表大会而进行的斗争,以及彼得堡孟什维克的破坏活动。

10月17日(30日)

致函俄国社会民主工党西伯利亚委员会,答复西伯利亚联合会代表维·阿·古托夫斯基9月4日(17日)的来信,对他的调和主义立场进行了尖锐的批评,说明由于少数派的破坏活动而造成的党内的实际状况,并阐明了为进一步团结多数派、为召开党的第三次代表大会而斗争的纲领。

10月20日(11月2日)以前

起草《关于成立多数派委员会常务局的通知》。

10月20日(11月2日)

和娜·康·克鲁普斯卡娅致函在俄国的亚·亚·波格丹诺夫,谈布尔什维克成立出版社所遇到的困难,请他详细告知俄国国内的情况。

娜·康·克鲁普斯卡娅受列宁的委托,致函约·彼·戈尔登贝格,说《火星报》编辑部闭口不谈赞成召开第三次代表大会的各委员会的决议;请他把萨拉托夫委员会作出的关于代表大会的决议和该委员会最近几个月的出版物寄来,并报告萨拉托夫党内的工作情况。

10月22日(11月4日)

召请多数派委员会常务局候选人爱·爱·埃森前来国外汇报巡视各委员会的结果,并商谈多数派委员会常务局今后的工作。

10月24日和11月22日(11月6日和12月5日)之间

对奥尔洛夫斯基(瓦·瓦·沃罗夫斯基)的小册子《反党的总委员会》进行编辑加工。

10月28日(11月10日)

致函在巴库的亚·米·斯托帕尼,说俄国社会民主工党中央委员会已转入少数派阵营,党的中央机关正为反对召开党的第三次代表大会而进行活动;指出为了同孟什维克及中央委员会中的调和派作斗争必须建立多数派委员会常务局,全力支持和扩充布尔什维克国外出版社。

10月30日和11月8日(11月12日和21日)之间

写小册子《地方自治运动和〈火星报〉的计划》。

10月

就刊登在《革命俄国报》第53号附刊上的尤·加尔德宁等关于社会革命党人的纲领草案的争论写札记。

列宁的《一个热心效劳的自由派》一文在日内瓦布尔什维克出版社印成单页出版,散发给俄国国内外各组织。

10月—12月

致函俄国社会民主工党彼得堡组织,说彼得堡设有莫斯科祖巴托夫协会的分会,警告同该协会打交道必须小心。

11 月 3 日（16 日）以前

请中央委员会柏林代办员奥·阿·皮亚特尼茨基寄来中央委员会国外委员弗·亚·诺斯科夫同中央委员会国内委员之间欺骗国内委员会的通信。为了揭露这种欺骗，列宁在他的《关于中央机关与党决裂的声明和文件》的小册子里公布了这些通信。

11 月 8 日（21 日）

致函亚·亚·波格丹诺夫，要他经常寄来关于俄国国内情况的通讯和报道；建议要更努力地为团结多数派委员会而工作，要和国外保持更密切的联系，加紧筹备出版布尔什维克机关报。

11 月 13 日（26 日）

致函俄国社会民主工党特维尔委员会，说他们的两份决议已经收到，并将刊印在多数派的传单上；询问是否收到《火星报》给各党组织的关于地方自治运动的传单，告知已通过自己的小册子《地方自治运动和〈火星报〉的计划》回答了这份传单。

11 月 16 日（29 日）

通知俄国社会民主工党莫斯科委员会，说收到了他们的表示完全赞同他的观点的决议，感谢他们答应在创办布尔什维克书刊出版社的工作中给予协助，请他们报告委员会的工作情况。

11 月 19 日（12 月 2 日）以前

在日内瓦给党员作题为《地方自治运动和〈火星报〉的计划》的报告。

11 月 19 日（12 月 2 日）

在巴黎拜访转到多数派立场上来的加·达·莱特伊仁，在他那里看到格·瓦·普列汉诺夫攻击列宁的信；起草关于党内状况的报告提纲。

在巴黎俄国政治流亡者会议上会见阿·瓦·卢那察尔斯基。在作报告之前，向卢那察尔斯基谈了党内的情况。

在巴黎俄国政治流亡者会议上作关于党内状况即关于孟什维克在组织问题和策略问题上的机会主义的报告，并记录对报告的讨论情况。

11 月 20 日（12 月 3 日）

致函在日内瓦的娜·康·克鲁普斯卡娅，建议把他寄去的高加索联合会委员会和中央委员会高加索代表反对总委员会决议的声明翻印成传单，要求立即写信通知各多数派委员会，要它们寄来正式申请：请求公开翻印《火星报》写给各个党组织的关于"地方自治运动"的信。列宁在信中还就其他党内事务作了指示，讲了巴黎的新闻。

致函在俄国的亚·亚·波格丹诺夫、罗·萨·捷姆利亚奇卡和马·马·李维诺夫，批评他们和党内其他布尔什维克工作人员对在国外创办布尔什维克机关报协助不力，要求在国内为这一机关报筹集经费，反对在俄国创办机关报和同中央委员会搞任何交易，要求各多数派委员会立即同中央委员会和总委员会决裂，在行动上要与组织委员会或多数派委员会常务局统一步调。

11月21日（12月4日）

出席巴黎的俄国政治流亡者会议。会议继续讨论列宁关于党内状况的报告。列宁记录会上的发言。

11月22日（12月5日）

致函俄国社会民主工党高加索联合会委员会，告知收到他们寄来的材料、出版奥尔洛夫斯基（瓦·瓦·沃罗夫斯基）的小册子《反党的总委员会》等情况；说《火星报》编辑部印发了关于党组织参加地方自治运动的传单，他已在《地方自治运动和〈火星报〉的计划》这本小册子中回复了这份传单。

自巴黎前往苏黎世作关于党内状况的报告。

11月23日和24日（12月6日和7日）

在苏黎世俄国政治流亡者会议上作关于党内状况的报告，揭露孟什维克在组织问题和策略问题上的机会主义，并记录对报告的讨论情况。

11月25日（12月8日）以前

起草《新〈火星报〉周年纪念》一文的提纲（文章没有写成）。

11月25日（12月8日）

复函马·马·李维诺夫，说必须联合多数派委员会并成立多数派委员会常务局；建议立即由常务局发出通知，成立召开党的第三次代表大会的组织委员会；告知未来的多数派机关报《前进报》编辑部的人选；指出必须揭露孟什维克的反党阴谋。

在伯尔尼的俄国政治流亡者会议上作关于党内状况的报告，并记录对报告的讨论情况。

11 月 26 日—27 日（12 月 9 日—10 日）

在巴黎、苏黎世、伯尔尼作关于党内状况的报告之后，返回日内瓦。

11 月 27 日（2 月 10 日）

致函俄国的罗·萨·捷姆利亚奇卡，告知已作完报告归来，并接到她寄来的信；指出必须加强同俄国社会民主工党国内各委员会的联系；认为多数派团结一致的声明对于鼓舞那些消沉的多数派具有巨大的精神作用，忽视这一点将是严重的政治错误。

不早于 11 月 27 日（12 月 10 日）

编制关于战争问题的英文书目和关于经济问题的法文书籍和文章的目录。

11 月 29 日（12 月 12 日）

主持布尔什维克的会议。会议作出关于出版党内多数派机关报《前进报》的决定，并确定了该报编委。

致函加·达·莱特伊仁，告知布尔什维克机关报《前进报》即将出版，请他为该报撰稿，并给予物质支援。

写《给同志们的信（关于党内多数派机关报的出版）》。

用法文填写加入日内瓦"读者协会"图书馆的申请登记表。

11 月 29 日和 12 月 10 日（12 月 12 日和 23 日）之间

致函阿·伊·叶拉马索夫，请他筹集经费支援《前进报》的出版工作。

11 月 29 日（12 月 12 日）以后

致函俄国社会民主工党高加索联合会委员会，同意他们派遣代表到国外布尔什维克中心来的计划；说必须立即成立多数派委员会常务局，发表关于成立常务局的声明，把有关召开代表大会和领导各委员会的一切事务全部交给常务局；要求支持多数派的机关报《前进报》。

11 月 30 日（12 月 13 日）

致函罗·萨·捷姆利亚奇卡，请她把同阿·马·高尔基洽谈给予《前进报》经费援助的事进行到底。

秋天

根据列宁的倡议，在日内瓦成立了宣传员小组，列宁是小组的主要领导人并担任党纲问题的课程。

同娜·康·克鲁普斯卡娅一起经常出席日内瓦布尔什维克小组的
会议,参加组织性会议,确定宣传员小组的学习科目,制定学习方法,以
培养在俄国国内进行群众工作的人员。

起草关于社会民主党纲领的三次讲话的提纲。

应同志们的请求,列宁在宣传员小组学习时,作以广大工人为对象
的题为《工业危机及其意义》的示范报告,并编写了关于危机的宣传讲话
提纲。

12 月 1 日(14 日)

复函列·波·加米涅夫,建议他把列宁的《给同志们的信(关于党内多数
派机关报的出版)》尽可能广泛地介绍给多数派拥护者;约他为报纸撰
稿,并要他来信谈谈地方工作。

12 月 1 日(14 日)以后

写《无产者的漂亮示威和某些知识分子的拙劣议论》一文。

12 月 2 日(15 日)以前

致函在伦敦的尼·亚·阿列克谢耶夫,告知将要出版《前进报》,建议他
为报纸撰稿。

12 月 5 日(18 日)以后

从 1904 年 12 月 16 日、17 日和 19 日的《泰晤士报》上摘录有关俄国的状
况、有关塞瓦斯托波尔水兵的发动、有关俄国对日作战失败的原因的资
料。他后来在《旅顺口的陷落》一文中利用了这些资料。

12 月 7 日(20 日)以前

准备公开控诉中央委员会并提交仲裁法庭,准备公布一系列说明中央委
员会欺骗全党的"秘密"文件,同时坚持要多数派委员会常务局尽快发表
自己的公开声明。

12 月 7 日(20 日)

致函高加索联合会委员会,同意参加高加索联合会机关报《无产阶级斗
争报》的撰稿工作。该报由约·维·斯大林、亚·格·楚卢基泽和斯·
格·邵武勉主持出版。列宁在信中还告知筹备出版《前进报》的工作情
况,要求为新的机关报多寄些工人的通讯稿。

致函俄国社会民主工党特维尔委员会,要求该委员会函告对出版《前进报》以及对地方自治运动问题的态度,同时也要求报告地方工作的情况。

委托娜·康·克鲁普斯卡娅就党的工作问题写信给马·马·李维诺夫。

12 月 10 日和 22 日(12 月 23 日和 1905 年 1 月 4 日)之间

致函在塞兹兰的阿·伊·叶拉马索夫,谈孟什维克的破坏活动、他们反对召开党的第三次代表大会、13 个多数派委员会已联合起来等情况,同时告知《前进报》的发刊预告已发表,并请他对该报给以物质援助。

致函萨拉托夫党委会秘书玛·彼·哥卢别娃,请她说明久不来信的原因。

12 月 11 日(24 日)

出席阿·瓦·卢那察尔斯基的报告会并作记录。

致函玛·莫·埃森,说《前进报》的发刊预告已发表,新机关报的写作小组的成员是新生力量;指出中央委员会把孟什维克增补进来,反对召开党的第三次代表大会;还谈到多数派正在联合起来,成立了布尔什维克组织的中心——多数派委员会常务局。

12 月 11 日(24 日)以后

草拟《关于成立组织委员会和召开俄国社会民主工党第三次(例行)代表大会的通知》的提纲并写正文,把它分寄给俄国多数派委员会常务局委员。列宁的这一文件是正式的《关于召开党的第三次代表大会的通知》的基础,该通知由多数派委员会常务局签署,发表在 1905 年 2 月 15 日(28 日)的《前进报》第 8 号上。

预先统计有权参加代表大会的委员会的数目,它们的票数,估计一些组织的最可能的代表候选人,起草代表大会的议程草案。

不早于 12 月 12 日(25 日)

致函俄国社会民主工党高加索局,告知给他们寄去了各种党内文件,说赞成召开党的第三次代表大会的北方各委员会举行了代表会议,要求各多数派委员会无论如何要赶紧组织起来。

12 月 13 日(26 日)以前

收到北方代表会议的记录。北方代表会议完全同意 22 人的呼吁书,表示不信任孟什维克所把持的党中央机关,赞成立即召开党的第三次代表大会。

12 月 13 日(26 日)

致函多数派委员会常务局委员罗·萨·捷姆利亚奇卡,对常务局的工作和北方委员会代表会议的结果表示非常满意,要求尽快发表多数派委员会常务局关于召开第三次代表大会的通知,建议加强支持《前进报》的宣传工作。

12 月 16 日(29 日)以后

为《前进报》创刊号写《俄国的新公债》一文。

不早于 12 月 19 日(1905 年 1 月 1 日)

致函在彼得堡的罗·萨·捷姆利亚奇卡,高度评价她争取 15 个委员会到多数派方面来和组织召开 3 个(南方、北方和高加索)代表会议的工作,同意多数派委员会常务局暂缓发表公开声明。

12 月 21 日(1905 年 1 月 3 日)以后

就国外报刊关于旅顺口陷落的报道写札记,从《泰晤士报》、《福斯报》、《比利时独立报》等报刊上作摘录,草拟《旅顺口的陷落》一文的提纲。

12 月 22 日(1905 年 1 月 4 日)以前

出席日内瓦布尔什维克小组会议,报告布尔什维克的报纸即将出版,建议将该报定名为《前进报》,并向会议介绍了在场的编辑人员:米·斯·奥里明斯基、瓦·瓦·沃罗夫斯基和阿·瓦·卢那察尔斯基。

为《前进报》创刊号写《专制制度和无产阶级》一文,看该文的校样,并在校样上作记号。

为《前进报》创刊号写《无产者的漂亮示威和某些知识分子的拙劣议论》一文,看该文校样。

和瓦·瓦·沃罗夫斯基合写《是结束的时候了》一文,揭露孟什维克的破坏行为,号召同他们彻底决裂。

12 月 22 日(1905 年 1 月 4 日)

写小册子《关于中央机关与党决裂的声明和文件》。

12 月 22 日(1905 年 1 月 4 日)以后

代表《前进报》编辑部给彼得堡通讯员的来信写编者按语,揭露孟什维克的瓦解策略，主张同他们决裂。

12 月 23 日（1905 年 1 月 5 日）

列宁的小册子《关于中央机关与党决裂的声明和文件》出版。

审阅和修改自己的小册子《关于中央机关与党决裂的声明和文件》的德译文。

致函在维也纳的涅菲奥多夫，告知《前进报》创刊号将于明日出版，请他谈谈地方的情况，并告知寄送报纸的地址。

12 月 24 日（1905 年 1 月 6 日）

列宁主编的《前进报》创刊号在日内瓦出版。这一号上发表了列宁的下列文章：《专制制度和无产阶级》(社论)、《无产者的漂亮示威和某些知识分子的拙劣议论》、《是结束的时候了》和《地方委员会的代表会议》。由于排版耽搁，《前进报》创刊号并未像报上注明的那样在 1904 年 12 月 22 日(1 月 4 日)出版，而是迟了两天。

写《给到俄国去的一位同志的信》，尖锐批评孟什维克的《火星报》在对资产阶级民主派态度问题上的立场；请他来信详细告知对《前进报》创刊号的印象，要他多给报纸工人栏投稿。

给旅居在日内瓦的俄国政治流亡者作关于工人民主派和资产阶级民主派的报告。

12 月 24 日（1905 年 1 月 6 日）以后

在"兰多尔特"咖啡馆出席国外布尔什维克为庆祝《前进报》创刊而举行的联欢晚会。

12 月 28 日（1905 年 1 月 10 日）

致函在彼得堡的多数派委员会常务局委员亚·亚·波格丹诺夫，告知布尔什维克的《前进报》已出版，说必须给予报纸财务上的支援，并在国内组织人撰稿；要求同孟什维克的党中央机关彻底决裂，并立即发表关于多数派委员会常务局成立的公开声明。

1904 年 12 月 28 日和 1905 年 1 月 11 日（1905 年 1 月 10 日和 24 日）之间

为回答孟什维克《火星报》编辑部和格·瓦·普列汉诺夫对他的《地方自治运动和〈火星报〉的计划》这本小册子所进行的攻击，写《他们是如何为自己辩护的？》一文的提纲草稿。

12月31日(1905年1月13日)

致函中央委员弗·亚·诺斯科夫、列·波·克拉辛、列·叶·加尔佩林，说将让瓦·瓦·沃罗夫斯基和阿·瓦·卢那察尔斯基代表自己出席仲裁法庭。

12月底

委托到俄国去的马·尼·利亚多夫在基辅同格·马·克尔日扎诺夫斯基取得联系，向他传达列宁有关筹备俄国社会民主工党第三次代表大会问题的指示。

审阅米·斯·奥里明斯基的文章《当务之急》，写批语和提出修改意见；第二次审阅该文，认为这篇文章必须彻底改写。

对米·斯·奥里明斯基的文章《自由派的伤心事》和阿·瓦·卢那察尔斯基的文章《欧洲无产阶级革命斗争的历史纲要》进行编辑加工。

以创建日内瓦俄国社会民主工党图书馆发起人小组的名义起草声明，说在党的第三次代表大会未作出决议之前，图书馆交由多数派委员会常务局管理。

1904年12月底—1905年1月

同俄国社会民主工党敖德萨委员会的两名青年委员谈话，对他们不愿吸收工人参加委员会提出批评。

12月

列宁的《给同志们的信(关于党内多数派机关报的出版)》在柏林用单页出版。

1904年底

在日内瓦图书馆进行工作，编制有关各种问题(主要是日本问题)的俄文、德文、法文和英文书籍的目录。

同娜·康·克鲁普斯卡娅和马·尼·利亚多夫一起去剧院观看小仲马的名剧《茶花女》。

1905 年

1月1日(14日)

列宁的文章《旅顺口的陷落》(社论)和《寓言喂不了夜莺》发表在《前进

报》第 2 号上。

1 月 4 日(17 日)以前

通过马·尼·利亚多夫请求阿·马·高尔基在物质上援助党,并参加党的报刊工作。

1 月 5 日(18 日)

致函布尔什维克苏黎世小组,号召同孟什维克彻底决裂,并立即召开党的第三次代表大会。

委托弗·德·邦契-布鲁耶维奇同阿·马·高尔基商谈在国外出版他的作品问题,希望能把稿费移做党的经费。

1 月 6 日(19 日)

致函叶·德·斯塔索娃和莫斯科监狱中的同志们,就社会民主党人在法庭上的态度问题作指示,还谈到党内的状况:放弃了退却的策略,现正在进攻;创立了自己的报纸,有了自己的实际的中央机关(常务局)。

1 月 8 日(21 日)

写《彼得堡的罢工》一文。

同弗·德·邦契-布鲁耶维奇谈他在俄国将要从事的工作,邦契-布鲁耶维奇将作为多数派委员会常务局的代办员秘密地回到俄国去。

1 月 9 日(22 日)以前

起草《1895 和 1905(小小的对比)》一文提纲。

1 月 10 日(23 日)

得到彼得堡 1 月 9 日事件("流血星期日")的消息后,为《前进报》第 3 号写《俄国革命》一文。

1 月 10 日(23 日)以后

对从彼得堡寄给《前进报》编辑部的描述 1 月 9 日亚历山大花园附近大屠杀情况的信件进行编辑加工。

1 月 10 日和 18 日(23 日和 31 日)之间

写评论彼得堡 1 月 9 日事件的一组文章:《俄国发生了什么事情?》、《加邦神父》、《彼得堡作战计划》、《"慈父沙皇"和街垒》、《头几步》、《流血星期日的前夕》、《死伤人数》、《街垒战》,总标题为《革命的日子》。

1 月 11 日(24 日)以前

撰写《工人民主派和资产阶级民主派》一文;起草该文提纲,写题为《关于同自由派的协议》的提要,草拟题为《社会民主派与自由派》的提纲,写该文的正文。

　　撰写《从民粹主义到马克思主义》一文,起草文章提纲,研究刊登在1904年5月5日(18日)《革命俄国报》第46号上的社会革命党人的纲领草案,写对社会革命党人的纲领草案的意见。

　　对弗·弗·菲拉托夫(谢韦尔采夫)的《让步政策》一文进行编辑加工。这篇文章载于1905年1月24日(11日)《前进报》第3号。

1月11日(24日)

列宁的《工人民主派和资产阶级民主派》(社论)、《从民粹主义到马克思主义》、《俄国革命》、《彼得堡的罢工》和《我们的达尔杜弗们》等文章在《前进报》第3号上发表。

1月12日(25日)

写《俄国革命的开始》一文,号召准备武装起义。

1月13日(26日)

出席布尔什维克和孟什维克为俄国革命事件而举行的群众大会。费·伊·唐恩违反事先的约定,在发言中对布尔什维克发起论战,这时列宁和到会的全体布尔什维克退出会场。

1月14日(27日)以后

写《自由派和工人》短文的开头部分,短文引用英国《每日电讯》记者关于彼得堡事件的报道。

1月15日(28日)以后

就德国报纸《福斯报》1905年1月15日(28日)刊登的有关里加死伤人数的电讯,写短评《里加》。

1月16日(29日)

致函多数派委员会常务局书记马·马·李维诺夫,对亚·亚·波格丹诺夫(拉赫美托夫)未从国内寄稿给《前进报》表示不满;认为不能相信孟什维克,要同他们彻底决裂。

1月16日和25日(1月29日和2月7日)之间

写短文《胜利果实》。

1月17日(30日)

起草给И.达维德松的信,向他指出同两个派别(孟什维克和布尔什维克)工作的策略方法。

1 月 18 日(31 日)以前

利用外国记者的报道,为《前进报》第 4 号写《流血日》、《对军队深恶痛绝》、《大屠杀的一段情节(特罗伊茨基桥附近)》等短文。

　　编辑 1 月 9 日事件的目击者和参加者的来稿《一个彼得堡大学生的来信》,这封信刊登在 1905 年 1 月 18 日(31 日)《前进报》第 4 号上。

1 月 18 日(31 日)

《前进报》第 4 号上发表列宁写的社论《俄国革命的开始》和列宁写的以《革命的日子》为总标题的一组文章:《俄国发生了什么事情?》、《头几步》、《加邦神父》、《流血星期日的前夕》、《流血日》、《死伤人数》、《大屠杀的一段情节(特罗伊茨基桥附近)》、《在皇宫广场》、《彼得堡作战计划》、《对军队深恶痛绝》、《"慈父沙皇"和街垒》。

　　致函俄国社会民主工党莫斯科委员会,揭露孟什维克在俄国革命进程中进行分裂和瓦解活动以及他们妄图诋毁各布尔什维克委员会的行径;询问莫斯科委员会的情况,请他们把委员会印发的传单和有关莫斯科革命事件过程的详细材料寄来。

　　用法文给彼·阿·克拉西科夫开证明信,证明《前进报》编辑部授权克拉西科夫在巴黎代表多数派委员会的利益和观点。

1 月 18 日和 25 日(1 月 31 和 2 月 7 日)之间

写《失败的策略》一文。文章汇集了外国报刊的军事评论员叙述阿·尼·库罗帕特金将军企图在浑河一带对日军转入反攻的有关通讯。

1 月 18 日(31 日)以后

写《彼得堡作战计划》一文的补充。

1 月 19 日(2 月 1 日)

写《沙皇的和平》一文。

1 月 19 日(2 月 1 日)以后

用德文摘录 1905 年 2 月 1 日《法兰克福报》有关 1 月 9 日事件的消息。

1 月 21 日(2 月 3 日)

在给瑞士社会民主党人海·格罗伊利希的信中,叙述俄国社会民主工党分裂简况。

1月21日和2月2日(2月3日和15日)之间

准备公布1月21日(2月3日)给海·格罗伊利希的信,并为该信写附言。

1月21日(2月3日)以后

对给海·格罗伊利希的信的德译文进行文字修改,并加注释。

不晚于1月24日(2月6日)

致函弗·弗·菲拉托夫,建议他写一本关于战术、筑垒和巷战中街垒战术的通俗小册子。

编制《前进报》第5号的计划;确定第6号社论的题目;写《动员无产阶级的军队》一文札记和提纲,这些札记和提纲成为《新的任务和新的力量》一文的准备资料。

对米·斯·奥里明斯基写的关于1月9日事件的反响的文章《第一声雷鸣》进行编辑加工,这篇文章发表在《前进报》第5号上。

1月25日(2月7日)

列宁的《1月9日后的彼得堡》、《特列波夫执掌大权》和《自由派中的情况》、《致军官书》等文章发表在《前进报》第5号上。

出席在日内瓦举行的报告会。会上米·斯·奥里明斯基作题为社会民主党内的机会主义的报告,报告批判了作为机会主义的变种的孟什维主义。

1月26日(2月8日)

用德文致函奥·倍倍尔,拒绝他提出的在布尔什维克和孟什维克之间设立仲裁法庭的建议。

1月28日(2月10日)

致电亚·亚·波格丹诺夫和谢·伊·古谢夫,为加快工作进程,表示同意多数派委员会常务局对列宁拟定的关于成立组织委员会和召开俄国社会民主工党第三次代表大会的通知草案所作的修改。

1月28日和2月15日(2月10日和28日)之间

写关于豪·斯·张伯伦《十九世纪的农业》(1904年慕尼黑版)一书的札记。

1月29日(2月11日)

致函在彼得堡的亚·亚·波格丹诺夫和谢·伊·古谢夫,号召为召开党的第三次代表大会、为立即同孟什维克断绝一切关系进行公开的和坚决的斗争；由于经费问题，反对在伦敦召开代表大会的计划；建议更广泛和更大胆地把青年组织起来，认为整个斗争的结局都将取决于青年。

1 月

列宁的《俄国革命的开始》一文由俄国社会民主工党尼古拉耶夫委员会、萨拉托夫委员会和敖德萨委员会以传单形式刊印。

1 月—2 月

在日内瓦"读者协会"图书馆阅读古·保·克吕泽烈关于街垒战术和起义技术的回忆录，同时研究马克思关于起义和恩格斯关于军事作战的文章。

1 月—4 月 12 日（25 日）以前

经常同布尔什维克在"兰多尔特"咖啡馆聚会，讨论俄国的革命事件和工作计划。

2 月 1 日（2 月 14 日）以前

撰写《最初的几点教训》一文，对 20 年来（1885—1905 年）的俄国工人运动进行了总结，并号召准备武装起义。

2 月 1 日（14 日）

用《前进报》编辑部公文纸为彼·阿·克拉西科夫写法文委任书，委托他为俄国社会民主工党多数派委员会中央常务局驻巴黎的唯一代表，授权他参加法国支援俄国革命捐款分配委员会。

列宁写的关于组织武装起义的文章《两种策略》作为社论载于《前进报》第 6 号。

2 月 1 日和 8 日（14 日和 21 日）之间

为《前进报》第 7 号撰写《我们是否应当组织革命？》一文提纲，拟了三个标题：《我们的特略皮奇金们》、《特略皮奇金们的下场（惨败）》、《糊涂人糊涂了》。

2 月 1 日和 23 日（2 月 14 日和 3 月 8 日）之间

写《当务之急》一文，拟定该文的几种提纲草稿。

2 月 2 日（15 日）

致函在彼得堡的谢·伊·古谢夫，建议加强和扩大《前进报》编辑部同工人小组,特别是同青年的联系。

2月4日(17日)以前

会见格·阿·加邦,同他就社会民主党和社会革命党准备起义反对沙皇制度的战斗协议问题进行谈话。

起草《关于起义的战斗协议》一文的提纲草稿。

2月4日(17日)

为《前进报》第7号写社论《关于起义的战斗协议》。

2月4日和8日(17日和21日)之间

为自己的《我们是否应当组织革命?》一文写附注。

2月6日和10日(19日和23日)之间

致电在伦敦的尼·亚·阿列克谢耶夫,委派他代表党同英国劳工代表委员会进行谈判。

2月8日(21日)

列宁的文章《关于起义的战斗协议》(社论)和《我们是否应当组织革命?》发表在《前进报》第7号上。这两篇文章要求党注意准备起义的技术工作和组织工作。

2月9日(22日)

以多数派委员会常务局委员的名义,就奥·倍倍尔提出要为布尔什维克和孟什维克进行调解问题,起草给倍倍尔的信,认为在党的代表大会即将召开的时候,有可能出现倍倍尔进行调解的条件,希望倍倍尔能利用他的巨大威望来敦促孟什维克出席这次代表大会。列宁在信中另附多数派委员会常务局关于召开第三次代表大会通知的德译文,以便在德国社会民主党的刊物上发表。

2月12日(25日)

致函谢·伊·古谢夫,建议多数派委员会常务局的委员们不要相信孟什维克的中央委员会表示同意召开党的代表大会,要多数派委员会常务局在筹备和召开党的第三次代表大会时保持完全的独立性。

2月14日(27日)

致函英国劳工代表委员会书记拉姆赛·麦克唐纳,表示同意劳工代表委员会的条件,把英国工人的捐款分配给1月9日遇害者家属。

2 月 15 日（28 日）以前

> 在准备出版《前进报》第 8 号时，审阅关于赞成召开党的第三次代表大会
> 的各地方委员会的决议的综合报道。

2 月 15 日（28 日）

> 列宁的文章《关于召开党的第三次代表大会（编者按语）》发表在《前进
> 报》第 8 号上，文章号召全体党员积极参加起草和准备代表大会的各项
> 报告和决议的工作。在这一号《前进报》上还发表了列宁的短评《新火星
> 派阵营内部情况》，揭露孟什维克一贯欺骗党的行为。
>
> 　写《致俄国国内各组织》，要求立即着手筹备党的第三次代表大会，
> 并通报代表大会的最重要的议程。

2 月 15 日和 23 日（2 月 28 日和 3 月 8 日）之间

> 写《当务之急》一文。由于对这篇文章的内容不满意，列宁起草这篇文章
> 的修改提纲。后来列宁起草了一篇新的文章的提纲草稿，重新改写文
> 章，题名为《新的任务和新的力量》。

2 月 18 日（3 月 3 日）以前

> 致函在巴黎的 M.B.斯托亚诺夫斯基，询问 1905 年 1 月 18 日《火星报》
> 第 84 号报道孟什维克同印刷工人协会达成协议的一篇简讯的情况，请
> 他告知，孟什维克在莫斯科是否有"秘密"组织。

2 月 20 日（3 月 5 日）以前

> 编制供党的第三次代表大会用的调查表。

2 月 20 日（3 月 5 日）

> 出席布尔什维克日内瓦俱乐部组织小组会议，听取亚·马·埃森（斯捷
> 潘诺夫）关于在非无产阶级居民阶层（学生、士兵和农民）中工作情况的
> 报告。在会上就筹备俄国社会民主工党第三次代表大会问题作了三次
> 发言。

2 月 23 日（3 月 8 日）以前

> 致函在彼得堡的谢·伊·古谢夫，告知听到消息说彼得堡的布尔什维克
> 和孟什维克有某种联合，建议彼得堡委员会不要相信孟什维克。

2 月下半月，不晚于 23 日（3 月 8 日）

> 在给多数派委员会常务局委员谢·伊·古谢夫的信中指出，马·尼·利

亚多夫在对待中央委员会同意召开代表大会问题上抱乐观态度是危险的,对中央委员会不能相信。

2月23日(3月8日)

列宁的《新的任务和新的力量》一文发表在《前进报》第9号上。列宁在这篇文章里第一次提出了布尔什维克在资产阶级民主革命中的战略口号——建立无产阶级和农民的革命民主专政。这一号报纸还发表了列宁的《解放派和新火星派,保皇派和吉伦特派》一文。

2月24日(3月9日)以前

起草《俄国社会民主工党第三次代表大会的任务》报告的简要提纲。

2月24日(3月9日)以后

写《无休的托词》一文,评党总委员会拒绝召开第三次代表大会。这篇文章没有写完。

2月26日(3月11日)

复函在彼得堡的谢·伊·古谢夫,告知党总委员会2月23日(3月8日)作出反对召开第三次代表大会的决定,号召对孟什维克不要陷入幻想,要进行坚决的斗争。

2月28日(3月13日)

致函俄国社会民主工党彼得堡委员会,说《前进报》编辑部收到英国劳工代表委员会援助1月9日遇害工人家属、支援起义的捐款,请求将此次捐助情况通知党的所有工人组织,使它们能够协助合理地分配捐款。

2月底—3月2日(15日)以前

写《警察司司长洛普欣的报告书》小册子序言,这本小册子由弗·邦契-布鲁耶维奇和尼·列宁出版社出版。

写《无产阶级和资产阶级民主派》一文。这篇文章发表在1905年3月2日(15日)《前进报》第10号上。

2月底—3月5日(18日)以前

在准备关于巴黎公社的报告时,摘录加·阿诺托《法国现代史(1871—1900)》一书的要点,并起草《关于公社的演讲提纲》。

2月

起草俄国社会民主工党第三次代表大会的工作和决议的总提纲,其中包括代表大会议程草案、各项决议目录以及除秘密决议以外的其他各项决议的提要;起草代表大会四项决议:关于孟什维克或新火星派的瓦解行为的决议、关于普列汉诺夫在党内危机中的行为的决议、关于新火星派的根本立场的决议和关于社会民主党内工人和知识分子的关系的决议。

写《对党章中关于中央机关一项的修改》一文。

不早于2月

作关于他自己写的小册子《俄国社会民主党人的任务》(1902年第2版)的笔记,并写关于俄国社会民主工党对恐怖手段的态度的札记。

2月—3月

起草《起义的战斗协议和建立战斗委员会》一文提纲。

2月—4月7日(20日)

由于卡·考茨基在发表于1904—1905年《新时代》杂志第21期上的《农民和俄国革命》一文中错误地阐述了马克思和恩格斯的观点,列宁研究马克思和恩格斯对土地问题和农民运动的看法。

3月2日(15日)以前

校阅阿·瓦·卢那察尔斯基(沃伊诺夫)的《警察制度的破产》一文,这篇文章在《前进报》第10号上发表。

对通讯稿《在农民当中(一个社会民主党人的信)》进行编辑加工,这篇通讯稿在《前进报》第10号上发表。

为多数派委员会常务局印发的传单写标题和引言,该传单在3月2日(15日)《前进报》第10号上转载。

3月2日(15日)

列宁的文章《无产阶级和资产阶级民主派》和《他们想骗谁?》在《前进报》第10号上发表。

3月3日(16日)

致函在彼得堡的谢·伊·古谢夫,告知由格·阿·加邦组织的各社会主义政党的代表会议延期举行,要求亚·亚·波格丹诺夫立即从俄国启程前往瑞士,解决布尔什维克参加这次代表会议的问题。

3月4日(17日)

就孟什维克发出的关于拒绝参加俄国各社会主义组织代表会议的信件

写意见。后来,列宁在俄国社会民主工党第三次代表大会上关于同社会革命党缔结协定问题的发言中,提到这一意见。

3月5日(18日)以前

写便条给在彼得堡的弗·德·邦契-布鲁耶维奇,感谢他寄来大量稿件。

3月5日(18日)

在日内瓦俄国政治流亡者居住区的会议上作关于巴黎公社的报告。

3月10日(23日)以前

仔细研究准备武装起义的问题:钻研马克思和恩格斯关于革命和起义的论述,阅读军事专家的著作,全面考虑武装起义的技术问题和武装起义的组织问题。

致函加·达·莱特伊仁,了解巴黎公社将军古·克吕泽烈的传记材料,询问有关法国社会党代表大会的情况。

撰写巴黎公社将军古·克吕泽烈的传略,校订《克吕泽烈将军回忆录》一书中一章的俄译文,为这一章写编辑部前言。这些材料以《论巷战(公社的一个将军的意见)》为题,在《前进报》第11号上发表。

起草《无产阶级和农民》一文的提纲。

3月10日(23日)

致函英国劳工代表委员会书记,感谢寄来捐款,帮助1月9日遇害工人的家属。

列宁的文章《无产阶级和农民》(社论)、《第一步》和《关于党纲的历史》在《前进报》第11号上发表。

3月12日(25日)

致函俄国社会民主工党敖德萨委员会,谈选派代表出席党的第三次代表大会问题,建议把委托书给予瓦·瓦·沃罗夫斯基和丹·伊·基里洛夫斯基-诺沃米尔斯基;询问是否吸收了工人参加委员会,强调这样做是绝对必要的,要求使《前进报》编辑部能直接同工人取得联系,建议扩大工人通讯员网。

参加多数派委员会常务局和中央委员会建立的筹备俄国社会民主工党第三次代表大会的组织委员会。

3月上半月

致函弗·弗·菲拉托夫,对他推迟作关于起义的技术准备问题的报告表示不满。

3 月 16 日（29 日）以前

编辑特维尔的一位工人关于对 1 月 9 日事件的反应的来信，该信在 1905 年 3 月 16 日（29 日）《前进报》第 12 号上发表。

3 月 16 日（29 日）

列宁的《关于我们的土地纲领（给第三次代表大会的信）》一文在《前进报》第 12 号上发表。

3 月 16 日和 17 日（29 日和 30 日）

写《波拿巴分子的鬼把戏》一文，这篇文章在《前进报》第 13 号上发表。

3 月 18 日（31 日）以后

复函在叶卡捷琳诺斯拉夫的伊·伊·施瓦尔茨，建议由多数派选派代表参加俄国社会民主工党第三次代表大会，或者致函代表大会，反对孟什维克把持的叶卡捷琳诺斯拉夫委员会并表示要求参加代表大会的工作。

3 月 20 日（4 月 2 日）

在俄国各社会主义组织代表会议开幕之前会见拉脱维亚社会民主工党代表弗·罗津，商谈对派出代表参加代表会议的某些组织应持何种态度。

当选为敖德萨党组织出席俄国社会民主工党第三次代表大会的代表。

3 月 20 日—21 日（4 月 2 日—3 日）

出席在日内瓦举行的俄国各社会主义组织代表会议。列宁看到会议是社会革命党手中的玩具，而且许多工人政党未被邀请参加会议，就退出了代表会议。

3 月 22 日（4 月 4 日）

复函谢·伊·古谢夫，建议他离开彼得堡到外省去，以免被捕，要他安排一些青年助手接替他，要求更加努力地筹备第三次代表大会和增加代表人数。

3 月 23 日（4 月 5 日）以前

对瓦·瓦·沃罗夫斯基的《自由派的原则和反动派的作风》一文进行编辑加工，这篇文章在《前进报》第 13 号上发表。

　　起草《关于战争的短评》,这一文献是《欧洲资本和专制制度》一文的提纲。

3 月 23 日(4 月 5 日)

　　列宁的文章《欧洲资本和专制制度》(社论)、《第二步》和《社会民主党和临时革命政府》(前一部分)在《前进报》第 13 号上发表。

　　致函在巴黎的彼·阿·克拉西科夫,说还不知道俄国社会民主工党第三次代表大会开幕的准确时间,但要求克拉西科夫抓紧准备国外组织委员会要向代表大会提交的报告。

不早于 3 月 23 日(4 月 5 日)

　　列宁的《波拿巴分子的鬼把戏》一文印成单页传单。

3 月 26 日(4 月 8 日)

　　复函在敖德萨的奥·伊·维诺格拉多娃,谈关于在手工业者中间建立党的基层组织问题。

3 月 30 日(4 月 12 日)以前

　　写《无产阶级和农民的革命民主专政》和《嫁祸于人》两篇文章。

3 月 30 日(4 月 12 日)

　　列宁的文章《无产阶级和农民的革命民主专政》(社论)、《社会民主党和临时革命政府》(后一部分)、《法国和俄国的"贿赂"之风》在《前进报》第 14 号上发表。

3 月底

　　会见米·伊·瓦西里耶夫-尤任,向他询问彼得堡党内的情况和巴库的事件以及高加索的整个形势。

　　写短信给俄国社会民主工党第三次代表大会,要求给代表翻印 50 份俄国社会民主工党第二次代表大会的规程和大会通过的决议、党章和党纲,以及党的第三次代表大会的会议日程草案和向代表大会提交的部分决议。

　　与来到日内瓦的尼·瓦·多罗申科相识,多罗申科告诉列宁:从俄国来的一些布尔什维克和孟什维克打算召开联席会议,以澄清和消除党内的分歧。列宁不赞成这一建议。列宁多次会见多罗申科,同他就革命所提出的实际问题交换意见。

3 月底—4 月初

写《告全党书》。

3 月底—4 月 7 日（20 日）以前

会见布尔什维克叶卡捷琳诺斯拉夫委员会委员雅·纳·勃兰登堡斯基。

3 月

多次会见为筹备俄国社会民主工党第三次代表大会而从俄国来到日内瓦的普·伊·库利亚布科，向她询问俄国国内党的工作情况。

3 月—4 月 12 日（25 日）以前

在日内瓦布尔什维克会议上作报告，谈俄国社会民主工党第三次代表大会的筹备情况和代表大会的日程问题。

3 月—4 月

写《1789 年式的革命还是 1848 年式的革命?》一文。

会见俄国社会民主工党喀山委员会委员弗·维·阿多拉茨基，同他就党内事务问题交换意见。

《列宁全集》第二版第 9 卷编译人员

译文校订：张秀珊　黄有自　孙　岷　刘燕明　李永全
资料编写：丁世俊　张瑞亭　王　澍　刘方清　冯如馥　王锦文
编　　辑：许易森　江显藩　钱文干　周秀凤　李桂兰　李京洲
译文审订：高枝青　屈　洪

《列宁全集》第二版增订版编辑人员

翟民刚　李京洲　高晓惠　张海滨　赵国顺　任建华　刘燕明
孙凌齐　李桂兰　门三姗　韩　英　侯静娜　彭晓宇　李宏梅
武锡申　戴炳惠　曲延明

审　　定：韦建桦　顾锦屏　王学东

本卷增订工作负责人：刘燕明　任建华

项目统筹：崔继新
责任编辑：崔继新
装帧设计：石笑梦
版式设计：周方亚
责任校对：吕　飞

图书在版编目(CIP)数据

列宁全集.第9卷/(苏)列宁著；中共中央马克思恩格斯列宁斯大林著作编译局编译.
　—2版(增订版)-北京：人民出版社,2017.3
ISBN 978 - 7 - 01 - 013209 - 9

Ⅰ.①列…　Ⅱ.①列…②中…　Ⅲ.①列宁著作-全集　Ⅳ.①A2

中国版本图书馆CIP数据核字(2014)第032800号

书　　　名	列宁全集
	LIENING QUANJI
	第九卷
编 译 者	中共中央马克思恩格斯列宁斯大林著作编译局
出版发行	人民出版社
	（北京市东城区隆福寺街99号　邮编 100706）
邮购电话	（010）65250042　65289539
经　　销	新华书店
印　　刷	北京新华印刷有限公司
版　　次	2017年3月第2版增订版　2017年3月北京第1次印刷
开　　本	880毫米×1230毫米 1/32
印　　张	18.5
插　　页	3
字　　数	488千字
印　　数	0,001—3,000册
书　　号	ISBN 978 - 7 - 01 - 013209 - 9
定　　价	46.00元

ISBN 978-7-01-013209-9
9 787010 132099 >